济南统计年鉴

JINAN STATISTICAL YEARBOOK

2016

(总第34期　NO.34)

济　南　市　统　计　局
国家统计局济南调查队　编

中国统计出版社
China Statistics Press

图书在版编目（C I P）数据

济南统计年鉴. 2016 / 济南市统计局，国家统计局济南调查队编.
—北京：中国统计出版社，2016.10
ISBN 978-7-5037-7979-4

Ⅰ. ①济…
Ⅱ. ①济… ②国…
Ⅲ. ①统计资料－济南－2016－年鉴
Ⅳ. ①C832.521-54

中国版本图书馆CIP数据核字(2016)第217381号

济南统计年鉴—2016

作　　者/ 济南市统计局　国家统计局济南调查队
责任编辑/ 陈越月　张喜玲
装帧设计/ 济南市委机关文印中心
出版发行/ 中国统计出版社
地　　址/ 北京市丰台区西三环南路甲6号
邮政编码/ 100073
电　　话/ 邮购(010)63376909　书店(010)68783171
网　　址/ http://csp.stats.gov.cn
印　　刷/ 济南市委机关文印中心
经　　销/ 新华书店
开　　本/ 890×1240毫米　1/16
字　　数/ 455千字
印　　张/ 22.75印张
版　　别/ 2016年10月第1版
版　　次/ 2016年10月第1次印刷
定　　价/ 280.00元

如有印装差错，由本社发行部调换。

《济南统计年鉴—2016》编辑委员会

编 辑 说 明

一、《济南统计年鉴－2016》是一部全面反映济南市国民经济和社会发展情况的资料性统计年刊。本书收录了济南市及所辖县(市)、区2015年经济和社会发展各方面大量的统计数据,以及历史重要年份的主要统计数据,是认识和研究济南市情、经济和社会发展,制定宏观政策、指导工作的重要工具书。

二、本年鉴以丰富、翔实的统计资料为主,辅以直观的统计图、特载,全面反映了济南市国民经济和社会发展状况。全书统计资料分为二十个部分,即:1. 行政区划;2. 人口;3. 综合;4. 国民经济核算;5. 劳动就业;6. 固定资产投资;7. 城市公用事业和环境保护;8. 财政和金融保险;9. 物价;10. 人民生活;11. 农业;12. 工业;13. 建筑业;14. 运输与邮电;15. 国内贸易;16. 对外贸易与国际旅游;17. 科技;18. 教育与文化;19. 体育卫生;20. 民政、司法和其它。各篇末附有《主要统计指标解释》,对主要统计指标的含义、统计范围、统计方法以及历史变动情况作了简要说明。

三、本年鉴中使用的度量衡均采用国际统一标准计量单位,统计口径除特别注明外,均包括济南市区、章丘市、平阴县、济阳县、商河县。资料取自济南市统计局、国家统计局济南调查队及有关部门的统计报表。

四、本年鉴部分数据合计数不等于分项数之和,是由于单位取舍和不同产业的计算误差,部分指标未做机械调整。

五、本年鉴表中的符号使用说明:

"空格"表示该项统计指标数据不详;

"…"表示数据不足本表最小单位数;

"–"表示无此项事实;

"#"表示其中的主要项;

"*"或"①"表示本表下有注解。

《济南统计年鉴》自出版以来,受到了社会各界的关心、支持,在此我们深表感谢。同时,欢迎使用《济南统计年鉴－2016》,敬请广大读者提出宝贵意见。

谢谢!

编　者

2016年9月

目　　录

特　载

一　行政区划

二　人　口

三　综　合

四　国民经济核算

五 劳动就业

六 固定资产投资

七 城市公用事业和环境保护

八　财政和金融保险

九　物　价

十　人民生活

十一　农　业

十二　工　业

十三　建筑业

十四　运输与邮电

十五　国内贸易

十六　对外贸易与国际旅游

十七　科　技

十八　教育与文化

十九　体育卫生

二十　民政、司法和其它

附　录

CONTENTS

Special Report

Chapter 5 Employment and Wages

Chapter 6 Investment in Fixed Assets

Chapter 7 Urban Public Unilities and Environmental Protection

Chapter 8 Government Finance, Banking and Insurance

Chapter 9 Price

Chapter 10 People's Livelihood

Chapter 11 Agriculture

Chapter 12 Industry

Chapter 13 Construction

Chapter 14 Transportation Post and Telecommunication Services

Chapter 15 Domestic Trade

Chapter 16 Foreign Economy Trade and International Tourism

Chapter 17 Science and Technology

Chapter 18 Education and Culture

Chapter 19 Sports and Public Health

Chapter 20 Social Welfare, Civil Administration and Others

Appendix

TZ

特　载

SPECIAL REPORT

济 南 概 况

Introduction of Jinan

济南市位于山东省中部，地理位置介于北纬36°01′至37°32′、东经116°11′至117°44′之间，面积7998平方公里。南部为泰山山地，北部为黄河平原，地势南高北低，地形复杂多样。境内河流较多，主要有黄河、小清河两大水系。还有南北大沙河、玉符河等河流。湖泊有大明湖、白云湖等。济南属于暖温带大陆性气候，春季干燥少雨，多西南风；夏季炎热多雨；秋季天高气爽；冬季严寒干燥，多东北风。年平均气温13.5℃-15.5℃，全年无霜期230天左右，降水量600-900毫米。

济南矿产资源丰富，主要有铁、煤、花岗石、耐火粘土以及铜、钾、铂、钴等多种有色金属、稀有金属和非金属。特别是石灰岩品位高、储量大。花岗石中的黑色花岗石，质地纯正，为国内独有。林木资源分乔木、灌木两大类，共有60多科300多种。南部山区盛产苹果、黄梨、柿子、核桃、山楂、板栗等，并产有远志、丹参、野菊、香附等多种药材。北部沿黄河的平原地带，大枣也有很高的产量。济南种植和养殖资源也相当丰富，有多种粮食作物、经济作物以及家禽、家畜、水产品等。这些资源为济南城乡建设和经济发展储备了一定的物质基础。

济南自然景色秀丽，名胜古迹众多，是中国历史文化名城之一。尤以泉水遍布、清冽甘美而闻名于世，有"济南泉水甲天下"和"泉城"之美誉。主要风景名胜有趵突泉、黑虎泉、珍珠泉、五龙潭、百脉泉五大泉群，大明湖、千佛山、龙洞、灵岩寺、五峰山、华山、城子崖龙山文化遗址、孝堂山汉代郭氏祠、隋代四门塔、唐代龙虎塔、九顶塔以及抢救挖掘的洛庄汉墓、新建的野生动物世界、红叶谷生态旅游区等供人们观赏游览。

济南现在共辖历下、市中、槐荫、天桥、历城、长清六区和平阴、济阳、商河三县以及章丘市。2015年末，全市常住人口713.2万人，户籍总人口625.7万人。济南又是一个多民族聚居的城市，除汉族外，主要有回、满、苗、蒙古、壮、朝鲜等53个少数民族。

济南是一座有着悠久历史的古城。据史学家考证，早在公元前45世纪之前，已有人类在此繁衍、生息。传说东夷族的首领舜，曾躬耕于济南历山(今千佛山)之下。2600多年前，就建有城郭，最早出现史册上的名称为"泺"(《春秋左传》)，系因济南诸泉汇为泺水，故名。春秋战国时代，济南为齐国之泺邑。随后，齐国又把泺邑改为历下。2100多年前的汉代改称济南(《史记》)，因处于济水之南，故名。公元前164年设立济南国。公元前154年又废国改郡。到了宋代至道三年(公元997年)，分全国为15路，济南属京东路，为齐州(《宋史》)。徽宗政和六年(公元1116年)，齐州升为济南府，辖历城等五县，治所设历城，为府治之始。自明代以来，一直是山东省的省会。1929年7月设济南市至今。1928年4月至1937年底，日本帝国主义先后二次侵占了济南，济南人民深受暴虐的民族压迫和经济掠夺，致使大部分工厂倒闭，无辜同胞惨遭杀戮。1945年8月，日寇投降后，国民党反动派又进行强盗式的劫收，城市又遭到了摧残蹂躏，民生凋敝，物价飞涨，古城一片萧条。1948年9月24日，济南获得解放，这座古城终于回到了人民的怀抱，开始了她新的历史时期。

新中国建立后，济南市始终是中国东部沿海经济大省——山东省省会，是全国副省级城市之一，是全省的政治、经济和科技、教育、文化中心。济南是全国区域性金融中心。2015年年末金融机构本外币各项存款余额达14174.7亿元，各项贷款余额11356.8亿元。

济南是山东省铁路、公路、航空的交通枢纽，京沪、胶济铁路在市区交汇，北连北京、天津，南接南京、上海、福州，东达港口城市青岛、烟台。济南为京沪高铁沿线5个始发终到站之一。济南机场是经国家批准的国际空港，有通往香港、北京、哈尔滨、上海、广州、深圳、福州、厦门、西安、武汉、珠海、海口等城市的几十余条空中航线，通航城市67个。"济青高速"，"济聊高速"与"京福高速"在济南交汇，从而形成了辐射全省、连接全国的高速公路系统省内中心、全国区域性枢纽的格局。济南基本形成了铁路、航空、公路立体构造，联结全省、全国和海外的现代交通网络。

2015 年济南市
国民经济和社会发展统计公报[1]

Statistical Communique on National
and Social Development of Jinan in 2015

济　南　市　统　计　局
国家统计局济南调查队

2015年，面对错综复杂的国内外经济形势，在市委、市政府的坚强领导下，全市深入贯彻落实党的十八大、十八届历次全会精神和习近平总书记系列重要讲话精神，积极适应引领新常态，紧紧围绕“打造四个中心、建设现代泉城”总体要求，全面深化改革、扩大开放，扎实推进稳增长、促改革、调结构、惠民生、防风险各项工作，超前谋划、积极作为、迎难而上、敢于担当，全市经济社会发展保持总体平稳、稳中有进、稳中向好的良好态势。

一、综　合

国民经济稳定增长。初步核算，2015年全市地区生产总值6100.23亿元，比上年增长8.1%[2]。分产业看，第一产业增加值305.39亿元，增长4.1%；第二产业增加值2307.00亿元，增长7.4%；第三产业增加值3487.84亿元，增长8.9%。产业结构进一步调整优化，三次产业比例由上年的5.0:39.2:55.8调整为5.0:37.8:57.2。人均生产总值85919元，增长7.0%[3]，按年平均汇率折算为13795美元，增长5.6%。

2011—2015年济南市地区生产总值

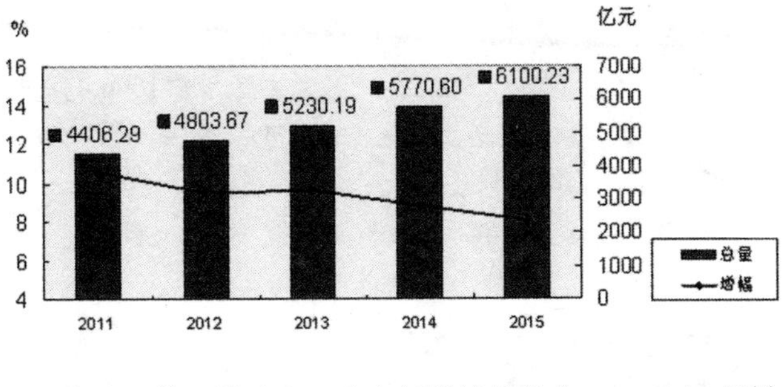

就业形势保持稳定。全年新增城镇就业20.7万人，新增农村劳动力转移就业5.6万人。年末城镇登记失业率2.04%，低于控制目标1.96个百分点。

居民消费价格温和上涨，工业生产者价格低位运行。全年居民消费价格比上年上涨1.9%，其中食品价格上涨1.4%。工业生产者出厂价格下降5.0%，其中生产资料出厂价格下降6.4%，生活资料出厂价格上涨1.2%。工业生产者购进价格下降7.3%。

2015年居民消费价格指数

项　目　名　称	(以上年同期为100)
居民消费价格总指数	101.9
一、食品	101.4
二、烟酒	100.9
三、衣着	103.3
四、家庭设备用品及维修服务	101.5
五、医疗保健和个人用品	102.4
六、交通和通信	97.6
七、娱乐教育文化用品及服务	102.9
八、居住	103.4

2015年各月主要价格指数(以上年同期为100)

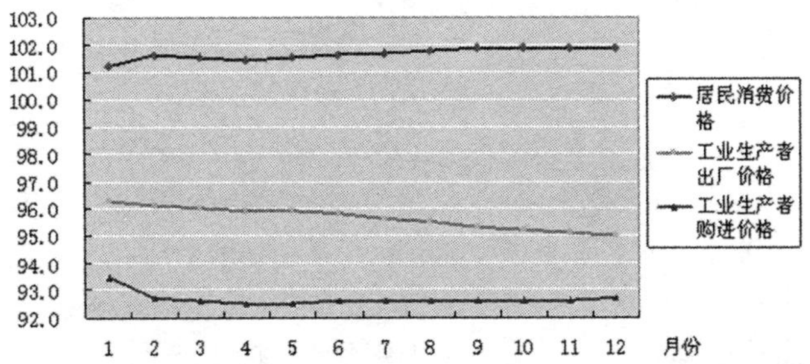

财税收入增势良好。地域税收收入929.0亿元，比上年增长9.7%。一般公共预算收入614.3亿元，增长13.1%。一般公共预算支出658.6亿元，增长15.2%，其中各项民生和社会重点事业支出494.8亿元，增长16.5%，占一般公共预算支出比重为75.1%。

民营经济规模继续扩大。全市民营经济增加值2260.16亿元，比上年增长9.5%。民营经济增加值占全市地区生产总值比重为37.1%，提高0.5个百分点。

现代服务业[4]快速增长。全年现代服务业实现增加值1838.1亿元，增长12.4%；占全市服务业的比重为52.7%。

各县(市)区、高新区经济实力进一步提升。地区生产总值达到500—1000亿元的县(市)、区4个；1000亿元以上的1个。一般公共预算收入达到30—50亿元的县(市)、区3个；50—100亿元的3个；100亿元以上的1个。固定资产投资达到500亿元以上的县(市)、区3个。

节能降耗工作取得新进展。全市新能源发电装机总容量33.69万千瓦,占全市发电总装机容量的9.3%。其中生物质发电装机11.17万千瓦,太阳能发电装机2.72万千瓦,风力发电装机19.8万千瓦。全年单位GDP能耗下降率超额完成当年节能降耗目标任务。

社会治安秩序良好。全年刑事案件立案35047件,比上年下降22.32%。破获刑事案件20806件,下降22.77%;受理社会治安案件86217件,下降6.16%。

全市各类事故总量下降,未发生重大及以上事故。全年共发生各类安全生产事故523起,比上年减少35起;死亡99人,减少23人;重伤623人。

大众创业、万众创新步伐加快。全市众创空间达39家,总孵化面积达2万余平方米,服务创新创业团队超过200个。新登记注册各类市场主体10.24万户,比上年增长1.29%;新登记注册资本(金)2268.23亿元,增长78.88%。

重点改革持续深化。公布市和县(市)、区行政权力清单、市级政府部门责任清单,52个市直部门(单位)公布行政权力事项3780项,42个市直部门公布市级行政许可事项327项、非行政许可审批事项56项。全面实施"三证合一"登记制度,核发"一照一码"营业执照6万份。发布济南市第一批17个政府和社会资本合作(PPP)项目。稳步推进"公共信用信息交换平台"建设。巩固完善基层医疗卫生机构运行机制,有序推进村卫生室、非政府办基层医疗卫生机构实施基本药物制度。率先在全省开展艾滋病定点医院抗病毒治疗工作,并将艾滋病防治纳入我市基本公共卫生服务项目。

二、"四个中心"建设

区域性经济中心建设。2015年,我市地区生产总值在全省十七个城市排名第3位,在全国十五个副省级城市排名第11位,在全国省会城市排名第9位;占全省比重9.7%。人均地区生产总值在全省十七城市排名第6位。第三产业占GDP比重为57.2%,在全省十七城市排名第1位。

区域性金融中心建设。金融业增加值为641.9亿元,比上年增长19.2%。金融机构单位数430家,其中银行44家,保险公司82家,证券营业部78家。

金融存贷款较快增长。年末金融机构本外币各项存款余额14174.7亿元,比上年增长10.5%,占全省比重为18.5%,其中人民币各项存款余额13553.0亿元,增长11.3%。金融机构本外币各项贷款余额11356.8亿元,增长13.5%,占全省比重为19.2%,其中人民币各项贷款余额9674.2亿元,增长13.7%。

证券业交易活跃。济南地区证券营业部完成证券交易额5.5万亿元,比上年增长239.1%。2015年,济南地区期货营业部代理交易额6.3万亿元,增长84.0%。截至2015年末,全市区域内上市公司31家,上市公司总市值3730.1亿元。

保险业快速发展。保费收入222.8亿元,比上年增长36.8%。其中财产险公司保费收入58.9亿元,增长13.4%;人身险公司保费收入163.9亿元,增长47.7%。支付各项赔款与给付65.7亿元,增长23.9%。

区域性物流中心建设。社会物流总额19001.7亿元,占全省比重为10%。

交通运输业平稳发展。年末公路通车里程13103.9公里,比上年增长2%,其中境内高速公路418.9公里。年末拥有民用机动车167.5万辆,增长7.0%,其中民用汽车154.1万辆,增长11.4%。年末公交线路277条,增加10条,线路总长度5389.6公里,增加481.3公里;公交营运车辆5537辆,增加438辆,全年旅客运输量7.7亿人次,下降5.7%。全年济南机场累计保障起降架次86158架次,增长3.1%;完成旅客吞吐量952.1万人次,增长9.3%;累计完成货邮吞吐量[5]8.63万吨,增长7.2%。

2015年主要运输工具运输量

	指标	单位	运输量	比上年±%
铁路	旅客发送量	万人	10681.1	14.0
	旅客周转量	百万人公里	66252.5	10.6
	货物发送量	万吨	15793.8	−5.9
	货物周转量	百万吨公里	108795.8	−12.1
公路	公路客运量	万人	3663	−1.8
	公路旅客周转量	亿人公里	54.2	4.9
	公路货运量	万吨	20419	5.5
	公路货物周转量	亿吨公里	393.8	0.5
民航	民航客运量	万人	533.1	9.2
	民航客运周转量	亿人公里	227.7	16.6
	民航货运量	万吨	4.15	5.2
	民航货运周转量	亿吨公里	2.20	2.5

邮政通讯有新进展。全市邮政企业和快递服务企业业务收入(不包括邮政储蓄银行直接营业收入)累计完成30.0亿元,比上年增长50.1%;业务总量完成38.4亿元,增长37.8%。全市快递服务企业业务收入完成23.3亿元,增长62.5%,业务量完成18781.5万件,增长66.9%。全年电信业务总量122.1亿元,增长8.5%。年末移动电话用户1090.4万户,下降7.4%,其中4G电话用户数306.6万户,增长312.7%。宽带网用户213.6万户,增长5.4%。

区域性科技创新中心建设。规模以上工业[6]高新技术产业产值占规模以上工业总产值的比重为42.63%,比年初提高1.05个百分点。

科技创新中心建设顺利推进。国家级企业技术中心总数达到24家,新增省级工程实验室(工程研究中心)3家,总数达到18家。新增国家级企业重点实验室1家。共建成各类企业研发机构818家(包括企业技术中心288家、工程研究中心458家、工程实验室(工程研究中心)60家,企业重点实验室12家),其中国家级36家、省级256家。

科技发明成果再获新突破。宏济堂"人工麝香研制及其产业化"项目获2015年国家科技进步一等奖;全市获省科技进步一等奖1项、二等奖7项,省技术发明二等奖1项。全年专利申请量28944件，比上年增长23.11%，其中发明专利申请量15096件，增长20.54%。专利授权量15537件，增长32.78%，其中发明专利授权量3913件，增长49.98%。

高新技术产业开发区科技创新工作有新的进展。全年共实现地区生产总值596.3亿元，比上年增长8.8%。实际到账外资3.9亿美元，增长16.4 %。全年新认定高新技术企业63家，总数达到275家，获得上级科技立项185项。新增孵化企业5家，毕业企业46家，在孵企业总数达到348家。

三、农　业

农林牧渔业增势平稳。农业增加值210.1亿元，比上年增长4.2%；林业增加值10亿元，增长11.7%；畜牧业增加值80.8亿元，增长3.2%；渔业增加值4.5亿元，增长4%。

种植业生产基本稳定。全年粮食产量264.6万吨，比上年减产2.4%。蔬菜产量649.7万吨，减产2.4%。水果产量53万吨，基本持平。

林业发展势头良好。全年完成造林18.02万亩，新育苗3.68万亩；年末森林覆盖率达到35.24%。

畜牧业生产稳定发展。肉类总产量为39.4万吨，禽蛋产量35.5万吨，奶类产量29.2万吨。新创建国家级畜牧标准化养殖示范场1处，省级示范场18处。

农业生产条件持续改善。农业机械总动力584.98万千瓦。农作物机耕率、机播率和机收率分别达到83.2%、97.2%和93.5%。全年新增有效灌溉面积1.67万亩，新增节水灌溉面积12.99万亩。

农业产业化水平继续提高。市级农业龙头企业总量达437家，新认定40家；农民专业合作社达5647家，新增256家。

四、工业、建筑业

工业企业规模不断壮大。全年主营业务收入超过亿元的法人企业766家，增加31家；过10亿元的63家，增加1家；过100亿元的企业7家，增加1家。

工业整体运行平稳。规模以上工业增加值增长7.5%。按经济类型看，公有制经济增加值增长4.2%，非公有制经济增加值增长10.2%。按轻重工业看，轻工业增加值增长9.0%，重工业增加值增长6.9%。

重点行业继续呈现良好增势。40个工业行业大类中，有27个行业增加值比上年增长。其中金属制品业增长6.1%，化学原料及制品业增长15.5%，计算机、通信电子业增长13.5%，非金属矿物制品业增长14.6%，医药制造业增长13.8%。

2015年规模以上工业重点行业增加值增长情况

行业名称	增加值增长率(%)
通用设备制造业	−1.14
金属制品业	6.05
化学原料和化学制品制造业	15.52
计算机、通信和其他电子设备制造业	13.51
汽车制造业	−16.55
烟草制品业	0.37
非金属矿物制品业	14.57
医药制造业	13.81
石油加工、炼焦和核燃料加工业	−1.64
电力、热力生产和供应业	2.89

工业产品产销衔接良好。规模以上工业产品产销率为98.2%，比上年提高0.3个百分点。实现出口交货值266.9亿元，增长7.7%。

在150种工业大类产品中有78种产品产量增长，占52%，增幅在30%以上的产品有13种，占8.7%。

2015年规模以上工业企业主要产品产量

产品名称	单位	产量	比上年±%
发电量	亿千瓦时	175.9	−1.6
原油加工量	万吨	510.0	−3.8
化肥	万吨	23.5	−17.8
初级形态塑料	万吨	48.8	−6
耐火材料	万吨	56.1	14.6
石墨及炭素制品	万吨	198.2	15.1
钢	万吨	699.8	−6.2
钢材	万吨	724.6	−6.6
水泥	万吨	781.5	−7.4
变压器	万千伏安	9493.3	8.6
工业锅炉	蒸发量吨	2237	−26.4
电子元件	亿只	33.5	−8.4
载货汽车	万辆	9.2	−20.8
摩托车整车	万辆	39.1	−6.2
发电设备	万千瓦	733	−10.2
电子计算机整机	万台	64.9	26.3
饲料	万吨	50.6	−9.3
鲜、冷藏肉	万吨	8.5	5.9
乳制品	万吨	39.1	6.2
啤酒	万千升	24.8	−19.3
纱	万吨	17	12.7
布	亿米	1.6	8.6
服装	万件	8502.2	4.1
塑料制品	万吨	13.9	4.6

工业经济效益不断提高。全年规模以上工业主营业务收入5363.7亿元，比上年增长0.3%；实现利税715.6亿元，增长14.9%；实现利润345.1亿元，增长12.4%。其中食品制造业利润15.0亿元，增长11.1%；医药制造业利润44.1亿元，增长21.8%；金属制品业利润38.7亿元，增长4.6%；电气机械和器材制造业利润15.7亿元，下降25.2%。

高新技术产业发展迅速。全年净增高新技术产业企业34家，年末规模以上高新技术产业企业达572家，规模以上工业高新技术产业产值比上年增长9.2%。年末全市九家省级及以上经济(技术)开发区、保税区规模以上工业企业916家;全年实现规模以上工业主营业务收入增长6.8%;实现利税增长5.3%。

高耗能行业比重持续降低。六大高耗能行业实现工业增加值占全部规模以上工业增加值的比重为27.1%,比上年下降2.1个百分点。

建筑业平稳发展。全年建筑业增加值466.1亿元,比上年增长8.9%。资质内建筑业实现总产值1663.8亿元,增长7.9%,其中在省外完成的建筑业产值540.5亿元,增长7.4%。签订合同额3877.0亿元,增长17.8%,其中本年新签合同额1919.4亿元,增长8.2%。

五、国内贸易、对外经济

消费品市场稳定增长。全年社会消费品零售总额3410.3亿元,比上年增长10.5%,其中商品零售额2876.4亿元,增长10.6%;餐饮收入额533.9亿元,增长9.8%。分城乡看,城镇社会消费品零售额3095.4亿元,增长10.5%;乡村社会消费品零售额314.9亿元,增长10.0%。

全年限额以上法人企业[7]实现零售额1336.4亿元,比上年增长2.9%。分行业看,批发和零售业实现零售额1302.4亿元,增长3.0%;住宿和餐饮业实现零售额34.0亿元,下降1.1%。

2015年限额以上批发和零售业法人企业商品分类零售额

商品类别	零售额(亿元)	增幅(%)
粮油、食品类	126.8	14.2
饮料类	11.0	-4.3
烟酒类	22.0	8.1
服装、鞋帽、针纺织品类	107.2	5.9
化妆品类	14.6	2.1
金银珠宝类	48.1	27.1
日用品类	51.6	8.3
体育、娱乐用品类	4.9	-0.9
书报杂志类	21.5	13.8
家用电器和音像器材类	73.4	-2.2
中西药品类	118	5.9
文化办公用品类	42.7	15.8
家具类	32.4	3.6
通讯器材类	44.0	18.5
石油及制品类	209.8	-11.2
汽车类	340.4	2.0

利用外资继续增加。全年新签外商投资项目104个,实现合同外资额30.3亿美元,比上年增长61.2%。实际到账外资15.8亿美元,增长10.0%,其中制造业到账外资1.5亿美元,服务业到账外资13.6亿美元。总投资过亿美元的项目7个,合同外资4.1亿美元。引进世界500强企业投资项目2个,实际到账外资3.7亿美元。

对外贸易略有下降。全年货物进出口总额91.1亿美元[8],比上年下降13.1%,其中进口31.2亿美元,下降29.6%;出口60.0亿美元,下降1.0%。在出口产品中,机电产品出口39.9亿美元,增长4.0%。

对外经济合作扩大。备案核准设立境外企业(机构)50家;备案核准中方投资7亿美元,比上年增长11%。派出各类劳务人员6886人,增长0.8%。

六、旅游、会展、房地产业

旅游业增势稳定。全年接待国内外游客6094.4万人次,比上年增长9.1%,其中接待国内游客6061.1万人次,增长9.1%;接待入境游客33.29万人次,增长5.9%。实现旅游消费总额744.9亿元,增长14.1%,其中国内游客消费额670.5亿元,增长14.0%;入境游客消费额18419.4万美元,增长8.0%。共有A级旅游景区39家。其中5A级景区1家,4A级景区12家。省级旅游强乡镇23个,省级旅游特色村60个,省级以上旅游度假区1家。

会展业稳步发展。全年举办会展165场,比上年增加4场;直接营业收入5.9亿元,增长31%;参观人数980万人次,增长7.2%;展会交易额1496亿元,增长6.1%。

房地产业平稳健康发展。房地产业增加值415.0亿元,比上年增长15.3%。商品房销售面积1191.2万平方米,增长37.7 %,其中住宅销售面积923.5万平方米,增长27.6%。商品房销售额915.9亿元,增长43.7%,其中住宅销售额695.5亿元,增长34.3%。年末商品房待售面积169.5万平方米,增长44.4%,其中住宅待售面积86.5万平方米,增长42.4%。

七、教育、文化、卫生和体育事业

教育事业持续发展。普通高等学校43所,普通本专科在校生53.62万人。其中民办普通高校11所,普通本专科在校生9.97万人。普通中学在校生30.16万人。普通小学在校生41.44万人。学龄儿童入学率和小学毕业生升学率均为100%。

2015年教育事业基本情况

	单位	2014年	2015年
学校所数	所	958	946
#普通高校	所	42	43
中等职业学校	所	51	41
技工学校	所	27	25
普通中学	所	209	214
小学	所	588	582
特殊教育	所	12	12
在校生	万人	153.75	153.71
#研究生	万人	3.10	3.27
普通高校普通本专科	万人	52.47	53.62
中等职业学校	万人	7.57	5.93
技工学校	万人	4.7	4.68
普通中学	万人	30.8	30.16
小学	万人	40.51	41.44
特殊教育	人	1117	1074

	单位	2014年	2015年
专任教师	人	87926	88487
#普通高校	人	29943	30873
中等职业学校	人	4430	4068
技工学校	人	2995	2878
普通中学	人	23443	23643
小学	人	25870	25795
特殊教育	人	410	410

文化事业持续健康发展。中国非物质文化遗产博览会永久落户济南，填补了济南市缺少国家级永久文化展会的空白。全市基层群众文化活动示范点达到120个。市属院团举办公益惠民演出349场，观众达35万人次。年末各种艺术表演团体12个，文化馆(站)及群众艺术馆152个，档案馆15个，公共图书馆12个，市级以上文物保护单位375处，其中国家级21处。城市电影院38家，全年放映41.59万场，观众992.99万人次，票房收入3.29亿元，增长40.60%。年末广播人口混合覆盖率和电视人口混合覆盖率均为100%。

医疗卫生水平稳步提升。年末拥有卫生机构5947个，比上年增长2.8%，其中医院、卫生院268个，增长1.1%。卫生机构床位4.93万张，增长2.1%。各类卫生技术人员7.17万人，增长3.9%；执业(助理)医师3.26万人，增长5.2%。按常住人口计算，每千人拥有病床6.9张，增长1.2%；每千人拥有医生4.6人，增长4.5%。

全民健身活动深入普及。全市累计成立体育社会组织139家，会员80余万人，95%以上的行政村建立了老年体育组织，全年共组织第五届全民健身运动会、冬泳畅游泉水国际邀请赛等各类全民健身活动(赛事)200余次，参与人数超过200万人次。竞技体育实力提升。我市运动员获省级及以上金牌277枚，银牌149枚，铜牌170枚，其中在第一届全国青年运动会上获4枚金牌、6枚银牌和4枚铜牌。

八、固定资产投资

固定资产投资平稳增长。年末全市固定资产投资项目3663个，比上年增长9%，其中亿元及以上投资项目902个，减少28个。全年固定资产投资3498.4亿元，增长14.2%。分产业看，第一产业投资102.5亿元，增长8.2%；第二产业投资1217.4亿元，增长14.9 %；第三产业投资2178.5亿元，增长14.1%。分项目规模看，五十亿元以上项目19个，增加5个，全年完成投资184.9亿元，增长77.6%，占全市投资的5.3%；十亿元以上至五十亿元项目198个，增加31个，全年完成投资857.4亿元，增长13.7%，占全市投资的24.5%；亿元以上至十亿元投资项目685个，减少64个，全年完成投资1023.4亿元，减少7.8%，占全市投资的29.3%。全市民间投资2268.3亿元，增长12.2%。

基础设施投资持续快速增长。全年基础设施投资515.0亿元，比上年增长31.5%。其中电力、热力生产和供应业投资81.9亿元，增长30.6%；燃气生产和供应业投资17.1亿元，增长139.4%；铁路运输业投资14.4亿元，增长94.6%；道路运输业投资89.9亿元，下降14.7%。

工业投资稳步增长。全年工业投资1147.9亿元，比上年增长13.8%，其中高新技术产业投资422.8亿元，增长25.2%。

房地产投资平稳增长。全年房地产开发投资1014.1亿元，比上年增长10.5%，其中住宅投资725.4亿元，增长18.2%。房屋施工面积8725.9万平方米，增长15.5%，其中住宅施工4580.4万平方米，增长25.3%。房屋新开工面积1690.3万平方米，增长30.5%，其中住宅新开工面积1193.7万平方米，增长30.0%。

九、城市建设[9]、环境保护

城市建设有新的进展。年末城市建成区面积496.71平方公里，比上年增加11.39平方公里。年末绿地覆盖率39.94%，人均公园绿地面积11.55平方米。全年天然气供气量7.55亿立方米，增长16.3 %；液化石油气供气量4.68万吨，增长0.3%。集中供热面积14499万平方米，增长23.0%。自来水供水量3.2亿吨，增长2.1%。垃圾无害化处理率100%。

环境治理力度进一步加大。2015年，城区环境空气中可吸入颗粒物(PM_{10})、细颗粒物($PM_{2.5}$)、二氧化硫、二氧化氮年均浓度分别为157微克/立方米、87微克/立方米、50微克/立方米、48微克/立方米，分别下降8.7%、3.3%、30.6%和9.4%。省控4条河流(小清河、徒骇河、漯河、章齐沟)出境断面化学需氧量年均浓度为19.7毫克/升，下降13.6%；氨氮年均浓度为1.72毫克/升，与上年度基本持平。区域环境噪声昼间平均等效声级为53.7分贝，下降0.9%；市区道路交通噪声平均等效声级为70.0分贝，与上年度基本持平。

十、社会保障、社会福利事业

社会保障水平继续提高。年末城镇职工基本养老保险参保人数266.14万，比上年增加15.5万；职工医疗保险参保人数208.09万，增加11.6万；失业保险参保人数130.08万，增加5.04万；工伤保险参保人数144.46万，增加5.04万；生育保险参保人数136.43万，增加7万；居民养老保险和医疗保险参保人数分别达到222.9万和419.3万。

困难群众生活保障标准进一步提高。城市最低生活保障标准由上年人均每月510元提高到550元；享受城镇最低生活保障的城镇居民1.4万户、2.2万人，发放最低生活保障金及各类补贴1.8亿元。农村最低生活保障标准由年人均不低于3000元提高到3600元，享受农村最低生活保障的农村居民5.4万户、8.1万人，发放最低生活保障金及各类补贴1.03亿元。农村五保集中供养标准由每人每年不低于5300元提高到5900元，分散供养标准由每人每年3400元提高到3700元。

社会救助事业稳固发展。城乡医疗救助资金支出4494.3万元，救助居民1.2万人次。共有救助管理站2处，流浪未成年人保护中心1处，床位共100张。社会福利企业52个。安置残疾人员就业2317人，全年培训残疾人10237人次，帮扶救助残疾人投入资金12000万元。

十一、人口、人民生活

人口保持均衡增长。年末全市常住人口713.2万人，比上年末增长9.07‰。城市化率达到67.96%，提高1.55个百分点。

城乡居民生活水平稳步提高。全年城镇居民人均可支配收入39889元，比上年增长8.0%；城镇居民人均生活消费支出26319元，增长9.3%。农村居民人均可支配收入14232元，增长8.5%；农村居民人均生活消费支出8597元，增长11.8%。城乡居民收入比由2014年的2.82:1下降到2.80:1，城乡居民收入差距进一步缩小。城镇居民恩格尔系数24.4%，农村居民恩格尔系数[10]32.3%。

2015年住户收支与生活状况调查数据

指标名称	城镇居民		农村居民	
	本年(元)	增幅(%)	本年(元)	增幅(%)
可支配收入	39889	8.0	14232	8.5
一、工资性收入	23575	7.7	8050	8.2
二、经营净收入	2542	6.6	5299	7.1
三、财产净收入	6393	12.0	280	53.3
四、转移净收入	7379	6.3	603	12.0

2015年末每百户居民家庭主要耐用消费品拥有量[11]

指　标	单 位	拥有量	比上年±%
城镇居民家庭			
彩电	台	110.5	2.6
电冰箱	台	101.8	2.4
洗衣机	台	98.5	3.1
空调器	台	146.3	4.1
家用电脑	台	90.8	4.4
移动电话	部	213.5	8.3
家用汽车	辆	47.6	6.3
农村居民家庭			
电冰箱	台	90.7	5.3
空调器	台	55.9	78.3
洗衣机	台	86	10.2
彩电	台	114	1.6
摩托车	台	79.1	3.5
家用电脑	台	40.1	31.9
移动电话	部	213.9	4.2

注释：

[1]2015年统计数据为统计快报数或初步核算数，正式数据以出版的《济南统计年鉴—2016》为准。

[2]全市地区生产总值、各产业增加值绝对数按现价计算，增长速度按不变价格计算。

[3]人均地区生产总值按常住人口计算。

[4]现代服务业包括：信息传输、计算机服务业和软件业，金融业，房地产业，商务服务业，研究与试验发展，专业技术服务，科技交流与技术推广服务业，教育，卫生，体育，娱乐业。

[5]货邮吞吐量是指一国或一地区港口进口和出口货物的总流量，包括了进口、出口、转口的所有数据。

[6]规模以上工业企业指年主营业务收入2000万元及以上的工业法人企业。

[7]限额以上法人企业是指年主营业务收入2000万元及以上的批发业企业、500万元及以上的零售业企业、200万元及以上的住宿和餐饮业企业。

[8]按照海关总署新的统计口径，2015年济南进口数据进行了修正，扣除了山东航空公司进口额的7.5亿美元。

[9]城市建设指标口径为包含三县一市的整个济南地区。

[10]恩格尔系数是指食品支出在消费支出中的比重。

[11]数据来自于住户收支与生活状况调查。

资料来源：本公报中民用机动车、社会治安数据来自公安部门；财政数据来自财政部门；城镇新增就业、新增农村劳动力转移就业、登记失业率、城镇职工各类保险参保数据、人才数据来自人力资源和社会保障部门；安全生产数据来自安全生产监督管理部门；淘汰落后产能相关数据来自经信部门；水产品产量、农业数据来自农业部门；林业数据来自林业部门；灌溉面积数据来自水利部门；外资数据来自投资促进局；对外承包工程、新设境外企业、外派劳务人员、会展数据来自商务部门；进出口数据来自济南海关；公路里程、公交数据、公路运输数据来自交通部门；邮政、快递数据来自邮政管理部门；铁路运输数据为省统计局反馈；本外币存贷款数据来自人民银行济南分行营业管理部；民航客运量与民航货运量数据来自济南国际机场股份有限公司；民航客运周转量与民航货运周转量数据来自山东航空股份有限公司；保险、证券数据来自金融部门；旅游数据来自旅游部门；教育数据来自教育部门；科技数据来自科技部门；新认定国家级企业技术中心数据、新增省级工程实验室(工程研究中心)数据来自发改部门；高新技术产业开发区数据来自高新技术开发区；文化数据来自文化部门；卫生数据、新型农村合作医疗相关数据来自卫生部门；体育数据来自体育部门；城市建设相关数据来自城乡建设部门；环境保护相关数据来自环保部门；城乡最低生活保障、农村五保相关数据来自民政部门；全面深化改革数据、新登记各类市场主体数据来自市委全面深化改革领导小组办公室；居民收入与支出数据、恩格尔系数、价格指数、粮食播种面积、产量来自国家统计局济南调查队；其他数据均来自市统计局。

地区生产总值（亿元）

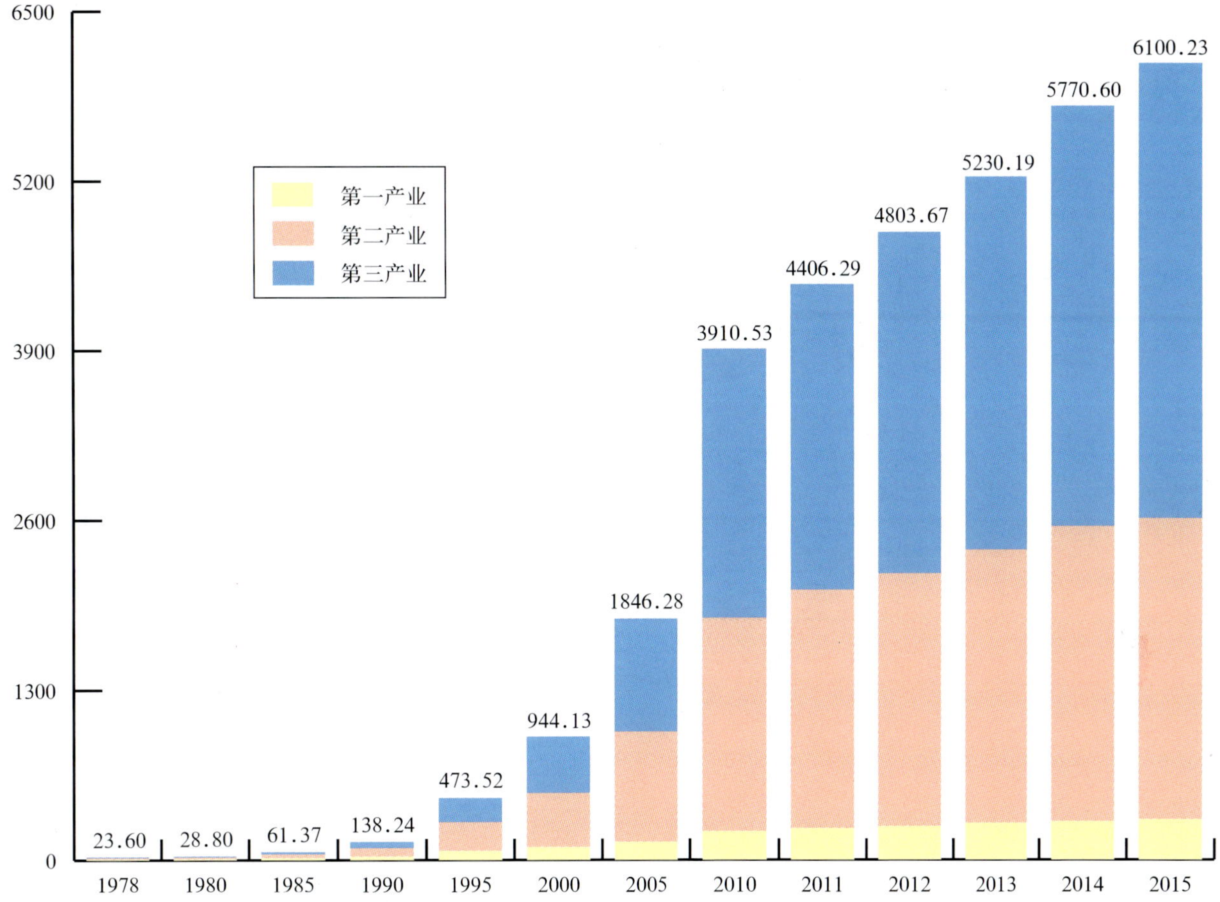

人均地区生产总值（元）

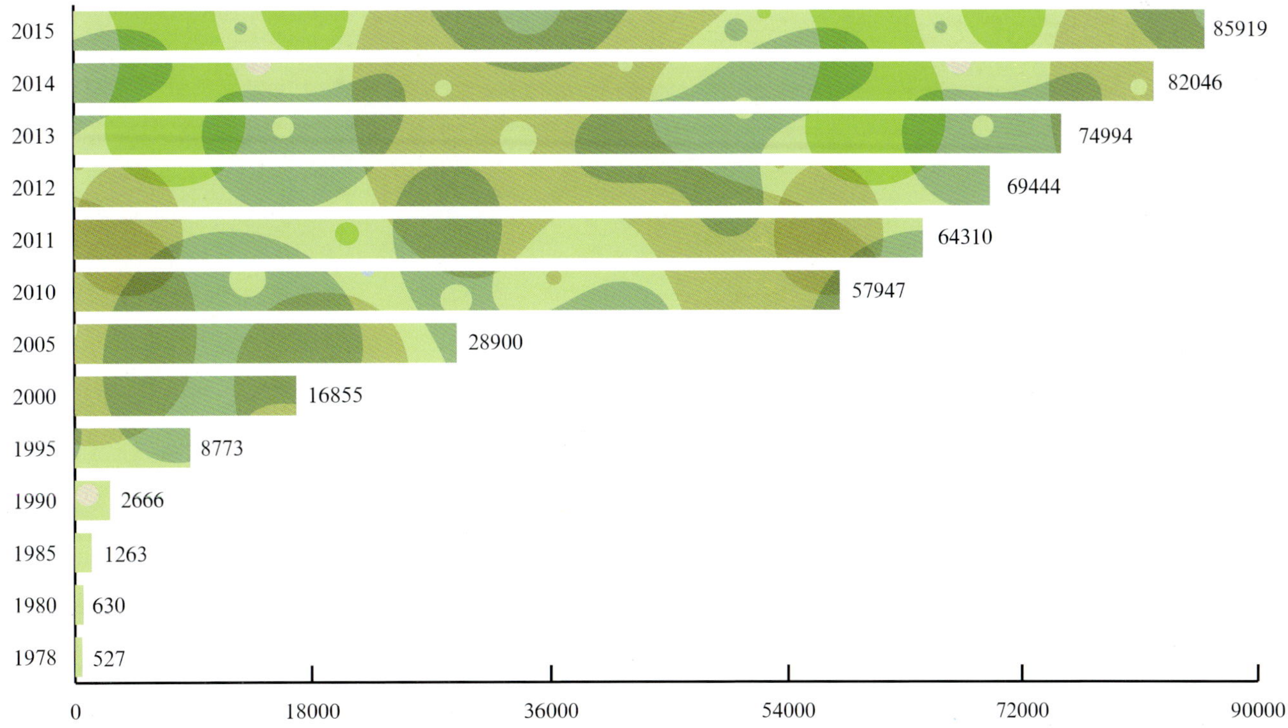

全社会从业人员（万人）

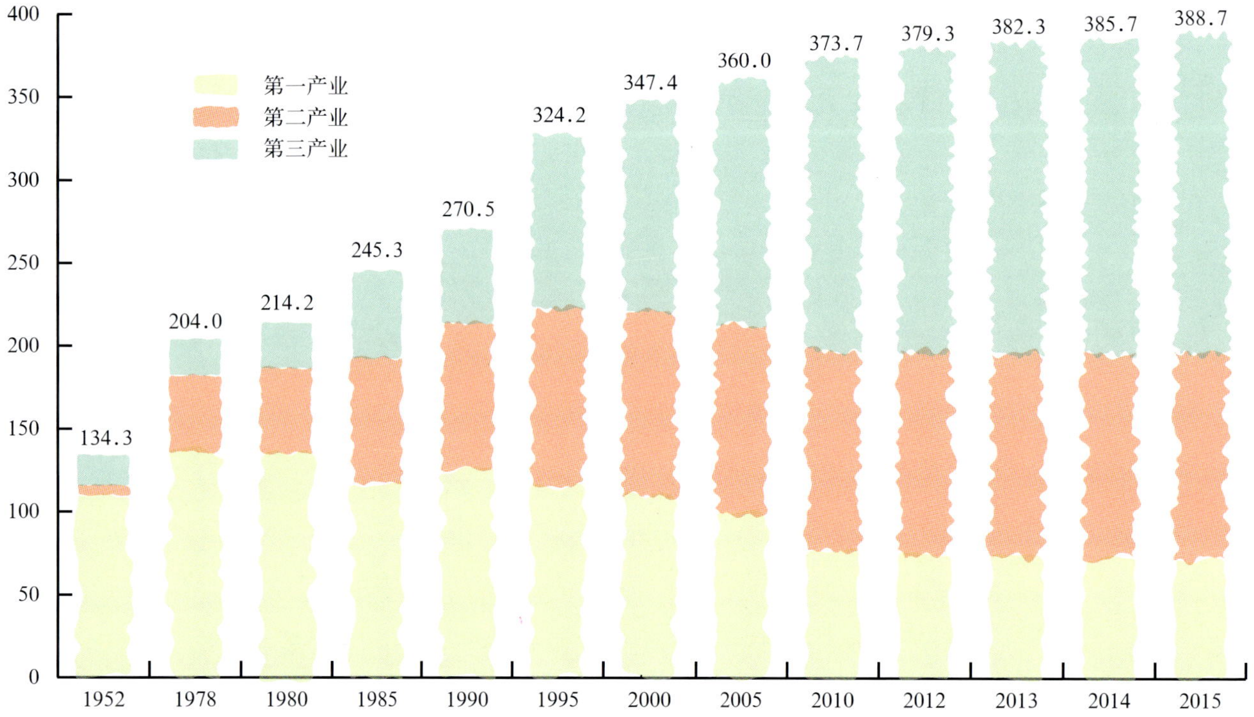

在岗职工平均工资（元）

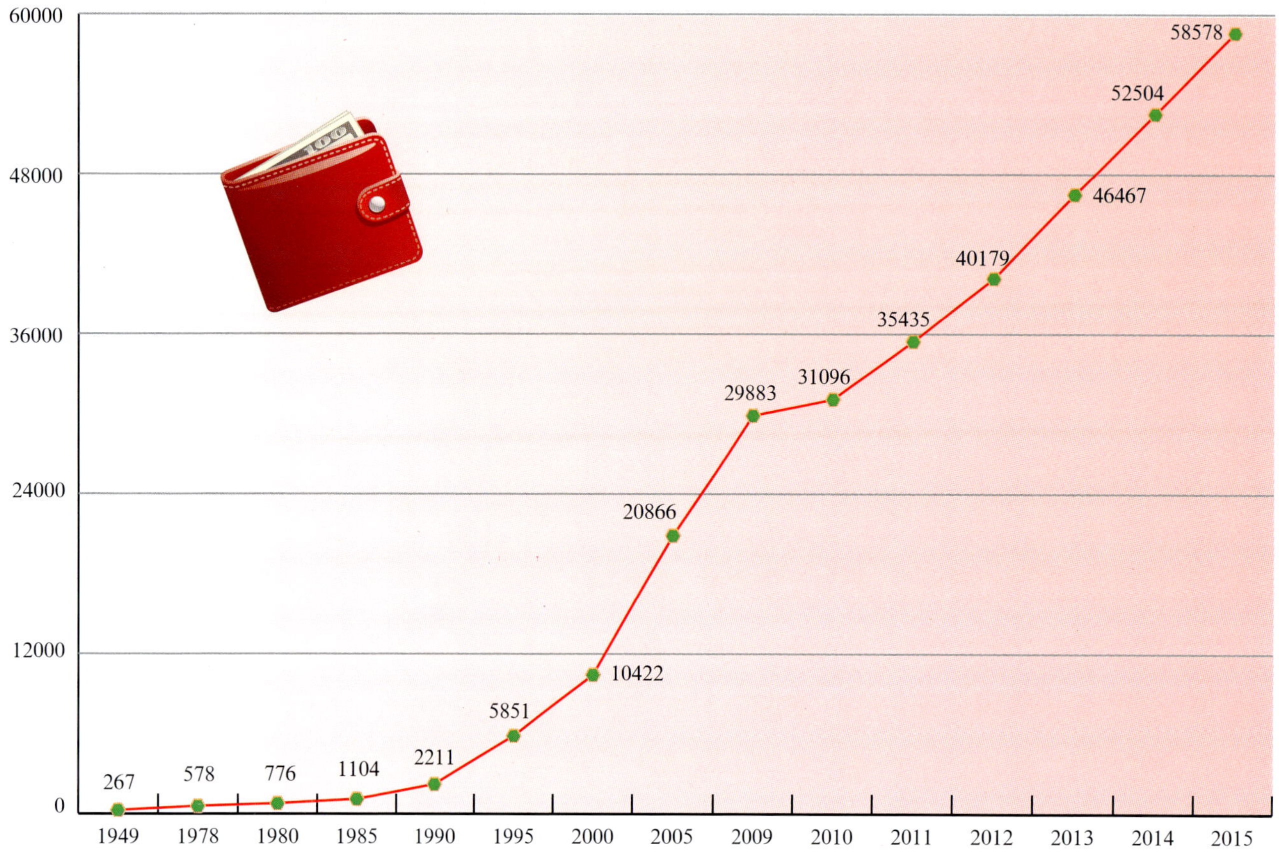

注：2006年后数据为法人单位在岗职工口径。

年末户籍总人口（万人）

人口自然变动情况（‰）

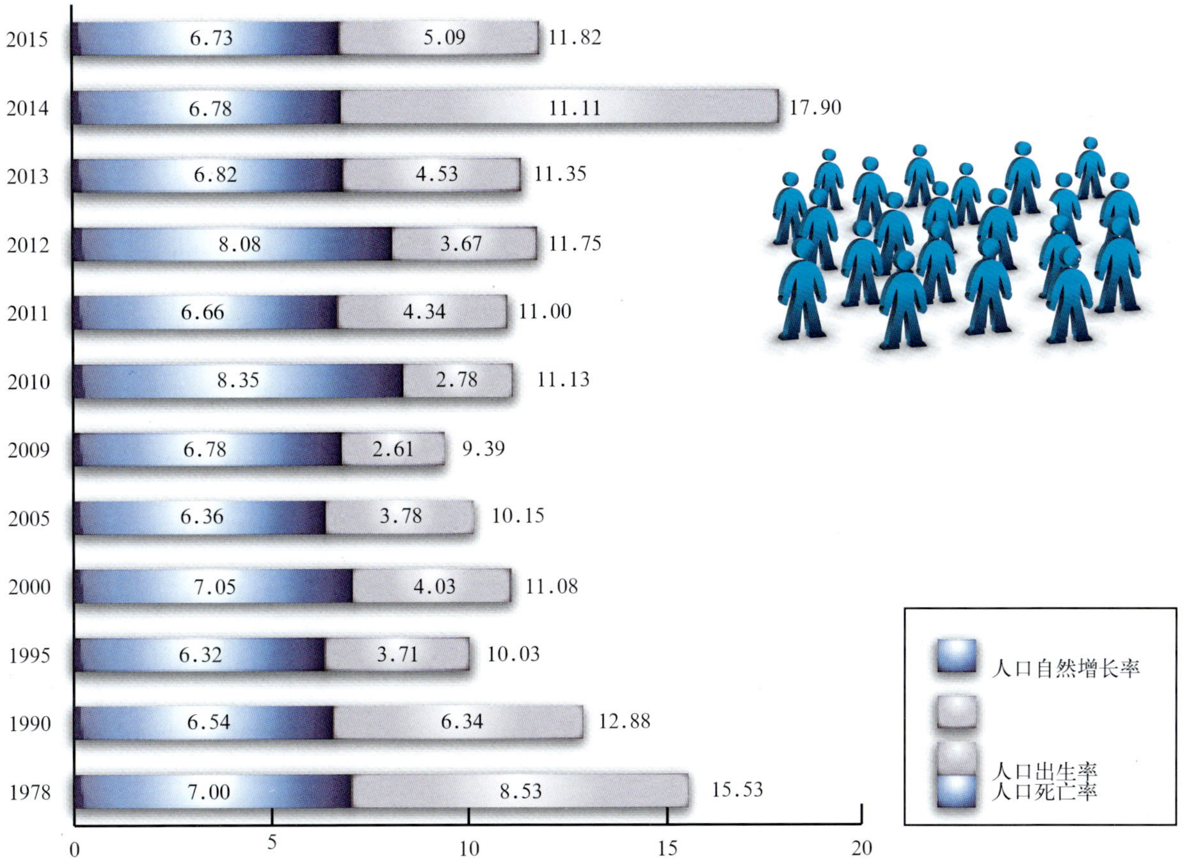

一般公共预算收支（亿元）

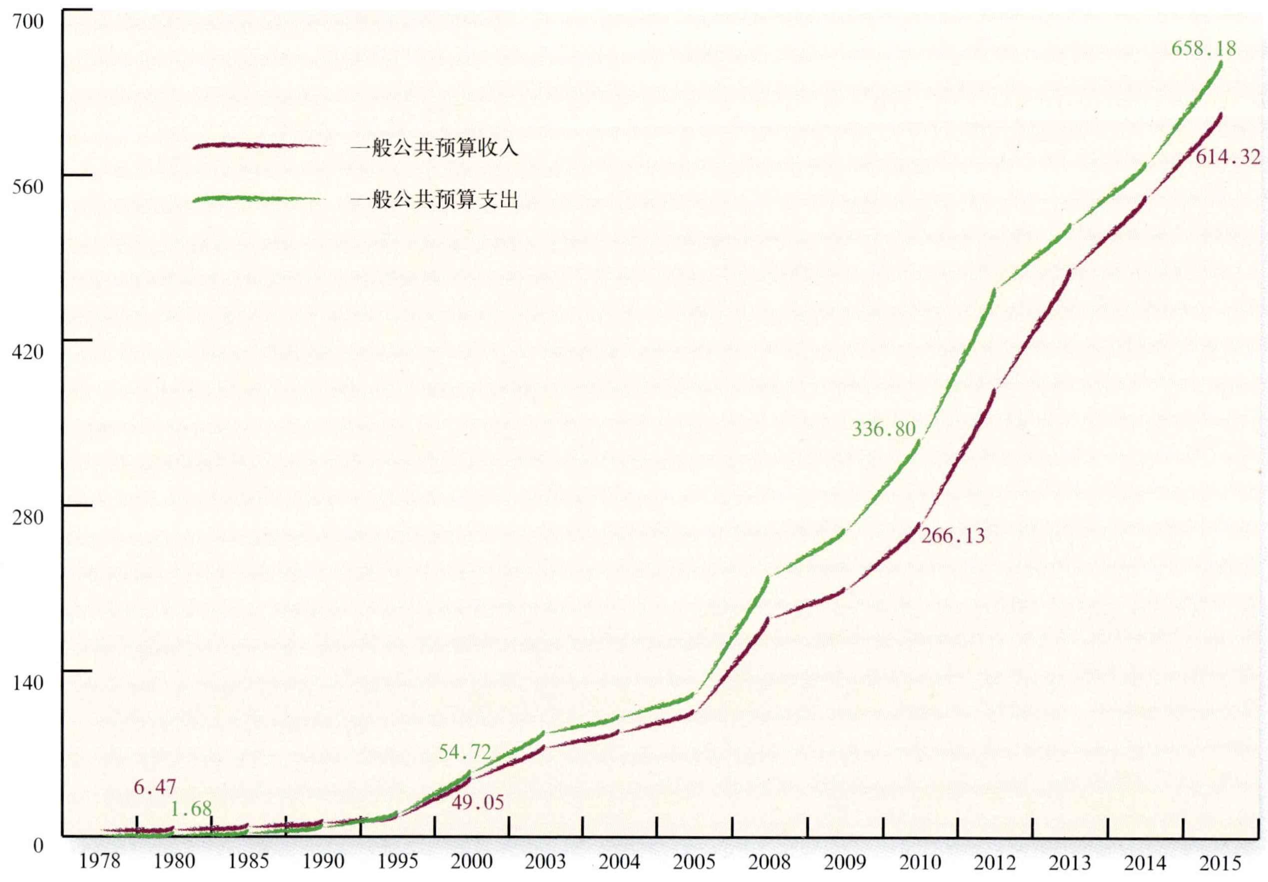

金融机构人民币存、贷款余额（亿元）

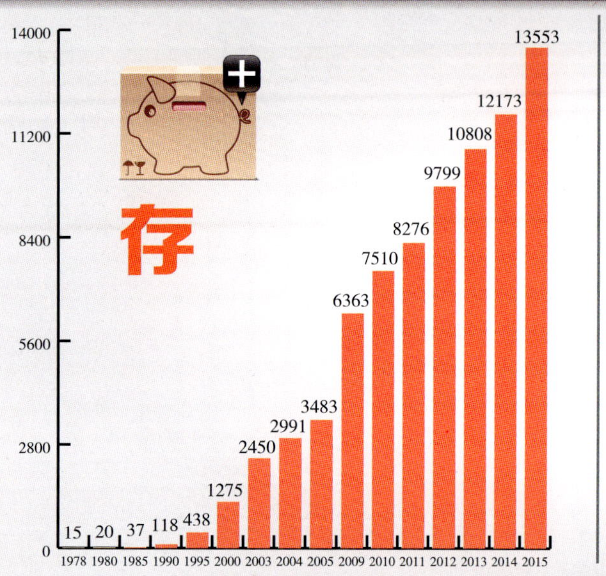

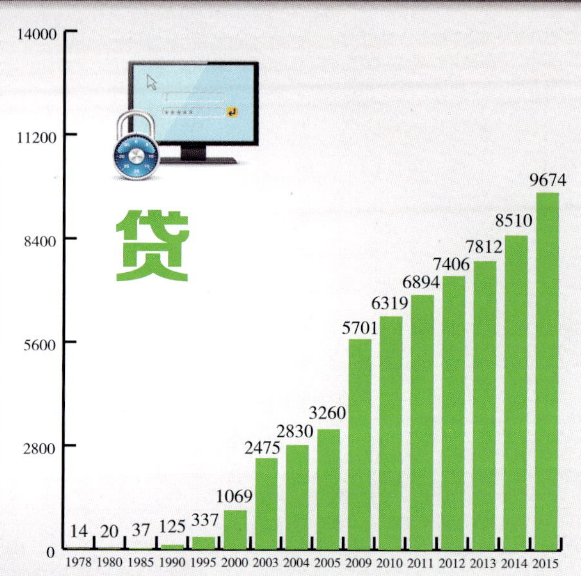

城镇居民人均可支配收入和农村居民人均可支配收入（元）

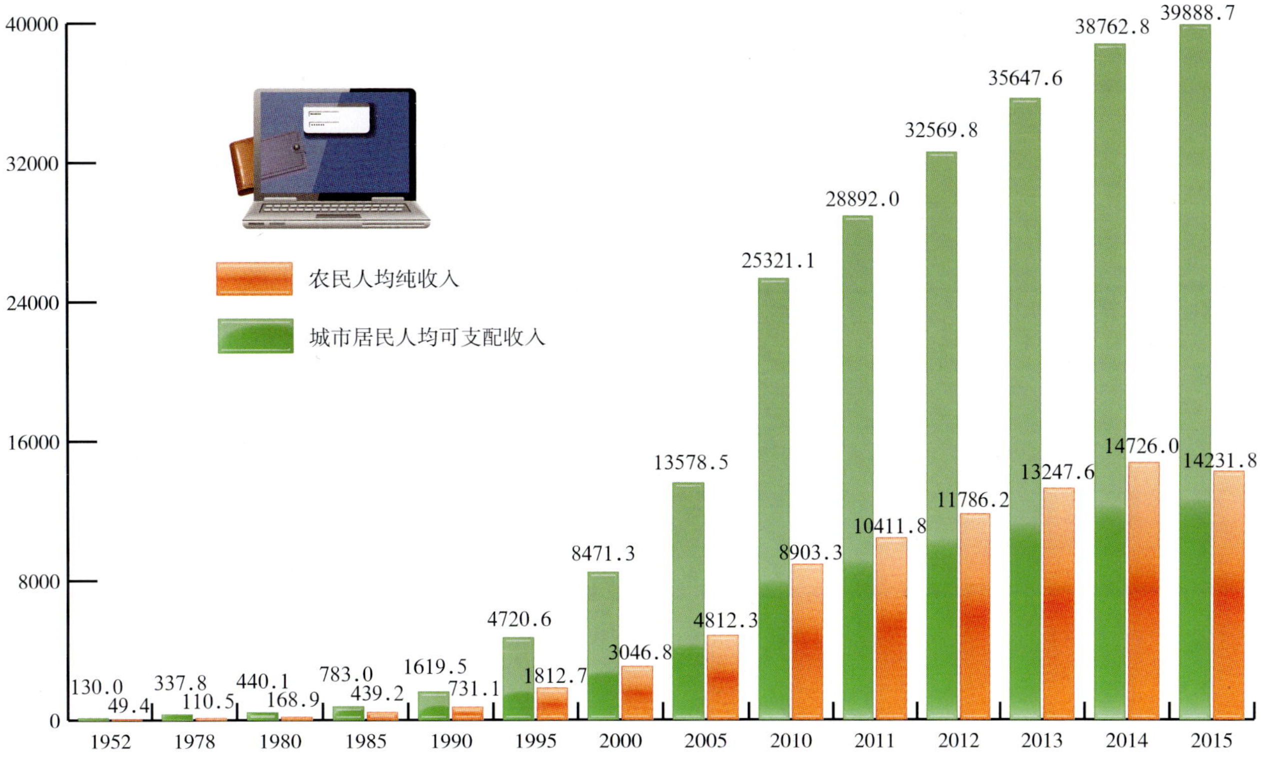

注：城乡一体化改革，2015年起为城镇居民人均支配收入和农村居民人均可支配收入口径；之前年份为城市居民人均可支配收入和农民人均纯收入口径。

城镇居民人均消费性支出和农村居民人均消费性支出（元）

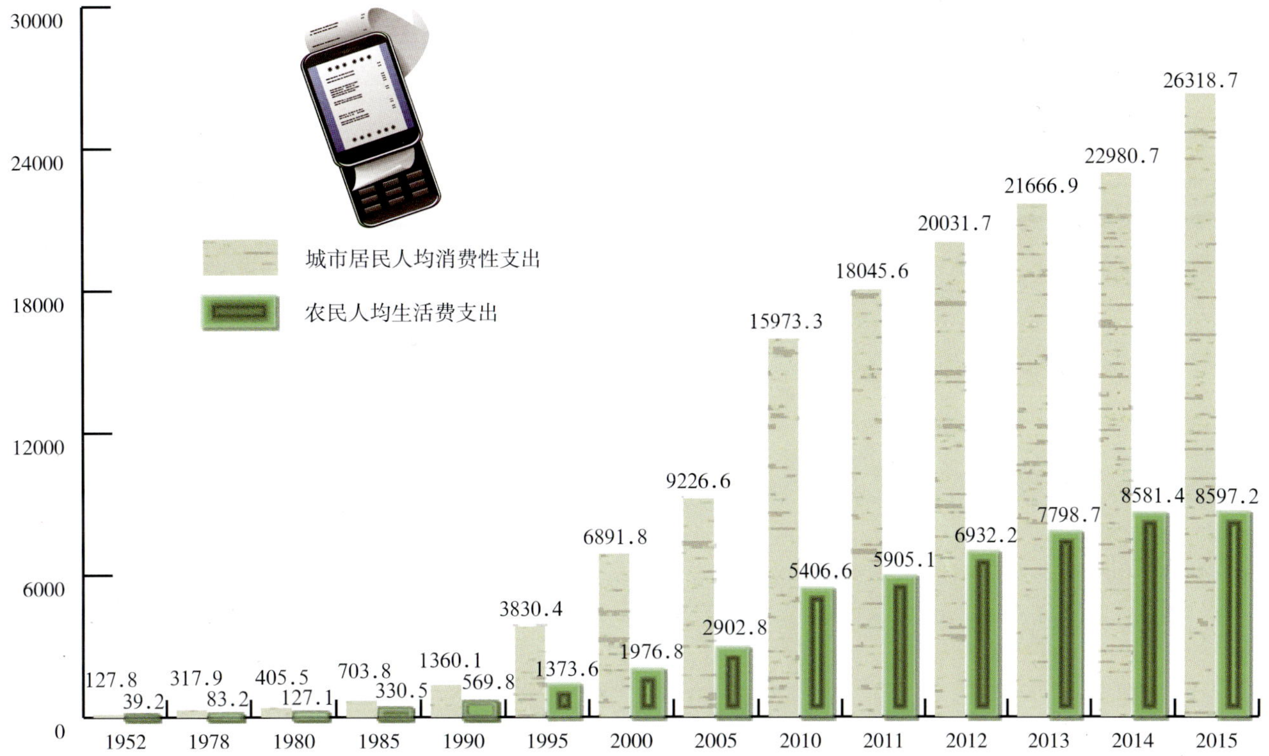

注：城乡一体化改革，2015年起为城镇居民人均消费支出和农村居民人均消费支出；之前年份为城市居民人均消费性支出和农民人均生活费支出。

城市居民与农村居民恩格尔系数（%）

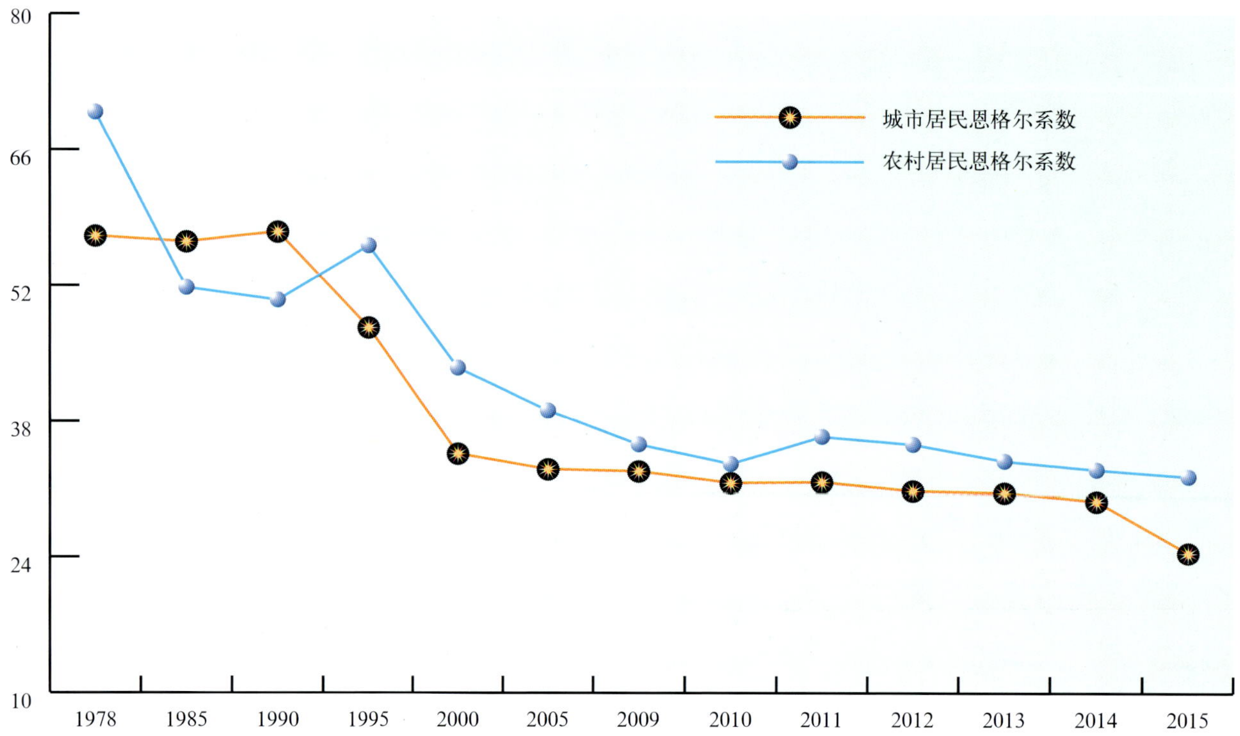

人民币住户存款余额（亿元）

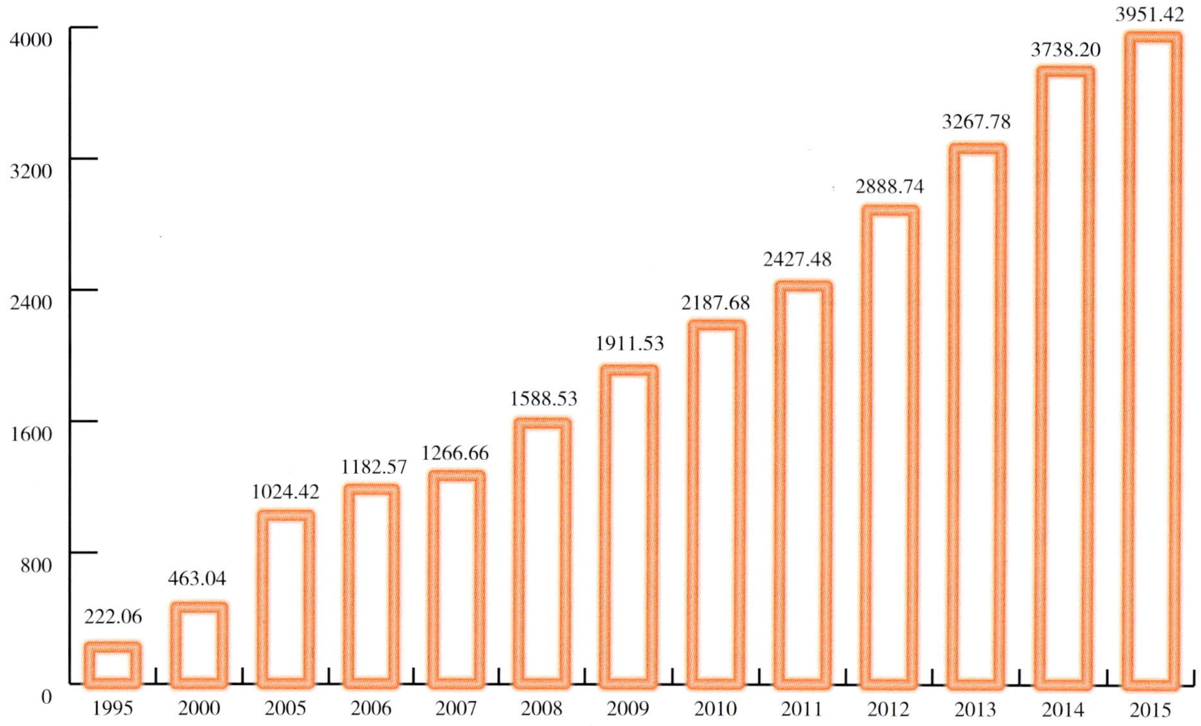

注：2015年之前为城乡居民人民币储蓄存款余额口径，2015年调整为住户存款。

居民消费价格指数与商品零售价格指数（以上年为100/%）

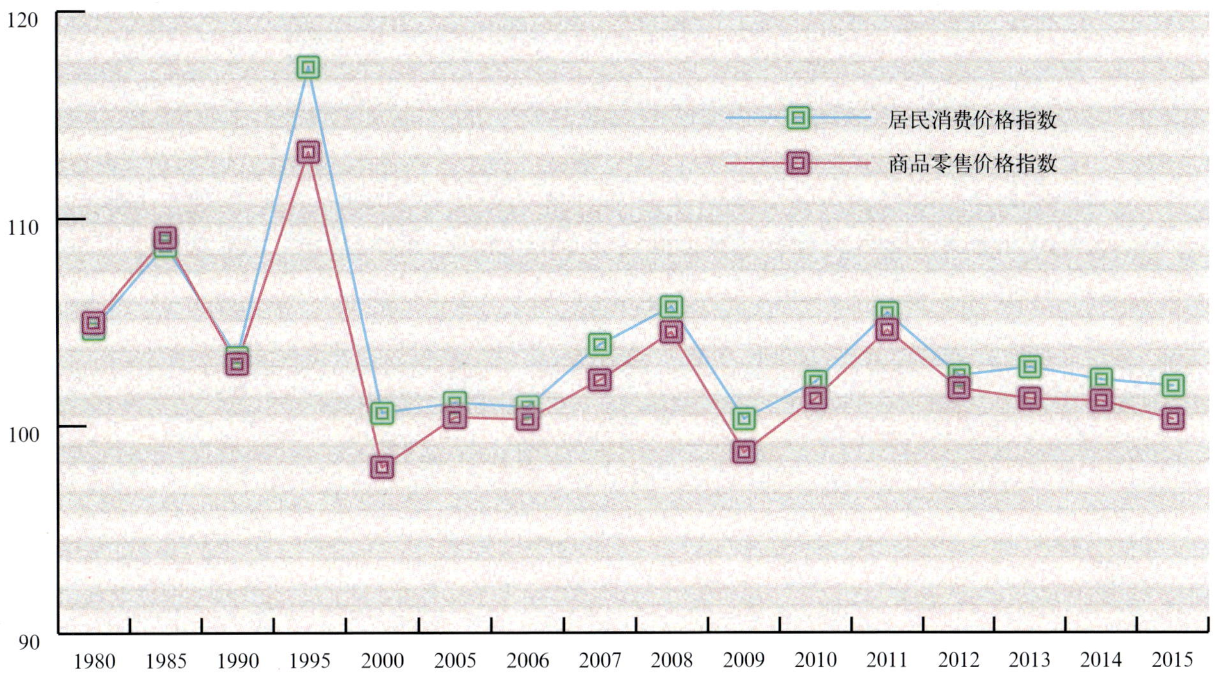

工业生产者出厂价格指数与工业生产者购进价格指数（以上年为100/%）

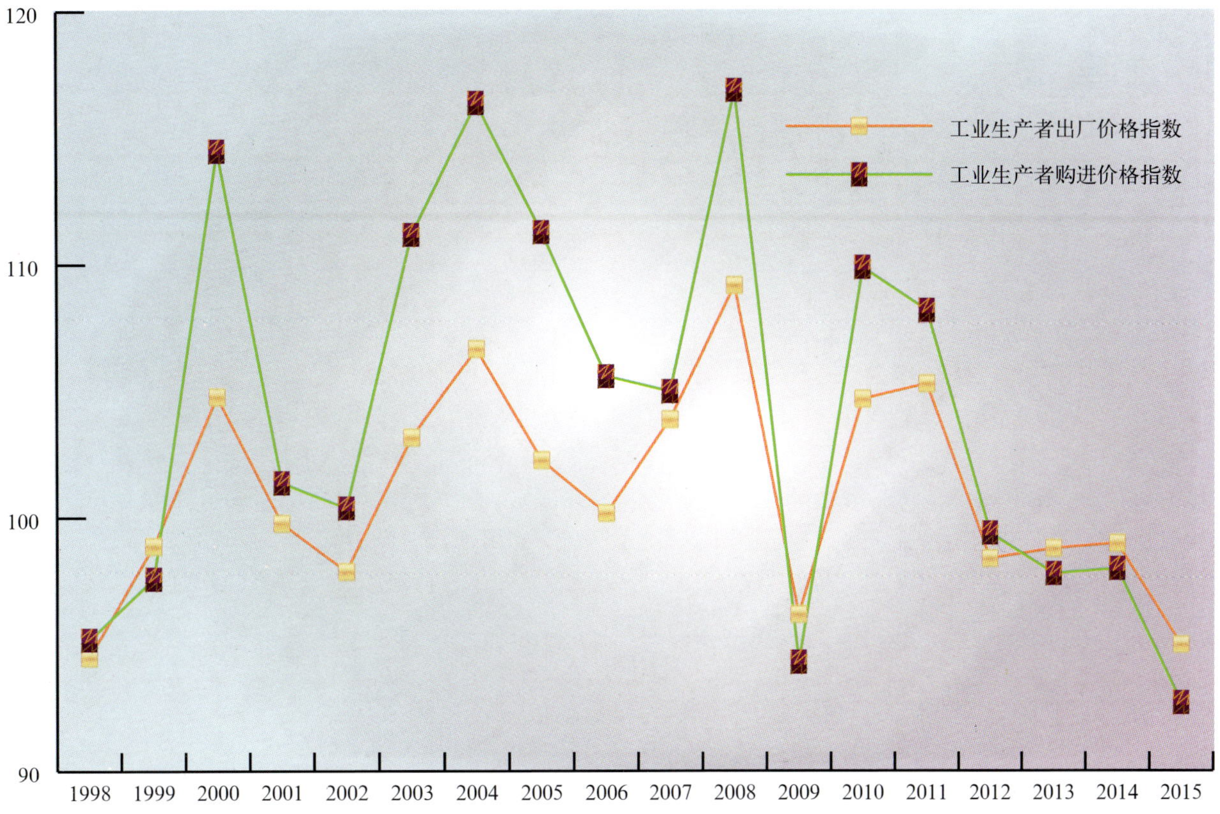

实际外资金额（万美元）

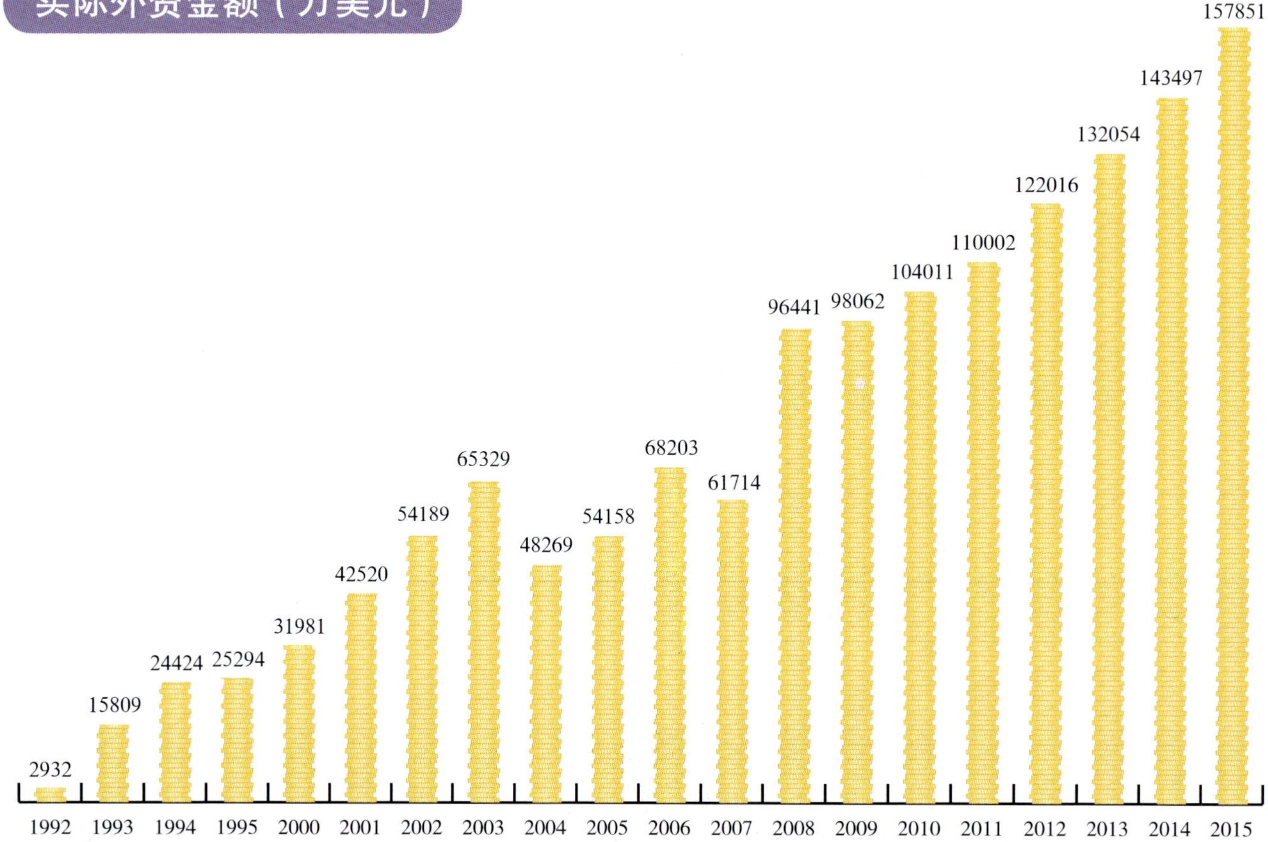

海关进出口总值（万美元）

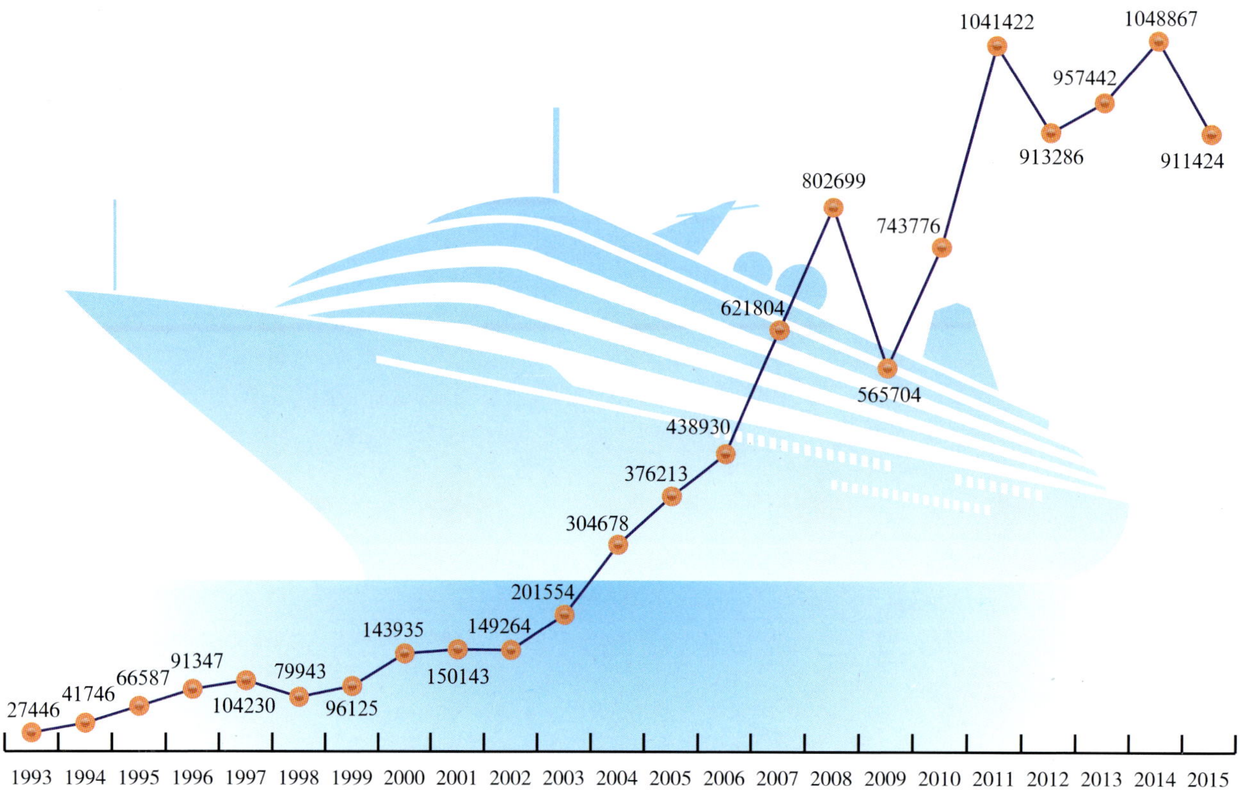

规模以上工业主营业务收入（亿元）

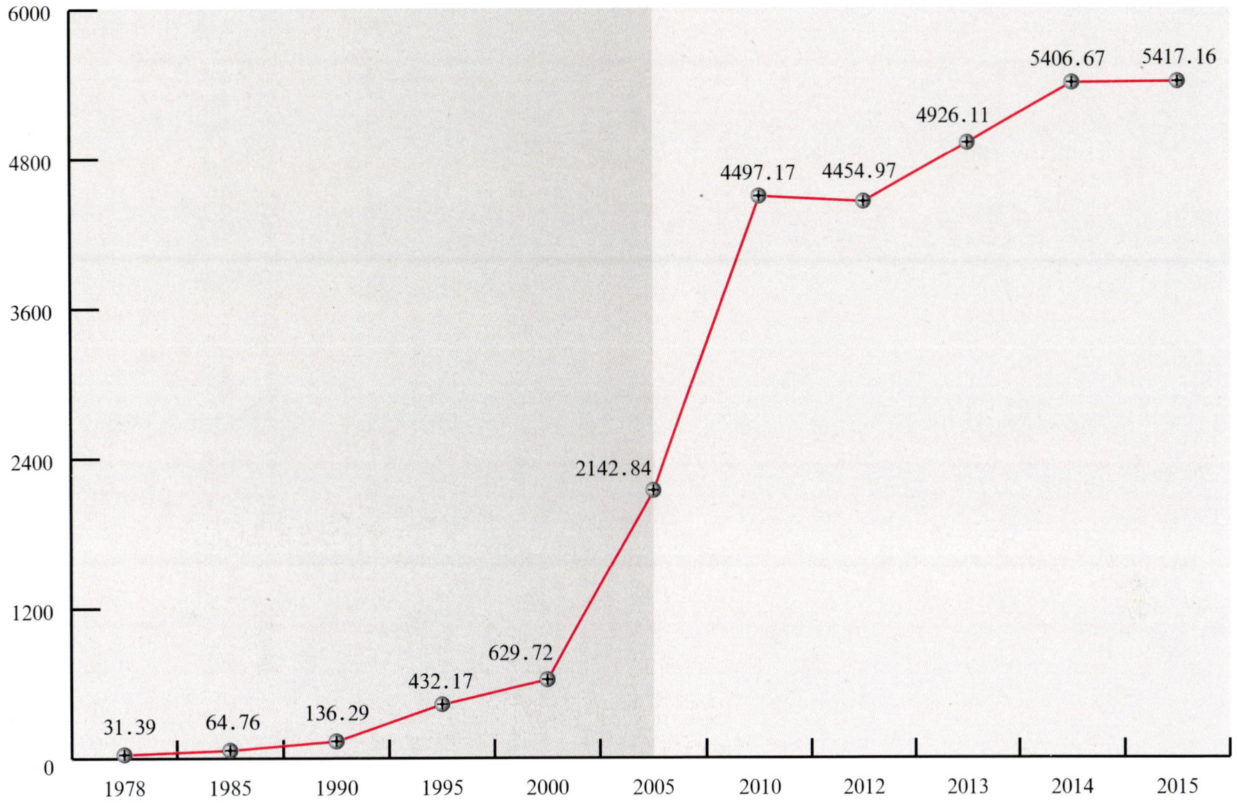

规模以上工业利税总额（亿元）

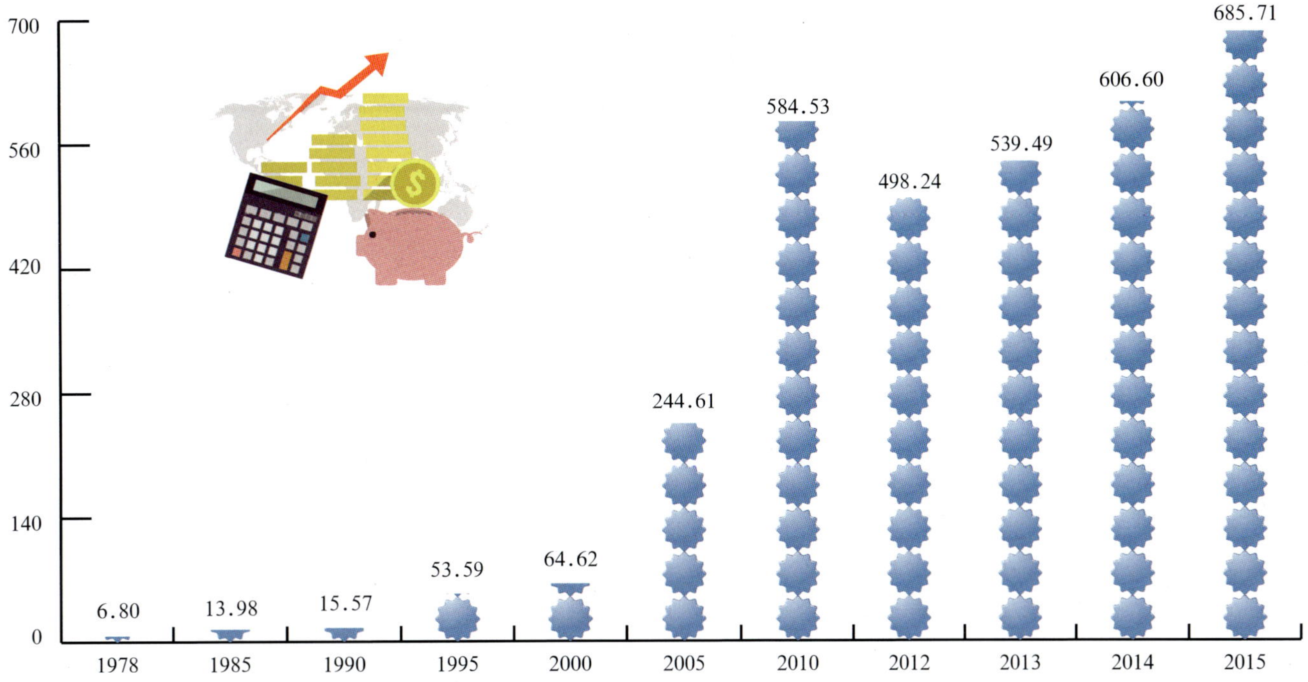

规模以上工业利润总额（亿元）

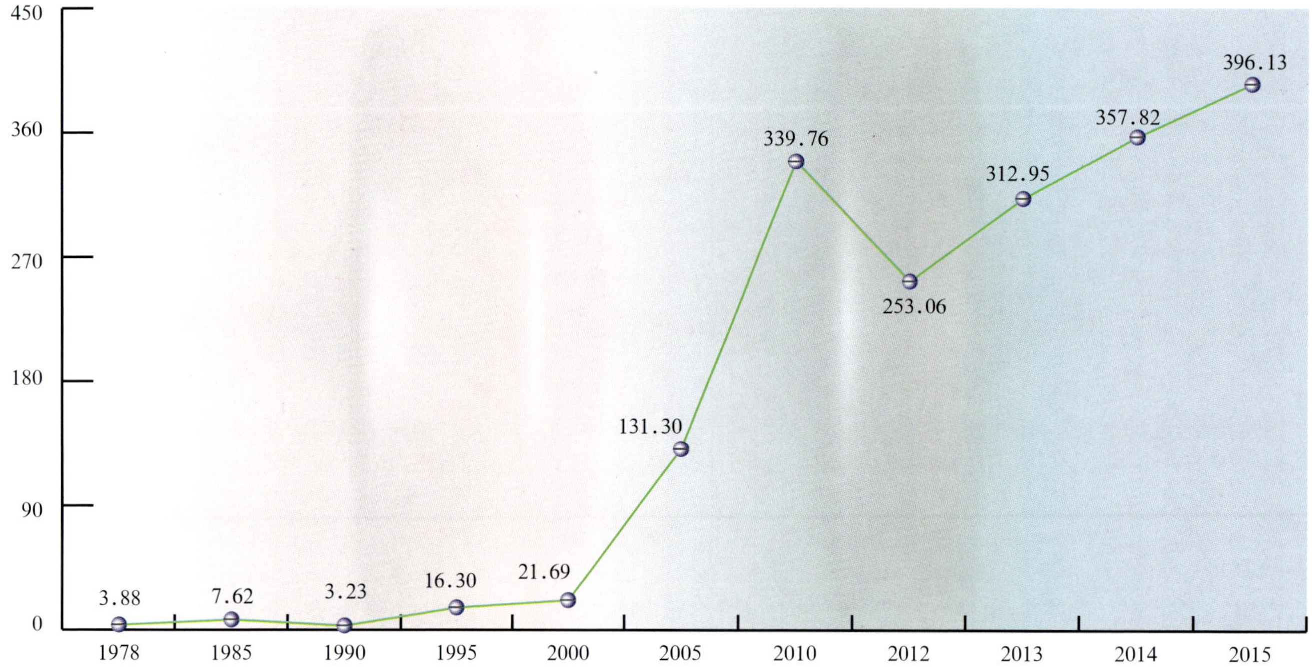

主要工业产品产量

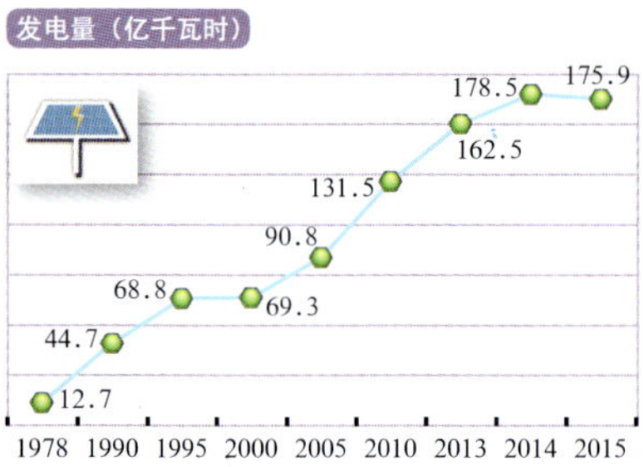

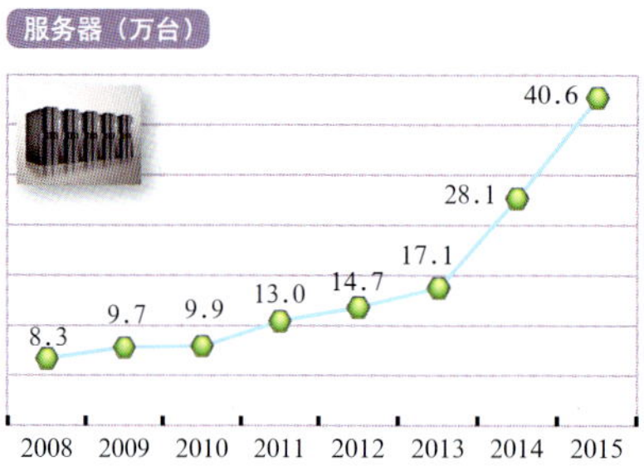

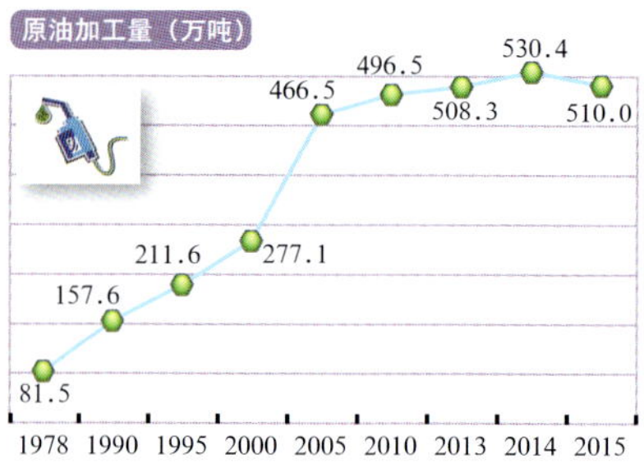

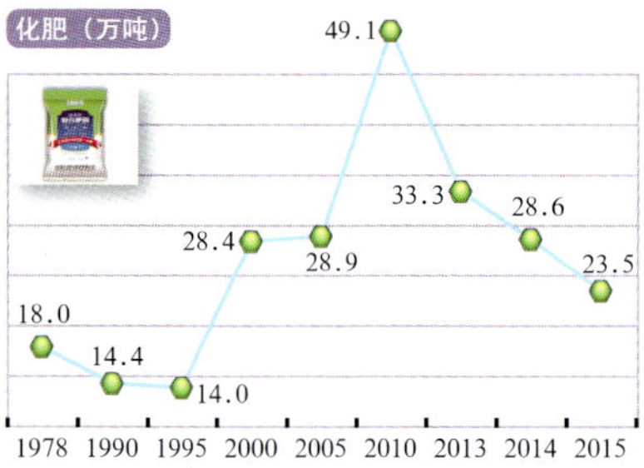

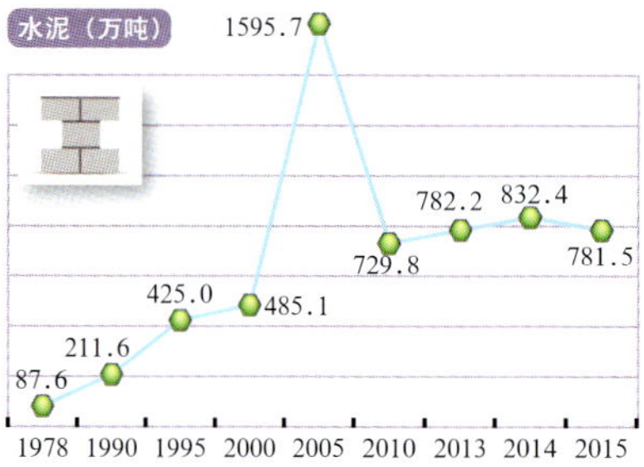

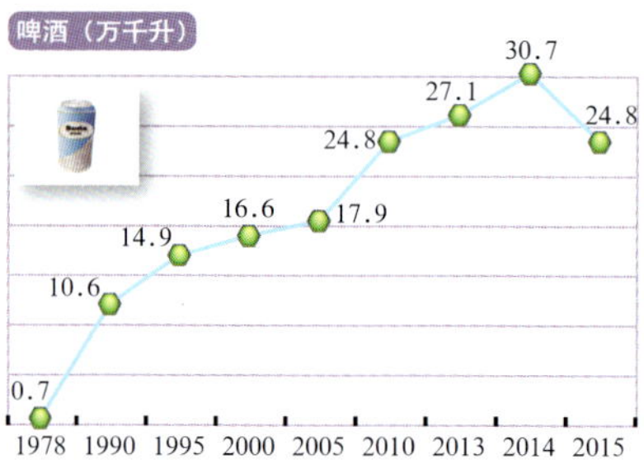

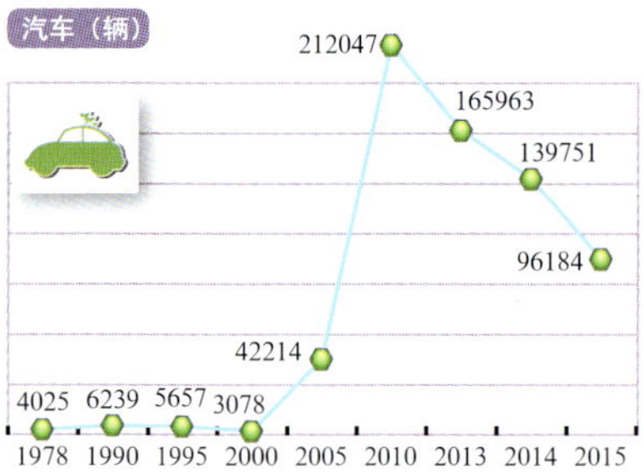

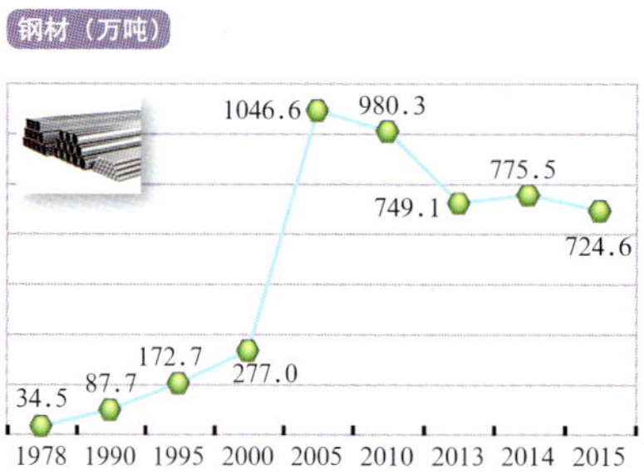

社会消费品零售总额及构成（亿元）

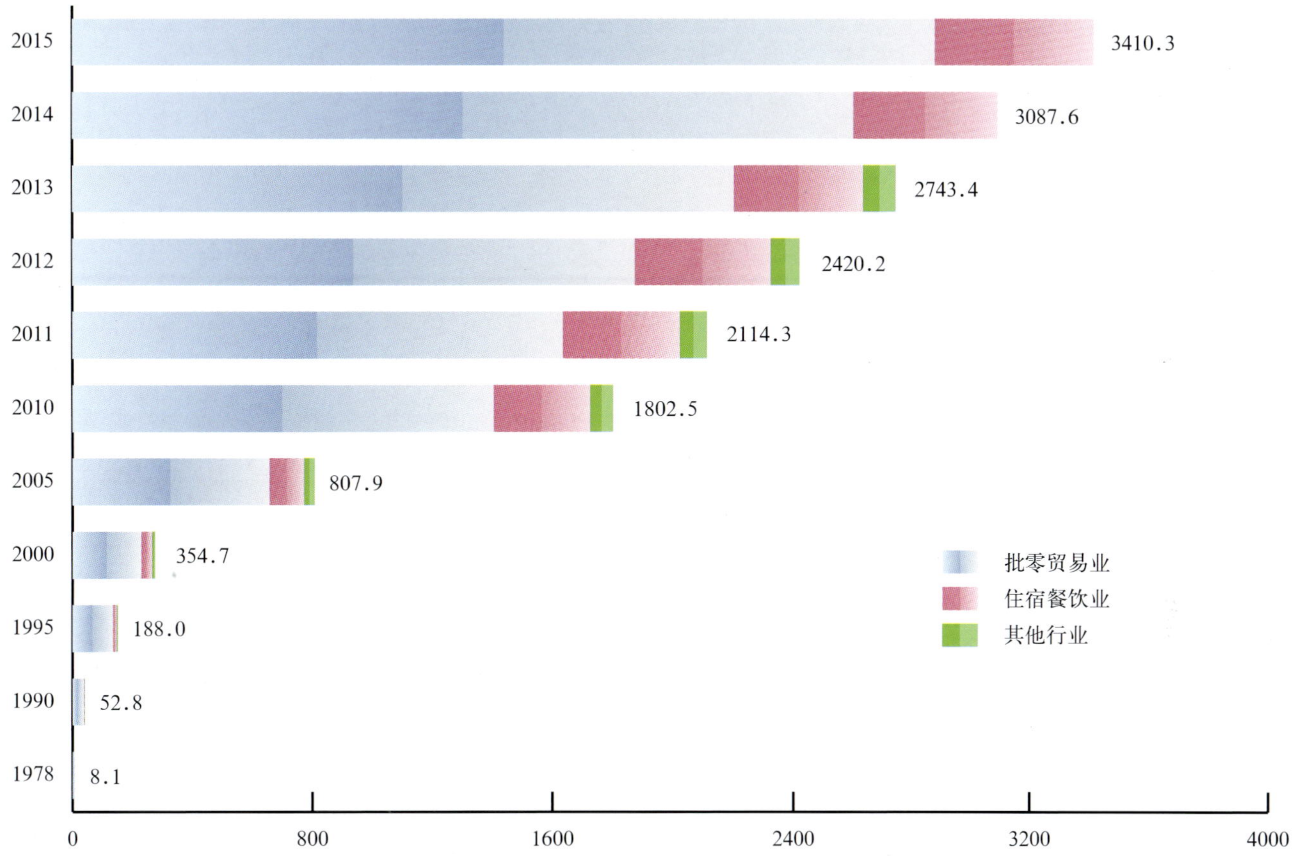

固定资产投资及构成（亿元）

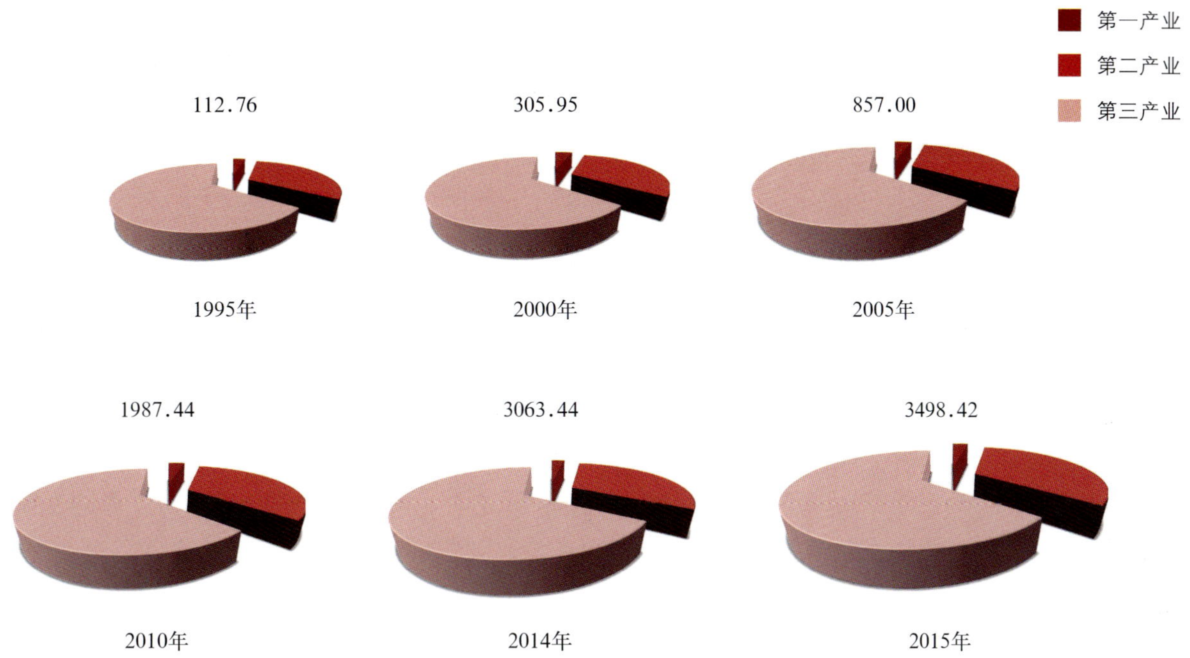

注：从2011年开始固定资产投资项目统计的起点标准从计划总投资50万元以上提高到500万元以上。

农林牧渔业增加值（亿元）

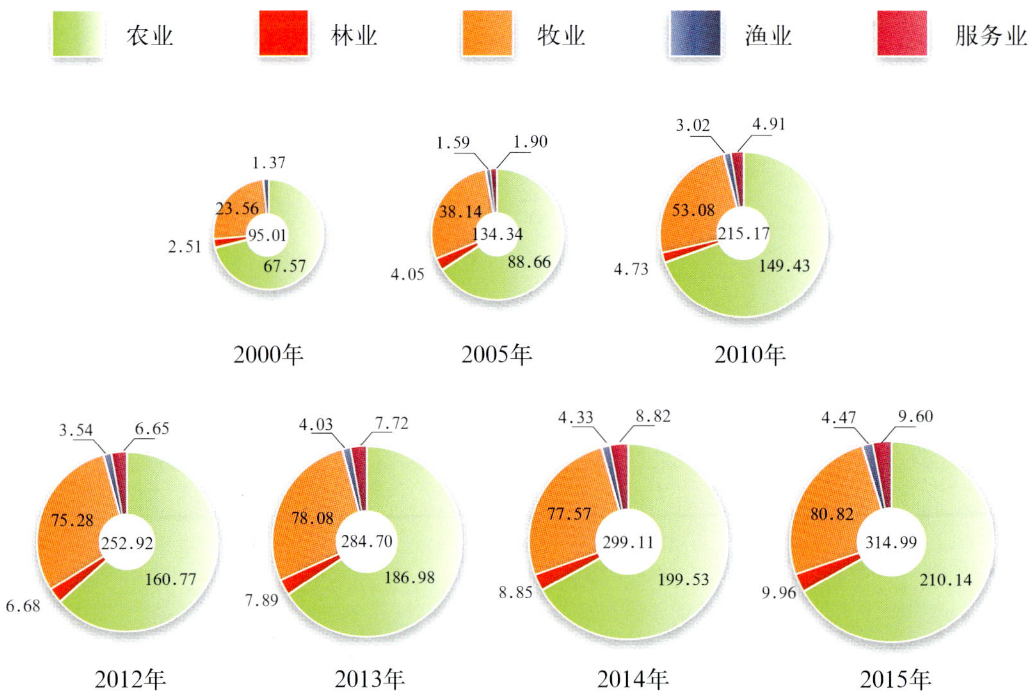

主要农产品产量（万吨）

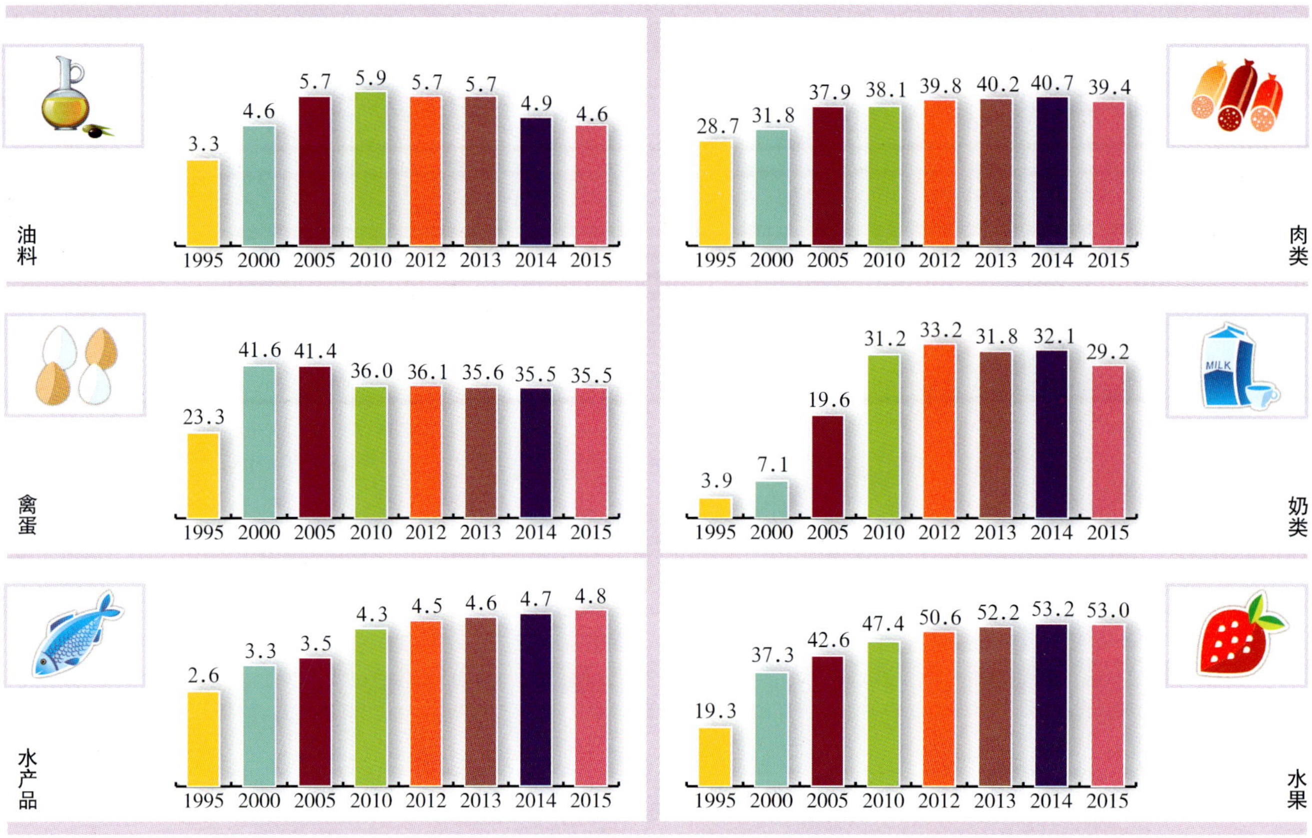

移动电话用户、宽带及互联网拨号注册电话用户（万户）

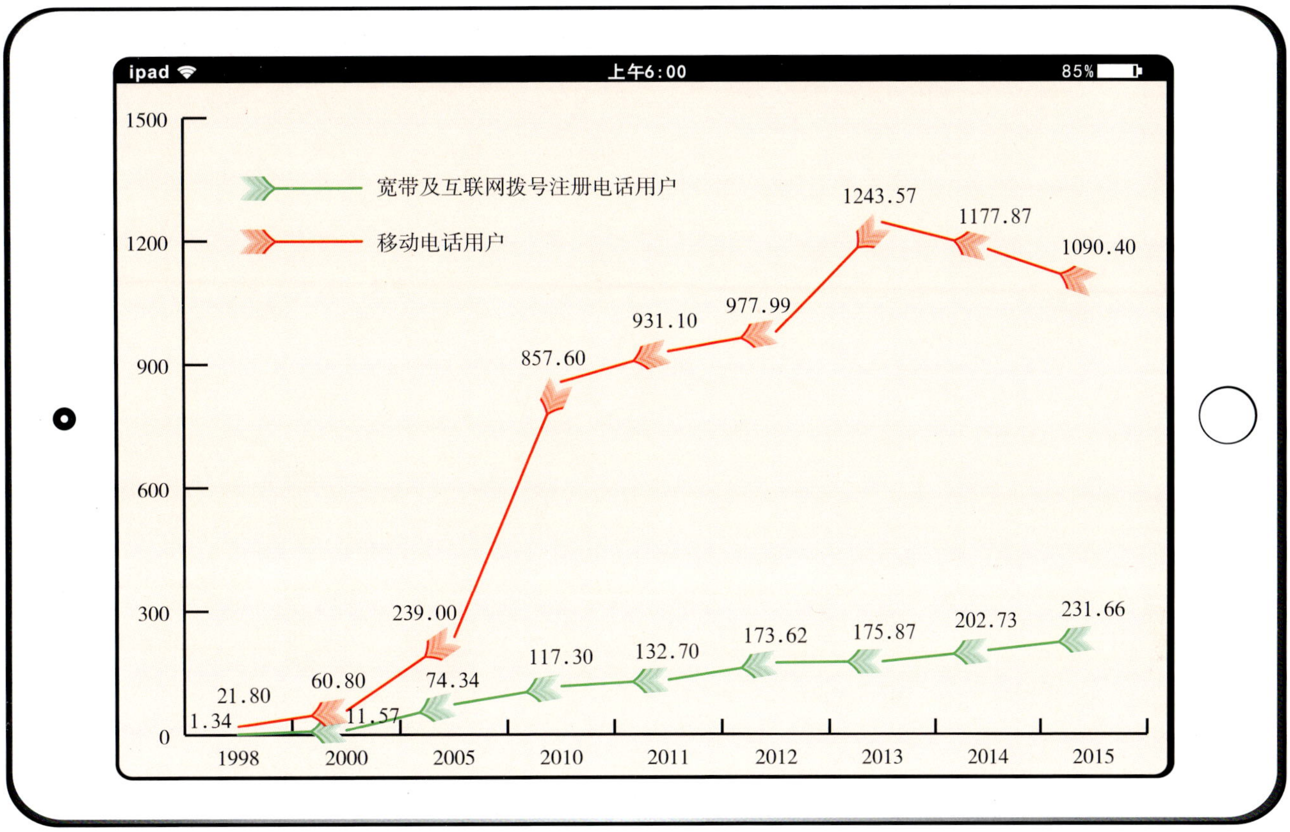

客运量（万人）

货运量（万吨）

公路

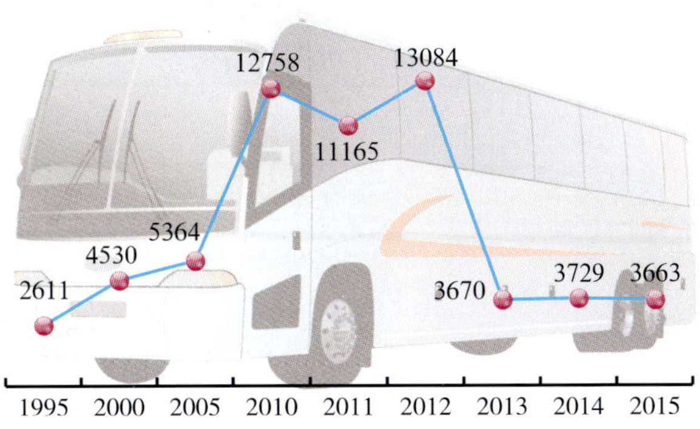

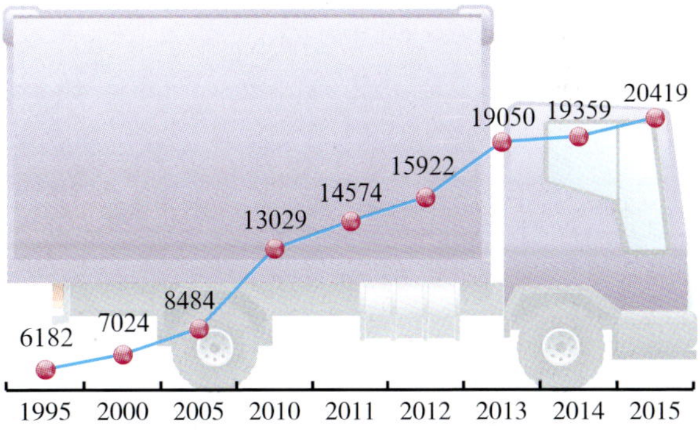

航空

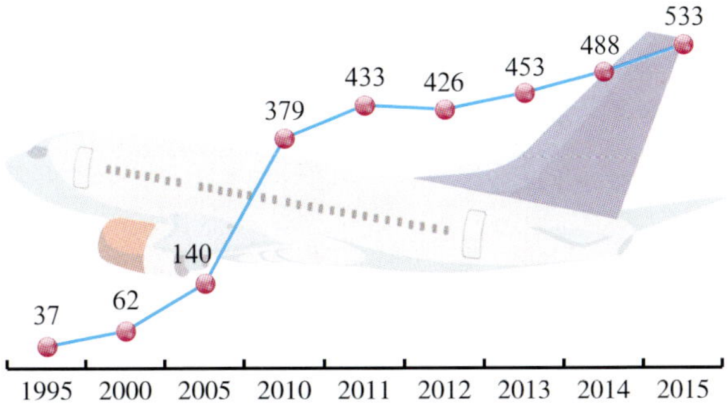

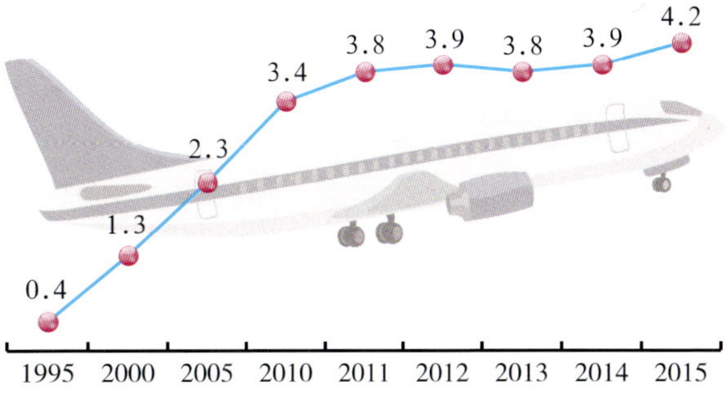

注：自2014年起，交通部门执行新的公路运输量统计方案，调查范围较老口径有所缩小，2014年及2013年数据均为新口径下交通部反馈数据。

全社会用电量（万千瓦时）

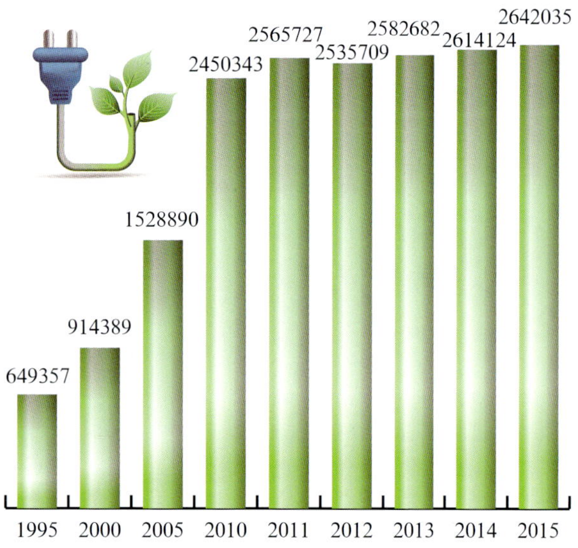

全社会供气量

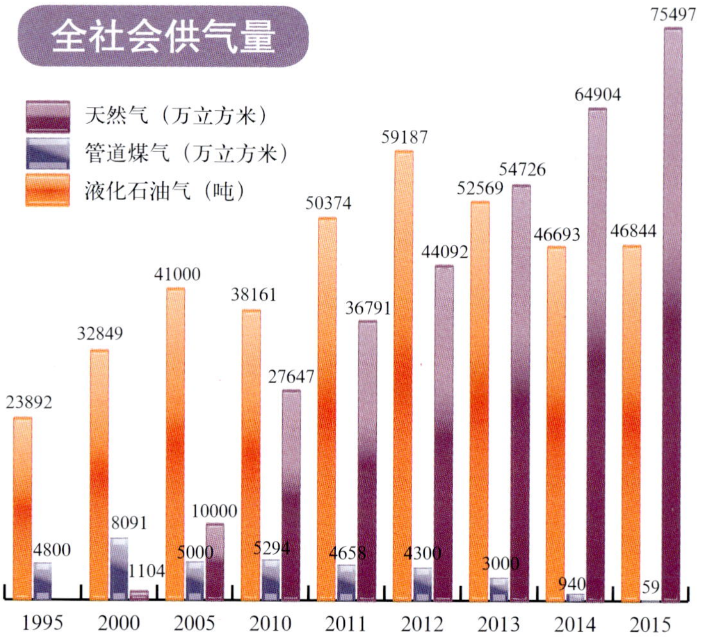

公共交通客运量（万人次）

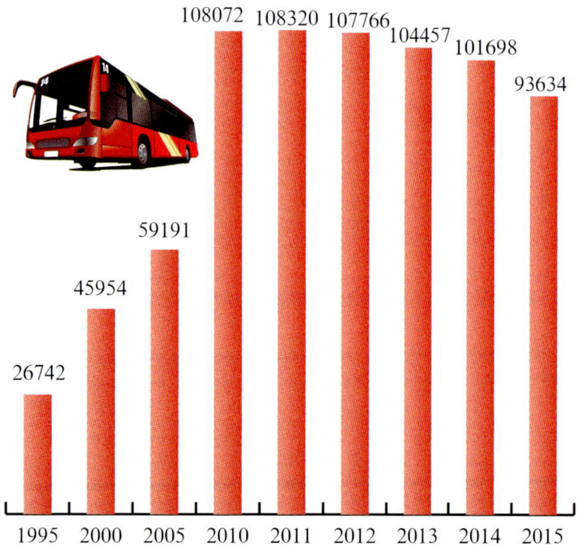

供热面积（万平方米)

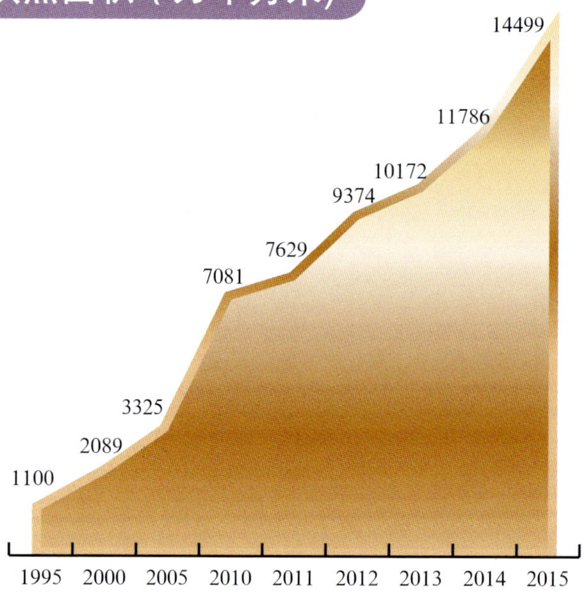

人均公园绿地面积（平方米/人）

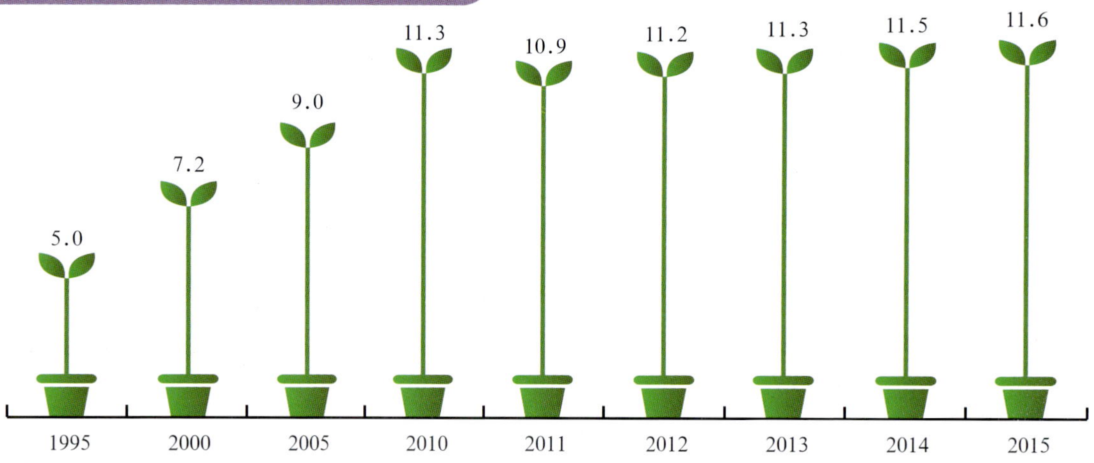

专利申请量（件）

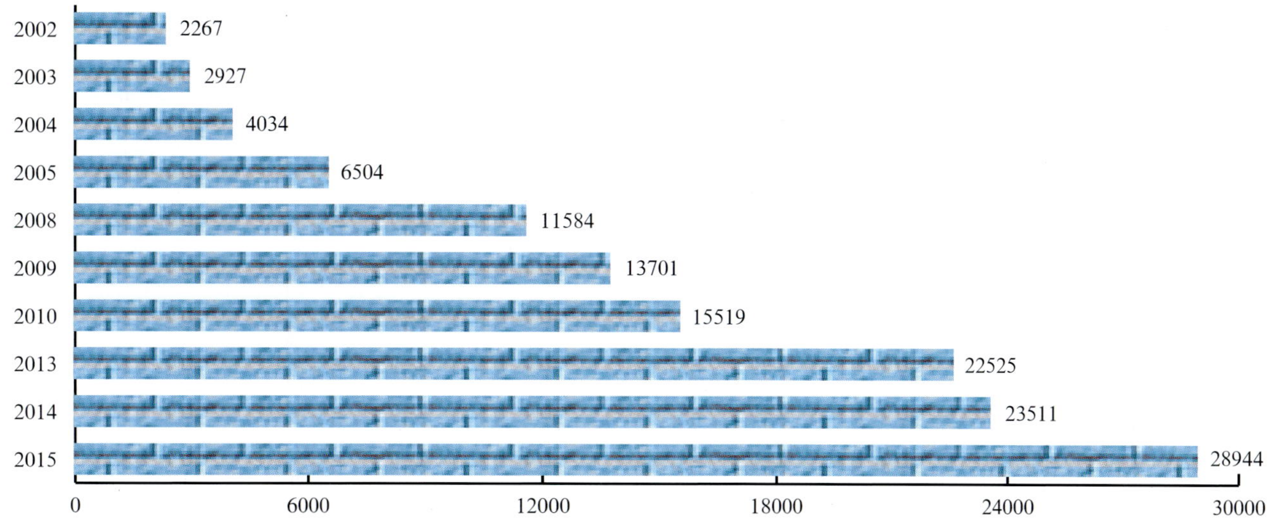

各类学校专任教师（人）

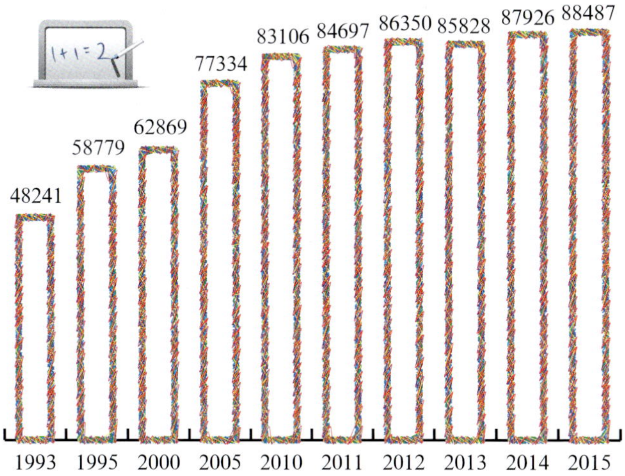

各类学校在校学生（万人）

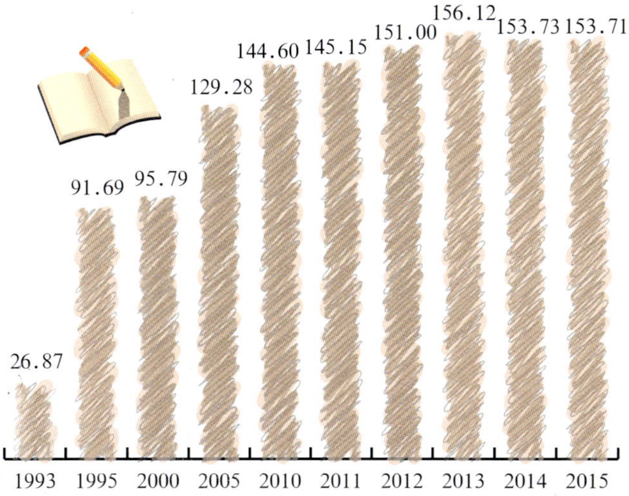

各类出版物—杂志（万册）

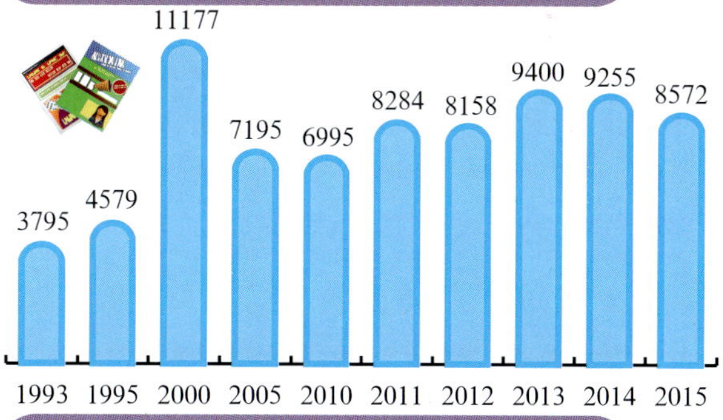

各类出版物—报纸（万份）

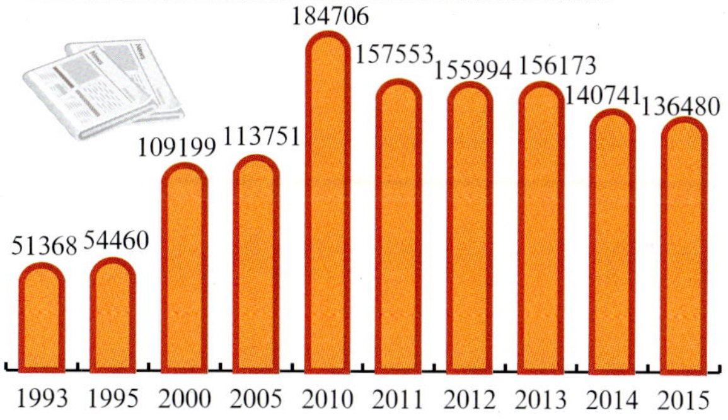

各类出版物—图书（万册）

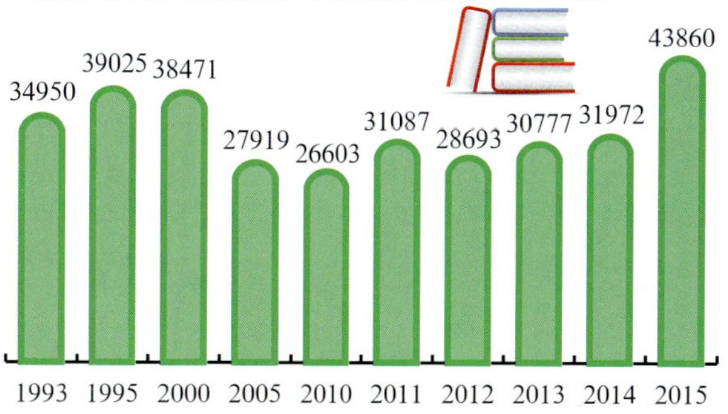

济南的一天

出生202人

死亡115人

迁入132人
迁出90人

结婚138对

供水87.2万吨

用电7238万千瓦时

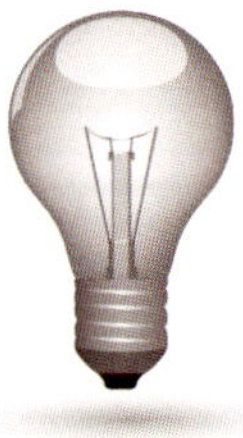

交通事故8.1件

火灾7.1起

1

行 政 区 划

DIVISIONS OF ADMINISTRATIVE AREAS

1-1 行 政 区 划

Divisions of Administrative Areas

年 份 地 区	乡 （个）	镇 （个）	街道 （个）	村 （个）	居委会 （个）	土地面积 （平方公里）
全市主要年份						
1989	57	54	53	4710	702	8227
1990	57	54	48	4752	669	8227
1991	57	54	48	4752	670	8227
1992	57	54	48	4759	670	8227
1993	56	55	48	4756	670	8227
1994	55	56	48	4759	670	8227
1995	48	63	49	4723	721	8227
1996	42	68	49	4704	685	8154
1997	42	68	50	4696	616	8154
1998	42	69	50	4711	505	8154
1999	42	69	50	4714	468	8154
2000	42	69	50	4702	416	8154
2001	28	64	54	4677	417	8177
2002	27	65	54	4657	487	8177
2003	27	61	58	4657	487	8177
2004	27	61	58	4657	487	8177
2005	12	53	64	4628	400	8177
2006	11	53	64	4604	487	8177
2007	11	50	73	4563	500	8177
2008	11	50	73	4551	521	8177
2009	11	50	75	4553	522	8177
2010	6	49	86	4552	532	8177
2011	4	51	86	4538	556	8177
2012	4	51	86	4532	586	8177
2013	2	51	90	4548	597	7998
2014	2	51	90	4547	627	7998
2015	2	46	95	4546	641	7998
2015年分地区						
市区		14	79	1546	547	3303
历下区			13	19	85	101
市中区			17	77	113	281
槐荫区			16	92	78	152
天桥区		2	13	120	142	259
历城区		6	13	592	61	1301
长清区		6	4	585	48	1209
高新区			3	61	20	
平阴县		6	2	336	24	715
济阳县		8	2	811	39	1099
商河县	2	9	1	948	15	1162
章丘市		9	11	905	16	1719

注：指标“土地面积”2013年起为第二次全市土地调查数据。

1-2 县(市)、区所辖乡镇、办事处(2015年末)

Township and Sub-Branches at County Level(End of 2015)

县(市)、区	乡、镇、街道(个)	乡、镇、街道名称
历下区	13	大明湖街道、千佛山街道、燕山街道、泉城路街道、趵突泉街道、东关街道、解放路街道、建筑新村街道、文化东路街道、甸柳新村街道、姚家街道、智远街道、龙洞街道
市中区	17	泺源街道、杆石桥街道、魏家庄街道、大观园街道、四里村街道、六里山街道、七里山街道、二七新村街道、舜玉路街道、舜耕街道、王官庄街道、七贤街道、白马山街道、十六里河街道、兴隆街道、党家街道、陡沟街道
槐荫区	16	西市场街道、五里沟街道、道德街街道、营市街街道、青年公园街道、中大槐树街道、振兴街街道、南辛庄街道、段店北路街道、匡山街道、张庄路街道、美里湖街道、兴福街道、玉清湖街道、腊山街道、吴家堡街道
天桥区	15	无影山街道、堤口路街道、宝华街街道、工人新村南村街道、工人新村北村街道、官扎营街道、北坦街道、天桥东街街道、纬北路街道、制锦市街道、北园街道、泺口街道、药山街道、大桥镇、桑梓店镇
历城区	19	洪家楼街道、山大路街道、东风街道、全福街道、华山街道、荷花路街道、王舍人街道、鲍山街道、郭店街道、唐冶街道、港沟街道、遥墙街道、临港街道、唐王镇、董家镇、仲宫镇彩石镇、柳埠镇、西营镇
长清区	10	文昌街道、平安街道、崮云湖街道、五峰山街道、归德镇、张夏镇、孝里镇、马山镇、万德镇、双泉镇
平阴县	8	榆山街道、锦水街道、洪范池镇、东阿镇、孔村镇、孝直镇、玫瑰镇、安城镇
济阳县	10	济阳街道、济北街道、回河镇、曲堤镇、仁风镇、垛石镇、孙耿镇、太平镇、崔寨镇、新市镇
商河县	12	许商街道、玉皇庙镇、龙桑寺镇、贾庄镇、殷巷镇、郑路镇、怀仁镇、白桥镇、孙集镇、韩庙镇、张坊乡、沙河乡
章丘市	20	明水街道、双山街道、龙山街道、枣园街道、埠村街道、圣井街道、绣惠街道、相公庄街道、文祖街道、普集街道、官庄街道、水寨镇、刁镇、垛庄镇、高官寨镇、白云湖镇、宁家埠镇、曹范镇、辛寨镇、黄河镇
高新区	3	舜华路街道、孙村街道、巨野河街道

2

人　口

POPULATION

2-1 主要年份总户数、总人口(户籍人口)

Total Household and Population in Major Years

年　份	年末总户数(万户)	年末总人口(万人)	按性别分(万人)		性别比(女=100)	年平均人口(万人)	比上年增长(‰)	人口密度(人/平方公里)
			男　性	女　性				
1952	70.19	318.66	157.68	160.98	97.95	315.94	3.30	387
1957	76.44	346.38	170.30	176.09	96.71	343.25	17.40	421
1962	81.45	351.44	174.55	176.89	98.68	350.18	-4.60	427
1965	83.01	373.22	186.08	187.14	99.43	370.24	19.50	454
1970	89.48	407.50	203.16	204.34	99.42	404.17	16.60	495
1975	96.54	437.73	217.82	219.91	99.05	435.15	9.90	532
1976	98.63	442.09	220.89	221.20	99.86	439.91	10.90	537
1977	100.60	445.05	222.46	222.59	99.94	443.57	8.30	541
1978	102.93	450.67	226.31	224.36	100.87	447.86	9.70	548
1979	105.34	456.37	228.57	227.80	100.34	453.52	12.60	555
1980	106.83	458.61	230.47	228.15	101.02	457.49	8.80	557
1981	110.52	467.93	235.35	232.58	101.19	463.27	12.60	569
1982	112.51	474.23	238.99	235.26	101.59	471.08	16.80	576
1983	114.92	479.38	242.02	237.36	101.54	476.81	12.20	583
1984	116.92	483.85	244.32	239.53	102.00	481.62	10.10	588
1985	120.19	488.39	246.86	241.53	102.21	486.12	9.30	594
1986	122.67	494.06	250.09	243.97	102.51	491.23	10.50	601
1987	125.43	501.03	253.95	247.08	102.78	497.55	12.90	609
1988	130.32	507.18	257.22	249.86	102.95	504.11	13.20	616
1989	134.77	513.39	260.79	252.61	103.24	510.29	12.30	624
1990	140.36	523.60	265.91	257.69	103.19	518.50	16.10	636
1991	143.42	527.43	267.78	259.65	103.13	525.52	13.50	641
1992	147.50	530.70	269.46	261.25	103.14	529.07	6.70	645
1993	149.42	533.53	270.77	262.76	103.05	532.12	5.80	649
1994	153.60	537.31	272.76	264.54	103.11	535.42	6.20	653
1995	156.45	542.12	274.98	267.14	102.93	539.72	8.00	656
1996	156.42	543.45	275.59	267.86	102.89	542.79	5.70	666
1997	157.66	549.20	278.30	270.90	102.73	546.33	6.50	674
1998	160.93	553.54	279.91	273.63	102.30	551.37	9.20	679
1999	163.52	557.63	281.71	275.93	102.09	555.59	7.70	684
2000	166.63	562.65	284.19	278.46	102.06	560.14	8.20	690
2001	168.46	569.00	287.39	281.61	102.06	565.83	10.20	696
2002	170.10	575.01	290.58	284.43	102.16	572.00	10.90	703
2003	172.18	582.56	294.04	288.52	101.91	578.78	11.90	712
2004	173.24	590.08	297.25	292.82	101.51	586.32	13.03	722
2005	177.69	597.44	300.42	297.02	101.15	593.76	12.69	731
2006	179.48	603.35	302.72	300.63	100.70	600.39	11.17	738
2007	181.88	604.85	302.87	301.98	100.29	604.10	6.17	740
2008	184.63	603.99	302.00	301.99	100.00	604.42	0.53	739
2009	187.70	603.27	301.26	302.01	99.75	603.63	-1.30	738
2010	190.65	604.08	301.28	302.80	99.50	603.68	0.08	739
2011	193.61	606.64	302.19	304.44	99.26	605.36	2.78	742
2012	195.79	609.21	303.30	305.91	99.15	607.92	4.23	745
2013	199.67	613.25	304.93	308.32	98.90	611.23	5.44	767
2014	201.93	621.61	309.09	312.52	98.90	617.43	15.64	777
2015	203.59	625.73	310.92	314.80	98.77	623.67	10.11	782

2-2 主要年份市区总户数、总人口(户籍人口)

Total Household and Population of Urban in Major Years

年 份	年末总户数(万户)	年末总人口(万人)	按性别分(万人)		年平均人口(万人)
			男 性	女 性	
1952	26.46	124.96	63.95	61.01	123.83
1957	29.13	143.17	72.05	71.13	140.11
1962	32.25	153.35	78.52	74.83	154.18
1965	34.03	162.82	83.20	79.62	161.90
1970	37.21	167.82	85.61	82.21	168.51
1975	40.67	178.78	90.83	87.95	177.74
1976	41.59	180.99	91.83	89.16	179.88
1977	42.34	181.49	91.92	89.57	181.24
1978	43.79	186.43	94.70	91.73	183.96
1979	45.33	189.26	96.22	93.04	187.84
1980	46.12	190.01	97.22	92.79	189.63
1981	48.64	194.05	99.37	94.69	192.03
1982	50.60	201.31	101.44	99.87	197.68
1983	52.32	205.48	103.42	102.07	203.39
1984	54.30	209.55	105.57	103.99	207.52
1985	56.88	213.28	107.96	105.33	211.42
1986	58.65	216.98	111.54	105.43	215.13
1987	60.54	221.49	113.79	107.70	219.23
1988	63.03	225.00	115.51	109.39	223.25
1989	65.29	228.88	117.49	111.39	226.94
1990	81.22	283.66	145.29	138.36	
1991	83.30	286.20	146.55	139.65	284.93
1992	85.87	288.52	145.19	143.33	287.36
1993	88.02	291.24	149.07	142.17	289.88
1994	90.10	294.60	150.75	143.85	292.92
1995	92.04	299.20	152.97	146.23	296.90
1996	93.12	302.78	154.58	148.20	300.99
1997	93.90	306.98	156.54	150.44	304.88
1998	96.65	309.90	157.58	152.32	308.44
1999	97.74	313.18	159.19	153.99	311.54
2000	99.25	317.20	161.03	156.17	315.19
2001	100.53	322.45	163.73	158.72	319.83
2002	101.62	327.55	166.43	161.12	325.00
2003	102.71	334.80	169.84	164.96	331.18
2004	102.68	341.73	172.91	168.82	338.27
2005	104.87	347.87	175.41	172.45	344.80
2006	106.19	352.29	177.10	175.19	350.08
2007	107.55	352.71	176.70	176.01	352.50
2008	109.26	350.23	175.08	175.15	351.47
2009	111.07	348.24	173.71	174.53	349.24
2010	112.91	348.02	173.19	174.83	348.13
2011	114.75	349.44	173.51	175.93	348.73
2012	116.49	352.17	174.55	177.62	350.81
2013	118.50	355.38	175.86	179.52	353.78
2014	120.33	360.99	178.55	182.44	358.19
2015	121.96	364.54	180.12	184.42	362.77

注:1990年以前的数据中不包括长清区。

2-3 主要年份人口自然变动情况

Natural Change of Population in Major Years

年份	申报出生人口(人)	申报出生率(‰)	申报死亡人口(人)	申报死亡率(‰)	人口自然增长(人)	人口自然增长率(‰)
1952	72861	23.06	29949	9.48	42912	13.58
1957	108432	31.59	38082	11.09	70350	20.50
1962	108029	30.85	44464	12.70	63565	18.15
1965	121364	32.78	39355	10.63	82009	22.15
1970	111861	27.68	29965	7.41	81896	20.27
1975	82939	19.06	33837	7.78	49102	11.28
1976	70065	15.93	34693	7.89	35372	8.04
1977	67413	15.20	33723	7.60	33690	7.60
1978	69541	15.53	31343	7.00	38198	8.53
1979	72596	16.01	30205	6.66	42391	9.35
1980	60336	13.19	32004	7.00	28332	6.19
1981	70327	15.18	31671	6.84	38656	8.34
1982	74147	15.74	28679	6.09	45468	9.65
1983	56454	11.84	30080	6.31	26374	5.53
1984	61156	12.70	32277	6.70	28879	6.00
1985	55386	11.39	31678	6.52	23708	4.87
1986	69901	14.23	30790	6.27	39111	7.96
1987	86752	17.44	30007	6.03	56745	11.41
1988	78922	15.66	32850	6.52	46072	9.14
1989	76380	14.97	30721	6.02	45659	8.95
1990	66806	12.88	33916	6.54	32890	6.34
1991	59374	11.30	32675	6.20	26699	5.10
1992	52825	9.98	34969	6.61	17856	3.37
1993	46007	8.65	35317	6.64	10690	2.01
1994	49940	9.30	35308	6.60	14632	2.70
1995	54132	10.03	34107	6.32	20025	3.71
1996	58254	10.73	36452	6.71	21802	4.02
1997	62245	11.39	35768	6.55	26477	4.84
1998	62490	11.33	36497	6.64	25893	4.69
1999	55931	10.07	34956	6.29	20975	3.78
2000	62059	11.08	39499	7.05	22560	4.03
2001	55536	9.82	33816	5.98	21720	3.84
2002	57317	10.02	36234	6.33	21083	3.69
2003	54599	9.43	42539	7.35	12060	2.08
2004	60670	10.35	38158	6.51	22512	3.84
2005	60240	10.15	37782	6.36	22458	3.78
2006	57706	9.61	39040	6.50	18666	3.11
2007	58367	9.66	39752	6.58	18615	3.08
2008	59600	9.86	39887	6.60	19713	3.26
2009	56694	9.39	40911	6.78	15783	2.61
2010	67162	11.13	50380	8.35	16782	2.78
2011	66563	11.00	40310	6.66	26253	4.34
2012	71449	11.75	49148	8.08	22301	3.67
2013	69351	11.35	41713	6.82	27638	4.53
2014	110503	17.90	41887	6.78	68616	11.11
2015	73688	11.82	41999	6.73	31689	5.09

2-4 分地区户数、人口数(2015年)(户籍人口)

Household and Population by Region(2015)

地　　区	户数(万户)	人口数(万人)	按性别分(万人)	
			男　性	女　性
全　市	203.59	625.73	310.92	314.80
市　区	121.96	364.54	180.12	184.42
历下区	20.24	60.33	29.84	30.49
市中区	21.48	60.85	29.82	31.04
槐荫区	14.33	40.30	19.69	20.61
天桥区	18.60	51.45	25.36	26.09
历城区	30.77	95.73	47.51	48.22
长清区	16.53	55.88	27.91	27.97
平阴县	13.57	37.37	18.73	18.64
济阳县	17.01	57.56	29.03	28.53
商河县	20.09	63.69	32.31	31.38
章丘市	30.96	102.57	50.73	51.84

2-5 计划生育情况(2015年)

Basic Statistics of Family Planning (2015)

地　　区	合法生育(人)		合法生育率%	违法生育(人)		
	一　孩	二　孩		一　孩	二　孩	多　孩
总　计	24702	27765	91.4	303	3547	1105
市　区	14906	15486	93.7	74	1538	426
历下区	2584	1690	97.94	1	87	2
市中区	2136	2107	95.82	1	137	47
槐荫区	1275	1484	96.64	0	82	14
天桥区	1957	1624	89.31	9	344	76
历城区	3923	4806	92.91	10	495	162
长清区	2197	2686	90.06	53	369	117
高新区	834	1089	98.36	0	24	8
平阴县	1387	1247	88.7	41	233	61
济阳县	2126	2881	86.22	42	555	204
商河县	2408	3396	85.97	30	716	201
章丘市	3875	4755	91.2	116	505	213

2-6 分地区人口机械变动情况(2015年)

Un-Natural Changes of Population by Region (2015)

地　　区	迁入人口(人)	迁入率(‰)	迁出人口(人)	迁出率(‰)	人口机械增　长(人)	人口机械增长率(‰)
全　市	48180	7.73	32835	5.26	15345	2.46
市　区	35016	9.65	16946	4.67	18070	4.98
历下区	9963	16.79	5228	8.81	4735	7.98
市中区	6150	10.16	3310	5.47	2840	4.69
槐荫区	4480	11.17	1429	3.56	3051	7.61
天桥区	5264	10.22	1657	3.22	3607	7.00
历城区	7483	7.85	3851	4.04	3632	3.81
长清区	1676	3.00	1471	2.63	205	0.37
平阴县	2373	6.35	3308	8.85	-935	-2.50
济阳县	4916	8.57	5418	9.44	-502	-0.87
商河县	3024	4.75	3919	6.16	-895	-1.41
章丘市	2851	2.78	3244	3.17	-393	-0.38

2-7 分地区人口自然变动情况(2015年)

Natural Changes of Population by Region (2015)

地　　区	申报出生人口(人)	申报出生率(‰)	申报死亡人口(人)	申报死亡率(‰)	人口自然增　长(人)	人口自然增长率(‰)
全　市	73688	11.82	41999	6.73	31689	5.09
市　区	42716	11.78	23620	6.51	19096	5.26
历下区	7388	12.45	2880	4.85	4508	7.60
市中区	7067	11.67	3672	6.06	3395	5.61
槐荫区	4575	11.41	2572	6.42	2003	5.00
天桥区	5082	9.87	3781	7.34	1301	2.53
历城区	12702	13.32	6391	6.70	6311	6.62
长清区	5902	10.56	4324	7.74	1578	2.82
平阴县	3619	9.68	2785	7.45	834	2.23
济阳县	7992	13.93	3084	5.37	4908	8.55
商河县	8668	13.62	4117	6.47	4551	7.15
章丘市	10693	10.43	8393	8.19	2300	2.24

2-8 结 婚 情 况

Number of Marriages

单位:对

地　　区	2009年	2010年	2011年	2012年	2013年	2014年	2015年
总　计	66782	55735	65338	62281	56819	55475	50300
市　直	97	77	112	92	111	114	88
历下区	7664	6481	8384	8401	6212	7139	6594
市中区	7339	5839	7260	7032	6527	6315	5975
槐荫区	5765	4397	5160	4801	4229	4179	3772
天桥区	6335	4987	6383	6018	5387	5472	4953
历城区	10017	8288	9440	8529	8123	7816	7163
长清区	4788	4328	5039	4705	4465	4270	3777
平阴县	3386	3191	3621	3553	3262	2893	2550
济阳县	6143	5970	6357	5821	4969	4484	3938
商河县	6763	5477	5950	5671	4824	4275	3794
章丘市	8485	6700	7632	7658	7034	6811	6119
高新区					1676	1707	1577

2-9 离 婚 情 况

Number of Divorces

单位:对

地　　区	2009年	2010年	2011年	2012年	2013年	2014年	2015年
总　计	14832	18395	19066	22633	25638	25899	25399
法院数	5420	6658	6698	7399	6521	6995	7395
民政数	9412	11737	12368	15234	19117	18904	18004
市　直	12	14	17	15	16	14	12
历下区	1520	1999	2027	3083	2736	2517	2382
市中区	1591	1726	1865	2096	2764	2458	2262
槐荫区	931	1238	1178	1281	1785	1681	1510
天桥区	1386	1624	1522	1717	2275	2251	2104
历城区	1496	1802	2006	2395	3068	3110	2666
长清区	484	646	752	1022	1280	1319	1301
平阴县	404	517	571	681	853	764	880
济阳县	409	634	680	894	1156	1281	1344
商河县	274	334	390	471	639	976	1015
章丘市	905	1203	1360	1579	1997	1967	2026
高新区					548	566	502

主要统计指标解释

Explanatory Notes on Main Statistical Indicators

人口统计资料主要有三个来源 人口普查、人口抽样调查和人口经常性登记。

人口普查 是在国家规定的统一时间内，用统一的方法，统一的调查项目，对全国或某一地区的人口进行的一种专门调查。

人口抽样调查 是从所要研究的总人口中，随机抽取部分人口，并根据对这些人口调查所得到的数据来推算该人口总体相应指标的方法。

人口经常性登记 是指对人口出生、死亡、婚姻、迁移等事件进行连续的、持久的、强制的全面登记制度。

人口数 指一定时点、一定地区范围内的有生命的个人的总和。

年度统计的年末人口数 指每年12月31日24时的人口数。

出生率(又称粗出生率) 指在一定时期内(通常为一年)平均每千人所出生的人数的比率，一般用千分率表示。计算公式为：

出生率＝年出生人数 / 年平均人数×1000‰

式中：出生人数指活产婴儿，即胎儿脱离母体时(不管怀孕月数)，有过呼吸或其他生命现象。

出生人数 是指活产婴儿，即胎儿脱离母体时(不管怀孕月数)，有过呼吸或其他生命现象。

年平均人数 是指年初、年底人口数的平均数，也可用年中人口数代替。

死亡率(又称粗死亡率) 指在一定时期内(通常为一年)一定地区的死亡人数与同期平均人数(或期中人数)之比，一般用千分率表示。计算公式为：

死亡率＝年死亡人数 / 年平均人数×1000‰

人口自然增长率 指在一定时期内(通常为一年)人口自然增加数(出生人数减死亡人数)与该时期内平均人数(或期中人数)之比，一般用千分率表示。计算公式为：

人口自然增长率＝(本年出生人数－本年死亡人数) / 年平均人数×1000‰

人口自然增长率＝人口出生率－人口死亡率

机械增长率 是反映迁移变动的一个相对指标。它表明一个地区在一定时间内迁入人口数与迁出人口数相抵后的差额与总人口数的比率，一般用千分率表示。计算公式为：

机械增长率=一定时期的迁入迁出人口差额/该时期的平均人口×100%

人口密度 指一定时点，一定地区的人口数与该时点、该地区的面积之比，即一定时点的单位土地面积上的人口数，通常以每平方公里的居民人数来表示：

$$人口密度=\frac{该地区人口数}{该地区土地面积}\times 100\%$$

性别比 反映两性人口间比例的指标，指在总人口中或各年龄组人口中，男性人数与女性人数之比。通常以每100个女性人口相对应的男性人口数。计算公式：

$$性别比=\frac{男性人口}{女性人口}\times 100\%$$

3

综　合

GENERAL SURVEY

3-1 国民经济和社会发展总量指标

Principal Aggregate Indicators on National Economic and Social Development

指　　标	计量单位	1978	1990	1995	2000	2005	2010	2014	2015
面积									
土地面积	平方公里		8227	8227	8154	8177	8177	7998	7998
#市内六区建成区面积	平方公里	85	103	114	120	295	347	383	393
人口									
年末总户数	万户	102.93	140.36	156.45	166.63	177.69	190.65	201.93	203.59
年末户籍总人口	万人	450.67	523.60	542.12	562.65	597.44	604.08	621.61	625.73
#市区	万人	186.43	232.30	247.57	317.20	347.87	348.02	360.99	364.54
#男性	万人	226.31	265.91	274.98	284.19	300.42	301.28	309.09	310.92
年末常住总人口	万人						681.80	706.69	713.20
就业									
全社会从业人员	万人	204.04	270.54	324.22	347.37	360.00	373.70	385.70	388.70
第一产业	万人	136.30	125.73	116.13	109.98	99.10	76.66	72.50	71.80
第二产业	万人	46.06	87.75	106.68	110.81	114.20	120.20	123.30	124.70
第三产业	万人	21.68	57.06	101.41	126.58	146.70	176.84	189.90	192.20
职工平均工资	元	578	2211	5851	10422	20866	31096	52504	58578
城镇登记失业人员数	万人			2.45	3.90	5.75	5.97	3.3	3.2
城镇登记失业率	%			2.30	3.70	3.86	3.84	2.14	2.04
国民经济核算									
地区生产总值	亿元	23.60	138.24	473.52	944.13	1846.28	3910.53	5770.60	6100.23
#非公有制经济	亿元				238.32	768.50	1664.43	2422.78	2599.60
第一产业	亿元	4.16	23.93	67.64	96.02	134.34	215.17	290.29	305.39
第二产业	亿元	13.32	67.36	220.37	414.74	847.47	1637.45	2261.66	2307.00
第三产业	亿元	6.12	46.95	185.51	433.38	864.47	2057.90	3218.65	3487.84
人均生产总值	元	527	2666	8773	16855	28900	57947	82046	85919
固定资产投资									
固定资产投资	亿元	3.19	30.60	112.76	305.95	857.00	1987.44	3063.44	3498.42
第一产业	亿元	0.55	0.52	3.24	13.57	38.28	68.08	116.32	102.52
第二产业	亿元	1.15	14.62	46.26	73.14	362.05	677.28	1098.54	1217.39
第三产业	亿元	1.29	13.94	63.27	219.24	456.67	1242.08	1848.58	2178.51
工业	亿元	0.75	2.05	45.35	67.72	352.27	667.35	1041.06	1147.87
房地产投资	亿元	0.00	2.18	16.46	50.53	121.09	484.50	917.37	1014.14
财政税收									
一般公共预算收入	亿元	5.90	12.40	16.99	49.05	106.15	266.13	543.13	614.32
一般公共预算支出	亿元	1.50	8.20	19.63	54.72	120.66	336.80	571.41	658.18

注:“职工平均工资”2006年以前为在岗职工口径,2006年及以后为法人单位在岗职工口径。

3-1续1

指　　标	计量单位	1978	1990	1995	2000	2005	2010	2014	2015
各项税收收入	亿元			53.49	112.35	231.34	527.70	875.31	959.33
国税税收收入	亿元			39.55	72.54	144.20	309.87	455.58	494.43
地税税收收入	亿元			13.94	39.80	87.14	217.82	419.73	464.90
金融保险									
金融机构人民币存款余额	亿元	15.43	117.95	438.01	1274.96	3483.34	7510.44	12173.25	13552.99
#住户存款	亿元	1.14	51.08	222.06	463.04	1024.42	2187.68	3738.20	3951.42
金融机构人民币贷款余额	亿元	14.08	124.76	337.26	1069.31	3259.86	6319.09	8510.29	9674.22
#短期贷款	亿元	–	98.50	239.31	527.31	1240.49	1898.61	2529.12	2692.81
保险承保额	亿元				2169	5295	16802	63675	97665
保险业务收入	万元				124982	415338	1223791	1628650	2227474
保险业务支出	万元				59618	141353	437708	529707	656570
农业									
农林牧渔业总产值	亿元	6.57	36.92	114.07	154.30	230.46	378.43	524.22	544.68
农用机械总动力	万千瓦	69.70	183.40	241.20	349.47	426.76	509.68	567.02	584.98
年末实有耕地面积	千公顷	373.19	347.56	339.30	333.72	324.84	362.30	360.24	362.30
粮食总产量	万吨	115.38	181.47	252.48	240.27	260.11	289.43	271.19	264.55
蔬菜总产量	万吨	49.19	126.09	253.54	405.95	529.37	601.44	665.86	649.73
肉类总产量	万吨	2.50	11.38	28.68	31.82	37.93	38.08	40.67	39.44
奶类总产量	万吨	0.40	1.87	3.48	7.09	19.61	31.20	32.13	29.16
棉花总产量	万吨	0.51	5.00	2.91	2.73	3.55	2.94	1.65	1.47
规模以上工业									
单位数	个	1319	2007	2648	1038	1670	2021	1984	2021
工业总产值	亿元	37.67	174.89	526.48	680.04	2237.51	4485.61	5253.05	5339.97
主营业务收入	亿元	31.39	136.29	432.17	629.72	2142.84	4497.17	5406.67	5417.16
利税总额	亿元	6.80	15.57	53.59	64.62	244.61	584.53	606.60	685.71
利润总额	亿元	3.88	3.23	16.30	21.69	131.30	339.76	357.82	396.13
资产总计	亿元	25.68	125.25	578.55	958.10	1868.06	3904.42	4564.86	4987.76
所有者权益	亿元	7.47	36.82	180.86	363.37	630.06	1481.75	1846.32	2159.78
建筑业									
资质以上企业个数	个	10	46	141	569	737	739	454	463
建筑业总产值	亿元	0.68	12.56	58.78	141.92	462.65	894.30	1542.21	1663.83
施工面积	万平方米		269	1030	1611	3298	4655	9183	10189
竣工面积	万平方米	49	170	306	701	1400	1306	1772	2039
其中：住宅	万平方米		77	141	396	884	773	1157	1178

注：工业统计指标1997年及以前统计口径为乡及乡以上工业企业，1998年及以后为全部国有及年销售收入500万元以上工业企业，2011年及以后为年主营业务收入2000万元以上工业企业。

3-1续2

指　　标	计量单位	1978	1990	1995	2000	2005	2010	2014	2015
交通运输									
货运量									
铁路	万吨	2191	3416	3877	5168	7211	9913	16792	15794
公路	万吨	1670	3970	6182	7024	8484	13029	19359	20419
航空	万吨			0.4	1.3	2.0	3.4	3.9	4.2
客运量									
铁路	万人	1302	1438	1519	1693	1924	3327	9508	10681
公路	万人	505	1801	2611	4530	5364	12758	3729	3663
航空	万人		2.6	37.0	62.0	140.0	379.2	488.1	533.1
民用汽车拥有量	辆	1684	39748	86766	129204	347687	807378	1382459	1541045
#载客	辆	1353	26032	33968	68625	196415	627849	1224763	1400588
#载货	辆	224	12141	47790	56627	71588	117994	134929	123801
邮电通信									
固定电话	万户	2.68	9.87	39.18	106.34	258.90	213.30	176.90	165.30
#城市	万户	2.27	9.12	36.48	83.08	206.30	177.40	150.17	141.00
移动电话	万户			2.3	60.8	239.0	857.6	1177.87	1090.40
互联网用户	万户				11.57	74.34	117.30	202.73	231.66
国内贸易									
社会消费品零售总额	亿元	8.13	52.82	188.02	354.71	807.88	1802.46	3087.65	3410.31
#批发零售业	亿元	7.07	38.20	134.53	228.75	657.55	1402.27	2600.42	2875.48
#餐饮业	亿元	0.29	2.56	13.35	37.76	108.44	308.11	467.60	513.80
对外经济和国际旅游									
进出口总额	万美元			66587	143935	376213	743776	1048867	911424
进口总额	万美元			29812	86827	198370	338888	442950	311763
出口总额	万美元			36775	57108	177843	404888	605917	599661
实际外资	万美元			25294	31981	54158	104011	143497	157851
合同外资	万美元			47449	44074	112072	120903	187974	303100
入境游客人数	人		20583	54468	103990	120164	230985	314536	332942
外国人	人		12705	30011	40990	69762	153327	194567	205477
港澳台同胞	人		7878	24457	63000	50402	77658	119969	127465
国际旅游(外汇)收入	亿美元		0.15	0.19	0.32	0.42	1.14	1.71	1.84
教育									
普通高等教育在校生	万人	1.09	3.73	5.66	9.30	38.04	50.53	52.00	53.62
普通高等教育专任教师	人	2947	7245	7500	8267	18434	26870	29942	30873

注：货运量、客运量中的“铁路”指标，2013年3月铁路系统改革，铁路系统统计数据按新口径执行；“公路指标”自2014年起交通部门执行新的公路运输量统计方案，调查范围较老口径有所缩小，2014年及2013年数据均为新口径下交通部反馈数据。

3-1续3

指　　标	计量单位	1978	1990	1995	2000	2005	2010	2014	2015
中等专业学校在校生	万人	0.68	2.51	4.79	5.75	4.79	2.12	1.74	1.57
中等专业学校专任教师	人	1020	2890	2890	2916	1578	1334	1009	763
普通中学在校生	万人	30.61	22.45	27.15	33.82	30.91	30.18	30.8	30.16
普通中学专任教师	人	19275	16065	17621	20585	21915	21943	23443	23643
小学在校生	万人	60.91	47.57	49.23	41.40	37.88	38.40	40.51	41.44
小学专任教师	人	24926	26922	27417	27417	25201	24801	25870	25795
文化									
图书馆藏书量	万册	341.0	476.0	524.6	591.7	725.1	941.2	1139.5	1195.0
图书出版种数	种	389	2001	2603	3851	5389	6586	10913	10234
图书量	万册	20166	31685	39025	38471	27919	26603	31972	43860
报纸量	万份	25055	46930	54460	109199	113751	184706	140741	136480
杂志量	万份	2209	3321	4579	11177	7195	6995	9255	8572
卫生									
卫生机构数	个	1017	1300	1185	1414	2138	5086	5784	5947
#医院及卫生院	个	148	178	216	231	246	277	265	269
卫生机构床位数	张	11496	18214	20747	21698	24695	31947	48280	49311
#医院及卫生院	张	9856	17216	19534	20830	23524	29844	44058	45195
卫生工作人员	人	24949	41444	43648	45166	41499	54711	84515	89117
#卫生技术人员	人	19198	31130	32848	35669	34129	39366	63604	71778
人民生活									
城镇居民人均可支配收入	元	337.8	1619.5	4720.6	8471.3	13578.5	25321.1	38762.8	39888.7
城镇居民人均消费性支出	元	317.9	1360.1	3830.4	6891.8	9226.6	15973.3	22980.7	26318.7
#食品	元	181.6	781.6	1823.6	2387.1	3046.9	5051.2	6814.1	6421.8
农村居民人均可支配收入	元	110.5	731.1	1812.7	3046.8	4812.3	8903.3	14726.0	14231.8
农村居民人均消费性支出	元	83.2	569.8	1373.6	1976.8	2902.8	5406.6	8581.4	8597.2
#食品支出	元	58.2	287.7	770.8	860.0	1134.8	1818.3	2831.4	2776.8
农民人均住宅居住面积	平方米	9.6	22.5	24.7	28.6	33.8	40.2		52.6
社会治安									
交通事故起数	起		509	1231	1306	911	774	2948	2946
交通事故死伤人数	人		518	1345	1364	1186	1121	3708	3885
交通事故损失折款	万元		64	369	357	316	189	737	840
火灾事故起数	起		309	110	1281	1071	791	2848	2609
火灾事故死伤人数	人		67	87	26	3	9	7	12
火灾事故损失折款	万元		166	925	471	76	462	1104	1571

注：从2015年起，全市居民收支调查指标采用新口径。

3-2 国民经济和社会发展比例和效益指标

Indicators on Proportions and Efficiency in National Economic and Social Development

指　　标	单位	1978年	1985年	1990年	1995年	2000年	2010年	2013年	2014年	2015年
人　口										
申报出生率	‰	15.53	11.39	12.88	10.03	11.08	11.13	11.35	17.90	11.82
申报死亡率	‰	7.00	6.52	6.54	6.32	7.05	8.35	6.82	6.78	6.73
自然增长率	‰	8.53	4.87	6.34	3.71	4.03	2.78	4.53	11.11	5.09
就　业										
就业者负担人口	人	2.21	1.99	1.94	1.67	1.62	1.62	1.60	1.61	1.61
三次产业从业者比例										
第一产业	%	66.8	47.5	46.5	35.8	31.7	20.5	19.2	18.8	18.5
第二产业	%	22.6	31.0	32.4	32.9	31.9	32.2	32.0	32.0	32.1
第三产业	%	10.6	21.5	21.1	31.3	36.4	47.3	48.8	49.2	49.4
城镇登记失业率	%				2.45	3.70	3.84	2.40	2.14	2.04
国民经济核算										
三次产业增加值比例										
第一产业	%		21.1	17.3	14.3	10.0	5.5	5.3	5.0	5.0
第二产业	%		51.8	48.7	46.5	43.9	41.9	40.1	39.2	37.8
第三产业	%		27.1	34.0	39.2	46.1	52.6	54.6	55.8	57.2
人均生产总值	元		1263	2666	8773	16855	57947	74994	82046	85919
资本形成率(投资率)	%			39.1	39.5	40.2	52.6	57.7	59.6	63.0
最终消费率(消费率)	%			37.8	41.9	56.9	46.9	52.2	50.9	52.3
固定资产投资										
固定资产投资占生产总值比重	%		23.7	22.1	23.8	32.1	50.8	50.4	53.1	57.3
财　政										
一般公共预算收入占生产总值比重	%	25.2	14.5	9.0	3.6	5.2	15.2	9.2	9.4	10.1
一般公共预算支出占生产总值比重	%	6.3	5.6	5.9	4.1	5.8	16.9	9.9	9.9	10.8
农　业										
人均耕地面积	亩	1.24	1.10	1.00	0.94	0.88	0.90	0.88	0.87	0.87

注:“一般公共预算收入占生产总值比重”2012年(含)以前为“地方财政收入”口径;
“一般公共预算支出占生产总值比重”2012年(含)以前为“地方财政支出”口径。

3-2续

指　　　标	单位	1978年	1985年	1990年	1995年	2000年	2010年	2013年	2014年	2015年
每公顷耕地化肥施用量(折纯)	公斤		225	330	569	641	645.7	639.5	638.3	626.4
每公顷播种面积粮食产量	公斤	2475	3864	4273	5512	5354	6192	5997	6109	6117
机耕地占耕地比重	%	61.1	58.2	72.4	78.6	78.6	98.3	80.6	84.4	84.1
规模以上工业										
产品销售率	%				97.12	98.24	98.71	97.48	97.89	98.23
总资产贡献率	%				12.25	8.45	15.98	11.98	13.14	13.37
流动资产周转次数	次				1.69	1.52	2.11	1.96	1.97	1.82
邮电通讯业										
每百人拥有电话机	部	0.60	1.26	1.89	7.23	18.98	35.31	29.35	28.46	26.42
国内商业										
人均消费品零售总额	元	182	500	1009	3468	6332	28563	44882	50008	54681
教　育										
学龄儿童入学率	%		99.44	99.03	99.40	99.93	100.00	100.00	100.00	100.00
学校教师负担人数	人	21.28	16.75	14.20	15.60	15.24	17.40	18.17	17.48	17.37
高等教育	人	2.47	6.55	5.15	7.55	11.25	21.76	23.35	22.76	22.53
中等教育	人	16.65	14.46	12.99	15.30	16.78	14.72	15.05	13.95	13.33
小学	人	34.99	20.33	17.67	18.20	15.10	15.48	15.64	15.66	16.07
卫　生										
每万人拥有医院卫生院数	个	0.33	0.34	0.34	0.40	0.41	0.46	0.42	0.43	0.43
每万人拥有医生数	人	23.3	26.3	29.2	27.9	29.5	29.1	37.1	35.0	46.0
每万人拥有医院床位数	张	22.0	28.2	32.9	36.0	38.6	52.9	74.1	68.3	69.1
市政建设										
城市人口用水普及率	%	99.0	100.0	100.0	100.0	100.0	100.0	98.64	98.92	99.00
城市用气普及率	%	17.8	26.3	45.7	72.2	90.7	95.5	96.81	96.88	97.73
建成区绿化覆盖率	%	12.0	23.0	30.0	30.5	36.1	36.9	39.03	39.62	39.94
生　活										
城市居民恩格尔系数	%	57.1	56.5	57.5	47.6	34.6	31.6	30.6	29.7	24.4
农村居民恩格尔系数	%	69.9	51.8	50.5	56.1	43.5	33.6	33.9	33.0	32.3

3-3 平均每天主要社会经济活动

Selected Indicators on Average Daily Social and Economic Activities

指　　标	单位	1978年	1985年	1990年	1995年	2000年	2010年	2013年	2014年	2015年
每天创造的财富										
地区生产总值(当年价)	万元	646	1682	3787	12973	26087	107138	143293	158098	167130
第一产业	万元	114	354	656	1853	2603	5895	7800	7953	8367
第二产业	万元	365	872	1845	6257	11469	44862	56253	61963	63205
第三产业	万元	167	456	1286	5082	12015	56381	79240	88182	95557
一般公共预算收入	万元	163	244	339	465	1344	7291	13207	14880	16831
一般公共预算支出	万元	41	94	224	537	1499	9227	14228	15655	18032
固定资产投资	万元		399	838	3089	8382	54450	72283	83930	95847
每天生产主要工、农业产品										
粮　食	吨	3161	4479	4972	6917	6583	7930	7304	7430	7248
棉　花	吨	14	136.2	137	79.7	74.7	81	54	45	40
蔬　菜	吨	1348	2304	3455	6946	14733	16478	18003	18243	17801
猪　肉	吨	67	138	215	390	478	597	629	643	623
奶　类	吨	11	23	51	95	194	855	872	880	799
钢　材	吨	689	1197	1576	2856	6507	26857	20523	21247	19852
发电量	万千瓦时	347	724	1225	1884	1898	3601	4452	4890	4818
水　泥	吨	2399	3699	5796	11644	13291	19994	21430	22805	21411
化　肥	吨	494	313	396	384	778	1345	912	784	644
金切机床	台	10	18	14	11	8	6	12	13	10
汽　车	辆	12	31	17	16	8	581	455	383	263
服务器	台	–	–	–	–	–	271	468	770	1112
布	万米	38	50	55	41	45	22	40	39	44
每天其他经济活动										
最终消费量	万元		780	1580	5524	14833	50253	74752	80444	87412
居民消费	万元		638	1274	4567	11098	39460	47877	50849	55221
农业居民	万元		367	624	1938	3596	5142	6200	6677	7120
城镇居民	万元		271	650	2629	7502	34317	41678	44172	48101
政府消费	万元		142	306	957	3735	10794	26875	29595	32192
社会消费品零售总额	万元	261	640	1447	5151	9718	49382	75160	84593	93433
公路货运量	万吨	3.2	6.9	10.9	16.9	19.2	35.7	52.2	53.0	55.9
公路客运量	万人	1.4	3.1	4.9	7.2	12.4	35.0	10.1	10.2	10.0
自来水供水量	万吨	36.9	40	45.3	57.5	76.7	64.5	83.2	85.4	87.2
用电量	万千瓦时	754	747	1255	1779	2505	6713.3	7075.8	7162.0	7238.5
市内公共车辆乘客人数	万人次	34	62.2	73.3	73.3	125.9	296.1	286.2	278.6	256.5
实际使用外资额	万美元			8.5	69.3	87.6	285.0	361.8	393.1	432.5
港澳台及外国来济旅游人数	人		27	56	149	285	633	842	862	912.2
每天人口变动和婚姻										
出　生	人	191	152	183	148	170	184	190	237	202
死　亡	人	86	87	93	94	108	138	114	115	115
结　婚	对			103	137	120	153	156	152	138
离　婚	对				17	20	50	70	71	70

注:“一般公共预算收入”指标1978年到1995年为“地方财政收入”口径。
“一般公共预算支出”指标1978年到1995年为“地方财政支出”口径。

3-4 国民经济人均指标

Per Indicaors of National Economic

指　　标	单位	1978年	1985年	1990年	1995年	2000年	2010年	2013年	2014年	2015年
地区生产总值	元	527	1263	2666	8773	16855	57947	74994	82046	85919
主要农产品产量										
粮　食	公斤	258	336	350	468	429	479	436	439	424
棉　花	公斤	1.14	10.22	9.64	5.38	4.87	4.87	3.23	2.67	2.36
猪　肉	公斤	5.44	10.33	15.13	26.33	31.15	36.10	37.58	38.00	36.46
水　果	公斤	12.65	14.70	12.88	35.81	66.56	78.58	85.44	86.20	85.00
禽　蛋	公斤			18.27	41.29	74.29	59.68	58.22	57.52	56.86
蔬　菜	公斤	109.84	173.02	243.10	469.77	960.06	996.29	1075.08	1078.43	1041.79
牛　奶	公斤	0.88	1.76	3.46	6.44	12.65	51.68	52.07	52.04	46.75
水产品	公斤	0.29	0.41	1.80	4.72	5.87	7.06	7.53	7.62	7.63
主要工业产品产量										
钢　材	公斤	48.1	69.6	169.1	195.7	424.0	1623.8	1225.6	1256.0	1161.8
发电量	千瓦小时	282.5	543.9	862.3	1237.0	1231.5	2177.5	2658.6	2890.5	2819.9
水　泥	公斤	195.5	277.9	408.0	728.4	866.1	1208.9	1279.7	1348.2	1253.1
化　肥	公斤	29.5	18.7	23.6	23.0	46.5	80.3	54.5	46.3	37.7
服务器	台	–	–	–	–	–	0.02	0.03	0.05	0.07
布	米	30.8	37.2	38.9	19.9	29.5	13.6	24.5	22.8	25.7
其他经济活动										
社会消费品零售总额	元	182	500	1009	3468	6332	28563	44882	50008	54681
一般公共预算收入	元	133	183	239	315	876	4409	7887	8797	9850
一般公共预算支出	元	33	70	158	363	977	5579	8496	9255	10553
城乡居民人民币储蓄存款余额	元	33	236	985	4115	8266	36239	53287	56971	63358
城市居民人均可支配收入	元	338	732	1620	4721	8471	25321	35648	38763	39889
城市居民人均消费性支出	元	318	704	1369	3830	6892	15973	21667	22981	26319
农村居民人均可支配收入	元	111	439	731	1813	3047	8903	13248	14726	14232
农民人均消费支出	元	83	330	570	1374	1977	5407	7799	8581	8597

注：1.“一般公共预算收入”指标1978年到1995年为“地方财政收入”口径。

2.“一般公共预算支出”指标1978年到1995年为“地方财政支出”口径。

3.从2015年起，全市发布城乡住户调查一体化改革新口径数据，居民收支调查指标与2014年前分别实施的城镇和农村住户调查的调查范围、方法、指标口径、名称有所不同。

3-5 国民经济主要指标及占全国、全省比重(2015年)

Main Indicators of National Economy and Their Proportion in China and Shandong Province(2015)

指　　标	单位	全国	全省	济南	济南占全省比重%	济南占全国比重%
区划面积	万平方公里	960	15.8	0.7988	5.06	0.08
年末总人口	万人	137462	9847.2	625.7	6.35	0.46
生产总值(当年价)	亿元	676707.8	63002.3	6100.23	9.68	0.90
第一产业	亿元	60863.0	4979.1	305.39	6.13	0.50
第二产业	亿元	274277.8	29485.9	2307.00	7.82	0.84
第三产业	亿元	341566.9	28537.4	3487.84	12.22	1.02
规模以上工业主营业务收入	亿元	1103300.7	146886.7	5417.2	3.69	0.49
规模以上工业利润总额	亿元	63554.0	8617.2	396.1	4.60	0.62
粮食总产量	万吨	62144.0	4712.7	264.6	5.61	0.43
棉花总产量	万吨	560.3	53.7	1.5	2.74	0.26
固定资产投资额	亿元	561999.8	47381.5	3498.4	7.38	0.62
公路货物周转量	亿吨公里	57955.7	5738.6	393.8	6.86	0.68
社会消费品零售总额	亿元	300930.8	27761.4	3410.3	12.28	1.13
实际使用外资	亿美元	1262.7	163.0	15.8	9.69	1.25
一般公共预算收入	亿元	152216.7	5529.3	614.3	11.11	0.40
一般公共预算支出	亿元	175767.8	8249.2	658.2	7.98	0.37
普通本专科在校学生	万人	2625.3	190.1	53.6	28.20	2.04
中等职业教育在校学生	万人	1656.7	85.7	5.9	6.92	0.36
卫生机构数	万个	98.4	7.7	0.6	7.68	0.60
卫生技术人员	万人	801	61.9	7.2	11.63	0.90
#医　生	万人	251	23.7	3.3	1.30	13.75
城镇居民人均可支配收入	元	31195	31545	39889	-	-
农村居民人均可支配收入	元	11422	12930	14232	-	-

主要统计指标解释

Explanatory Notes on Main Statistical Indicators

几点说明：

1.生产总值及一、二、三次产业增加值，历史数据有所调整，以本年鉴所列数据为准。

2.生产总值及一、二、三次产业增加值，全部工业增加值，农业总产值等指标的增长速度均以可比价格计算。

3.由于国家在1994年开始财税体制改革，1994年及以后各年的财政收支与以前年份不可比。另外，2000年财政收入统计口径也有微调。

4.工业统计口径调整。1998年以前工业统计范围为乡及乡以上独立核算工业企业，1998年，统计范围调整为规模以上工业，即全部国有及年销售收入500万元以上的非国有工业单位，2011年，调整为年主营业务收入2000万元以上。

5.建筑业统计范围变化。建筑业统计范围1994－1995年为县及县以上单位，1996－1997年为资质等级四级及以上独立核算建筑业企业，1998年起为资质等级五级及以上独立核算建筑业企业。

企业（单位）登记注册类型 是以在工商行政管理机关登记注册的具有法人资格的各类企业为划分对象。行政机关、事业单位和社会团体及其他经济组织参照执行。

本项以工商行政管理部门对企业（单位）登记注册的类型为依据，将企业（单位）登记注册类型分为以下几种：

（1）国有企业是指企业全部资产归国家所有，并按《中华人民共和国企业法人登记管理条例》规定登记注册的非公司制的经济组织。不包括有限责任公司中的国有独资公司。

（2）集体企业是指企业资产归集体所有，并按《中华人民共和国企业法人登记管理条例》规定登记注册的经济组织。

（3）股份合作企业是指以合作制为基础，由企业职工共同出资入股，吸收一定比例的社会资产投资组建，实行自主经营，自负盈亏，共同劳动，民主管理，按劳分配与按股分红相结合的一种集体经济组织。

（4）联营企业是指两个及两个以上相同或不同所有制性质的企业法人或事业单位法人，按自愿、平等、互利的原则，共同投资组成的经济组织。

联营企业包括国有联营企业、集体联营企业、国有与集体联营企业和其他联营企业。

（5）有限责任公司是指根据《中华人民共和国登记管理条例》规定登记注册，由两个以上，五十个以下的股东共同出资，每个股东以其所认缴的出资额对公司承担有限责任，公司以其全部资产对其债务承担责任的经济组织。

有限责任公司包括国有独资公司以及其他有限责任公司。

①国有独资公司是指国家授权的投资机构或者国家授权的部门单独投资设立的有限责任公司。

②其他有限责任公司是指国有独资公司以外的其他有限责任公司。

（6）股份有限公司是指根据《中华人民共和国登记管理条例》规定登记注册，其全部注册资本由等额股份构成并通过发行股票筹集资本，股东以其认购的股份对公司承担有限责任，公司以其全部资产对其债务承担责任的经济组织。

（7）私营企业是指由自然人投资设立或由自然人控股，以雇佣劳动为基础的营利性经济组织。包括按照《公司法》、《合伙企业法》、《私营企业暂行条件》规定登记注册的私营有限责任公司、私营股份有限公司、私营合伙企业和私营独资企业。

①私营独资企业是指按《私营企业暂行条例》的规定，由一名自然人投资经营，以雇佣劳动为基础，投资者对企业债务承担无限责任的企业。

②私营合伙企业是指按《合伙企业法》或《私营企业暂行条例》的规定，由两个以上自然人按照协议共同投资、共同经营、共负盈亏，以雇佣劳动为基础，对债务承担无限责任的企业。

③私营有限责任公司是指按《公司法》、《私营企业暂行条例》的规定，由两个以上自然人投资或由单个自然人控股的有限责任公司。

④私营股份有限公司是指按《公司法》的规定，由五个以上自然人投资，或由单个自然人控股的有限公司。

（8）其他内资企业是指上述第（1）条至第（7）条之外的其他内资经济组织。

（9）与港澳台商合资经营企业是指港澳台地区投资者与内地的企业依照《中华人民共和国中外合资经营企业法》及有关法律的规定，按合同规定的比例投资设立、分享利润和分担风险的企业。

（10）与港澳台商合作经营企业是指港澳台地区投资者与内地企业依照《中华人民共和国中外合作经营企业法》及有关法律的规定，依照合作合同的约定进行投资或提供条件设立、分配利润和分担风险的企业。

（11）港澳台商独资经营企业是指依照《中华人民共和国外资企业法》及有关法律的规定，在内地由港澳台地区投资者全额投资设立的企业。

（12）港澳台商投资股份有限公司是指根据国家有关规定，经外经贸部依法批准设立，其中港、澳、台商的股本占公司注册资本的比例达25%以上的股份有限公司。凡其中港、澳、台商的股本占公司注册资本的比例小于25%的，属于内资企业中的股份有限公司。

（13）中外合资经营企业是指外国企业或外国人与中国内地企业依照《中华人民共和国中外合资经营企业法》及有关法律的规定，按合同规定的比例投资设立、分享利润和分担风险的企业。

(14)中外合作经营企业是指外国企业或外国人与中国内地企业依照《中华人民共和国中外合作经营企业法》及有关法律的规定，依照合作合同的约定进行投资或提供条件设立、分配利润和分担风险的企业。

(15)外资企业是指依照《中华人民共和国外资企业法》及有关法律的规定，在中国内地由外国投资者全额投资设立的企业。

(16)外商投资股份有限公司是指根据国家有关规定，经外经贸部依法批准设立，其中外资的股本占公司注册资本的比例达25%以上的股份有限公司。凡其中外资股本占公司注册资本的比例小于25%的，属于内资企业中的股份有限公司。

机关、事业单位和社会团体参照《企业登记注册类型与代码》，主要按其经费来源和管理方式划分。具体规定如下：

(1)机关包括国家机关和政党机关，原则上均列为“国有”。但有特殊规定的，如供销社等，则列为“集体”。

(2)事业单位包括经国家机构编制部门和有关业务主管部门批准成立的各类事业单位，不包括实行企业化管理的事业单位。事业单位的划分办法如下：

①由国家财政预算拨款或列入财政预算外资金管理以及经费主要来源于国有主管部门或国有上级单位的事业单位，列为“国有”。

②经费主要来源于集体单位的事业单位，列为“集体”。

③公民个人(或个人合伙)开办的事业单位，列为“私营”。

④上述以外的其他事业单位，如果其经费来源不明确，按管理方式进行归类。

(3)社会团体包括经民政部门批准成立以及未纳入社会团体管理条例范围的工会、妇联等各类社会团体。社会团体的划分办法如下：

①未纳入民政部社会团体管理条例范围的工会、妇联、共青团、青联、工商联、科协、侨联等社会团体，国家拨款设立的基金会或基金管理组织以及经费主要来源于国有业务主管部门或国有上级单位的社会团体，列为“国有”。

②经费主要来源于集体单位的社会团体，列为“集体”。

③公民个人(或个人合伙)开办的社会团体，划为“私营”。

④上述以外的其他社会团体，如果其经费来源不明确，改按管理方式进行归类。

平均增长速度 我国计算平均增长速度有两种方法：一种是习惯上经常使用的“水平法”，又称几何平均法，是以间隔期最后一年的水平同基期水平对比来计算平均每年增长(或下降)速度；另一种是“累计法”，又称代数平均法或方程法，是以间隔期内各年水平的总和同基期水平对比来计算平均每年增长(或下降)速度。在一般正常情况下，两种方法计算的平均每年增长速度比较接近；但在经济发展不平衡、出现大起大落时，两种方法计算的结果差别较大。

本《年鉴》内所列的平均增长速度，除固定资产投资用“累计法”计算外，其余均用“水平法”计算。从某年到某年平均增长速度的年份，均不包括基期年在内。如建国四十三年的平均增长速度是以1949年为基期计算的，则写为1950－1992年平均增长速度，其余类推。

4

国民经济核算

NATIONAL ACCOUNTS

4-1 各时期生产总值(按当年价格计算)

Gross Domestic Product in Each Period

年　　份	生产总值(万元)	第一产业	第二产业	#工业	第三产业	人均生产总值(元)
1952	38282	14464	11300	10907	12518	121
1957	66616	19282	22378	21840	24956	194
1962	62056	10271	24346	23610	27439	177
1965	96827	18837	44395	43388	33595	262
1970	136085	21582	76949	75571	37554	337
1975	162427	28985	86500	84614	46942	373
"五五"时期						
1976	181751	33447	99797	97215	48507	413
1977	199814	35831	112347	109811	51636	450
1978	235993	41633	133172	128910	61188	527
1979	265619	50144	147679	141048	67796	586
1980	288001	59580	158591	142369	69830	630
"六五"时期						
1981	315623	65646	176516	151131	73461	681
1982	360552	88026	185548	157894	86978	765
1983	420075	116162	204758	179572	99155	881
1984	479948	103502	254684	201017	121762	997
1985	613741	129221	318193	275447	166327	1263
"七五"时期						
1986	712831	148165	344782	286895	219884	1451
1987	845431	175195	402857	328783	267379	1699
1988	1142249	222330	570722	474895	349197	2266
1989	1258319	237692	615209	546591	405418	2466
1990	1382350	239283	673593	604274	469474	2666
"八五"时期						
1991	1633920	253797	765582	677340	614541	3109
1992	2078386	277408	983638	868539	817340	3928
1993	2707637	326614	1331453	1153600	1049570	5088
1994	3718760	494413	1768214	1544940	1456133	6946
1995	4735176	676399	2203700	1941631	1855077	8773
"九五"时期						
1996	5808366	742400	2749300	2383100	2316666	10701
1997	7099490	825200	3279700	2788668	2994590	12995
1998	8021619	902000	3664300	2984090	3455319	14549
1999	8813156	925171	3998006	3188000	3889979	15863
2000(调整前)	9521798	950125	4186077	3366075	4385596	16999
2000	9441315	960185	4147355	3319701	4333775	16855
"十五"时期						
2001	10579155	983242	4380564	3507175	5215349	18697
2002	11901167	1000514	5016352	4023830	5884300	20807
2003	13521540	1048068	5886754	4822007	6586718	23362
2004	16002700	1205800	7219300	6034000	7577600	27293
2005	18462792	1343400	8474679	7158669	8644713	28900
"十一五"时期						
2006	21615316	1451210	9971161	8441795	10192945	33480
2007	25001427	1502995	11287598	9548644	12210834	38301
2008	30067703	1750100	13130913	11152190	15186690	45563
2009	33409059	1870700	14335100	11913600	17203259	50219
2010	39105271	2151700	16374544	13524244	20579027	57947
"十二五"时期						
2011	44062889	2378573	18289700	15078800	23394616	64310
2012	48036696	2529161	19381399	16030799	26126136	69444
2013	52301948	2847088	20532400	16906300	28922460	74994
2013(新行业)	52301948	2769911	20950832	–	28581205	74994
2014	57705966	2902894	22616579	–	32186493	82046
2015	61002320	3053916	23070000	–	34878404	85919

注:1. 2013年始使用新口径、新行业分类标准(GB-2011)。新行业中:第一产业不再包括农林牧渔服务业;第二产业不再包括开采辅助活动,金属制品、机械和设备修理业;农林牧渔服务业,开采辅助活动,金属制品、机械和设备修理业归入第三产业。后同。

2. 2005年后人均生产总值为常住人口口径,后同。

4-2 各时期生产总值环比指数（以上年为100）

Circle Indices of Gross Domestic Product

年 份	生产总值	第一产业	第二产业	#工业	第三产业	人均生产总值
1952	123.9	119.1	153.2	126.2	132.7	118.0
1957	97.5	91.7	89.0	92.3	112.7	95.7
1962	105.6	116.7	82.7	81.3	121.9	105.9
1965	120.8	120.4	138.8	132.9	105.3	120.7
1970	113.7	95.9	131.9	130.8	100.5	108.7
1975	139.0	121.5	160.4	167.8	117.6	133.9
“五五”时期						
1976	104.9	93.2	114.6	113.1	104.5	104.6
1977	106.8	95.0	112.3	113.9	106.3	104.7
1978	113.0	99.3	114.2	111.9	119.0	109.1
1979	112.1	120.0	110.5	109.0	110.4	110.8
1980	113.6	124.5	112.5	105.7	107.9	112.6
“六五”时期						
1981	109.5	110.1	111.2	106.1	105.1	108.0
1982	116.0	136.2	106.7	106.1	120.2	114.1
1983	117.0	132.5	110.8	114.2	114.5	115.6
1984	118.4	92.3	128.9	116.0	127.3	117.3
1985	105.4	102.9	103.0	112.9	112.6	104.4
“七五”时期						
1986	110.8	109.4	103.4	99.4	126.1	109.6
1987	112.2	111.9	110.5	108.4	115.0	110.8
1988	119.0	111.8	124.8	127.2	115.0	117.5
1989	103.2	100.1	101.0	107.8	108.8	101.9
1990	108.3	99.2	107.9	109.0	114.2	106.6
“八五”时期						
1991	112.8	101.2	108.5	107.0	124.9	111.3
1992	122.8	105.5	124.0	123.8	128.4	122.0
1993	121.4	109.7	126.1	123.8	119.7	120.7
1994	118.9	131.0	115.0	115.9	120.1	118.2
1995	113.3	121.7	110.9	111.8	112.3	112.4
“九五”时期						
1996	114.9	102.8	116.9	115.0	117.0	114.3
1997	119.6	108.8	116.7	114.5	126.3	118.8
1998	113.8	110.1	112.6	107.8	116.3	112.8
1999	113.1	109.5	111.8	110.6	115.4	112.2
2000	112.1	106.1	110.8	112.2	114.9	111.2
“十五”时期						
2001	112.1	104.0	109.8	111.0	115.9	110.9
2002	113.2	102.6	114.8	115.2	113.9	112.0
2003	114.5	104.6	118.2	121.9	113.0	113.2
2004	115.6	107.8	119.8	121.9	113.0	114.1
2005	115.6	106.0	117.4	119.8	115.4	114.2
“十一五”时期						
2006	115.7	106.0	117.2	119.3	115.6	114.4
2007	115.8	100.0	115.3	116.0	118.5	114.5
2008	113.0	105.0	110.0	110.7	116.8	111.8
2009	112.2	105.1	112.1	110.5	113.1	111.3
2010	112.7	104.9	111.0	110.7	114.9	111.1
“十二五”时期						
2011	110.6	104.4	111.7	112.2	110.3	108.9
2012	109.5	104.7	109.2	109.7	110.1	108.4
2013	109.6	103.9	110.1	110.6	109.7	108.7
2013（新行业）	109.6	103.7	110.1	–	109.7	108.7
2014	108.8	103.9	108.8	–	109.1	107.9
2015	108.1	104.1	107.4	–	108.9	107.0

4-3 资本形成总额(按当年价格计算)

Basic Statistics on Gross Capital Formation

单位:万元

指　　标	2011年	2012年	2013年	2014年	2015年
资本形成总额	23609893	24140144	30182535	34417750	38457600
一、固定资本形成总额	20748371	21390653	27194510	31268206	33457249
1. 住 宅	3203114	4209797	6274201	6617872	7438000
2. 非住宅建筑物	8822620	9748694	13011712	15557997	14780097
3. 机器和设备	3713787	3984376	4499778	5067899	6450000
4. 土地改良支出	62357	44788	62574	92567	136928
5. 矿藏勘探费	1372	4730	5198	6049	6979
6. 计算机软件	1874997	2130000	2276970	2590812	2970366
7. 其他	3070125	1268268	1064077	1335012	1674879
二、存货增加	2861521	2749492	2988025	3149544	5000351
1. 农林牧渔业	24037	161773	163227	-1100	-16200
2. 工业	538492	248136	670461	685047	733000
3. 建筑业	130654	188246	-532	-603	514751
4. 交通运输、仓储和邮政业	-190	1791	2508	2115	-17600
5. 批发和零售业	203792	175842	31828	110839	-79000
6. 住宿和餐饮业	-2815	157	-1866	-523	-26000
7. 房地产业	1967551	1973546	2122399	2347812	4010000
8. 其他服务业	0	0	0	5957	-118600

4-4 最终消费支出(按当年价格计算)

Final Consumption Expenditure

单位:亿元

指　　标	2010年	2011年	2012年	2013年	2014年	2015年
最终消费支出	1834.25	2139.05	2448.32	2728.45	2936.20	3190.55
居民消费支出	1197.34	1391.82	1574.06	1747.52	1856.00	2015.55
农村居民	159.19	181.85	206.67	226.28	243.72	259.87
食品类支出	45.66	53.74	60.81	64.14	67.29	68.50
衣着类支出	7.24	8.99	10.16	10.98	12.95	11.73
居住类支出	23.76	24.82	30.13	33.68	31.54	38.73
家庭设备、用品及服务类支出	8.41	9.56	10.88	13.45	15.99	13.94
医疗保健类支出	13.96	20.73	23.83	20.54	19.78	17.73
交通和通信类支出	24.68	22.23	24.73	30.40	36.10	36.83
文教娱乐用品及服务类支出	10.47	9.70	10.75	14.17	16.18	21.61
金融中介服务虚拟支出	1.63	1.85	1.92	2.14	2.33	2.54
保险服务消费支出	5.92	7.22	7.74	8.03	9.42	11.05
自有住房服务虚拟支出	15.88	21.15	24.03	26.68	28.02	29.42
其他商品和服务类支出	1.58	1.88	1.69	2.06	4.12	7.78
城镇居民	1038.15	1209.97	1367.39	1521.23	1612.27	1755.68
食品类支出	262.68	305.32	336.42	367.27	377.92	415.71
衣着类支出	106.35	127.65	138.84	152.42	152.72	155.01
居住类支出	103.67	108.38	123.43	138.63	172.32	181.63
家庭设备、用品及服务类支出	69.18	87.58	96.57	105.23	111.02	126.11
医疗保健类支出	73.60	91.37	100.39	110.48	110.26	125.36
交通和通信类支出	159.91	175.54	220.64	253.86	261.73	288.43
文教娱乐用品及服务类支出	106.11	123.12	143.21	155.17	170.23	197.80
金融中介服务虚拟支出	28.61	30.91	38.25	47.12	51.26	55.78
保险服务消费支出	10.47	13.13	14.61	15.17	17.79	20.87
自有住房服务虚拟支出	80.50	94.73	98.38	114.15	119.85	125.85
实物消费支出	5.99	5.72	5.71	6.18	6.56	9.67
其他商品和服务类支出	31.08	46.52	50.94	55.56	60.62	53.46
政府消费支出	636.91	747.23	874.26	980.93	1080.20	1175.00

4-5 实际最终消费(按当年价格计算)

Basic Statistics on Final Real Consumption Expenditure

单位:亿元

指　　标	2010年	2011年	2012年	2013年	2014年	2015年
最终消费	1834.25	2139.05	2448.32	2728.45	2936.20	3190.55
居民消费	1440.27	1676.83	1907.56	2066.16	2189.96	2406.65
农村居民	187.70	215.30	245.83	272.82	292.65	315.06
食品类消费	46.03	54.17	61.32	65.67	68.89	70.13
衣着类消费	7.30	9.06	10.24	11.24	13.26	12.01
居住类消费	23.84	24.91	30.24	34.32	32.14	39.46
家庭设备、用品及服务类消费	8.47	9.63	10.97	13.76	16.36	14.26
医疗保健类消费	27.59	36.73	42.55	40.63	39.13	35.07
交通和通信类消费	24.84	22.42	24.95	31.14	36.99	37.73
文教娱乐用品及服务类消费	24.42	26.07	29.90	37.62	42.95	57.39
金融中介服务虚拟消费	1.64	1.86	1.94	2.14	2.33	2.53
保险服务消费支出	5.97	7.27	7.80	8.03	9.42	11.05
自有住房服务虚拟消费	16.01	21.31	24.21	26.68	28.01	29.41
其他商品和服务类消费	1.59	1.89	1.71	1.59	3.18	6.01
城镇居民	1252.57	1461.53	1661.73	1793.34	1897.31	2091.59
食品类消费	264.67	307.66	339.16	364.59	375.17	412.68
衣着类消费	107.01	128.43	139.75	151.07	151.37	153.64
居住类消费	104.43	109.28	124.48	137.67	171.13	180.37
家庭设备、用品及服务类消费	69.70	88.19	97.28	104.39	110.13	125.10
医疗保健类消费	168.29	202.47	230.37	251.57	251.07	285.46
交通和通信类消费	161.08	176.90	222.24	251.79	259.60	286.08
文教娱乐用品及服务类消费	219.50	256.15	298.85	318.87	349.80	406.47
金融中介服务虚拟消费	28.82	31.16	38.54	47.12	51.27	55.78
保险服务消费支出	10.55	13.23	14.73	15.17	17.79	20.87
自有住房服务虚拟消费	81.19	95.54	99.33	114.15	119.86	125.85
实物消费消费	6.03	5.76	5.76	6.18	6.56	9.68
其他商品和服务类消费	31.30	46.77	51.24	30.77	33.57	29.60
政府消费	393.98	462.22	540.76	662.28	746.25	783.90

4-6 生产总值分布

Distribution of Gross Domestic Product

单位:亿元

年　　份	政　府 最终消费	居　民 最终消费	国　内 总投资	国　内 储蓄总额	资金差额
GDP分布					
1990	14.63	52.28	54.12	71.36	17.24
"八五"时期					
1991	16.43	60.70	56.35	86.26	29.91
1992	20.06	71.02	80.23	116.76	36.53
1993	22.75	90.63	122.66	157.38	34.71
1994	25.57	122.10	152.31	224.21	71.90
1995	34.93	197.61	190.05	240.98	50.93
"九五"时期					
1996	50.21	240.49	236.98	290.14	53.16
1997	98.69	291.30	246.44	319.96	73.52
1998	100.52	347.78	285.39	353.86	68.47
1999	126.27	362.71	347.37	392.34	44.97
2000	132.05	332.70	398.13	479.38	81.25
"十五"时期					
2001	146.90	357.84	418.38	553.18	134.79
2002	161.84	401.23	500.89	627.04	126.16
2003	184.97	430.62	562.41	736.57	174.15
2004	206.80	457.71	760.12	935.75	175.63
2005	223.46	522.10	1017.39	1100.72	83.33
"十一五"时期					
2006	285.51	621.65	1126.39	1254.37	127.98
2007	350.33	820.82	1286.16	1328.99	42.83
2008	431.26	940.61	1577.87	1634.90	57.03
2009	495.31	1022.07	1749.05	1823.53	74.48
2010	636.91	1197.34	2055.73	2076.28	20.55
"十二五"时期					
2011	747.23	1391.82	2360.99	2267.24	–93.75
2012	874.26	1574.06	2414.01	2355.35	–58.66
2013	980.93	1747.52	3018.25	3042.14	23.88
2014	1080.20	1856.00	3441.78	2834.40	–561.73
2015	1175.00	2015.55	3845.76	2909.68	–936.08

4-7 生产总值(2009—2013年)(分行业、按当年价格计算)

Value of Gross Domestic Product(2009-2013)

单位:亿元

指　　标	2009年	2010年	2011年	2012年	2013年
地区生产总值	3340.91	3910.53	4406.29	4803.67	5230.19
第一产业	187.07	215.17	237.86	252.92	284.71
农林牧渔业	187.07	215.17	237.86	252.92	284.71
农　业	120.34	149.43	152.55	160.77	186.98
林　业	8.34	4.73	5.69	6.68	7.89
畜牧业	51.22	53.08	70.61	75.28	78.08
渔　业	2.88	3.02	3.35	3.54	4.04
农林牧渔服务业	4.29	4.91	5.66	6.65	7.72
第二产业	1433.51	1637.45	1828.97	1938.14	2053.24
工　业	1191.36	1352.42	1507.88	1603.08	1690.63
采矿业	26.60	31.64	34.11	33.21	56.03
制造业	1073.42	1194.23	1299.80	1490.91	1539.44
电力、燃气及水的生产和供应业	91.34	126.56	173.98	78.96	95.16
建筑业	242.15	285.03	321.09	335.06	362.61
房屋和土木工程建筑业	193.94	233.87	265.87	279.09	280.86
建筑安装业	36.02	38.26	38.41	40.22	59.54
建筑装饰业	7.51	7.78	11.77	13.03	19.00
其他建筑业	4.69	5.12	5.04	2.72	3.21
第三产业	1720.33	2057.90	2339.46	2612.61	2892.24
交通运输、仓储和邮政业	200.27	236.81	296.61	320.41	332.97
铁路运输业	52.01	56.18	60.70	65.55	63.12
道路运输业	96.68	118.25	152.71	170.27	172.42
城市公共交通业	13.62	14.71	17.08	18.99	18.28
水上运输业	0.60	0.73	0.94	1.05	1.18
航空运输业	17.01	24.76	33.73	27.71	31.87
管道运输业	1.20	1.36	1.37	1.40	1.65
装卸搬运和其他运输服务业	11.84	13.55	21.59	21.64	26.47
仓储业	5.79	6.09	7.18	10.97	15.00
邮政业	1.52	1.19	1.30	2.83	2.98
信息传输、计算机服务和软件业	66.24	116.38	136.70	152.10	162.58
电信和其他信息传输服务业	30.95	31.15	29.93	28.80	33.11
计算机服务业	17.95	25.14	31.67	37.99	44.56
软件业	17.33	60.09	75.10	85.31	84.90
批发和零售业	416.50	476.43	522.96	588.50	671.63
批发业	234.13	288.90	335.52	381.87	437.59
零售业	182.37	187.53	187.44	206.64	234.04
住宿和餐饮业	125.55	142.81	143.73	149.52	168.18
住宿业	12.43	16.44	16.77	17.68	20.76

4-7续

指　　标	2009年	2010年	2011年	2012年	2013年
餐饮业	113.12	126.37	126.96	131.84	147.42
金融业	240.21	288.33	330.14	411.34	461.00
银行业	164.58	226.00	278.34	357.71	387.31
证券业	60.51	47.28	32.05	26.87	33.74
保险业	10.02	5.37	6.43	6.99	8.16
其他金融活动	5.10	9.68	13.32	19.77	31.80
房地产业	172.63	220.79	254.98	273.94	320.56
房地产开发经营业	62.40	83.08	99.19	100.31	124.98
物业管理业	18.69	28.65	31.55	32.35	38.34
房地产中介服务业	10.13	15.53	17.11	17.62	17.62
其他房地产活动	7.21	11.05	12.20	13.03	22.87
居民自有住房服务业	74.20	82.48	94.94	110.62	116.74
租赁和商务服务业	88.71	107.32	131.18	145.29	153.19
租赁业	4.92	7.01	8.39	12.30	15.05
商务服务业	83.78	100.31	122.79	132.99	138.14
科学研究、技术服务和地质勘查业	57.79	63.63	69.22	69.36	75.62
研究与试验发展	19.95	18.95	22.14	22.85	27.12
专业技术服务业	27.36	32.94	33.95	33.78	32.72
科技交流和推广服务业	6.74	7.16	7.87	7.46	9.79
地质勘查业	3.74	4.58	5.27	5.27	5.98
水利、环境和公共设施管理业	12.18	13.84	13.62	14.05	17.26
水利管理业	5.06	6.06	5.91	6.21	9.06
环境管理业	2.46	2.90	2.54	0.07	0.09
公共设施管理业	4.67	4.87	5.17	7.77	8.11
居民服务和其他服务业	32.95	40.75	46.88	52.01	57.49
居民服务业	18.41	22.77	26.18	29.03	30.26
其他服务业	14.53	17.98	20.70	22.98	27.24
教　育	109.66	116.49	123.09	128.09	140.75
卫生、社会保障和社会福利业	64.87	87.30	105.00	127.60	134.11
卫生	56.31	74.52	95.70	117.78	124.11
社会保障业	6.37	9.46	7.11	7.48	7.60
社会福利业	2.19	3.32	2.19	2.34	2.40
文化、体育和娱乐业	23.60	28.01	28.40	32.21	36.29
新闻出版业	9.99	10.94	11.82	11.59	12.35
广播、电视、电影和音像业	5.27	6.65	6.97	10.52	11.24
文化艺术业	4.26	5.84	4.46	4.19	5.04
体育	2.08	2.21	2.47	2.55	4.01
娱乐业	2.01	2.37	2.68	3.37	3.65
公共管理和社会组织	109.18	119.01	136.93	148.19	160.61

注：旧行业分组（GB-2002）。

4-8 生产总值(2013-2015年)(分行业、按当年价格计算)

Value of Gross Domestic Product(2013-2015)

单位:亿元

指　　标	2013年	2014年	2015年
地区生产总值	5230.19	5770.60	6100.23
农、林、牧、渔业	284.71	299.11	314.99
农业	186.98	199.53	210.14
林业	7.89	8.85	9.96
畜牧业	78.08	77.57	80.82
渔业	4.04	4.33	4.47
农、林、牧、渔服务业	7.72	8.82	9.60
工业	1690.63	1822.11	1844.37
采矿业	27.95	30.13	36.89
#开采辅助活动	0.03	0.03	0.03
制造业	1471.81	1586.27	1715.26
#金属制品、机械和设备修理业	3.08	3.32	3.40
电力、燃气及水的生产和供应业	190.87	205.71	92.22
建筑业	407.56	442.90	466.06
房屋建筑业	236.10	252.57	241.65
土木工程建筑业	107.82	121.17	178.83
建筑安装业	25.22	27.40	21.12
建筑装饰业和其他建筑业	38.43	41.76	24.47
批发和零售业	626.68	691.65	715.54
批发业	397.64	441.38	453.30
零售业	229.04	250.27	262.24
交通运输、仓储和邮政业	332.97	364.29	371.63
铁路运输业	63.12	69.06	68.40
道路运输业	166.88	181.18	186.88
水上运输业	1.18	1.29	1.32
航空运输业	31.87	34.87	35.57
管道运输业	21.47	23.49	23.96
装卸搬运和其他运输服务业	26.47	28.96	29.54
仓储业	15.00	16.41	16.74
邮政业	6.98	9.04	9.22
住宿和餐饮业	168.18	180.96	188.45
住宿业	20.76	22.45	22.68
餐饮业	147.42	158.51	165.77
信息传输、计算机服务和软件业	162.58	190.17	201.95
电信、广播电视和卫星传输服务	101.79	119.07	126.45
互联网和相关服务	4.35	5.09	5.40
软件和信息技术服务业	56.44	66.02	70.11
金融业	461.00	541.88	641.86
货币金融服务	387.31	437.25	517.93
资本市场服务	33.74	48.65	57.63

4-8续

指　　标	2013年	2014年	2015年
保险业	8.16	9.59	11.36
其他金融业	31.80	46.38	54.94
房地产业	320.56	369.23	415.00
房地产开发经营业	136.61	169.38	190.37
物业管理业	26.72	25.46	28.62
房地产中介服务业	17.62	17.44	19.60
自有房地产经营活动	116.74	132.83	134.73
其他房地产业	22.87	24.13	41.68
租赁和商务服务业	153.19	172.19	182.86
租赁业	15.05	16.92	17.97
商务服务业	138.14	155.27	164.90
科学研究、技术服务和地质勘查业	75.62	82.35	90.00
研究与试验发展	6.39	6.96	7.60
专业技术服务业	50.38	54.86	59.96
科技交流和应用服务业	18.85	20.53	22.43
水利、环境和公共设施管理业	17.26	18.80	20.54
水利管理业	1.88	2.05	2.24
生态保护和环境治理业	0.61	0.74	0.80
公共设施管理业	14.77	16.01	17.50
居民服务、修理和其他服务业	57.49	64.63	68.63
居民服务业	30.26	32.21	34.21
机动车、电子产品和日用产品修理业	9.12	10.25	10.89
其他服务业	18.11	22.16	23.53
教育	140.75	153.27	167.51
卫生和社会工作	134.11	146.04	159.60
卫生	124.11	135.15	147.70
社会工作	10.00	10.89	11.90
文化、体育和娱乐业	36.29	40.79	43.32
新闻出版业	12.35	13.88	14.74
广播、电视、电影和音像业	11.24	14.43	15.33
文化艺术业	5.04	4.37	4.64
体育	4.01	4.51	4.79
娱乐业	3.65	3.60	3.83
公共管理和社会组织	160.61	190.24	207.91
第一产业	276.99	290.29	305.39
第二产业	2095.08	2261.66	2307.00
第三产业	2858.12	3218.65	3487.84

注：新行业分组（GB-2011）。

4-9 生产总值贡献率（2009—2013年）（分行业、按不变价格计算）

Distribution Rate of Gross Domestic Product(Calculated at Fixed Prices)(2009–2013)

单位:%

指 标	2009年	2010年	2011年	2012年	2013年
地区生产总值	100.0	100.0	100.0	100.0	100.0
第一产业	2.3	1.9	2.3	2.6	2.0
农林牧渔业	2.3	1.9	2.3	2.6	2.0
农 业	1.3	2.3	−1.3	1.4	1.1
林 业	0.0	−0.6	0.2	0.2	0.2
畜牧业	1.0	0.2	3.3	0.8	0.5
渔 业	0.0	0.0	0.0	0.0	0.0
农林牧渔服务业	0.0	0.1	0.1	0.2	0.2
第二产业	44.6	39.1	46.2	41.2	44.5
工 业	33.8	32.6	39.9	36.0	38.8
采矿业	3.9	1.1	0.6	0.0	5.9
制造业	15.0	23.3	27.5	58.7	30.6
电力、燃气及水的生产和供应业	14.8	8.2	11.7	−22.7	2.4
建筑业	10.8	6.5	6.3	5.2	5.6
房屋和土木工程建筑业	11.5	6.3	5.8	4.7	−6.3
建筑安装业	0.6	0.1	−0.2	0.6	10.5
建筑装饰业	−0.9	0.0	0.9	0.4	1.3
其他建筑业	−0.4	0.0	−0.1	−0.5	0.1
第三产业	53.1	59.0	51.5	56.2	53.5
交通运输、仓储和邮政业	12.4	6.4	13.0	5.4	2.9
铁路运输业	1.2	1.1	0.8	1.1	−0.4
道路运输业	9.7	3.1	7.6	4.1	0.9
城市公共交通业	0.1	0.2	0.5	0.4	−0.1
水上运输业	0.1	0.2	0.0	0.0	0.0
航空运输业	0.9	1.2	2.0	−1.5	0.8
管道运输业	0.1	0.0	0.0	0.0	0.1
装卸搬运和其他运输服务业	0.5	0.4	1.8	0.0	0.8
仓储业	−0.1	0.1	0.2	0.9	0.7
邮政业	0.0	0.1	0.0	0.4	0.0
信息传输、计算机服务和软件业	2.9	7.7	4.7	3.5	2.3
电信和其他信息传输服务业	−0.3	0.1	−0.3	−0.3	0.9
计算机服务业	2.9	2.6	1.5	1.5	1.4
软件业	0.3	5.1	3.5	2.3	−0.1
批发和零售业	10.5	12.4	7.6	13.5	15.7
批发业	10.6	11.8	9.5	9.4	11.2
零售业	−0.1	0.6	−1.8	4.1	4.5
住宿和餐饮业	2.0	3.4	−0.6	1.0	2.5
住宿业	−0.1	1.1	0.1	0.2	0.3

4-9续

指　　标	2009年	2010年	2011年	2012年	2013年
餐饮业	2.1	2.4	-0.7	0.8	2.1
金融业	8.7	8.8	7.0	17.5	13.9
银行业	9.4	11.9	10.0	17.3	9.1
证券业	0.1	-3.0	-4.0	-1.3	1.7
保险业	-0.4	-1.0	0.2	0.1	0.3
其他金融活动	-0.4	0.9	0.8	1.4	2.8
房地产业	5.3	8.3	4.9	3.5	8.3
房地产开发经营业	0.7	3.6	3.1	0.0	4.4
物业管理业	1.3	2.1	0.4	0.1	1.0
房地产中介服务业	0.7	1.2	0.2	0.1	-0.1
其他房地产活动	0.4	0.7	0.2	0.2	1.9
居民自有住房服务业	2.1	0.6	10.0	3.1	1.1
租赁和商务服务业	5.4	3.6	5.2	2.6	0.8
租赁业	0.4	0.3	0.3	0.9	0.5
商务服务业	5.1	3.2	4.9	1.7	0.3
科学研究、技术服务和地质勘查业	1.0	0.5	1.0	-0.4	0.9
研究与试验发展	0.4	-0.6	0.7	0.0	0.7
专业技术服务业	0.1	1.0	0.1	-0.3	-0.4
科技交流和推广服务业	0.4	0.1	0.1	-0.1	0.4
地质勘查业	0.0	0.0	0.1	0.0	0.1
水利、环境和公共设施管理业	-0.3	-0.2	-0.1	0.0	0.6
水利管理业	0.1	-0.1	-0.1	0.0	0.6
环境管理业	0.1	0.0	-0.1	-0.6	0.0
公共设施管理业	-0.5	-0.1	0.0	0.6	0.0
居民服务和其他服务业	0.7	1.8	1.3	0.9	0.9
居民服务业	0.4	1.0	0.7	0.5	0.1
其他服务业	0.3	0.8	0.6	0.4	0.8
教　育	2.8	1.1	1.0	0.5	1.9
卫生、社会保障和社会福利业	0.9	3.5	3.8	4.7	0.6
卫生	0.6	2.6	4.7	4.7	0.6
社会保障业	0.3	0.6	-0.6	0.0	0.0
社会福利业	0.1	0.2	-0.3	0.0	0.0
文化、体育和娱乐业	0.7	1.1	0.0	0.7	0.7
新闻出版业	0.3	0.2	0.2	-0.1	0.1
广播、电视、电影和音像业	0.1	0.3	0.0	0.8	0.1
文化艺术业	0.1	0.4	-0.4	-0.1	0.2
体育	0.2	0.0	0.1	0.0	0.3
娱乐业	0.0	0.1	0.1	0.1	0.0
公共管理和社会组织	0.1	0.7	2.6	2.8	1.7

注：旧行业分组（GB-2002）。

4-10 生产总值贡献率(2013-2015年)(分行业、按不变价格计算)

Distribution Rate of Gross Domestic Product(Calculated at Fixed Prices)(2013-2015)

单位:%

指　　标	2013年	2014年	2015年
地区生产总值	100.00	100.00	100.00
农、林、牧、渔业	2.03	2.26	2.37
农业	1.13	3.36	3.51
林业	0.20	0.09	0.09
畜牧业	0.49	-1.36	-1.43
渔业	0.03	0.05	0.05
农、林、牧、渔服务业	0.17	0.12	0.16
工业	38.69	36.05	31.40
采矿业	2.91	0.60	-0.36
#开采辅助活动	0.00	0.00	0.00
制造业	31.06	26.58	26.89
#金属制品、机械和设备修理业	0.06	0.07	0.06
电力、燃气及水的生产和供应业	4.73	8.88	4.86
建筑业	6.70	7.52	8.58
房屋建筑业	4.31	-1.08	4.04
土木工程建筑业	-3.32	7.07	9.30
建筑安装业	3.42	0.47	-1.20
建筑装饰业和其他建筑业	2.29	1.06	-3.56
批发和零售业	15.34	10.65	6.58
批发业	10.89	7.51	3.55
零售业	4.44	3.13	3.03
交通运输、仓储和邮政业	2.87	3.58	2.33
铁路运输业	-0.35	-0.78	1.34
道路运输业	0.72	2.00	-0.55
水上运输业	0.03	0.02	-0.01
航空运输业	0.76	0.72	1.00
管道运输业	0.57	0.16	0.11
装卸搬运和其他运输服务业	0.59	0.47	0.14
仓储业	0.47	0.35	0.11
邮政业	0.10	0.65	0.21
住宿和餐饮业	2.45	2.28	1.16
住宿业	0.35	0.21	0.22
餐饮业	2.10	2.06	0.95
信息传输、计算机服务和软件业	2.27	3.82	1.92
电信、广播电视和卫星传输服务	2.19	3.39	1.76
互联网和相关服务	0.14	0.10	-0.01
软件和信息技术服务业	-0.06	0.33	0.18
金融业	13.84	16.01	22.21
货币金融服务	9.10	7.35	13.63
资本市场服务	1.68	4.13	5.86

4-10续

指　　标	2013年	2014年	2015年
保险业	0.30	0.30	0.59
其他金融业	2.74	4.23	2.13
房地产业	8.28	6.70	10.89
房地产开发经营业	4.79	5.87	8.17
物业管理业	0.71	−0.37	0.67
房地产中介服务业	−0.11	−0.12	0.44
自有房地产经营活动	1.10	1.15	1.21
其他房地产业	1.80	0.17	0.41
租赁和商务服务业	0.77	2.49	1.67
租赁业	0.49	−0.10	0.37
商务服务业	0.28	2.58	1.30
科学研究、技术服务和地质勘查业	0.89	0.81	1.40
研究与试验发展	0.18	0.24	0.24
专业技术服务业	−0.13	−0.36	0.74
科技交流和应用服务业	0.84	0.92	0.41
水利、环境和公共设施管理业	0.19	0.18	0.32
水利管理业	0.11	0.02	0.01
生态保护和环境治理业	0.03	0.04	0.01
公共设施管理业	0.05	0.12	0.29
居民服务、修理和其他服务业	0.85	0.93	0.63
居民服务业	0.10	−0.22	0.51
机动车、电子产品和日用产品修理业	0.33	0.10	−0.01
其他服务业	0.42	1.05	0.12
教育	1.85	1.51	2.60
卫生和社会工作	0.62	1.42	2.48
卫生	0.64	1.05	2.38
社会工作	−0.02	0.37	0.10
文化、体育和娱乐业	0.67	0.59	0.40
新闻出版业	0.09	−0.10	−0.06
广播、电视、电影和音像业	0.09	0.92	−0.01
文化艺术业	0.15	−0.21	0.22
体育	0.29	0.03	0.13
娱乐业	0.04	−0.05	0.12
公共管理和社会组织	1.69	3.21	3.08
第一产业	1.86	2.14	2.21
第二产业	45.33	43.50	39.92
第三产业	52.81	54.36	57.88

注：新行业分组（GB−2011）。

4-11 生产总值行业比重(2009—2013年)(按当年价格计算)

Ratio of Gross Domestic Product(Calculated at Current Prices)(2009-2013)

单位:%

指　　标	2009年	2010年	2011年	2012年	2013年
地区生产总值	100.0	100.0	100.0	100.0	100.0
第一产业	5.6	5.5	5.4	5.3	5.4
农林牧渔业	5.6	5.5	5.4	5.3	5.4
农　业	3.6	3.8	3.5	3.4	3.6
林　业	0.2	0.1	0.1	0.1	0.2
畜牧业	1.5	1.4	1.6	1.6	1.5
渔　业	0.1	0.1	0.1	0.1	0.1
农林牧渔服务业	0.1	0.1	0.1	0.1	0.1
第二产业	42.9	41.9	41.5	40.3	39.3
工　业	35.7	34.6	34.2	33.3	32.3
采矿业	0.8	0.8	0.8	0.7	1.1
制造业	32.1	30.5	29.5	31.0	29.4
电力、燃气及水的生产和供应业	2.7	3.2	3.9	1.6	1.8
建筑业	7.2	7.3	7.3	7.0	6.9
房屋和土木工程建筑业	5.8	6.0	6.0	5.8	5.4
建筑安装业	1.1	1.0	0.9	0.8	1.1
建筑装饰业	0.2	0.2	0.3	0.3	0.4
其他建筑业	0.1	0.1	0.1	0.1	0.1
第三产业	51.5	52.6	53.1	54.4	55.3
交通运输、仓储和邮政业	6.0	6.1	6.7	6.7	6.4
铁路运输业	1.6	1.4	1.4	1.4	1.2
道路运输业	2.9	3.0	3.5	3.5	3.3
城市公共交通业	0.4	0.4	0.4	0.4	0.3
水上运输业	0.0	0.0	0.0	0.0	0.0
航空运输业	0.5	0.6	0.8	0.6	0.6
管道运输业	0.0	0.0	0.0	0.0	0.0
装卸搬运和其他运输服务业	0.4	0.3	0.5	0.5	0.5
仓储业	0.2	0.2	0.2	0.2	0.3
邮政业	0.0	0.0	0.0	0.1	0.1
信息传输、计算机服务和软件业	2.0	3.0	3.1	3.2	3.1
电信和其他信息传输服务业	0.9	0.8	0.7	0.6	0.6
计算机服务业	0.5	0.6	0.7	0.8	0.9
软件业	0.5	1.5	1.7	1.8	1.6
批发和零售业	12.5	12.2	11.9	12.2	12.8
批发业	7.0	7.4	7.6	7.9	8.4
零售业	5.5	4.8	4.3	4.3	4.5
住宿和餐饮业	3.8	3.7	3.3	3.1	3.2
住宿业	0.4	0.4	0.4	0.4	0.4

4-11续

指　　标	2009年	2010年	2011年	2012年	2013年
餐饮业	3.4	3.2	2.9	2.7	2.8
金融业	7.2	7.4	7.5	8.5	8.8
银行业	4.9	5.8	6.3	7.4	7.4
证券业	1.8	1.2	0.7	0.6	0.6
保险业	0.3	0.1	0.1	0.1	0.2
其他金融活动	0.2	0.2	0.3	0.4	0.6
房地产业	5.2	5.6	5.8	5.7	6.1
房地产开发经营业	1.9	2.1	2.3	2.1	2.4
物业管理业	0.6	0.7	0.7	0.7	0.7
房地产中介服务业	0.3	0.4	0.4	0.4	0.3
其他房地产活动	0.2	0.3	0.3	0.3	0.4
居民自有住房服务业	2.2	2.1	2.2	2.2	2.2
租赁和商务服务业	2.7	2.7	3.0	3.0	2.9
租赁业	0.1	0.2	0.2	0.3	0.3
商务服务业	2.5	2.6	2.8	2.7	2.6
科学研究、技术服务和地质勘查业	1.7	1.6	1.6	1.4	1.4
研究与试验发展	0.6	0.5	0.5	0.5	0.5
专业技术服务业	0.8	0.8	0.8	0.6	0.6
科技交流和推广服务业	0.2	0.2	0.2	0.2	0.2
地质勘查业	0.1	0.1	0.1	0.1	0.1
水利、环境和公共设施管理业	0.4	0.4	0.3	0.3	0.3
水利管理业	0.2	0.2	0.1	0.1	0.2
环境管理业	0.1	0.1	0.1	0.0	0.0
公共设施管理业	0.1	0.1	0.1	0.2	0.2
居民服务和其他服务业	1.0	1.0	1.1	1.1	1.1
居民服务业	0.6	0.6	0.6	0.6	0.6
其他服务业	0.4	0.5	0.5	0.5	0.5
教　育	3.3	3.0	2.8	2.7	2.7
卫生、社会保障和社会福利业	1.9	2.2	2.4	2.7	2.6
卫生	1.7	1.9	2.2	2.5	2.4
社会保障业	0.2	0.2	0.2	0.2	0.1
社会福利业	0.1	0.1	0.0	0.0	0.0
文化、体育和娱乐业	0.7	0.7	0.6	0.7	0.7
新闻出版业	0.3	0.3	0.3	0.2	0.2
广播、电视、电影和音像业	0.2	0.2	0.2	0.2	0.2
文化艺术业	0.1	0.1	0.1	0.1	0.1
体育	0.1	0.1	0.1	0.1	0.1
娱乐业	0.1	0.1	0.1	0.1	0.1
公共管理和社会组织	3.3	3.0	3.1	3.1	3.1

注：旧行业分组（GB-2002）。

4-12 生产总值行业比重(2013—2015年)(按当年价格计算)

Ratio of Gross Domestic Product(Calculated at Current Prices)(2013-2015)

单位:%

指 标	2013年	2014年	2015年
地区生产总值	100.00	100.00	100.00
农、林、牧、渔业	5.44	5.18	5.16
农业	3.57	3.46	3.44
林业	0.15	0.15	0.16
畜牧业	1.49	1.34	1.32
渔业	0.08	0.08	0.07
农、林、牧、渔服务业	0.15	0.15	0.16
工业	32.32	31.58	30.23
采矿业	0.53	0.52	0.60
#开采辅助活动	0.00	0.00	0.00
制造业	28.14	27.49	28.12
#金属制品、机械和设备修理业	0.06	0.06	0.06
电力、燃气及水的生产和供应业	3.65	3.56	1.51
建筑业	7.79	7.68	7.64
房屋建筑业	4.51	4.38	3.96
土木工程建筑业	2.06	2.10	2.93
建筑安装业	0.48	0.47	0.35
建筑装饰业和其他建筑业	0.73	0.72	0.40
批发和零售业	11.98	11.99	11.73
批发业	7.60	7.65	7.43
零售业	4.38	4.34	4.30
交通运输、仓储和邮政业	6.37	6.31	6.09
铁路运输业	1.21	1.20	1.12
道路运输业	3.19	3.14	3.06
水上运输业	0.02	0.02	0.02
航空运输业	0.61	0.60	0.58
管道运输业	0.41	0.41	0.39
装卸搬运和其他运输服务业	0.51	0.50	0.48
仓储业	0.29	0.28	0.27
邮政业	0.13	0.16	0.15
住宿和餐饮业	3.22	3.14	3.09
住宿业	0.40	0.39	0.37
餐饮业	2.82	2.75	2.72
信息传输、计算机服务和软件业	3.11	3.30	3.31
电信、广播电视和卫星传输服务	1.95	2.06	2.07
互联网和相关服务	0.08	0.09	0.09
软件和信息技术服务业	1.08	1.14	1.15
金融业	8.81	9.39	10.52
货币金融服务	7.41	7.58	8.49
资本市场服务	0.65	0.84	0.94

4-12续

指　　标	2013年	2014年	2015年
保险业	0.16	0.17	0.19
其他金融业	0.61	0.80	0.90
房地产业	6.13	6.40	6.80
房地产开发经营业	2.61	2.94	3.12
物业管理业	0.51	0.44	0.47
房地产中介服务业	0.34	0.30	0.32
自有房地产经营活动	2.23	2.30	2.21
其他房地产业	0.44	0.42	0.68
租赁和商务服务业	2.93	2.98	3.00
租赁业	0.29	0.29	0.29
商务服务业	2.64	2.69	2.70
科学研究、技术服务和地质勘查业	1.45	1.43	1.48
研究与试验发展	0.12	0.12	0.12
专业技术服务业	0.96	0.95	0.98
科技交流和应用服务业	0.36	0.36	0.37
水利、环境和公共设施管理业	0.33	0.33	0.34
水利管理业	0.04	0.04	0.04
生态保护和环境治理业	0.01	0.01	0.01
公共设施管理业	0.28	0.28	0.29
居民服务、修理和其他服务业	1.10	1.12	1.13
居民服务业	0.58	0.56	0.56
机动车、电子产品和日用产品修理业	0.17	0.18	0.18
其他服务业	0.35	0.38	0.39
教育	2.69	2.66	2.75
卫生和社会工作	2.56	2.53	2.62
卫生	2.37	2.34	2.42
社会工作	0.19	0.19	0.20
文化、体育和娱乐业	0.69	0.71	0.71
新闻出版业	0.24	0.24	0.24
广播、电视、电影和音像业	0.21	0.25	0.25
文化艺术业	0.10	0.08	0.08
体育	0.08	0.08	0.08
娱乐业	0.07	0.06	0.06
公共管理和社会组织	3.07	3.30	3.41
第一产业	5.30	5.03	5.01
第二产业	40.06	39.19	37.82
第三产业	54.65	55.78	57.18

注：新行业分组（GB-2011）。

4-13 县(市)区生产总值(2015年)

Value of Gross Domestic Product by Region(2015)

单位:亿元

指　　标	济南市	历下区	市中区	槐荫区	天桥区	历城区
地区生产总值	6100.2	1070.7	751.3	387.1	384.9	808.0
农林牧渔业	315.0	0.0	3.9	4.1	4.0	49.6
#农林牧渔服务业	9.6	0.0	0.1	0.0	0.0	1.3
工业	1844.4	75.1	63.5	69.2	40.4	261.3
#开采辅助活动	0.0	0.0	0.0	0.0	0.0	0.0
#金属制品、机械和设备修理业	3.4	0.0	0.0	0.0	0.0	3.0
建筑业	466.1	74.6	63.0	35.8	55.6	71.8
批发和零售业	715.5	142.1	76.7	71.4	98.8	126.6
交通运输、仓储和邮政业	371.6	66.2	8.8	9.8	20.0	60.1
住宿和餐饮业	188.5	50.3	32.3	12.5	19.9	24.8
金融业	641.9	268.0	215.0	12.7	28.1	18.5
房地产业	415.0	93.6	66.2	54.5	35.9	44.6
其他服务业	1142.3	300.9	222.0	117.1	82.2	150.7
营利性服务业	496.8	134.8	122.9	47.3	24.6	53.5
非营利性服务业	645.6	166.2	99.2	69.8	57.7	97.2
第一产业	305.4	0.0	3.8	4.0	4.0	48.3
第二产业	2307.0	149.7	126.5	105.1	96.0	330.1
第三产业	3487.8	921.0	621.1	278.0	284.9	429.6

4-13续

指　　标	长清区	平阴县	济阳县	商河县	章丘市	高新区
地区生产总值	265.2	227.0	276.3	165.7	870.8	596.3
农林牧渔业	34.3	32.9	52.5	48.4	85.3	0.0
#农林牧渔服务业	1.1	1.4	0.6	2.4	2.6	0.0
工业	71.5	114.2	126.6	53.2	465.3	305.1
#开采辅助活动	0.0	0.0	0.0	0.0	0.0	0.0
#金属制品、机械和设备修理业	0.0	0.4	0.0	0.0	0.0	0.0
建筑业	36.7	12.8	18.7	10.2	56.4	30.5
批发和零售业	19.8	14.9	26.6	10.1	86.9	41.6
交通运输、仓储和邮政业	13.1	16.8	6.7	4.1	54.1	43.6
住宿和餐饮业	7.0	6.5	5.3	5.7	21.5	2.9
金融业	10.8	7.2	7.6	6.8	20.8	16.8
房地产业	24.8	6.4	13.4	8.5	24.1	43.0
其他服务业	47.2	15.3	18.9	18.7	56.5	112.7
营利性服务业	8.7	2.0	5.2	8.3	12.5	77.1
非营利性服务业	38.5	13.3	13.7	10.5	44.0	35.6
第一产业	33.2	31.6	51.9	46.0	82.7	0.0
第二产业	108.2	126.5	145.3	63.4	521.7	335.6
第三产业	123.8	68.9	79.1	56.3	266.5	260.6

注:新行业分组(GB-2011)。

4-14 地区生产总值收入法构成(2015年)

Composition of Gross Domestic Product(2015)

单位:亿元

指　　标	增加值	劳动者报酬	生产税净额	固定资产折旧	营业盈余
地区生产总值	6100.23	2581.59	1152.36	817.59	1548.69
农、林、牧、渔业	314.99	306.66	-1.71	10.04	0.00
农业	210.14	205.14	-1.70	6.70	0.00
林业	9.96	9.66	-0.01	0.32	0.00
畜牧业	80.82	78.24	0.00	2.58	0.00
渔业	4.47	4.33	0.00	0.14	0.00
农、林、牧、渔服务业	9.60	9.29	0.00	0.31	0.00
工业	1844.37	550.55	545.31	211.18	537.33
采矿业	36.89	8.31	12.29	11.99	4.31
#开采辅助活动	0.03	0.01	0.01	0.00	0.01
制造业	1715.26	514.58	514.58	171.53	514.58
#金属制品、机械和设备修理业	3.40	2.13	0.35	0.25	0.68
电力、燃气及水的生产和供应业	92.22	27.67	18.44	27.67	18.44
建筑业	466.06	277.80	81.58	22.50	84.18
房屋建筑业	241.65	156.15	40.07	4.62	40.82
土木工程建筑业	178.83	99.92	33.35	15.59	29.96
建筑安装业	21.12	12.66	2.79	1.46	4.20
建筑装饰业和其他建筑业	24.47	9.07	5.37	0.83	9.20
批发和零售业	715.54	331.57	163.80	67.54	152.63
批发业	453.30	179.82	140.32	39.13	94.04
零售业	262.24	151.75	23.48	28.41	58.60
交通运输、仓储和邮政业	371.63	164.38	35.26	80.66	91.34
铁路运输业	68.40	20.61	14.72	9.79	23.28
道路运输业	186.88	78.60	9.67	37.87	60.74
水上运输业	1.32	0.66	0.13	0.21	0.33
航空运输业	35.57	12.24	4.22	10.00	9.12
管道运输业	23.96	3.16	3.02	11.73	6.05
装卸搬运和其他运输服务业	29.54	28.29	0.79	0.77	-0.31
仓储业	16.74	9.64	2.18	9.44	-4.51
邮政业	9.22	11.18	0.53	0.86	-3.35
住宿和餐饮业	188.45	155.00	37.60	34.75	-38.91
住宿业	22.68	16.80	3.88	6.14	-4.15
餐饮业	165.77	138.21	33.72	28.61	-34.76
信息传输、计算机服务和软件业	201.95	77.12	24.49	48.82	51.53
电信、广播电视和卫星传输服务	126.45	29.48	13.88	43.92	39.16
互联网和相关服务	5.40	3.30	1.54	0.09	0.47
软件和信息技术服务业	70.11	44.34	9.07	4.80	11.90
金融业	641.86	133.22	54.09	24.33	430.21
货币金融服务	517.93	80.83	44.01	10.40	382.69
资本市场服务	57.63	24.17	4.29	2.11	27.06

4－14续

指　　标	增加值	劳动者报酬	生产税净额	固定资产折旧	营业盈余
保险业	11.36	25.78	4.58	8.05	-27.05
其他金融业	54.94	2.44	1.22	3.76	47.51
房地产业	415.00	58.78	125.54	161.73	68.95
房地产开发经营业	190.37	33.67	101.99	8.75	45.96
物业管理业	28.62	9.99	7.32	2.16	9.14
房地产中介服务业	19.60	6.18	4.68	3.51	5.22
自有房地产经营活动	134.73	0.00	0.00	134.73	0.00
其他房地产业	41.68	8.94	11.54	12.58	8.62
租赁和商务服务业	182.86	74.42	27.43	27.11	53.90
租赁业	17.97	9.93	3.10	4.30	0.64
商务服务业	164.90	64.49	24.34	22.80	53.26
科学研究、技术服务和地质勘查业	90.00	50.79	9.16	7.85	22.21
研究与试验发展	7.60	2.37	0.46	0.61	4.17
专业技术服务业	59.96	34.95	7.30	4.00	13.70
科技交流和应用服务业	22.43	13.47	1.39	3.23	4.34
水利、环境和公共设施管理业	20.54	6.66	4.16	0.56	9.17
水利管理业	2.24	1.81	0.16	0.12	0.14
生态保护和环境治理业	0.80	0.19	0.13	0.04	0.45
公共设施管理业	17.50	4.67	3.87	0.39	8.58
居民服务、修理和其他服务业	68.63	44.80	10.03	7.75	6.05
居民服务业	34.21	21.88	2.97	3.64	5.72
机动车、电子产品和日用产品修理业	10.89	7.05	2.86	2.06	-1.08
其他服务业	23.53	15.88	4.20	2.05	1.41
教育	167.51	87.22	9.73	35.07	35.49
卫生和社会工作	159.60	71.02	10.38	26.88	51.32
卫生	147.70	61.22	10.37	24.84	51.27
社会工作	11.90	9.80	0.01	2.04	0.05
文化、体育和娱乐业	43.32	28.26	10.57	12.99	-8.50
新闻出版业	14.74	6.86	1.85	1.25	4.79
广播、电视、电影和音像业	15.33	9.82	4.29	2.15	-0.94
文化艺术业	4.64	3.22	0.44	4.69	-3.71
体育	4.79	4.54	2.01	3.15	-4.93
娱乐业	3.83	3.82	1.98	1.75	-3.71
公共管理和社会组织	207.91	163.32	4.94	37.86	1.80
第一产业	305.39	297.37	-1.71	9.74	0.00
第二产业	2307.00	826.22	626.53	233.42	620.83
第三产业	3487.84	1458.00	527.54	574.43	927.87

注：新行业分组（GB－2011）。

4-15 重点服务业企业分行业主要经济指标(2015年)

Main Indicators of Enterprise in Service Industry by Sector(2015)

指标	单位	合计	交通运输、仓储和邮政业	信息传输、软件和信息技术服务业	房地产业	租赁和商务服务业
单位数	个	918	192	149	104	189
固定资产原价	万元	28382600	5215601	18930119	149702	3134765
本年折旧	万元	1903300	280993	1393115	17570	146525
折旧率	%	6.7	5.4	7.4	11.7	4.7
营业收入	万元	14446000	3159352	7682773	226684	1519553
营业税金及附加	万元	141900	31353	32935	12407	38945
税金	万元	41500	5396	21452	1825	6787
营业利润	万元	2309000	383031	1280799	-2624	324221
利润总额	万元	2870000	466316	1709461	-2087	333421
应付职工薪酬(本年贷方累计发生额)	万元	2191800	428834	1109538	88302	208704
从业人员平均人数	人	237893	54846	88642	24505	25030
人均工资	元	92134	78189	125171	36034	83381
应交增值税	万元	542500	59826	419270	187	13832
增加值	万元	7130000	1189433	4257107	117667	739014

4-15续

指标	单位	科学研究和技术服务业	水利、环境和公共设施管理业	居民服务、修理和其他服务业	教育	卫生和社会工作	文化、体育和娱乐业
单位数	个	144	26	18	30	34	32
固定资产原价	万元	444060	206218	6881	88710	35628	170930
本年折旧	万元	29834	5590	1202	8275	8169	12012
折旧率	%	6.7	2.7	17.5	9.3	22.9	7.0
营业收入	万元	1125759	85361	25677	64911	127466	428158
营业税金及附加	万元	11785	2849	832	1956	3344	5633
税金	万元	2770	263	157	317	60	2339
营业利润	万元	113020	25136	1508	8377	16863	158695
利润总额	万元	118904	25196	1516	8289	19223	184494
应付职工薪酬(本年贷方累计发生额)	万元	233652	13989	7017	20549	20135	61155
从业人员平均人数	人	25626	2877	1825	4404	4356	5782
人均工资	元	91178	48623	38448	46659	46223	105768
应交增值税	万元	33428	95	338	56	5	15496
增加值	万元	424489	47922	11054	39530	48576	255329

主要统计指标解释

Explanatory Notes on Main Statistical Indicators

国民生产总值(GNP) 指一个国家(或地区)所有常住单位在一定时期内收入初次分配的最终结果。一国常住单位从事生产活动所创造的增加值在初次分配中主要分配给该国的常住单位,但也有一部分以生产税及进口税(扣除生产和进口补贴)、劳动者报酬和财产收入等形式分配给非常住单位;同时,国外生产所创造的增加值也有一部分以生产税及进口税(扣除生产和进口补贴)、劳动者报酬和财产收入等形式分配给该国的常住单位,从而产生了国民生产总值的概念。它等于国内生产总值加上来自国外的净要素收入。与国内生产总值不同,国民生产总值是个收入概念,而国内生产总值是个生产概念。

国内生产总值(GDP) 指一个国家(或地区)所有常住单位在一定时期内生产活动的最终成果。国内生产总值有三种表现形态,即价值形态、收入形态和产品形态。从价值形态看,它是所有常住单位在一定时期内生产的全部货物和服务价值超过同期中间投入的全部非固定资产货物和服务价值的差额,即所有常住单位的增加值之和;从收入形态看,它是所有常住单位在一定时期内创造并分配给常住单位和非常住单位的初次收入分配之和;从产品形态看,它是所有常住单位在一定时期内最终使用的货物和服务价值与货物和服务净出口价值之和。在实际核算中,国内生产总值有三种计算方法,即生产法、收入法和支出法。三种方法分别从不同的方面反映国内生产总值及其构成。国统字〔2004〕4号文规定:地区GDP的中文名称改为“地区生产总值”。

生产法 生产法是从生产过程中生产的货物和服务总产品价值入手,剔除生产过程中投入的中间产品的价值,得到增加价值的一种方法。计算公式为:

增加值=总产出-中间投入

将国民经济各行业的增加值相加,得到国内生产总值。

总产出、中间投入和增加值具有相同的生产范围,即常住生产单位货物和服务的生产。它不仅包括常住生产单位为其他单位提供的货物和服务的生产,而且包括为本单位使用的货物和服务的生产,但是,住户为自己最终消费生产的服务,只计算自有住房服务和付酬家庭雇员提供的服务,不包括住户成员为本住户最终消费而生产的自给性家庭服务。

收入法 收入法也称为分配法。按收入法计算生产总值是从生产过程创造收入的角度,对常住单位的生产活动成果进行核算。按照这种计算方法,增加值由劳动者报酬、生产税净额、固定资产折旧和营业盈余四个部分组成。计算公式为:

增加值=劳动者报酬+生产税净额+固定资产折旧+营业盈余

国民经济各部门的增加值之和等于生产总值。

在计算劳动者报酬时,需要注意作为劳动者报酬的实物性收入与中间消耗的界限。如果生产单位为其从事生产活动的劳动者提供的货物或服务,可以由劳动者在自己闲暇的时间里满足他们的需要,并且可以改善和提高他们的实际生活水平,同时,其他普通消费者也可以在市场上购买到这些货物和服务,那么就属于劳动者的实物收入。生产单位为了生产能正常进行,为劳动者购买的货物和提供的服务,如因特殊工作需要提供的服装或鞋,因公出差提供的运输和旅馆服务费用等,属于中间投入。

支出法 支出法是从最终使用的角度反映国内生产总值最终使用去向的一种方法。最终使用包括货物和服务的最终消费支出、资本形成总额、货物和服务净出口三部分,计算公式为:

国内生产总值=最终消费支出+资本形成总额+货物和服务净出口

按支出法计算的生产总值,在计算最终消费支出,包括居民消费支出和政府消费支出时,是从支出的最终承担者的角度计算的,而不是从最终实际消费者的角度计算的;在计算资本形成总额时,固定资本形成总额只包括通过生产活动生产出来的固定资产,不包括自然资产,存货增加不包括由于价格因素影响产生的持有收益。

按三种方法计算的国内生产总值反映的是同一经济总体在同一时期的生产活动成果,因此,从理论上讲,三种计算方法所得到的结果应该是一致的。但是,在实践中,由于受资料来源的口径限制和计算方法的影响,要保证这三种计算方法所得到的结果完全相等几乎是不可能的。在国内生产总值的三种计算方法中,生产法和收入法都是对各产业部门的增加值进行核算,为了就每一产业部门取得一致的增加值数据,根据资料来源状况,我国在核算实践中,有的产业部门,如农业、工业的增加值,确定以生产法的计算结果为准,有的产业部门,如部分服务业增加值,确定以收入法的计算结果为准,因此,我国的生产法国内生产总值等于收入法国内生产总值。但是,支出法国内生产总值与生产法和收入法国内生产总值之间存在统计误差,有的年份支出法国内生产总值大于生产法和收入法国内生产总值,有的年份结果相反。我国通常以生产法和收入法国内生产总值数据为准,将上述统计误差控制在一定范围。各种公开发表的国内生产总值总量和增长速度数据均是生产法和收入法的计算结果。按三种方法计算的国内生产总值数据之间具有如下关系:

国内生产总值=生产法国内生产总值
=收入法国内生产总值
=支出法国内生产总值+统计误差

可比价格 指计算各种总量指标所采用的扣除了价格变动因素的价格,可进行不同时期总量指标的对比。按可比价格计算总量指标有两种方法:一种是直接用产品产量乘某一年的不变价格计算;另一种是用价格指数进行缩减。

不变价格 指以同类产品某年的平均价格作为固定价格,用于计算各年的产品价值。按不变价格计算的产品价值消除了价格变动因素,不同时期对比可以反映生产的发展速度。新中国成立后,随着工农业产品价格水平的变化,国家统计局先后五次制定了全国统一的工业产品不变价格和农业产品不变价格。从1952年到1957年使用1952年工(农)业产品不变价格,从1957年到1970年使用1957年不变价格,从1971年到1980年使用1970年不变价格,从1981年到1990年使用1980年不变价格,从1991年开始使用1990年不变价格。

三次产业 根据社会生产活动历史发展的顺序对产业结构的划分,产品直接取自自然界的部门称为第一产业,对初级产品进行再加工的部门称为第二产业。为生产和消费提供各种服务的部门称为第三产业。它是世界上通用的产业结构分类,但各国的划分不尽一致。我国的三次产业划分是:

第一产业是指农、林、牧、渔业(不含农、林、牧、渔服务业)。

第二产业是指采矿业(不含开采辅助活动),制造业(不含金属制品、机械和设备修理业),电力、热力、燃气及水生产和供应业,建筑业。

第三产业即服务业,是指除第一产业、第二产业以外的其他行业。第三产业包括:批发和零售业,交通运输、仓储和邮政业,住宿和餐饮业,信息传输、软件和信息技术服务业,金融业,房地产业,租赁和商务服务业,科学研究和技术服务业,水利、环境和公共设施管理业,居民服务、修理和其他服务业,教育,卫生和社会工作,文化、体育和娱乐业,公共管理、社会保障和社会组织,国际组织,以及农、林、牧、渔业中的农、林、牧、渔服务业,采矿业中的开采辅助活动,制造业中的金属制品、机械和设备修理业。

国内支出总额 指一个国家(或地区)所有常住单位在一定时期内用于最终消费和投资,以及净出口的货物和服务支出总额,它反映本期生产的国内生产总值的使用构成。这一总量就是支出法测算的国内生产总值,具体包括最终消费支出、资本形成总额、货物和服务净出口。

最终消费 指常住单位在一定时期内的货物和服务的全部最终消费。总消费分为居民消费和政府消费。

居民实际最终消费 指常住住户获得的所有消费品和消费服务的价值。包括以下二类(1)居民自身通过支出所得到的个人货物和服务,其价值即居民在个人消费品和消费服务上承担的支出,包括虚拟支出。(2)作为为居民服务的非营利机构和政府的实物转移得到的个人货物和服务。其价值即为居民非营利机构和政府在个人消费品和服务上的支出。包括虚拟支出。

资本形成总额 指常住单位在一定时期内获得减去处置的固定资产和存货的净额,包括固定资本形成总额和存货增加。

居民消费支出 居民消费支出包括居民实际最终消费中第(1)项内容。所以居民实际最终消费大于居民消费支出。差额为实际最终消费的第(2)项。

政府实际最终消费 指政府向社会或社会中某些部门提供的公共消费服务的价值。其价值即政府在公共服务上的支出。

政府消费支出 指(1)政府在个人消费品和消费服务,(2)在公共消费服务上承担的支出,包括虚拟支出。与政府实际最终消费差额为(1)。

总投资 指常住单位在一定时期内对固定资产和库存的投资支出合计,分为固定资产形成和库存增加两项。

(1)固定资本形成总额 指从常住单位在一定时期内购置、转入和自产自用的固定资产中,扣除已有固定资产的销售和转出后的价值。固定资产形成包括在一定时期内完成的建筑工程、安装工程和设备器具购置价值,以及新增役、种、奶、毛、娱乐用牲畜和新增经济林价值等。

(2)库存增加 指常住单位一定时期内库存实物量变动的市场价值。期初与期末差额为正值表示库存增加,负值表示库存减少。具体包括本期购买的原材料、燃料和储备物资等商品库存;本期生产的产成品、半成品和在制品等产品库存。

货物和服务净出口 指货物和服务出口减货物和服务进口的差额。出口包括常住单位向非常住单位出售或无偿转让的各种货物和服务的价值;进口包括常住单位从非常住单位购买或无偿得到的各种货物和服务的价值。由于服务活动的提供与使用同时发生,因此服务的进出口业务并不发生出入境现象,一般把常住单位从国外得到的服务作为进口,非常住单位从本国得到的服务作为出口。货物的出口和进口都按离岸价格计算。

来自国外的净要素收入 指一定国家(或地区)来自国外(地区外)的生产税及进口税(扣除生产及进口补贴)、劳动者报酬和财产收入,减去支付给国外(地区外)的生产税及进口税(扣除生产及进口补贴)、劳动者报酬和财产收入的差额。国内生产总值加上来自国外的净要素收入等于国民生产总值。

总产出 总产出是指一定时期内一个国家(或地区)常住单位生产的所有货物和服务的价值,即包括新增价值,也包括转移价值。它反映常住单位生产活动的总规模。总产出按生产者价格计算。

中间投入 中间投入是指常住单位在生产或提供货物与服务过程中,消耗和使用的所有非固定资产货物和服务的价值,中间投入也称为中间消耗。一般按购买者价格计算。

增加值 增加值是指常住单位生产过程创造的新增价值和固定资产的转移价值。它可以按生产法计算,也可以按收入法计算,按生产法计算,它等于总产出减去中间投入;按收入法计算,它等于劳动者报酬、生产税净额、固定资产折旧和营业盈余之和。

固定资产折旧 指一定时期内为弥补固定资产损耗而应提取的补偿价值,它反映了全部固定资产在本期生产中的资产转移价值。各类企业的固定资产折旧是指从成本费用中提取的折旧费。对不计提折旧的单位,如政府机关、事业单位、学校医院、部队和居民住房则应进行虚拟折旧。

劳动者报酬 指劳动者为常住单位提供劳务而获得的各种报酬，它反映劳动者参与增加值创造而获得的原始收入。具体包括从各种来源开支的货币工资和实物工资，即单位以工资、福利、社会保险等形式，从成本、费用和利润中为劳动者支付的各种开支，以及个体和其他劳动者通过参加社会生产活动所获得的各种劳动报酬。

生产税净额 指生产税与补贴之差，它反映政府从本期创造的增加值中所得到的原始收入份额。生产税是指政府对生产单位的生产经营活动所征收的各种税、附加和规费，具体包括销售(营业)税金及附加、增值税、管理费开支的税、应交纳的养路费、排污费和水电附加等，以及烟酒专卖上缴政府的专项收入。补贴与生产税相反，是政府对生产单位的单方面收入转移，因此视为负税处理，包括政策亏损补贴、粮食系统价格补贴、外贸企业出口退税收入等。

营业盈余 指常住单位创造的增加值扣除固定资产折旧价值、支付劳动者报酬和上缴政府生产税净额后的余额，它反映企业参与增加值创造而应得到的原始收入份额。该指标相当于企业的营业利润，但要扣除利税后项目中支付的工资、福利及公益金等。

非金融企业部门 非金融企业部门是指由以营利为目的、从事非金融经济活动的所有常住非金融企业组成的集合。包括农业企业、工业、建筑业企业、流通企业、服务企业、执行企业会计制度的事业单位；行政事业单位下属的独立核算单位(即企业化管理的事业单位)亦划入本部门。

金融机构部门 金融机构部门是指由从事金融活动的所有常住独立核算单位组成的集合。在我国的新国民经济核算体系中，将其分为三大类：银行机构、保险机构和非银行金融机构。

银行机构为中央银行(中国人民银行)、政策性银行(国家开发银行、农业开发银行、进出口银行)和商业银行(中国工商银行、中国农业银行、中国银行、中国建设银行、交通银行、中信实业银行、中国投资银行、光大银行、城市合作银行等)，以及若干区域性银行或私营银行(如华夏银行、民生银行等)。

政府部门 政府部门是指由行使国家管理职能的行政单位和为社会提供非市场化服务的事业单位(即所谓非盈利性机构单位)组成的集合。包括国家机关、政党机关、社会团体及执行预算会计制度的事业单位等。军事单位及所属的非独立核算单位也包括在本部门中。由于目前在我国非盈利机构主要是由国家拨款资助的事业单位，因此我国将为政府和为居民服务的非盈利机构统一归进政府部门。

我国的政府部门由行政单位和非盈利的事业单位组成。其中“财政”作为一个特殊的部门归列于政府部门。

住户部门 住户部门是指由所有常住居民户组成的集体。包括城镇常住居民户、农村常住居民户和城乡个体经营单位。由于个体经营单位的资产负债及财务收支还不能完全独立于所属住户，因此把个体经营单位也划入住户部门。

住户内的成员共同享用其生活设施、共同消费一些货物和服务，其收入和财产的部门或全部被集中起来，因此他们也有权利参与或影响整个住户的经济活动。

国外部门 国外部门指与我国常住机构单位发生经济往来的所有非常住机构单位组成的集合，增列国外部门并不要求编制其整个资产负债表，而只限于记录常住机构单位与非常住机构单位之间所进行的交易及往来活动的累计存量，即仅仅是为了反映我国经济总体与国外进行经济往来活动及结果的总规模和结构关系。

非金融资产 根据我国新国民经济核算体系中有关资产负债项目的基本定义和联合国1993年SNA的定义，“非金融资产”是指机构单位单独或共同对其执行所有权或处置权，并通过在核算期内持有或使用它们可从中获得经济利益的，除金融资产以外的经济资产。

非金融资产按是否具有物质形态划分为有形资产和无形资产，按产生的方式或过程可划分为生产资产和非生产资产。在非金融资产中，“生产资产”由固定资产、存货和珍贵物品组成。“非生产资产”可大致分为两类，一类是资源资产，即有形非生产资产，由土地资产、水资源资产、地下资产和非培育生物资产组成；另一类是无形非生产资产，如专利权、租约和其他可转让合同、购买的商誉等。

由于我国目前在资产负债核算中所面临的资料来源和技术条件的限制，我们仅将非金融资产简单地划分为固定资产、存货和其他非金融资产三类。

贡献率 各产业的贡献率是分析经济效益的一个指标，它是指第一、二、三产业增量与生产总值增量之比。

重点服务业法人单位 包括：交通运输、仓储和邮政业，信息传输、软件和信息技术服务业，租赁和商务服务业，科学研究和技术服务业，水利、环境和公共设施管理业，居民服务、修理和其他服务业，教育，卫生和社会工作，文化、体育和娱乐业；以及物业管理、房地产中介服务等行业。

5

劳动就业

EMPLOYMENT AND WAGES

5-1 按三次产业分从业人员及构成

Number of Employed Persons and Structure by Type of Industry

年份　地区	从业人员（万人）				构成（合计=100）		
		第一产业	第二产业	第三产业	第一产业	第二产业	第三产业
1952	134.26	109.87	5.86	18.53	81.8	4.4	13.8
1957	144.29	118.65	13.12	12.52	82.2	9.1	8.7
1962	137.58	106.50	16.45	14.63	77.4	12.0	10.6
1965	143.67	107.68	20.96	15.03	74.9	14.6	10.5
1970	161.18	118.15	30.32	12.71	73.3	18.8	7.9
1975	192.59	135.95	41.56	15.08	70.6	21.6	7.8
1978	204.04	136.30	46.06	21.68	66.8	22.6	10.6
1980	214.21	135.16	51.30	27.75	63.1	23.9	13.0
1985	245.32	116.59	76.08	52.65	47.5	31.0	21.5
1990	270.54	125.73	87.75	57.06	46.5	32.4	21.1
1991	276.18	130.36	87.99	57.83	47.2	31.9	20.9
1992	280.19	127.09	85.59	67.51	45.4	30.5	24.1
1993	285.69	124.25	89.91	71.53	43.5	31.5	25.0
1994	303.46	122.62	91.64	89.20	40.4	30.2	29.4
1995	324.22	116.13	106.68	101.41	35.8	32.9	31.3
1996	332.33	107.70	113.91	110.72	32.4	34.3	33.3
1997	337.43	108.17	113.93	115.33	32.0	33.8	34.2
1998	341.63	109.32	113.38	118.93	31.9	33.2	34.9
1999	344.48	109.56	112.98	121.94	31.8	32.8	35.4
2000	347.37	109.98	110.81	126.58	31.7	31.9	36.4
2001	350.10	109.99	109.24	130.87	31.4	31.2	37.4
2002	352.70	108.01	109.14	135.55	30.6	30.9	38.5
2003	355.30	104.90	110.60	139.80	29.5	31.1	39.4
2004	358.50	99.30	113.30	145.90	27.7	31.6	40.7
2005	360.00	99.10	114.20	146.70	27.5	31.7	40.8
2006	361.80	99.00	115.20	147.60	27.4	31.8	40.8
2007	364.30	98.80	116.30	149.20	27.1	31.9	41.0
2008	367.36	98.01	116.95	152.40	26.7	31.8	41.5
2009	372.25	97.80	119.15	155.30	26.3	32.0	41.7
2010	373.70	76.66	120.20	176.84	20.5	32.2	47.3
2011	375.50	74.95	120.70	179.85	20.0	32.1	47.9
2012	379.30	74.30	123.10	181.90	19.6	32.5	47.9
2013	382.30	73.40	122.19	186.71	19.20	32.00	48.80
2014	385.70	72.50	123.30	189.90	18.80	31.97	49.24
2015	388.70	71.80	124.70	192.20	18.47	32.08	49.45

5-2　法人单位从业人员和劳动报酬

Number and Wage of Employed Persons in Various Units

指　　标	2014年		2015年	
	从业人员（人）	从业人员人均报酬（元/人）	从业人员（人）	从业人员人均报酬（元/人）
全市法人单位	2096175	51759	2001265	57591
按国民经济行业分组				
农、林、牧、渔业	3973	25288	3260	32634
采矿业	11059	45357	5851	55519
制造业	524727	44501	524464	46580
电力、燃气及水的生产和供应业	18565	65703	18837	72093
建筑业	431038	45759	342837	51027
交通运输、仓储和邮政业	68325	63311	63365	73184
信息传输、计算机服务和软件业	106083	72481	106781	75933
批发和零售业	287754	36592	286562	39528
住宿和餐饮业	48591	34840	46912	38789
金融业	72773	106385	82196	113290
房地产业	69685	44151	74009	48210
租赁和商务服务业	81161	45976	71865	50459
科学研究、技术服务和地质勘查业	51169	61210	54799	64147
水利、环境和公共设施管理业	16778	42761	16494	50185
居民服务和其他服务业	13844	32016	11300	33933
教　育	109030	69537	108083	82448
卫生、社会保障和社会福利业	64309	77999	66659	90581
文化、体育和娱乐业	19808	82770	19928	87439
公共管理和社会组织	97503	66050	97063	79627

注：本表统计口径为全部法人单位，包括非私营单位和私营单位。

5-3 主要年份职工工资

Wage of Staff and Workers in Major Years

年份地区	职工工资总额（万元）				职工平均工资（元）			
	合 计	国有经济	城镇集体经 济	其他经济	合 计	国有经济	城镇集体经 济	其他经济
1952	4881	4587	294	–	442	453	324	–
1957	14553	11654	2899	–	586	621	480	–
1962	19412	16409	3003	–	577	607	451	–
1965	20367	16821	3546	–	617	664	461	–
1970	21226	17314	3912	–	549	578	449	–
1975	29239	22662	6577	–	557	615	420	–
1978	37840	28733	9107	–	578	626	465	–
1980	55900	41809	14091	–	776	821	668	–
1985	92092	67756	24330	6	1104	1169	954	894
1986	111934	84269	27643	22	1298	1384	1092	882
1987	126263	96322	29673	268	1422	1515	1185	1603
1988	166206	130287	35515	404	1806	1946	1427	2304
1989	190106	150899	38654	553	2037	2199	1577	2614
1990	210618	166250	43003	1365	2211	2370	1751	2460
1991	229540	181185	46091	2264	2368	2535	1872	2658
1992	267295	214311	49565	3419	2710	2938	2020	2919
1993	327226	264252	54442	8532	3323	3547	2524	3553
1994	465966	371403	67351	27212	4736	5209	2975	4922
1995	581432	465311	79932	36189	5851	6561	3623	5663
1996	700636	562645	89126	48865	7031	7839	4290	6875
1997	792368	636694	67999	57675	7896	8761	4954	7303
1998	717927	578788	68455	70684	8326	9022	5459	7410
1999	756696	608052	67273	81371	9083	9929	5766	7818
2000	857337	639312	59468	158557	10422	11761	6211	8651
2001	950851	713222	60818	176811	11980	13462	7061	9945
2002	1120837	846978	74672	199187	14395	16362	8188	11729
2003	1256160	930392	69554	256214	16027	18197	9331	12942
2004	1420491	1049033	73150	298308	18029	20759	10587	13974
2005	1966782	1126918	77722	762142	20866	24626	11890	18164
2006	2459044	1326412	140974	991658	21808	26550	12332	19305
2007	3086928	1680494	166960	1239474	26085	31910	15763	22500
2008	3735956	2049453	202995	1483509	30798	37191	19296	26645
2009	4241838	2227992	177020	1836825	34544	41239	21365	30368
2010	4695402	2462874	179365	2053164	36833	43339	22593	32740
2011	5569118	2647111	169476	2752531	41959	49342	26646	37851
2012	6458632	2811390	161513	3485729	45924	52845	32180	42294
2013	7927677	2766005	170176	4991497	53650	58842	37264	51891
2014	8464904	2912941	148424	5403539	59534	66810	40170	56945
2015	8885256	3282169	143078	5460009	67112	78733	47013	62283

注：本表中1998年及以后年份数据均为在岗职工口径，国有、集体、其他分组按1998年新标准。
2006年及以后年份数据为非私营单位从业人员口径。

5-4 城镇单位从业人员人数(2015年)

Number of Employed Persons in Urban Units(2015)

单位:人

指　　标	从业人员	在岗职工	劳务派遣人员	其他从业人员
合　计	1318963	1126702	102357	89904
按隶属关系分组				
中央	242056	162557	26495	53004
省属	282467	251348	22131	8988
市属	238123	200100	33639	4384
县及县以下	293725	267716	9009	17000
其他	262592	244981	11083	6528
按国民经济行业分组				
农、林、牧、渔业	805	793	0	12
农业	115	115	0	0
林业	346	339	0	7
畜牧业	201	201	0	0
渔业	18	18	0	0
农、林、牧、渔服务业	125	120	0	5
采矿业	2981	2500	364	117
煤炭开采和洗选业	1219	1219	0	0
石油和天然气开采业	1037	576	344	117
黑色金属矿采选业	536	536	0	0
有色金属矿采选业	0	0	0	0
非金属矿采选业	189	169	20	0
开采辅助活动	0	0	0	0
其他采矿业	0	0	0	0
制造业	296890	276915	15389	4586
农副食品加工业	3266	3266	0	0
食品制造业	9646	9298	223	125
酒、饮料和精制茶制造业	7106	6965	71	70
烟草制品业	1887	1887	0	0
纺织业	6854	6847	1	6
纺织服装、服饰业	4200	4176	11	13
皮革、毛皮、羽毛及其制品和制鞋	1056	1027	0	29
木材加工和木、竹、藤、棕、草制	677	677	0	0
家具制造业	348	346	0	2
造纸和纸制品业	1850	1845	0	5
印刷和记录媒介复制业	4202	3894	228	80
文教、工美、体育和娱乐用品制造	1361	1336	0	25
石油加工、炼焦和核燃料加工业	2530	2388	68	74
化学原料和化学制品制造业	8282	7958	263	61
医药制造业	16887	16829	28	30
化学纤维制造业	278	258	5	15
橡胶和塑料制品业	2871	2779	0	92
非金属矿物制品业	15412	14915	325	172
黑色金属冶炼和压延加工业	53777	49707	1763	2307
有色金属冶炼和压延加工业	827	817	0	10

指　　标	从业人员			
		在岗职工	劳务派遣人员	其他从业人员
金属制品业	17050	15870	745	435
通用设备制造业	32810	30875	1553	382
专用设备制造业	10866	10585	156	125
汽车制造业	36841	29123	7449	269
铁路、船舶、航空航天和其他运输	9681	9195	461	25
电气机械和器材制造业	15399	13455	1802	142
计算机、通信和其他电子设备制造	26435	26400	0	35
仪器仪表制造业	4004	3716	231	57
其他制造业	133	133	0	0
废弃资源综合利用业	197	191	6	0
金属制品、机械和设备修理业	157	157	0	0
电力、热力、燃气及水生产和供应	17765	17094	207	464
电力、热力生产和供应业	12034	11603	14	417
燃气生产和供应业	3160	2920	193	47
水的生产和供应业	2571	2571	0	0
建筑业	255234	180401	37377	37456
房屋建筑业	139066	92119	26067	20880
土木工程建筑业	96075	70750	10806	14519
建筑安装业	16050	13945	422	1683
建筑装饰和其他建筑业	4043	3587	82	374
批发和零售业	105604	87769	15689	2146
批发业	53299	38273	13562	1464
零售业	52305	49496	2127	682
交通运输、仓储和邮政业	45733	37212	5437	3084
铁路运输业	0	0	0	0
道路运输业	25844	23898	1023	923
水上运输业	714	714	0	0
航空运输业	8706	5184	3212	310
管道运输业	2276	1113	283	880
装卸搬运和运输代理业	3159	3133	6	20
仓储业	1253	1234	5	14
邮政业	3781	1936	908	937
住宿和餐饮业	26177	24775	580	822
住宿业	14058	13166	475	417
餐饮业	12119	11609	105	405
信息传输、软件和信息技术服务业	82885	77898	4599	388
电信、广播电视和卫星传输服务	64199	60007	3841	351
互联网和相关服务	76	76	0	0
软件和信息技术服务业	18610	17815	758	37
金融业	76796	51156	2636	23004
货币金融服务	35372	33553	1460	359
资本市场服务	2603	2411	25	167

5-4续2

指　　标	从业人员			
		在岗职工	劳务派遣人员	其他从业人员
保险业	38398	14792	1128	22478
其他金融业	423	400	23	0
房地产业	41883	38404	2476	1003
房地产开发经营	17414	16503	253	658
物业管理	22351	20240	1833	278
房地产中介服务	1366	975	390	1
租赁和商务服务业	35385	31331	3412	642
租赁业	1500	1370	119	11
商务服务业	33885	29961	3293	631
科学研究和技术服务业	32116	28470	1531	2115
研究和试验发展	7696	7077	143	476
专业技术服务业	22159	19239	1344	1576
科技推广和应用服务业	2261	2154	44	63
水利、环境和公共设施管理业	14291	8564	916	4811
水利管理业	2167	2129	15	23
生态保护和环境治理业	105	90	0	15
公共设施管理业	12019	6345	901	4773
居民服务、修理和其他服务业	2876	2811	40	25
居民服务业	1000	971	16	13
机动车、电子产品和日用产品修理	775	775	0	0
其他服务业	1101	1065	24	12
教育	104776	99769	2687	2320
初等教育	24681	23681	389	611
中等教育	33579	32895	217	467
高等教育	35493	33399	1620	474
卫生和社会工作	63375	59527	2126	1722
卫生	62499	58690	2100	1709
社会工作	876	837	26	13
文化、体育和娱乐业	16413	13095	2311	1007
新闻和出版业	4228	3958	195	75
广播、电视、电影和影视录音制作	6474	4042	1842	590
文化艺术业	3799	3381	156	262
体育	1185	987	118	80
娱乐业	727	727	0	0
公共管理、社会保障和社会组织	96978	88218	4580	4180
中国共产党机关	4781	4118	516	147
国家机构	88215	80709	4018	3488
人民政协、民主党派	715	667	44	4
社会保障	796	796	0	0
群众团体、社会团体和其他成员组	2471	1928	2	541

5-5 城镇单位从业人员工资总额(2015年)

Total Wage of Employed Persons in Urban Uhits(2015)

单位:万元

指　　标	从业人员工资总额	在岗职工工资总额	劳务派遣人员工资总额	其他从业人员工资总额
合　计	8885256	7877719	634587	372950
按隶属关系分组				
中央	1893725	1437543	204791	251390
省属	2312497	2131256	144868	36373
市属	1568587	1351911	199266	17410
县及县以下	1593949	1514125	36726	43098
其他	1516499	1442884	48936	24679
按国民经济行业分组				
农、林、牧、渔业	3213	3203	0	10
农业	428	428	0	0
林业	1522	1514	0	8
畜牧业	551	551	0	0
渔业	24	24	0	0
农、林、牧、渔服务业	688	687	0	1
采矿业	21000	16564	3839	598
煤炭开采和洗选业	6660	6660	0	0
石油和天然气开采业	10428	6028	3803	598
黑色金属矿采选业	3152	3152	0	0
有色金属矿采选业	0	0	0	0
非金属矿采选业	760	724	36	0
开采辅助活动	0	0	0	0
其他采矿业	0	0	0	0
制造业	1559451	1468612	71845	18994
农副食品加工业	12466	12466	0	0
食品制造业	38413	37186	896	330
酒、饮料和精制茶制造业	35824	34657	812	356
烟草制品业	27505	27505	0	0
纺织业	25248	25142	7	99
纺织服装、服饰业	20394	19971	69	353
皮革、毛皮、羽毛及其制品和制鞋	3227	2860	0	367
木材加工和木、竹、藤、棕、草制	2384	2354	0	30
家具制造业	1520	1506	0	14
造纸和纸制品业	7629	7599	0	30
印刷和记录媒介复制业	18535	17730	723	83
文教、工美、体育和娱乐用品制造	4077	3947	0	130
石油加工、炼焦和核燃料加工业	22886	22035	416	435
化学原料和化学制品制造业	36572	33956	2141	475
医药制造业	88729	88507	81	141
化学纤维制造业	1097	1052	25	20
橡胶和塑料制品业	11351	11269	0	82
非金属矿物制品业	69188	66846	1299	1043
黑色金属冶炼和压延加工业	264428	248050	7552	8826
有色金属冶炼和压延加工业	3189	3146	0	42

5-5续1

指　　标	从业人员工资总额	在岗职工工资总额	劳务派遣人员工资总额	其他从业人员工资总额
金属制品业	74433	69520	2944	1969
通用设备制造业	165882	157263	7611	1008
专用设备制造业	50054	48335	813	906
汽车制造业	200094	168712	30471	912
铁路、船舶、航空航天和其他运输	56792	54961	1659	173
电气机械和器材制造业	96231	82873	12909	449
计算机、通信和其他电子设备制造	197794	197641	8	145
仪器仪表制造业	21675	19721	1377	577
其他制造业	403	403	0	0
废弃资源综合利用业	865	833	32	0
金属制品、机械和设备修理业	568	568	0	0
电力、热力、燃气及水生产和供应	130026	126824	563	2638
电力、热力生产和供应业	92697	90506	50	2141
燃气生产和供应业	19048	18037	513	498
水的生产和供应业	18281	18281	0	0
建筑业	1429768	1013317	231921	184530
房屋建筑业	733895	472029	172838	89028
土木工程建筑业	598287	450060	57301	90926
建筑安装业	76653	71550	1536	3567
建筑装饰和其他建筑业	20934	19677	247	1010
批发和零售业	510306	429911	73935	6460
批发业	299152	229626	64608	4918
零售业	211154	200285	9328	1542
交通运输、仓储和邮政业	381284	320538	44724	16022
铁路运输业	0	0	0	0
道路运输业	148344	139793	5743	2808
水上运输业	3153	3153	0	0
航空运输业	165089	132149	32171	769
管道运输业	19039	11253	1262	6524
装卸搬运和运输代理业	12548	12403	84	61
仓储业	6346	6096	15	235
邮政业	26764	15691	5448	5625
住宿和餐饮业	107217	102169	2171	2878
住宿业	60919	57675	1749	1495
餐饮业	46298	44494	422	1383
信息传输、软件和信息技术服务业	709050	621425	86438	1187
电信、广播电视和卫星传输服务	572454	490570	80990	894
互联网和相关服务	542	542	0	0
软件和信息技术服务业	136054	130313	5448	293
金融业	852132	753674	20057	78401
货币金融服务	556443	539663	14879	1901
资本市场服务	68631	67719	171	741

5-5续2

指　　标	从业人员工资总额	在岗职工工资总额	劳务派遣人员工资总额	其他从业人员工资总额
保险业	211445	130785	4901	75759
其他金融业	15613	15507	106	0
房地产业	229973	219285	7178	3511
房地产开发经营	150399	146370	2002	2027
物业管理	71610	67124	3544	942
房地产中介服务	4937	3304	1632	1
租赁和商务服务业	217836	197169	17757	2910
租赁业	8801	8287	487	26
商务服务业	209035	188882	17270	2883
科学研究和技术服务业	259212	240825	7449	10938
研究和试验发展	63810	60842	527	2441
专业技术服务业	179228	164129	6768	8330
科技推广和应用服务业	16175	15853	154	167
水利、环境和公共设施管理业	76657	63175	3107	10375
水利管理业	17378	17207	39	132
生态保护和环境治理业	469	436	0	32
公共设施管理业	58811	45532	3068	10211
居民服务、修理和其他服务业	9678	9509	96	74
居民服务业	4317	4237	38	41
机动车、电子产品和日用产品修理	2413	2413	0	0
其他服务业	2948	2859	57	32
教育	872539	855041	9778	7720
初等教育	173526	171206	1173	1147
中等教育	263387	261211	938	1238
高等教育	354988	346429	5919	2640
卫生和社会工作	583175	560194	14351	8631
卫生	576879	554044	14243	8592
社会工作	6296	6150	108	39
文化、体育和娱乐业	161678	129608	25523	6546
新闻和出版业	47045	45170	1610	265
广播、电视、电影和影视录音制作	72522	45638	22535	4349
文化艺术业	29517	28651	391	474
体育	10380	7933	988	1459
娱乐业	2215	2215	0	0
公共管理、社会保障和社会组织	771063	746677	13857	10529
中国共产党机关	44887	42887	1562	439
国家机构	696594	675057	12167	9370
人民政协、民主党派	6766	6637	121	8
社会保障	6928	6928	0	0
群众团体、社会团体和其他成员组	15887	15168	7	712

5-6 城镇单位从业人员平均工资(2015年)

Number and Wage of Employed Persons in State-owned Units(2015)

单位:元

指 标	从业人员平均工资	在岗职工平均工资	劳务派遣人员平均工资	其他从业人员平均工资
合 计	67112	71265	49457	41337
按隶属关系分组				
中央	75169	93521	47360	45729
省属	83322	86400	64486	43301
市属	63856	67907	47348	38905
县及县以下	54960	57361	38570	26068
其他	58592	59627	44499	42258
按国民经济行业分组				
农、林、牧、渔业	40465	40962	0	8083
农业	37174	37174	0	0
林业	44128	44796	0	11857
畜牧业	28832	28832	0	0
渔业	13389	13389	0	0
农、林、牧、渔服务业	55056	57233	0	2800
采矿业	69722	65394	105453	51965
煤炭开采和洗选业	54016	54016	0	0
石油和天然气开采业	100462	104109	110538	51965
黑色金属矿采选业	57631	57631	0	0
有色金属矿采选业	0	0	0	0
非金属矿采选业	39165	41598	18000	0
开采辅助活动	0	0	0	0
其他采矿业	0	0	0	0
制造业	52249	52948	43408	41827
农副食品加工业	37972	37972	0	0
食品制造业	36657	36844	33819	27306
酒、饮料和精制茶制造业	48405	48971	32095	50099
烟草制品业	146929	146929	0	0
纺织业	36496	36406	70000	90000
纺织服装、服饰业	48269	47584	62727	207824
皮革、毛皮、羽毛及其制品和制鞋	30015	27420	0	114594
木材加工和木、竹、藤、棕、草制	35116	34777	0	150000
家具制造业	44572	44419	0	70500
造纸和纸制品业	41688	41683	0	42857
印刷和记录媒介复制业	44354	45589	33799	10868
文教、工美、体育和娱乐用品制造	30130	30085	0	31585
石油加工、炼焦和核燃料加工业	86918	88600	58577	57973
化学原料和化学制品制造业	43061	42482	55745	40948
医药制造业	53233	53298	30962	39139
化学纤维制造业	39305	39093	50000	40000
橡胶和塑料制品业	39662	39653	0	40950
非金属矿物制品业	45473	45298	40461	76161
黑色金属冶炼和压延加工业	48670	49339	42404	38797
有色金属冶炼和压延加工业	38602	38556	0	42300

指　　标	从业人员平均工资	在岗职工平均工资	劳务派遣人员平均工资	其他从业人员平均工资
金属制品业	42446	42377	42734	44545
通用设备制造业	50278	50814	45008	28558
专用设备制造业	46196	46068	38188	69677
汽车制造业	53368	57865	37870	31323
铁路、船舶、航空航天和其他运输	56008	57454	31653	34540
电气机械和器材制造业	63144	62273	71798	33470
计算机、通信和其他电子设备制造	79910	79968	80000	40306
仪器仪表制造业	53571	52672	54861	113196
其他制造业	29409	29409	0	0
废弃资源综合利用业	43667	43365	53333	0
金属制品、机械和设备修理业	37629	37629	0	0
电力、热力、燃气及水生产和供应	73782	74695	30128	57726
电力、热力生产和供应业	77851	78797	36000	52595
燃气生产和供应业	61070	62283	29653	99500
水的生产和供应业	70393	70393	0	0
建筑业	54406	58269	47720	45799
房屋建筑业	52018	55232	50264	41921
土木工程建筑业	58418	63413	41543	51522
建筑安装业	49976	51360	44787	33524
建筑装饰和其他建筑业	52918	55649	31654	29532
批发和零售业	46557	49788	35403	27175
批发业	51457	60514	34897	29344
零售业	41022	41380	39357	21990
交通运输、仓储和邮政业	85586	88213	84432	54945
铁路运输业	0	0	0	0
道路运输业	57789	59139	55975	27912
水上运输业	43546	43546	0	0
航空运输业	202713	265893	111243	27277
管道运输业	88267	103812	46234	81546
装卸搬运和运输代理业	43829	43719	139333	30700
仓储业	50526	49400	18875	167929
邮政业	71638	84817	49892	70841
住宿和餐饮业	41253	41476	39611	35570
住宿业	43390	43786	40112	34602
餐饮业	38743	38822	37661	36679
信息传输、软件和信息技术服务业	85331	89427	65449	29902
电信、广播电视和卫星传输服务	88354	94145	65659	25695
互联网和相关服务	69500	69500	0	0
软件和信息技术服务业	74652	75308	62477	59776
金融业	116628	153363	60341	38064
货币金融服务	158943	165161	75375	52814
资本市场服务	270413	286338	68560	50034

5-6续2

指　　标	从业人员平均工资	在岗职工平均工资	劳务派遣人员平均工资	其他从业人员平均工资
保险业	60318	95701	37697	37712
其他金融业	337948	354854	42440	0
房地产业	56151	57891	35064	34083
房地产开发经营	86506	89054	72264	30122
物业管理	33352	33905	25626	32466
房地产中介服务	36353	34058	42165	13000
租赁和商务服务业	62362	63636	53005	48735
租赁业	59990	62031	40583	23818
商务服务业	62466	63708	53466	49203
科学研究和技术服务业	81207	84917	48120	54365
研究和试验发展	83575	86301	38445	54478
专业技术服务业	81512	85797	49583	55795
科技推广和应用服务业	70416	72720	33522	23577
水利、环境和公共设施管理业	52740	72406	32708	21349
水利管理业	78455	79038	25933	57522
生态保护和环境治理业	44198	47923	0	21600
公共设施管理业	48150	70515	32817	21175
居民服务、修理和其他服务业	33935	34119	23875	29520
居民服务业	42325	42758	24000	31846
机动车、电子产品和日用产品修理	31792	31792	0	0
其他服务业	27475	27566	23792	27000
教育	83727	86032	38510	33755
初等教育	70430	72401	30235	19018
中等教育	78590	79540	44460	26743
高等教育	100714	103967	40878	55222
卫生和社会工作	93498	95771	67723	49011
卫生	93814	96103	68050	49154
社会工作	71469	73042	41423	29692
文化、体育和娱乐业	98807	99339	110395	65203
新闻和出版业	111401	114153	83399	36260
广播、电视、电影和影视录音制作	113670	115276	123007	73835
文化艺术业	77471	84443	25219	18103
体育	86716	80542	74848	182313
娱乐业	29417	29417	0	0
公共管理、社会保障和社会组织	79642	84620	31188	25469
中国共产党机关	93476	103368	30678	30451
国家机构	79142	83668	31278	27199
人民政协、民主党派	95028	99647	28833	21000
社会保障	87811	87811	0	0
群众团体、社会团体和其他成员组	63676	77704	36500	13163

5-7 国有单位从业人员和报酬(2015年)

Number and Wage of Employed Persons in State-owned Units(2015)

指　　标	从业人员期末人数(人)	从业人员工资总额(万元)	从业人员平均工资(元)
总　计	419722	3282169	78733
按隶属关系分组			
中央	73097	626635	86850
省属	103911	979606	94795
市属	87358	663471	76419
县及县以下	151513	992577	65911
其他	3843	19881	50077
按国民经济行业分组			
农、林、牧、渔业	529	2199	41646
采矿业	0	0	0
制造业	6636	37537	56302
电力、热力、燃气及水生产和供应	5799	41613	72788
建筑业	50289	280510	56245
批发和零售业	8981	37394	41392
交通运输、仓储和邮政业	19766	122174	62407
住宿和餐饮业	8104	33989	42774
信息传输、软件和信息技术服务业	2910	35938	123244
金融业	10642	134880	131155
房地产业	6349	28874	45327
租赁和商务服务业	8386	38438	46395
科学研究和技术服务业	18250	156469	86447
水利、环境和公共设施管理业	12762	68637	53652
居民服务、修理和其他服务业	390	1935	49499
教育	93448	806087	86623
卫生和社会工作	56249	545544	98609
文化、体育和娱乐业	13705	141910	103910
公共管理、社会保障和社会组织	96527	768042	79710

5-8 城镇集体单位从业人员和报酬(2015年)

Number and Wage of Employed Persons in Urban Collective-owned Units (2015)

指　　标	从业人员期末人数(人)	从业人员工资总额(万元)	从业人员平均工资(元)
总　计	29735	143078	47013
按隶属关系分组			
中央	82	259	30070
省属	2391	21753	81411
市属	4291	17017	39825
县及县以下	19600	93738	46696
其他	3371	10311	30974
按国内经济行业分组			
农、林、牧、渔业	86	504	58570
采矿业	0	0	0
制造业	2846	11014	38592
电力、热力、燃气及水生产和供应	58	200	34397
建筑业	8869	50748	52758
批发和零售业	3999	14122	35942
交通运输、仓储和邮政业	235	898	38030
住宿和餐饮业	490	1599	32498
信息传输、软件和信息技术服务业	31	470	151452
金融业	0	0	0
房地产业	1567	5254	34142
租赁和商务服务业	2743	6855	25146
科学研究和技术服务业	328	1698	49072
水利、环境和公共设施管理业	41	204	49780
居民服务、修理和其他服务业	95	271	28526
教育	4187	24792	58832
卫生和社会工作	3724	21526	57835
文化、体育和娱乐业	0	0	0
公共管理、社会保障和社会组织	436	2925	65592

5-9 城镇其他单位从业人员和报酬(2015年)

Number and Wage of Employed Persons in Other Urban Collective-owned Units(2015)

指标	从业人员期末人数(人)	从业人员工资总额(万元)	从业人员平均工资(元)
总计	869506	5460009	62283
按隶属关系分组			
中央	168877	1266831	70501
省属	176165	1311139	76439
市属	146474	888099	57464
县及县以下	122612	507633	42533
其他	255378	1486307	59092
按国民经济行业分组			
农、林、牧、渔业	190	510	28350
采矿业	2981	21000	69722
制造业	287408	1510900	52291
电力、热力、燃气及水生产和供应	11908	88213	74454
建筑业	196076	1098510	54033
批发和零售业	92624	458791	47471
交通运输、仓储和邮政业	25732	258212	104383
住宿和餐饮业	17583	71630	40810
信息传输、软件和信息技术服务业	79944	672642	83926
金融业	66154	717252	114248
房地产业	33967	195845	59262
租赁和商务服务业	24256	172543	72133
科学研究和技术服务业	13538	101045	74993
水利、环境和公共设施管理业	1488	7816	45951
居民服务、修理和其他服务业	2391	7472	31580
教育	7141	41659	60019
卫生和社会工作	3402	16105	48407
文化、体育和娱乐业	2708	19768	73051
公共管理、社会保障和社会组织	15	96	63800

5-10 社会保障基本情况

Basic Conditions of Social Sewrity

指　　标	单位	2010年	2011年	2012年	2013年	2014年	2015年
职工基本养老保险参保人数	万人	148.95	164.75	175.02	232.54	250.63	266.14
# 企业	万人	130.94	147.05	157.30	207.60	225.63	241.07
事业机关	万人	18.01	17.70	17.72	24.94	25.00	25.07
职工基本医疗保险参保人数	万人	149.51	167.57	173.58	183.18	196.50	208.09
参加失业保险人数	万人	91.58	103.68	111.12	119.96	125.04	130.08
工伤保险参保人数	万人	129.23	131.59	133.90	135.69	139.42	144.46
生育保险参保人数	万人	72.27	90.05	103.01	107.80	129.43	136.43
城镇登记失业率	%	3.84	3.61	3.08	2.4	2.14	2.04

注:"职工基本养老保险参保人数"、"#企业"及"事业机关"2013年以前不包含离退休人员,2013年及以后包含离退休人员。

主要统计指标解释

Explanatory Notes on Main Statistical Indicators

经济活动人口　指在16岁以上,有劳动能力,参加或要求参加社会经济活动的人口;包括从业人员和失业人员。

从业人员　指从事一定社会劳动并取得劳动报酬或经营收入的人员,包括全部职工、再就业的离退休人员、私营业主、个体户主、私营和个体从业人员、乡镇企业从业人员、农村从业人员、其他从业人员(包括民办教师、宗教职业者、现役军人等)。这一指标反映了一定时期内全部劳动力资源的实际利用情况,是研究我国基本国情国力的重要指标。

单位从业人员　指在各级国家机关、政党机关、社会团体及企业、事业单位中工作,取得工资或其他形式的劳动报酬的全部人员。包括在岗职工、再就业的离退休人员、民办教师以及在各单位中工作的外方人员和港澳台方人员、兼职人员、借用的外单位人员和第二职业者。不包括离开本单位仍保留劳动关系的职工。各单位的从业人员反映了各单位实际参加生产或工作的全部劳动力。

城镇私营和个体从业人员　城镇私营从业人员指在工商管理部门注册登记,其经营地址设在县城关镇(含城关镇)以上的私营企业从业人员;包括私营企业投资者和雇工。城镇个体从业人员指在工商管理部门注册登记,并持有城镇户口或在城镇长期居住,经批准从事个体工商经营的从业人员;包括个体经营者和在个体工商户劳动的家庭帮工和雇工。

城镇登记失业人员　指有非农业户口,在一定的劳动年龄内,有劳动能力,无业而要求就业,并在当地就业服务机构进行求职登记的人员。

城镇登记失业率　指城镇登记失业人数同城镇从业人数与城镇登记失业人数之和的比。计算公式为:城镇登记失业率=城镇登记失业人数/(城镇从业人数+城镇登记失业人数)×100%

职工　指在国有经济、城镇集体经济、联营经济、股份制经济、外商和港、澳、台投资经济、其他经济单位及其附属机构工作,并由其支付工资的各类人员,不包括返聘的离退休人员、民办教师、在国有经济单位工作的外方人员和港、澳、台人员(1998年以后的数据均为在岗职工数据,其他相关指标如职工工资总额,职工平均工资等指标也从1998年按此口径进行了相应调整)。

在岗职工　指在本单位工作并由单位支付工资的人员,以及有工作岗位,但由于学习、病伤产假等原因暂未工作,仍由单位支付工资的人员。

离岗职工 指由于各种原因,已经离开本人的生产和工作岗位,并不在本单位从事其他工作,但仍与用人单位保留劳动关系的职工。新指标比原来统计指标中的"下岗职工"范围大。即只要符合"离开本单位仍保留劳动关系的职工"就统计为离岗职工。

离开本单位仍保留劳动关系职工的生活费 指离岗职工在离开本单位仍保留劳动关系期间从本单位领取的生活费用。

内部退养职工 指接近正常退休年龄但因各种原因退出工作岗位,并办理了内退手续,在办理正式退休手续前由单位按月发给一定生活费的职工。

合同制职工 指各单位根据国务院国发(1986)77 号文件和国务院令第99 号的规定,通过签订有固定期限劳动合同、无固定期限劳动合同和以完成一项工作为期限劳动合同所使用的职工。包括实行全员劳动合同制单位的全部职工。

离休、退休、退职人员 指正式办理了离休、退休、退职手续,并享受相应的离休、退休、退职待遇的人员。

国有单位职工 指在国有经济单位及其附属机构工作,并由其支付工资的各类人员。

城镇集体单位职工 指在城镇集体经济单位及其管理部门工作,并由其支付工资的各类人员。

其他单位职工 指在联营经济、股份制经济、外商投资经济、港、澳、台投资经济单位工作,并由其支付工资的各类人员。

在岗职工 指在本单位工作并由单位支付工资的人员,以及有工作岗位,但由于学习、病伤产假等原因暂未工作,仍由单位支付工资的人员。

在岗职工工资总额 指各单位在一定时期内直接支付给本单位全部职工的劳动报酬总额。工资总额的计算原则应以直接支付给职工的全部劳动报酬为根据。各单位支付给职工的劳动报酬以及其他根据有关规定支付的工资,不论是计入成本的还是不计入成本的,不论是按国家规定列入计征奖金税项目的,还是未列入计征奖金税项目的,不论是以货币形式支付的还是以实物形式支付的,均包括在工资总额内。

奖金 指支付给职工的超额劳动报酬和增收节支的劳动报酬。

津贴和补贴 指为了补偿职工特殊或额外的劳动消耗和因其他特殊原因支付给职工的津贴,以及为了保证职工工资水平不受物价影响支付给职工的物价补贴。

在岗职工平均工资 指企业、事业、机关单位的职工在一定时期内平均每人所得的货币工资额。它表明一定时期职工工资收入的高低程度,是反映职工工资水平的主要指标。计算公式为:职工平均工资=报告期实际支付的全部职工工资总额/报告期全部职工平均人数

职工平均工资指数 指报告期职工平均工资与基期职工平均工资的比率,是反映不同时期职工货币工资水平变动情况的相对数。计算公式为:职工平均工资指数=报告期职工平均工资/基期职工平均工资

职工平均实际工资指数 职工平均实际工资指扣除物价变动因素后的职工平均工资。职工平均实际工资指数是反映实际工资变动情况的相对数,表明职工实际工资水平提高或降低的程度。计算公式为:职工平均实际工资指数=报告期职工平均工资指数/报告期城镇居民消费价格指数×100%

保险福利费用 指企业、事业、机关单位在工资以外实际支付给职工和离休、退休、退职人员个人以及用于集体的劳动保险和福利费用。

(1)职工保险福利费用具体包括:

①医疗卫生费 指实行公费医疗企业的职工及其供养的直系亲属的医疗费、医务经费、职工因工负伤就医路费以及住院伙食补助费等;卫生部门开支的事业及机关单位职工的公费医疗经费;未参加公费医疗的企业、事业和机关单位职工的医药费。

②丧葬抚恤救济费 指职工死亡的丧葬费、丧葬补助费和所遗供养直系亲属的抚恤费、救济费、生活补助费以及职工供养直系亲属死亡时的丧葬补助等。

③生活困难补助 指对生活困难的职工实际支付的定期补助和临时性补助。

④文体宣传费 指企业、事业和机关单位实际支付的文体宣传费。不包括学习费。

⑤集体福利事业补贴费 指对职工浴室、理发室、洗衣房、哺乳室、托儿所等集体福利设施各项支出与收入相抵后的差额补助费。

⑥集体福利设施费 指按照国家规定开支的集体福利设施费用。如职工食堂炊事用具的购置费、修理费、职工宿舍的修缮费用。不包括由企业、事业、机关单位自筹经费开支的职工福利设施的基本建设费用。

⑦计划生育补贴 指发给职工独生子女的补贴费和保健费。

⑧其他 指上述费用以外,单位支付给职工的保险福利费。

(2)离休、退休、退职人员保险福利费用具体包括:

①离休金 指发给离休人员的工资和按1982 年国务院发布的"关于老干部离职休养制度的几项规定"发给符合规定的离休干部相当于1-2 个月标准工资的生活补贴和国务院〔1989〕82、83 号文件规定提高退职人员的待遇所增加的费用及糖油价格补贴等。

②退休金 指按照国家有关规定发给退休人员的退休费和国务院〔1989〕82、83 号文件规定提高离休人员的待遇所增加的费用及糖油价格补贴等。

③退职生活费 指按照1978 年国务院《关于工人退休、退职的暂行办法》规定定期发给退职人员的生活费用和国务院〔1989〕82、83 号文件规定提高离休人员的待遇所增加的费用及糖油价格补贴等。

④**医疗卫生费** 指离休、退休、退职人员的医疗费、住院费以及住院伙食补助等费用。

⑤**护理费** 指因工致残、饮食起居需人扶助的离休、退休人员的护理费以及因病不能自理的离休人员的护理费。

⑥**生活补贴** 指按照1985年国务院《关于发给离休退休人员生活补贴费的通知》规定，发给离休、退休人员的生活补贴费。

⑦**交通费补贴** 指按月发给离休人员的交通费补贴。

⑧**丧葬抚恤救济费** 指离休、退休、退职人员死亡的丧葬费、丧葬补助费和所遗供养直系亲属的抚恤费、救济费、生活补助费以及供养直系亲属死亡时的丧葬补助费等。

⑨**其他** 包括易地安置的离休、退休、退职人员的安家补助费;离休、退休、退职人员的生活困难补助费、书报费、洗理费、副食品价格补贴、房租价格补贴、水电补贴、少数民族补贴以及老干部活动经费开支的旅游费用等。

6

固定资产投资

INVESTMENT IN FIXED ASSETS

6-1 固定资产投资

Total Investment in Fixed Assets

单位:万元

指　　标	2009年	2010年	2011年	2012年	2013年	2014年	2015年
固定资产投资	16553668	19874361	19343389	21860756	26383337	30634425	34984158
按管理渠道分							
城镇集体以上投资	11813551	12979273	13059328	14005706	18189147	20297503	23817574
房地产开发投资	3325576	4845029	5271575	6633153	7211744	9173706	10141433
农村投资	1414541	2050059	1012486	1221898	982446	1163216	1025151
按经济类型分							
国有经济	6271086	6703079	7334983	6595774	8770551	6421555	8236033
集体经济	2056015	2494164	1802483	1920132	2165782	2309282	1809902
联营经济	2500			195897	100213	17820	30882
股份制经济	4122050	5449652	5682038	1234405	1448535	5814573	7403146
外商投资经济	342484	566412	408736	466383	336618	384940	284944
港澳台投资经济	617868	431658	586347	634574	546675	177167	270022
个体经济	2583191	3559739	2956158	3318099	30342	4423319	4447149
其他经济	558474	669657	572644	1169661	2044857	1912063	2360647
按投资用途分							
第一产业	608114	680779	486482	624114	982446	1163216	1025151
第二产业	5544985	6772774	6073178	7337047	9078831	10985386	12173905
#工　业	5418334	6673469	5767374	7018465	8060463	10410562	11478708
第三产业	10400569	12420808	12783729	13899596	16322060	18485823	21785102
投资资金来源分							
国家资金	676599	776451	1317777	1693582	1302138	1240862	691574
国内贷款	2521028	2467662	1579846	517431	2173131	341374	73212
利用外资	232454	199589	68300	226374	262823	32757	44835
自筹资金	12449940	15555254	14843051	16405182	19166006	19058000	23594834
其他资金	2399600	3354498	3469710	4139026	5741361	454265	342083

注:自2011年起固定资产投资统计口径由50万元调整为500万元。

6-2 固定资产投资分类(2015年)

Investment in Fixed Assets(2015)

指　　　标	合　计	#房地产开发投资	#市辖区
本年完成投资额（万元）	34984158	10141433	22393928
按构成分			
建筑工程	21106569	6083337	13352725
安装工程	2641537	1126053	1512124
设备、工器具购置	6490995	78310	3992386
其他费用	4745057	2853733	3536693
按工程用途分			
农林牧渔业	1421954		518688
工业、建筑业	12293877		5540875
房地产业	2863649		10942849
其　他	18404678		5391516
按单位登记注册类型分			
内　资	33881117	9613448	21508121
国　　有	8502614	266581	6276322
集　　体	1809902		647394
股份合作	147422		60171
联营	30882		
国有联营	2068		0
集体联营	17694		0
其他联营企业	11120		0
有限责任公司	13697121	7388293	9591011
国有独资公司	1478159	1422685	1435165
其他有限责任公司	12218962	5965608	8155846
股份有限公司	1195048	248152	608956
私营	6137481	1710422	3978777
其它内资	2360647		345490
港澳台投资	755353	485331	609385
港澳台商合资经营	150229	60956	111064
港澳台商合作经营	25750	18900	25750
港澳台商独资	562198	405475	459400
港澳台股份有限公司	17176		13171
外商投资	327598	42654	265196
外商合资经营	154810	3247	92408
外商合作经营	36100		36100
外商独资	134211	39407	134211
外商股份有限公司	2477		2477
个体经营	20090		11226

6-2续

指　　标	合　计	房地产开发投资	市辖区
按建设性质分	24842725		13334255
新建	9322424		3692412
扩建	7248624		4142536
改建和技术改造	5760608		3616976
单纯建造生活设施	103327		83337
迁建	613880		76195
恢复	46340		
单纯购置	1747522		1722799
按国民经济行业分			
农、林、牧、渔业	1421954		518688
采矿业	74481		13350
制造业	10379839		4679101
电力、热力、燃气及水生产和供应业	1144360		448958
建筑业	695197		399466
批发和零售业	703839		494096
交通运输、仓储和邮政业	2476128		1890380
住宿和餐饮业	90948		69818
信息传输、软件和信息技术服务业	256471		199343
金融业	233530		229640
房地产业	13005082	10141433	10942849
租赁和商务服务业	413480		330160
科学研究和技术服务业	502221		367954
水利、环境和公共设施管理业	1628186		867151
居民服务、修理和其他服务业	139133		83275
教育	593087		341408
卫生和社会工作	363754		214556
文化、体育和娱乐业	281156		85139
公共管理、社会保障和社会组织	581312		218596
新增固定资产(万元)	21749964	1815666	11640079
施工项目个数(个)	3502	488	1865
#新开工	2549		1262
竣工项目个数(个)	2505		1284
施工房屋面积(万平方米)	8726	6626	6982
#住　宅	4580	4467	3677
竣工房屋面积(万平方米)	1426	579	978
#住　宅	398	334	291

6－3 固定资产投资资金来源(2015年)

Investment by Source of Funds (2015)

单位:万元

指　　标	合　计	#房地产开发投资
本年资金来源合计	41840299	17086608
上年末结余资金	2422414	2415261
本年资金来源小计	39417885	14671347
国家预算资金	691574	
其中:央预算资金	34805	
国内贷款	2559198	2485986
债券	0	
利用外资	169329	124494
其中:外商直接投资	146359	124494
自筹资金	28921295	5326461
其中:企、事业单位自有资金	6655826	2481275
其中:股东投入资金	1374882	1032799
其他资金来源	7076489	6734406

6－4 新增主要生产能力和效益(2015年)

Newly Increased Production Capacity and Administrative(2015)

项　　目	单　位	新增生产能力
扩建日加工炉渣900吨标准车间	万吨/年	27
成品油技改及扩产项目	处理万吨/年	480
铝板材加工项目	吨/年	5000
新建厂房及铝生产线购置	吨/年	10000
生物质发电项目	万千瓦	8000
国网山东电力公司	公里	28
明达住宅一体化项目	万吨/年	160
扩建年产100吨植物生长调节液项目	吨/年	7800
缓控释肥技术改造项目	吨/年	10000
曲堤化工产业园实施项目	吨/年	9000
塑料制品二期	吨/年	1000
聚烯烃钢带径向增强排水管项目	吨/年	3345
塑料制品车间建设项目	吨/年	500
防漏气汽车外胎生产项目	万条/年	20
新建1200吨耐火材料生产线升级改造项目	吨/年	120
年产15万锭棉纱生产线升级改造项目	锭	10000
福胶酒业有限公司扩建项目	万吨/年	0.03
新建东山大桥一座	延长米	60
新建东山大桥一座	座	1
商河县怀仁镇40MW光伏发电项目	万千瓦	4980

6-5 历年房地产开发建设情况

Basic Situations of Real Estate Development in Major Years

指　　标	单　位	2010年	2011年	2012年	2013年	2014年	2015年
计划总投资	万元	24194322	28739458	35839876	40958297	47123834	55571721
本年完成投资	万元	4845029	5271555	6633152	7211744	9173706	10141433
按构成分							
建筑工程	万元	2502001	3526223	3973188	4774627	5444613	6083337
安装工程	万元	171307	321614	664914	728393	922515	1126053
设备、工器具购置	万元	41891	72053	48749	75129	116907	78310
其他费用	万元	2129830	1351665	1946301	1633595	2689671	2853733
#旧建筑物购置费	万元	12984	24266	2053	37192	18696	1892
土地购置	万元	1598361	1084153	1620182	1134128	2356776	2545842
按工程用途分							
住　宅	万元	3645583	4023431	4447006	5135293	6136895	7254184
办公楼	万元	199630	258259	552686	560175	1267961	1379919
商业营业用房	万元	568475	564753	714377	742425	1115138	833683
其　他	万元	431341	425112	919083	773851	653712	673647
本年新增固定资产	万元	887182	2279902	1649602	3055912	1865035	1815666
待开发土地面积	万平方米	120.19	158.64	205.17	250.54	179.81	291.87
本年购置土地面积	万平方米	531.98	199.34	272.72	217.71	273.89	274.45
房屋施工面积	万平方米	2363.53	3499.28	3815.50	4806.99	5257.57	6625.90
房屋竣工面积	万平方米	245.75	553.51	492.25	805.02	516.76	579.05
竣工房屋价值	万元	749212	1887061	1184728	2058306	1204331	1389148
竣工住宅	套	19300	39928	30589	53075	29976	27877

6－6　历年房地产开发公司经营情况

Real Estate Development and Managment in Major Years

指　　标	单　位	2010年	2011年	2012年	2013年	2014年	2015年
开发公司家数	家	582	468	477	494	524	570
企业资本金	万元	3166586	5451271	4782092	5490601	6756174	7612830
资产与负债							
资产总计	万元	19182580	34266298	32094577	40538425	47284278	57218796
负债总计	万元	15000223	25913875	25865804	32646896	38185924	46478285
所有者权益	万元	4182357	8352423	6228773	7891530	9098353	10740511
损益情况							
经营收入	万元	3658302	3776161	4276447	6583934	7146915	7076463
土地转让收入	万元	30376	115313	7005	8165	15595	14820
商品房销售收入	万元	3550739	3511313	3966112	63030345	6709472	6265506
房屋出租收入	万元	5240	95836	47703	67931	86836	79458
其他收入	万元	71947	53699	255627	204804	335012	716679
经营成本	万元	2660777	2658621	2966442	4831143	5416141	5515583
经营税金及附加	万元	248618	334344	377381	555833	569221	573637
利润总额	万元	462395	371300	431899	707966	525409	401995
房屋销售与出租							
本年实际销售房屋面积	平方米	5314886	5940632	6579929	8201657	8648934	11911661
#住　宅	平方米	4773087	5367883	5583496	7028475	7234582	9234805
本年房屋实际销售额	万元	3326418	3985934	4501017	5875180	6374593	9159131
#住　宅	万元	2911373	3583710	3718378	4937873	5179753	6954738
待售房屋面积	平方米	503730	674094	760852	1014400	1173463	1694588
#住　宅	平方米	272161	364737	483329	614943	607336	864938
出租房屋面积	平方米	31204	87450	164528	137775	61250	229415

6－7 房地产开发公司经营情况(2015年)

Real Estate Development and Management(2015)

指　　标	单 位	合 计	内资企业		外资企业	
			小 计	#国 有	小 计	#港澳台商
开发公司家数	家	570	535	46	35	26
按资质分						
#一级资质	家	12	12	5	0	0
二级资质	家	50	45	10	5	4
三级资质	家	112	105	11	7	4
四级资质	家	37	34	5	3	2
企业资本金	万元	7612830	6345051	1608097	1267779	1190445
资产与负债						
资产总计	万元	57218796	54005619	13864851	3213177	2915372
负债总计	万元	46478285	44913162	10318830	1565123	1382206
所有者权益	万元	10740511	9092457	3546021	1648054	1533166
损益情况						
经营收入	万元	7076463	6416992	1654590	659471	643004
土地转让收入	万元	14820	14820	0	0	0
商品房销售收入	万元	6265506	5610466	977986	655040	641383
房屋出租收入	万元	79458	75106	11600	4352	1541
其他收入	万元	716679	716599	665005	80	80
经营成本	万元	5515583	5053867	1403771	461717	447790
经营税金及附加	万元	573637	524486	92167	49151	47733
利润总额	万元	401995	297124	119924	104871	107803

主要统计指标解释

Explanatory Notes on Main Statistical Indicators

固定资产投资额 是以货币表现的建造和购置固定资产活动的工作量，它是反映固定资产投资规模、速度、比例关系和使用方向的综合性指标。全社会固定资产投资按经济类型可分为国有、集体、个体、联营、股份制、外商、港澳台商、其他等。按照管理渠道，全社会固定资产投资总额分为基本建设、更新改造、房地产开发投资和其他固定资产投资四个部分。

房地产开发投资 指房地产开发公司、商品房建设公司及其他房地产开发法人单位和附属于其他法人单位实际从事房地产开发或经营的活动单位统一开发的包括统代建、拆迁还建的住宅、厂房、仓库、饭店、宾馆、度假村、写字楼、办公楼等房屋建筑物和配套的服务设施，土地开发工程（如道路、给水、排水、供电、供热、通讯、平整场地等基础设施工程）的投资；不包括单纯的土地交易活动。

城镇和工矿区私人建房投资和农村个人投资 城镇和工矿区私人建房包括市、县城、镇、工矿区所辖范围内的全部私人建房，不论其房主是否系本地的常住户口均应包括。农村个人投资包括农村个人建房及购置生产性固定资产的投资。

固定资产投资的资金来源 根据固定资产投资的资金来源不同，分为国家预算内资金、国内贷款、利用外资、自筹资金和其他资金来源。

（1）国家预算内资金：指中央财政和地方财政中由国家统筹安排的基本建设拨款和更新改造拨款，以及中央财政安排的专项拨款中用于基本建设的资金和基本建设拨款改贷款的资金等。

（2）国内贷款：指报告期内企、事业单位向银行及非银行金融机构借入的用于固定资产投资的各种国内借款。包括银行利用自有资金及吸收的存款发放的贷款、上级主管部门拨入的国内贷款、国家专项贷款（包括煤代油贷款、劳改煤矿专项贷款等）、地方财政专项资金安排的贷款、国内储备贷款、周转贷款等。

（3）利用外资：指报告期内收到的用于固定资产投资的国外资金，包括统借统还、自借自还的国外贷款，中外合资项目中的外资，以及对外发行债券和股票等。国家统借统还的外资指由我国政府出面同外国政府、团体或金融组织签订贷款协议、并负责偿还本息的国外贷款。

（4）自筹资金：指建设单位报告期内收到的，用于进行固定资产投资的上级主管部门、地方和企、事业单位自筹资金。

（5）其他资金来源：指报告期内收到的除以上各种拨款、固定资产投资按国民经济行业分。

建设项目归哪个行业，按其建成投产后的主要产品或主要用途及社会经济活动性质来确定。基本建设按建设项目划分国民经济行业，更新改造、国有单位其他固定资产投资及城镇集体投资根据整个企业、事业单位所属的行业来划分。一般情况下，一个建设项目或一个企业、事业单位只能属于一种国民经济行业。为了更准确地反映国民经济各行业之间的比例关系，联合企业（总厂）所属分厂属于不同行业的，原则上按分厂划分行业。

固定资产投资按建设性质分 建设项目的性质一般分为新建、扩建、改建、迁建、恢复。基本建设按建设项目划分建设性质，更新改造、国有单位其他固定资产投资及城镇集体投资等按整个企业、事业单位的建设情况确定建设性质，房地产开发单位、农村投资、城镇工矿区私人建房等投资不划分建设性质。

（1）新建：一般是指从无到有、"平地起家"新开始建设的单位。有的单位原有的基础很小，经过建设后其新增加的固定资产价值超过原有固定资产价值（原值）三倍以上的也算新建。

（2）扩建：一般是指为扩大原有产品的生产能力，在厂内或其他地点增建主要生产车间（或主要工程）、独立的生产线或分厂的企业；事业单位和行政单位在原单位增建业务用房（如学校增建教学用房、医院增建门诊部或病床用房、行政机关增建办公楼等）也作为扩建。

（3）改建：一般是指现有企业、事业单位为了技术进步，提高产品质量，增加花色品种，促进产品升级换代，降低消耗和成本，加强资源综合利用和三废治理、劳保安全等，采用新技术、新工艺、新设备、新材料等对现有设施、工艺条件进行技术改造或更新（包括相应配套的辅助性生产、生活福利设施）。有的企业为充分发挥现有生产能力，进行填平补齐而增建不增加本单位主要产品生产能力的车间等，也属于改建。

固定资产投资按构成分 固定资产投资活动按其工作内容和实现方式分为建筑安装工程，设备、工具、器具购置，其他费用三个部分。

（1）建筑安装工程（建筑安装工作量）：指各种房屋、建筑物的建造工程和各种设备、装置的安装工程。包括各种房屋建造工程，各种用途设备基础和各种工业窑炉的砌筑工程；为施工而进行的各种准备工作和临时工程以及完工后的清理工作等；铁路、道路的铺设，矿井的开凿及石油管道的架设等；水利工程；防空地下建筑等特殊工程；以及各种机械设备的安装工程；为测定安装工程质量，对设备进行的试运工作。在安装工程中，不包括被安装设备本身的价值。

（2）设备、工具、器具购置：指购置或自制达到固定资产标准的设备、工具、器具的价值，固定资产的标准按财务部门规定。新建单位、扩建单位的新建车间按照设计和计划要求购置或自制的全部设备、工具、器具，不论是否达到固定资产标准均计入"设备、工具、器具购置"中。

（3）其他费用：指在固定资产建造和购置过程中发生的，除建筑安装工程和设备、工具、器具购置以外的各种应摊入固定资产的费用。

施工项目　指报告期内曾进行建筑或安装工程施工活动的建设项目，包括报告期内新开工项目、报告期以前开工跨入报告期继续施工的项目以及报告期施过工并在报告期内全部建成投产或停缓建的项目。

全部建成投产项目　工业项目是指设计文件规定形成生产能力的主体工程及其相应配套的辅助设施全部建成，经负荷试运转，证明具备生产设计规定合格产品的条件，并经过验收鉴定合格或达到竣工验收标准，与生产性工程配套的生活福利设施可以满足近期正常生产的需要，正式移交生产的建设项目。非工业项目是指设计文件规定的主体工程和相应的配套工程全部建成，能够发挥设计规定的全部效益，经验收鉴定合格或达到竣工验收标准，正式移交使用的建设项目。

新增生产能力　指通过固定资产投资活动而增加的设计能力或工程效益，它是用实物形态表示的固定资产投资的成果。新增生产能力的计算，是以能独立发挥生产能力或工程效益的单项工程（或项目）为对象。当单项工程（或项目）建成，经有关部门鉴定合格，正式移交投入生产，即可计算新增生产能力。新增生产能力或工程效益有以下几种表现形式：

（1）以建设项目或单项工程建成后的年产能力表示，如煤炭井采、石油开采等。

（2）以建设项目或单项工程建成后处理原料的能力表示，如选矿工程的年处理矿石能力、洗煤厂年洗原煤能力等。

（3）以新增的主要设备数量或容量表示，如棉纺锭锭数、发电机组容量等。

（4）以建筑物容积、容量、面积或长度表示，如水库容量、铁路公路里程等。

新增生产能力的数量一般按设计能力计算。设计能力是指设计文件中规定的在正常情况下能够达到的生产能力，而不论投产后的实际产量如何。以设备数量、建筑物容积、面积、长度等表示的新增生产能力或工程效益，则按建成的实际数量计算。

房屋建筑面积　指从房屋外墙线算起的各层平面面积的总和，包括可供使用的有效面积和房屋结构（如柱、墙）占用的面积。多层建筑按各层（包括地下室）面积总和计算。

住宅建筑面积　指施工和竣工房屋建筑面积中供居住用的施工和竣工房屋建筑面积。

施工面积　指报告期内施工的全部房屋建筑面积。包括本期新开工的面积、上期跨入本期继续施工的房屋面积、上期停缓建在本期恢复施工的房屋面积、本期竣工的房屋面积及本期施工后又停缓建的房屋面积。

竣工面积　指在报告期内房屋建筑按照设计要求已全部完工，达到住人和使用条件，经验收鉴定合格，正式移交使用单位的建筑面积。

房屋建筑面积竣工率　指一定时期内房屋竣工面积占同期房屋施工面积的比率。它是从房屋建筑施工速度的角度反映投资效果和建筑业经济效益的指标。

新增固定资产　指通过投资活动所形成的新的固定资产价值，包括已经建成投入生产或交付使用的工程价值和达到固定资产标准的设备、工具、器具的价值及有关应摊入的费用。它是以价值形式表示的固定资产投资成果的综合性指标，可以综合反映不同时期、不同部门、不同地区的固定资产投资成果。

建设项目投产率　指一定时期内全部建成投入生产项目个数与同期正式施工项目个数的比率。它是从项目建设速度的角度反映投资效果的指标。

固定资产交付使用率　指一定时期新增固定资产与同期完成投资额的比率。它是反映各个时期固定资产动用速度，衡量建设过程中投资效果的一个综合性指标。

未完工程占用率　指年末未完工程累计完成投资额占全年实际完成投资额的比率。它反映未完工程的相对规模，并可从资金占用的角度反映固定资产投资效果。由于未完工程是指已经开工，但尚未建成交付使用的工程，有跨年度问题，因此未完工程占用率会出现大于1的情况。

房地产开发本年完成投资　是指从本年1月1日起至本年最后一天止完成的全部用于房屋建设工程和土地开发工程的投资额。“本年完成投资”包括土地购置费和公益性建筑等的投资。

土地购置和开发情况

（1）待开发土地面积:指经有关部门批准，通过各种方式获得土地使用权，但尚未进行开发的土地面积。

（2）本年购置土地面积:是指在本年内通过各种方式获得土地使用权的土地面积。

商品房屋销售与出租情况

（1）实际销售面积:是指报告期内正式交付给购房者的房屋面积。

不包括已签订预售合同正在建设的商品房屋面积。

（2）待售面积:是指报告期末已竣工的商品房屋建筑面积中，尚未销售或出租的部分，包括以前年度竣工和本期竣工可供出售或出租而未售出或租出的房屋面积。

（3）出租面积:是指在报告期期末房屋开发单位出租的商品房屋的全部面积。

（4）实际销售额:指报告期内售出房屋的收入（即双方签署正式买卖合同所拟定的总价）。该指标与实际销售面积同口径，包括正式交付的商品房屋在建设前期预收入的定金、预收的款项及结算尾款和拖欠款;不包括未交付的商品房所预收入的款项。收取的外汇按当时外汇调节市场价折算在其中。如果商品房屋是跨年完成的，应包括以前年度所收的定金及预收款。

7

城市公用事业和环境保护

URBAN PUBLIC UNILITIES
AND ENVIRONMENTAL
PROTECTION

7-1 城市道路与公共交通

Basic Statistics on Muncipal Engineering and Public Transportation

指　　标	2010年	2011年	2012年	2013年	2014年	2015年
城市道路						
道路长度(公里)	4921	5067	5126	5222	5264	5350
道路面积(万平方米)	6940	7458	8337	8572	9116	9523
城市桥梁(座)	850	832	832	836	836	845
#立交桥	80	81	81	81	76	77
路灯(盏)	129033	135368	151021	152361	162590	167462
人均拥有道路面积(平方米)	20.59	21.98	23.73	23.87	25.19	26.1
公共交通						
年末营运车辆(辆)	13106	13394	13861	13840	14650	15236
公共汽车	4239	4375	4701	4820	5099	5537
无轨电车	140	140	140	140	139	140
出租汽车	8867	9019	9020	9020	9551	9699
乘客人数(万人次)	108072	108320	107766	104457	101698	93634

7-2 水、电、气、热供应情况

Basic Statistics on Water、Electricity、Gas and Heating in Cities

指　　标	单位	2010年	2011年	2012年	2013年	2014年	2015年
自来水							
年末水厂生产能力	万吨/日	190	194.59	199.24	201.74	201.74	201.74
年末管线长度	公里	3472	3847	4055	4094	4222	4326
全年供水量	万吨	23529	29376	30677	30357	31158	31827
人均日生活用水	升	114.1	141.3	136.6	137.3	143.9	139.0
城市人口用水普及率	%	100.0	100.0	100.0	98.64	98.92	99.00
用电量							
全社会用电量	万千瓦时	2450343	2565727	2535709	2582682	2614124	2642035
工　业	万千瓦时	1573200	1619051	1488648	1490436	1507683	1420304
城乡居民生活用电	万千瓦时	406959	407128	444176	483401	488075	522513
液化石油气和管道煤气							
液化石油气全年供气量	吨	38161	50374	59187	52569	46693	46844
生活用	吨	14044	35584	35441	32310	21960	21866
居民用气人口	万人	86.4	88.4	91.2	82.9	85.0	87.1
天然气供气量	万立方米	27647	36791	44092	54726	64904	75497
生产用	万立方米	20429	29482	33104	42454	45937	58196
生活用	万立方米	7218	3727	10988	12272	17967	17301
居民用气人口	万人	193	198	217	258	264	269
管道煤气供气量	万立方米	5294	4658	4300	3000	940	59
生产用	万立方米	2395	2070	1720	900	796	59
生活用	万立方米	2899	2588	2580	2100	144	0
居民用气人口	万人	42.2	37.1	30.25	7	2	0
用气普及率	%	95.5	95.3	96.4	96.81	96.88	97.73
集中供热							
管道长度	公里	1723	1949	1935	2334	2488	3277
供热面积	万平方米	7081	7629	9374	10172	11786	14499

7-3 环境状况及污染治理情况

Basic Statistics on Environment and Treatment of Pollution

指　　标	单位	2010年	2011年	2012年	2013年	2014年	2015年
环境质量状况							
环境空气细颗粒物（PM2.5）浓度年均值	mg / m³				0.108	0.09	0.087
环境空气二氧化硫浓度年均值	mg / m³	0.045	0.050	0.082	0.093	0.072	0.050
环境空气二氧化氮浓度年均值	mg / m³	0.027	0.036	0.049	0.059	0.053	0.048
环境空气可吸入颗粒物（PM10）浓度年均值	mg / m³	0.117	0.103	0.154	0.191	0.172	0.157
集中式饮用水源地水质达标率	%	100.00	100.00	100.00	100.00	100.00	100.00
区域环境噪声昼间平均等效声级	分贝	54.1	53.8	52.0	52.5	54.2	53.7
道路交通噪声平均等效声级	分贝	69.6	69.2	69.1	69.3	69.7	70.0
污染物排放情况							
废水排放总量	万吨	28567	29794	33338	38402	38904	39454
#工业废水排放量	万吨	5594	6396	6653	8596	7880	7415
化学需氧量排放量	吨	47353	120765	115807	108889	104876	107743
#工业化学需氧量排放量	吨	8816	5614	5497	5413	5289	5515
氨氮排放量	吨	4779	10211	9613	8482	8224	9050
#工业氨氮排放量	吨	428	413	373	380	346	360
二氧化硫排放量	吨	81601	120633	114520	107265	97171	99653
#工业二氧化硫排放量	吨	70296	109299	103187	81118	67842	70327
氮氧化物排放量	吨		116832	112700	104265	95295	91614
#工业氮氧化物排放量	吨		83022	81261	72969	64861	63781
机动车氮氧化物排放量	吨		30112	27741	27571	26703	24080
烟（粉）尘排放量	吨		115658	62825	58250	100899	108643
#工业烟（粉）尘排放量	吨		103915	51609	47117	90082	92900

注：根据国家环保部2012年制订新的环境质量指数规定，2013年开始监测并公布新的环境质量指标，所以部分指标没有历史数据。从2014年起工业烟（粉）统计口径增加钢铁、水泥等行业无组织排放量。

7-4 城市园林绿化、环境卫生及其他

Basic Statistics on Parks、Gardens、Green Areas and Urban Sanitation in Cities

指　　标	单位	2010年	2011年	2012年	2013年	2014年	2015年
园林绿化							
年末园林绿地面积	公顷	14588	14864	15556	16226	17002	17561
#公园面积	万平方米	2455	2861	2906	2923	3116	3190
人均公园绿地面积	平方米/人	11.3	10.9	11.16	11.27	11.52	11.55
建成区绿化覆盖率	%	36.9	37.1	38.21	39.03	39.62	39.94
城市卫生							
污水集中处理率	%	89.60	86.55	89.83	90.21	95.33	95.85
清运垃圾	万吨	115	113	121	122.79	114	158
清运粪便	万吨	27.8	42.6	47.8	63.79	58.5	48.2
公共厕所	座	586	643	731	1006	1026	1060
城市维护费收支							
维护费收入	万元	1148528	1112214	1148757	1574821	1546397	1693759
维护费支出	万元	1162707	1074226	1150366	1597865	1559055	1681108

主要统计指标解释

Explanatory Notes on Main Statistical Indicators

年末自来水生产能力　指年底城建部门管理的自来水厂和自备水源的社会单位取水、净化、送水、出厂输水干管等环节的实际生产能力。

年末供水管道长度　指从送水泵到用户水表之间所有管道的长度。

全年供水总量　指公用自来水厂和自备水源的社会单位全年的供水总量，包括有效供水量及损失水量。

生活用水量　指居民日常生活与公共福利设施的用水量，包括居民、饮食店、旅馆、医院、理发店、浴池、洗衣店、游泳池、商店、学校、机关、部队等单位的用水量。

城市人口用水普及率　指城市用水的非农业人口数(不包括临时人口和流动人口)与城市非农业人口总数之比。计算公式为：

用水普及率＝城市用水的非农业人口数 / 城市非农业人口数×100%

人工煤气生产能力　指城市煤气厂制气、净化、输送等环节的综合实际生产能力。

输气管道长度　指由压缩机、鼓风机、储气罐的出口到用户煤气表之间的全部管道长度。

全年供气总量　指全年售给各类用户的全部煤气量，包括工业用量、家庭用量和其他用量。

城市用气普及率　指使用煤气(包括人工煤气、液化石油气、天然气)的城市非农业人口数(不包括临时人口和流动口)与城市非农业人口总数之比。计算公式为：

城市煤气普及率＝城市用气的非农业人口数 / 城市非农业人口总数×100%

城市供热能力　指热电厂、热力公司和达到标准的集中采暖锅炉房向城市输送的供热源的设计能力，即每小时向城市输送蒸汽、热水的能力。

城市供热总量　指热电厂、热力公司和达到标准的集中采暖锅炉房向城市输送的全部蒸汽、热水量。

城市供热管道长度　指热电厂、热力公司和达到标准的集中采暖锅炉房管理的集中供热热源到用户之间的全部供气、供热水的管道长度。

年底实有铺装道路长度　指除土路外，路面经过铺装宽度在3.5米以上的道路，包括高级、次高级道路和普通道路。

城市桥梁　指城市范围内，修建在河道上的桥梁和道路与道路立交、道路跨越铁路的立交桥及人行天桥。包括永久性桥和半永久性桥，不包括临时性桥、铁路桥、涵洞。

城市下水道总长度　指所有排水总管、干管、支管及暗渠、检查井、连接井进出水口等长度之和。

城市污水日处理能力　指污水处理厂每昼夜处理污水

量的设计能力。

年末实有公共汽(电)车 指年底可参加营运的全部车辆数，包括营运车辆数和库存查封未参加营运的车辆。不包括非营运车辆，如架线车、油罐车、工程车、货车及其他专用车辆和借入的客运车辆。

城市园林绿地面积 指城市公共绿地、专用绿地、生产绿地、防护绿地、郊区风景名胜区的全部面积。

公共绿地 指供游览休息的各种公园、动物园、植物园、陵园以及花园、游园和供游览休息用的林荫道绿地、广场绿地，不包括一般栽植的行道树及林荫道的面积。

废气排放总量 指燃料燃烧和生产工艺过程中排放的各种废气总量，以标准状态下每年万标立方米表示。

工业固体废物产生量 指工业企业在生产过程中产生的固体状、半固体状和高浓度液体状废弃物的总量，包括冶炼废渣、粉煤灰、炉渣、煤矸石、化工废渣、尾矿、放射性废渣和其它废渣等;不包括矿山开采的剥离废石和掘进废石(煤矸石和呈酸性或碱性的废石除外)。酸性或碱性废石是指采掘的废石其流经水、雨淋水PH值小于4或PH值大于10.5者。

工业固体废物处置量 指以符合环境保护要求的方式将固体废物放置在不再回取的场所的固体废物量，如填埋、焚烧、经封场处理的专业贮存场(库)、深层灌注、回填矿井等(包括当年处置往年的堆存量)。

二氧化硫年平均值 指城市建成区环境空气中测得的单位体积中的二氧化硫含量，按日计算的年平均值。

总悬浮颗粒物年平均值 指城市建成区环境空气中测得的单位体积中总悬浮颗粒物含量，按日计算的年平均值。

氮氧化物年平均值 指城市建成区环境空气中测得的单位体积中氮氧化物含量，按日计算的年平均值。

饮用水源水质达标率 指市区从城市集中饮用水源地中取得的水，其水质要求达到《生活饮用水卫生标准》的数量占取水总量的百分比。

城市地面水水质达标率 是指城市市区地面水功能区认证点位按各水体功能区划标准监测达标的频次占各认证点位监测总频次的百分比。目前该指标只考核下列四类功能的水体:渔业水体、农田灌溉水体、工业用水和景观娱乐用水。

区域环境噪声平均值 是指城市建成区环境噪声网格监测的等效声级算术平均值。

交通干线噪声平均值 是指城市建成区交通干线各路段监测数据，按其长度加权的等效声级平均值。

工业废水处理量 指报告期内各种水治理设施实际处理的工业废水量，包括处理后外排的和处理后回用的工业废水量。虽经处理但未达到国家或地方排放标准的废水量也应计算在内。计算时，如遇有车间和厂排放口均有治理设施，并对同一废水分级处理时，不应重复计算工业废水处理量。

工业废水处理率 工业废水处理量占需处理的工业废水量的百分率。

工业污染治理投资总额 指在报告期内，企业实际用于治理废水、废气、固体废物、噪声和其他(如电磁波、恶臭等)环境污染的环境治理工程的各种资金来源合计。

工业废水排放量 指经过企业厂区所有排放口排到企业外部的工业废水量。包括生产废水、外排的直接冷却水、超标排放的矿井地下水和与工业废水混排的厂区生活污水，不包括外排的间接冷却水(清污不分流的间接冷却水应计算在内)。

工业废水排放达标量 指各项指标都达到国家或地方排放标准的外排工业废水量，包括未经处理外排达标的和经过处理后外排达标的和两部分。国家排放标准见GB8978-88。

工业废气排放量 指企业厂区内燃料燃烧和生产工艺过程中产生的各种排放空气的含有污染物的气体的总量，以标准状态〔273K，101325Pa〕计。

二氧化硫排放量 指企业在燃料燃烧和生产工艺过程中排放大气的二氧化硫量。

工业烟尘排放量 指企业厂区内的燃料燃烧产生的烟气中夹带的颗粒物的量。

工业粉尘排放量 指企业在生产工艺过程中排放的颗粒物重量。如钢铁企业的耐火材料粉尘、焦化企业的筛焦系统粉尘、烧结机的粉尘、石灰窑的粉尘、建材企业的水泥粉尘等。不包括电厂排放大气的烟尘。

工业固体废物产生量 指企业在生产工艺过程中产生的固体状、半固体状和高浓度液体状废弃物的总量，包括危险废物、冶炼废渣、粉煤灰、炉渣、煤矸石、尾矿、放射性废物和其他废物等;不包括矿山开采的剥离废石和掘进废石(煤矸石和呈酸性或碱性的废石除外)。酸性或碱性废石是指采掘的废石其流经水、雨淋水的pH值小于4或pH值大于10.5者。

危险废物 指列入国家危险废物名录或根据国家规定的危险废物鉴别标准和鉴别方法认定的，具有爆炸性、易燃性、易氧化性、毒性、腐蚀性、易传染疾病等危险特性之一的废物。

工业固体废物综合利用量 指通过回收、加工、循环、交换等方式，从固体废物中提取或者使其转化为可以利用的资源、能源和其他原材料的固体废物量(包括当年利用往年的工业固体废物累计贮存量)。如用作农业肥料、生产建筑材料、筑路等。综合利用量由原产生固体废物的单位统计。

工业固体废物贮存量 指将固体废物焚烧或者最终置于符合环境保护规定要求的场所并不再回取的工业固体废物量(包括当年处置往年的工业固体废物累计贮存量)。处置方法如:填埋(其中危险废物应安全填埋)、焚烧、专业贮存场(库)封场处理、深层灌注、回填矿井等。

工业固体废物排放量 指将所产生的固体废物排到固体废物污染防治设施、场所以外的量。不包括矿山开采的剥离废石和掘进废石(煤矸石和呈酸性或碱性的废石除外)。

"三废"综合利用产品产值 指利用"三废"(废液、废气、废渣)作为主要原料生产的产品产值(现行价)，已经销售或准备销售的，应计算产品产值;但留作生产上自用的，不应计算产品产值。

"三废"综合利用产品利润 指利用"三废"(废液、废气、废渣)生产的产品，销售后所得到的利润。

环境污染与破坏事故 指由于违反环境保护法规的经济、社会活动与行为，以及意外因素的影响或不可抗拒的自然灾害等原因，致使环境受到污染，国家重点保护的野生动植物、自然保护区受到破坏，人体健康受到危害，社会经济和人民财产受到损失，造成不良社会影响的突发性事件。

8

财政和金融保险

GOVERNMENT FINANCE BANKING AND INSURANCE

8-1 各时期地方财政收支及指数

Local Government Revenue、Expenditures and Indices of Major Years

年　　份	一般公共预算收入（万元）	一般公共预算支出（万元）	指数%（以上年为100）	
			一般公共预算收入	一般公共预算支出
1999	460690	497667	119.9	110.8
2000	490485	547210	110.5	110.4
"十五"时期				
2001	596061	703720	121.5	128.6
2002	662511	775046	115.4	110.2
2003	761064	884597	119.6	114.3
2004	890364	1016953	120.9	115.0
2005	1061547	1206643	120.7	118.7
"十一五"时期				
2006	1284388	1469762	121.0	121.8
2007	1570192	1799787	122.3	122.5
2008	1860155	2213190	118.5	123.1
2009	2101923	2599178	113.0	117.4
2010	2661314	3368037	126.6	129.6
"十二五"时期				
2011	3249315	3968831	122.1	117.8
2012	3808218	4656731	117.0	117.3
2013	4820722	5193190	113.9	111.5
2014	5431278	5714138	112.7	110.0
2015	6143172	6581813	113.1	115.2

注：2013年财政部门对一般公共预算收入口径进行调整，2013年起一般公共预算收入指数为可比口径。

8-2 财政收入(2015年)

Financial Revenue(2015)

单位:万元

指　　标	全市合计	市本级			县区级
		小　计	市　直	高新区	
一般公共预算收入	6143172	1308479	483120	825359	4834693
增值税	625521	135631	-13433	149064	489890
营业税	1690395	172053	0	172053	1518342
企业所得税	695012	109771	0	109771	585241
个人所得税	257619	39359	0	39359	218260
资源税	8995	431	0	431	8564
城市维护建设税	309815	75246	7	75239	234569
房产税	159390	22142	0	22142	137248
印花税	87417	10823	0	10823	76594
城镇土地使用税	223342	21180	0	21180	202162
土地增值税	284814	42205	0	42205	242609
车船税	58443	616	0	616	57827
耕地占用税	44878	5652	0	5652	39226
契　税	303781	38594	-1	38595	265187
专项收入	383436	180547	122067	58480	202889
行政事业性收费收入	189062	82591	79267	3324	106471
罚没收入	91850	50146	49949	197	41704
国有资本经营收入	-3365	-6735	-6735	0	3370
国有资源（资产）有偿使用收入	630056	318230	242002	76228	311826
其他收入	102711	9997	9997	0	92714
政府性基金收入	4930618	4663575	4549225	114350	267043
#城市公用事业附加收入	17888	14349	14349	0	3539

8-3 各区财政收入(2015年)

Financial Revenue by District(2015)

单位:万元

指　　标	合　计	历下区	市中区	槐荫区	天桥区	历城区	长清区
一般公共预算收入	3950233	1305958	922817	450489	390544	701012	179413
增值税	384940	128025	74667	38005	36109	90543	17591
营业税	1341280	474462	298309	197247	105503	205612	60147
企业所得税	507284	156711	211816	27293	38004	66244	7216
个人所得税	192978	67754	65119	17770	17065	20847	4423
资源税	1110	0	799	0	0	206	105
城市维护建设税	193617	73441	36108	22820	13742	39245	8261
房产税	118181	43937	27217	12882	12332	15416	6397
印花税	66784	28566	15310	5406	5975	9314	2213
城镇土地使用税	134178	18713	18586	20744	14455	38799	22881
土地增值税	211206	80219	42426	30897	16381	30584	10699
车船税	38775	26669	6167	818	1778	1263	2080
耕地占用税	6931	0	0	205	997	2183	3546
契　税	240127	63224	55107	45310	23782	45596	7108
专项收入	159972	64067	27105	17719	10331	30731	10019
行政事业性收费收入	55070	6343	6003	7762	4969	26748	3245
罚没收入	22938	1876	1294	1230	1427	6502	10609
国有资本经营收入	170	170	0	0	0	0	0
国有资源（资产）有偿使用收入	214071	62362	36578	4100	86890	21278	2863
其他收入	60621	9419	206	281	804	49901	10
政府性基金收入	16146	0	0	0	0	1977	14169
#城市公用事业附加收入	1828	0	0	0	0	1828	0

8-4 各县(市)财政收入(2015年)

Financial Revenue by Country(2015)

单位:万元

指　标	合　计	平阴县	济阳县	商河县	章丘市
一般公共预算收入	884460	153367	170949	90227	469917
增值税	104950	25826	18430	6213	54481
营业税	177062	26750	40455	22858	86999
企业所得税	77957	18765	25044	2914	31234
个人所得税	25282	6725	1898	920	15739
资源税	7454	4625	1415	21	1393
城市维护建设税	40952	6471	5330	2545	26606
房产税	19067	2701	2914	1477	11975
印花税	9810	1419	1535	907	5949
城镇土地使用税	67984	8148	9452	9807	40577
土地增值税	31403	3671	6643	3631	17458
车船税	19052	952	2702	4800	10598
耕地占用税	32295	1666	4439	5279	20911
契　税	25060	3167	2643	3240	16010
专项收入	42917	10735	7522	3811	20849
行政事业性收费收入	51401	6158	11640	4061	29542
罚没收入	18766	3934	4379	3837	6616
国有资本经营收入	3200	3200	0	0	0
国有资源(资产)有偿使用收入	97755	2429	20870	1560	72896
其他收入	32093	16025	3638	12346	84
政府性基金收入	250897	27560	57640	34672	131025
#城市公用事业附加收入	1711	753	605	0	353

8-5 地方财政支出(2015年)

Local Financial Expenditures (2015)

单位:万元

指标	全市合计	市本级			县区级
		小计	市直	开发区	
一般公共预算支出	6581813	2748779	2201361	547418	3833034
一般公共服务支出	756213	272415	240675	31740	483798
国防支出	14896	10211	10144	67	4685
公共安全支出	426423	293216	286823	6393	133207
教育支出	1163590	220098	198375	21723	943492
科学技术	114769	74591	25565	49026	40178
文化体育与传媒支出	148835	96369	94966	1403	52466
社会保障和就业支出	794581	344873	335969	8904	449708
医疗卫生与计划生育支出	600615	163714	157892	5822	436901
节能环保支出	213501	151135	147998	3137	62366
城乡社区支出	1042670	459389	304779	154610	583281
农林水支出	474416	132195	124215	7980	342221
交通运输支出	178442	122528	116697	5831	55914
资源勘探信息等支出	293260	227903	37625	190278	65357
商业服务业等支出	90302	67756	27471	40285	22546
金融支出	8619	6025	5986	39	2594
援助其他地区支出	19315	10800	9748	1052	8515
国土海洋气象等支出	101933	18039	14377	3662	83894
住房保障支出	103119	66219	50829	15390	36900
粮油物资储备支出	6561	3779	3779	0	2782
债务付息支出	15839	7374	7313	61	8465
其他支出	13914	150	135	15	13764
政府性基金支出	5327234	4230864	3704370	526494	1096370
#城市公用事业附加安排的支出	17095	14540	14460	80	2555

8-6 各区地方财政支出(2015年)

Local Financial Expenditures by District(2015)

单位:万元

指　　标	合　计	历下区	市中区	槐荫区	天桥区	历城区	长清区
一般公共预算支出	2370424	562324	390276	318610	287586	526896	284732
一般公共服务支出	366139	89897	75066	65697	44373	64734	26372
国防支出	1370	715	239	346	33	23	14
公共安全支出	72891	20153	13369	11554	10692	11237	5886
教育支出	607695	124203	120430	69629	69714	149142	74577
科学技术	25465	3290	5060	5009	3571	3427	5108
文化体育与传媒支出	24703	3733	2130	5398	1630	5990	5822
社会保障和就业支出	312232	70871	48844	56334	51373	51121	33689
医疗卫生与计划生育支出	251539	44593	35625	30276	34485	68560	38000
节能环保支出	38263	10499	7451	4143	4685	7977	3508
城乡社区支出	360176	158224	49704	47701	39815	48515	16217
农林水支出	146428	2250	13658	14051	12139	47476	56854
交通运输支出	16373	0	1125	302	739	9109	5098
资源勘探信息等支出	35909	6025	7514	1787	8822	9665	2096
商业服务业等支出	15398	4214	1740	2274	1748	4437	985
金融支出	2015	1034	912	30	0	0	39
援助其他地区支出	6821	2307	1851	527	542	1437	157
国土海洋气象等支出	45309	3144	5084	2810	895	28085	5291
住房保障支出	24897	8950	130	647	42	11407	3721
粮油物资储备支出	1144	316	0	0	0	398	430
国债还本付息支出	3258	937	344	95	747	816	319
其他支出	12399	6969	0	0	1541	3340	549
政府性基金支出	754975	9139	351023	21525	84908	236709	51671
# 城市公用事业附加安排的支出	1320	0	0	0	85	1235	0

8-7 各县(市)地方财政支出(2015年)

Local Financial Expenditures by Country(2015)

单位:万元

指　　标	合　计	平阴县	济阳县	商河县	章丘市
一般公共预算支出	1462610	258039	291016	282950	630605
一般公共服务支出	117659	29403	23373	20365	44518
国防支出	3315	3114	10	150	41
公共安全支出	60316	13330	14862	9360	22764
教育支出	335797	69922	63499	59881	142495
科学技术	14713	2074	5653	3707	3279
文化体育与传媒支出	27763	2778	10846	3056	11083
社会保障和就业支出	137476	17067	33448	27189	59772
医疗卫生与计划生育支出	185362	22222	35613	38737	88790
节能环保支出	24103	5574	5524	4597	8408
城乡社区支出	223105	25002	25538	32015	140550
农林水支出	195793	30703	44915	50647	69528
交通运输支出	39541	5861	9901	13301	10478
资源勘探信息等支出	29448	8032	6031	1048	14337
商业服务业等支出	7148	1213	932	1378	3625
金融支出	579	178	173	27	201
援助其他地区支出	1694	154	188	87	1265
国土海洋气象等支出	38585	14193	6227	14326	3839
住房保障支出	12003	5976	3418	1768	841
粮油物资储备支出	1638	325	139	547	627
国债还本付息支出	5207	737	691	744	3035
其他支出	1365	181	35	20	1129
政府性基金支出	341395	48942	76620	52446	163387
#城市公用事业附加安排的支出	1235	77	605	0	553

8-8　金融机构本外币各项存、贷款期末余额

Balance of The Deposits and Loans of Insurance Institutes

单位:万元

指　　标	2014年	2015年
金融机构本外币各项存款余额	128227600	141747205
#住户存款	37663695	39918252
非金融企业存款	52458251	56765397
广义政府存款	25682434	30343439
非银行业金融机构存款	7143135	9658127
金融机构本外币各项贷款余额	100045558	113567816
#住户贷款	14255921	17975323
非金融企业及机关团体贷款	71377493	80266972
短期贷款	25863048	27718913
中长期贷款	39451241	44993973
票据融资	5422126	7140286
融资租赁	315033	242448
各项垫款	326044	171351
非银行业金融机构贷款	20064	20068

8-9 金融机构人民币各项存、贷款期末余额

Balance of The Deposits and Loans of Insurance Institutes

单位:万元

指　　标	2014年	2015年
金融机构人民币各项存款余额	121732505	135529851
#住户存款	37382004	39514181
非金融企业存款	51251804	55586635
广义政府存款	25649256	30334927
非银行业金融机构存款	6936776	9459081
金融机构人民币各项贷款余额	85102896	96742203
#住户贷款	14254728	17974193
非金融企业及机关团体贷款	69280571	77690643
短期贷款	25291168	26928099
中长期贷款	37948483	43226472
票据融资	5422126	7140286
融资租赁	315033	242448
各项垫款	303760	153338
非银行业金融机构贷款	20000	20000

8-10 保 险 业 务 情 况

Insurance Business

指　　标	2010年	2011年	2012年	2013年	2014年	2015年
承保额(亿元)	16802	26747	39166	32896	63675	97665
企业财产险	6398	8639	8480	6749	17723	36178
家庭财产险	103	117	94	118	321	1744
运输工具及责任险	3970	4328	3935	4613	10470	13920
货物运输险	308	595	907	480	2021	1955
养老金险	289	269	497	442	1017	1800
人身意外伤害险	3606	10857	17274	17495	24686	34112
简易人身险	932	1008	1263	1033	3620	4239
农业险	6	7	19	18	28	30
其他险	1190	927	6697	1948	3788	3687
保险业务收入(万元)	1223791	1122605	1225223	1414715	1628650	2227474
企业财产险	28325	35108	38825	29628	30479	42535
家庭财产险	518	619	797	595	726	1757
运输工具及责任险	214039	231089	279866	334114	386898	487124
货物运输险	2528	3207	2139	2458	3042	4260
养老金险	711571	646928	643830	714798	809083	1322141
人身意外伤害险	28168	28856	47150	75971	56249	74259
简易人身险	125275	51592	65857	88527	120282	245598
农业险	1527	2419	6386	6569	5527	9389
其他险	111840	122787	140372	162054	216365	40411
保险业务支出(万元)	437708	392821	465245	472811	529707	656570
企业财产险	8233	13092	13717	4833	860	7184
家庭财产险	166	815	182	129	15	80
运输工具及责任险	90236	99029	125586	127747	17016	151723
货物运输险	1572	325	756	1111	204	1954
养老金险	239710	211499	237719	249865	451243	392111
人身意外伤害险	9270	10673	14141	13571	7389	16613
简易人身险	60523	25375	25277	29783	47425	69165
农业险	683	1158	2809	5587	218	1795
其他险	27315	30855	45058	40186	5337	15946

8-11 证券机构及证券交易情况

Institution and Trading Summary for Stocks

指　　标	单 位	2012年	2013年	2014年	2015年
注册地在济南证券公司数	个	1	1	1	1
证券营业部	个	57	60	72	78
证券交易额	亿元	5347	8863	16077	54575
股　票	亿元	4114	5566	10165	38091
基　金	亿元	80	353	1044	4568
债　券	亿元	20	47	4857	11899
其　他	亿元	1132	2897	11	17

注:数据由金融办提供。

主要统计指标解释

Explanatory Notes on Main Statistical Indicators

财政收入　指国家财政参与社会产品分配所取得的收入,是实现国家职能的财力保证。财政收入所包括的内容几经变化,目前主要包括:

(1)各项税收:包括增值税、营业税、消费税、土地增值税、城市维护建设税、资源税、城市土地使用税、印花税、个人所得税、企业所得税、关税、农牧业税和耕地占用税等。

(2)专项收入:包括征收排污费收入、征收城市水资源费收入、教育费附加收入等。

(3)其他收入:包括基本建设贷款归还收入、基本建设收入、捐赠收入等。

(4)国有企业计划亏损补贴:这项为负收入,冲减财政收入。

财政支出　国家财政将筹集起来的资金进行分配使用,以满足经济建设和各项事业的需要,主要包括:

(1)基本建设支出:指按国家有关规定,属于基本建设范围内的基本建设有偿使用、拨款、资本金支出以及经国家批准对专项和政策性基建投资贷款,在部门的基建投资额中统筹支付的贴息支出。

(2)企业挖潜改造资金:指国家预算内拨给的用于企业挖潜、革新和改造方面的资金。包括各部门企业挖潜改造资金和企业挖潜改造贷款资金,为农业服务的县办"五小"企业技术改造补助,挖潜改造贷款利息支出。

(3)地质勘探费用:指国家预算用于地质勘探单位的勘探工作费用,包括地质勘探管理机构及其事业单位经费、地质勘探经费。

(4)科技三项费用:指国家预算用于科技支出的费用,包括新产品试制费、中间试验费、重要科学研究补助费。

(5)支援农村生产支出:指国家财政支援农村集体(户)各项生产的支出。包括对农村举办的小型农田水利和打井、喷灌等的补助费,对农村水土保持措施的补助费,对农村举办的小水电站的补助费,特大抗旱的补助费,农村开荒补助费,扶持乡镇企业资金,农村农技推广和植保补助费,农村草场和畜禽保护补助费,农村造林和林木保护补助费,农村水产补助费,发展粮食生产专项资金。

(6)农林水利气象等部门的事业费用:指国家财政用于农垦、农场、农业、畜牧、农机、林业、森工、水利、水产、气象、乡镇企业的技术推广、良种推广(示范)、动植物(畜禽、森林)保护、水质监测、勘探设计、资源调查、干部训练等项费用,园艺特产场补助费,中等专业学校经费,飞播牧草试验补助费,营林机构、气象机构经费,渔政费以及农业管理事业费等。

（7）工业交通商业等部门的事业费：指国家预算支付给工交商各部门用于事业发展的经费，包括勘探设计费、中等专业学校经费、技术学校经费、干部训练费。

（8）文教科学卫生事业费：指国家预算用于文化、出版、文物、教育、卫生、中医、公费医疗、体育、档案、地震、海洋、通讯、电影电视、计划生育、党政群干部训练、自然科学、社会科学、科协等项事业的经费支出和高技术研究专项经费。主要包括工资、补助工资、福利费、离退休费、助学金、公务费、设备购置费、修缮费、业务费、差额补助费。

（9）抚恤和社会福利救济费：指国家预算用于抚恤和社会福利救济事业的经费。包括由民政部门开支的烈士家属和牺牲病残人员家属的一次性、定期抚恤金，革命伤残人员的抚恤金，各种伤残补助费，烈军属、复员退伍军人生活补助费，退伍军人安置费，优抚事业单位经费，烈士纪念建筑物管理、维修费，自然灾害救济事业费和特大自然灾害灾后重建补助费等。

（10）国防支出：指国家预算用于国防建设和保卫国家安全的支出，包括国防费、国防科研事业费、民兵建设以及专项工程支出等。

（11）行政管理费：包括行政管理支出，党派团体补助支出，外交支出，公安安全支出，司法支出，法院支出，检察院支出和公检法办案费用补助。

（12）价格补贴支出：指经国家批准，由国家财政拨给的政策性补贴支出。主要包括粮食加价款，粮、棉、油差价补贴，棉花收购价外奖励款，副食品风险基金，市镇居民的肉食价格补贴，平抑市价肉食、蔬菜价差补贴等以及经国家批准的教材课本、报刊新闻纸等价格补贴。

中央财政收入和地方财政收入　指按财政体制划分的中央本级收入和地方本级收入。1994 年分税制财政体制以后，属于中央财政的收入包括关税、海关代征消费税和增值税，消费税，中央企业所得税，地方银行和外资银行及非银行金融企业所得税，铁道、银行总行、保险总公司等集中缴纳的营业税、所得税、利润和城市维护建设税，增值税的75%部分，证券交易税（印花税）50%部分和海洋石油资源税。属于地方财政的收入包括营业税，地方企业所得税，个人所得税，城镇土地使用税，固定资产投资方向调节税，城镇维护建设税，房产税，车船使用税，印花税，屠宰税，农牧业税，农业特产税，耕地占用税，契税，增值税25%部分，证券交易税（印花税）50%部分和除海洋石油资源税以外的其他资源税。

中央财政支出和地方财政支出　指根据政府在经济和社会活动中的不同职责，划分中央和地方政府的责权，按照政府的责权划分确定的支出。中央财政支出包括国防支出，武装警察部队支出，中央级行政管理费和各项事业费，重点建设支出以及中央政府调整国民经济结构、协调地区发展、实施宏观调控的支出。地方财政支出主要包括地方行政管理和各项事业费，地方统筹的基本建设、技术改造支出，支援农村生产支出，城市维护和建设经费，价格补贴支出等。

预算外资金收支　预算外资金指国家机关、事业单位和社会团体为履行或代行政府职能，依据国家法律、法规和具有法律效力的规章而收取、提取和安排使用的未纳入国家预算管理的各种财政性资金。其范围主要包括：法律、法规规定的行政事业性收费、基金和附加收入等；国务院或省级人民政府及其财政、计划（物价）部门审批的行政事业性收费；国务院及财政部审批建立的基金、附加收入等；主管部门所属单位集中上缴资金；用于乡镇政府开支的乡自筹和乡统筹资金；其他未纳入预算管理的财政性资金。社会保障基金在国家财政尚未建立社会保障预算制度以前，先按预算外资金管理制度进行管理，专款专用。财政部门在银行开设统一的专户，用于预算外资金收入和支出管理。部门和单位的预算外收入必须上缴同级财政专户，支出由同级财政按预算外资金收支计划和单位财务收支计划统筹安排，从财政专户中拨付，实行收支两条线管理。

信贷资金　指金融机构以信用方式积聚和分配的货币资金。金融机构信贷资金的来源有各项存款、对国际金融机构负债、流通中货币、银行自有资金及当年结益等；信贷资金的运用有各项贷款、黄金占款、外汇占款、财政借款及在国际金融机构中的资产等。

存款　指企业、机关、团体或居民根据资金必须收回的原则，把货币资金存入银行或其他信用机构保管并取得一定利息的一种信用活动形式。根据存款对象的不同可划分为企业存款、财政存款、机关团体存款、基本建设存款、城镇储蓄存款、农村存款等科目。它是银行信贷资金的主要来源。

贷款　指银行或其他信用机构根据资金必须归还的原则，按一定利率，为企业、个人等提供资金的一种信用活动形式。我国银行贷款分为流动资金贷款、固定资产贷款、城乡个体工商户贷款以及农业贷款等科目。

中资保险公司　指中国公民、法人或其他组织出资（含外资参股）设立的保险公司。

承保额　又叫保险金额。它是保险人对被保险人负提损失补偿或约定给付的金额。它是保险合同上的最高责任额，也是计算保费的依据。

保费　又叫保险费。是保险人根据保险合同的有关规定，为被保险人取得因约定危险事故发生所造成的经济损失补偿（或给付）权利，付给保险人的代价。包括财产险和人身险储金收入。

赔款　保险事故发生后，经查证确属保险责任范围以内的保险标的损失，保险人根据保险合同的规定履行赔偿义务，给予被保险人的款项叫做赔款。赔款可分为已决赔款和未决赔款两种。

给付　包括死伤医疗给付和满期给付。死伤医疗给付是指保险人根据人寿保险及长期健康保险合同的规定，因被保险人在保险期内发生保险责任范围内的保险事故支付给被保险人（或受益人）的金额。满期给付是指被保险人生存期满，保险人按人寿保险合同规定支付给被保险人的满期保险金额。

9

物　价

PRICE

9-1 主要年份物价指数(以上年价格为100)

Price Indices of Major Years(Preceding Last Year=100)

年份	居民消费价格指数	#食品	#服务项目	零售物价指数
1951	108.5	105.3	98.7	109.8
1952	101.5	103.9	101.0	101.2
1955	101.6	101.3	103.4	101.4
1956	100.5	100.7	100.6	100.5
1965	107.3	111.5	97.5	108.0
1970	98.4	99.0	100.0	98.3
1971	100.0	100.5	100.0	100.0
1972	100.1	100.3	100.0	100.1
1973	99.5	99.6	97.9	99.7
1974	99.4	99.1	99.9	99.5
1975	100.2	100.0	100.0	100.2
1976	100.4	100.0	100.0	100.4
1977	99.2	99.9	91.2	100.0
1978	100.3	100.3	100.0	100.3
1979	101.1	101.7	100.5	101.1
1980	104.7	107.9	100.0	105.0
1981	101.9	102.2	100.1	102.0
1982	101.1	101.6	100.3	101.2
1983	100.1	100.3	100.9	100.1
1984	101.9	101.1	109.8	101.3
1985	108.7	112.2	103.3	109.1
1986	106.2	107.6	104.9	106.3
1987	109.5	111.9	104.9	109.8
1988	122.4	128.0	108.8	123.4
1989	116.2	111.2	113.5	116.4
1990	103.3	102.6	108.0	103.0
1991	106.7	107.6	106.9	106.7
1992	110.4	108.7	122.2	109.3
1993	114.7	109.8	138.0	112.1
1994	124.8	133.9	114.5	122.7
1995	117.3	123.0	115.1	113.2
1996	109.1	109.7	116.2	106.3
1997	102.9	101.8	107.8	101.5
1998	100.9	99.4	119.0	98.9
1999	99.1	97.3	127.6	96.9
2000	100.6	97.9	129.0	98.0
2001	100.3	100.8	106.1	98.8
2002	98.8	100.2	101.3	97.8
2003	99.9	103.6	100.3	98.0
2004	102.5	107.4	101.2	100.6
2005	101.1	102.7	101.2	100.4
2006	100.9	102.4	100.9	100.3
2007	103.9	111.6	101.8	102.2
2008	105.7	115.5	101.8	104.5
2009	100.3	102.7	102.4	98.7
2010	102.1	107.3	100.6	101.3
2011	105.4	111.3	104.4	104.6
2012	102.4	103.6	102.2	101.8
2013	102.8	104.9	102.7	101.3
2014	102.2	103.2	102.9	101.2
2015	101.9	101.4	101.6	100.3

9-2 主要年份物价指数(以1950年价格为100)

Price Indices of Major Years(Preceding 1950=100)

年　份	居民消费价格指数			零售物价指数
		#食品	#服务项目	
1951	108.5	105.3	98.7	109.8
1952	110.1	109.4	103.7	111.1
1955	117.2	123.7	108.2	118.4
1956	117.8	124.6	108.8	119.0
1965	127.7	141.5	116.9	130.7
1970	123.0	141.6	110.1	126.0
1971	123.0	142.3	110.1	126.0
1972	123.1	142.7	110.1	126.1
1973	122.5	142.1	107.8	125.8
1974	121.8	140.9	107.7	125.1
1975	122.0	140.9	107.7	125.4
1976	122.5	140.9	107.7	125.9
1977	121.5	140.7	98.2	125.9
1978	121.9	141.1	98.2	126.3
1979	123.2	143.5	98.6	127.6
1980	129.0	154.9	98.6	134.0
1981	131.5	158.3	98.7	136.7
1982	132.9	160.8	99.0	138.3
1983	133.0	161.3	99.9	138.5
1984	135.6	163.1	109.7	140.3
1985	147.4	183.0	113.3	153.0
1986	156.5	195.8	118.9	162.7
1987	171.4	219.1	124.7	178.6
1988	209.8	280.4	135.7	220.4
1989	234.8	311.8	154.0	256.5
1990	251.8	319.9	166.3	264.2
1991	268.7	344.2	177.8	281.9
1992	296.6	376.2	217.3	308.1
1993	340.2	413.1	299.8	345.4
1994	424.6	570.4	343.3	423.8
1995	498.1	709.7	395.1	479.7
1996	543.4	797.7	459.1	509.9
1997	559.2	782.5	494.9	551.6
1998	564.2	777.8	588.9	545.5
1999	559.1	756.8	751.4	528.6
2000	562.4	740.9	969.3	518.0
2001	564.1	746.8	1028.4	511.8
2002	557.3	748.3	1041.8	500.5
2003	556.7	775.2	1044.9	490.5
2004	570.6	832.6	1057.4	493.4
2005	576.9	855.1	1070.1	495.4
2006	582.1	875.6	1079.7	496.9
2007	604.8	977.2	1099.1	507.8
2008	639.3	1128.7	1118.9	530.7
2009	641.2	1159.2	1145.8	523.8
2010	654.7	1243.8	1152.7	530.6
2011	690.2	1384.7	1203.1	555.1
2012	706.8	1434.5	1229.5	565.1
2013	726.6	1504.8	1262.7	572.4
2014	742.6	1553.0	1299.3	579.3
2015	756.7	1574.7	1320.1	581.0

指 标	全 年	一 月	二 月	三 月	四 月
居民消费价格指数	101.9	101.2	101.9	101.3	101.3
食品类	101.4	98.6	101.0	99.8	100.5
粮 食	102.5	105.6	106.6	106.4	105.2
淀 粉	103.2	103.3	103.3	103.0	102.4
干豆类及豆制品	103.4	99.7	101.4	101.3	104.3
油 脂	96.3	97.9	97.3	96.9	95.8
肉禽及其制品	104.3	96.1	98.8	99.7	102.3
食用畜肉及副产品	106.0	92.7	96.3	97.1	102.1
禽	99.6	103.1	106.3	108.9	103.8
加工肉禽	102.7	100.9	101.3	101.7	102.2
蛋	94.2	112.6	117.6	112.6	98.4
水产品	102.7	102.7	106.7	103.9	103.2
鱼	102.9	106.2	115.3	108.7	107.4
其它水产品	102.5	100.2	100.8	100.8	100.5
菜	112.3	96.9	110.9	102.0	114.1
鲜 菜	114.1	96.4	112.1	102.3	116.5
干菜及菜制品	101.0	101.7	101.4	100.9	100.9
薯 类	96.7	97.8	95.4	96.2	91.0
调味品	105.6	103.6	104.0	103.4	105.2
糖	100.1	100.0	99.0	99.5	99.6
食 糖	97.9	98.1	96.5	95.0	95.0
糖 果	99.2	97.4	97.2	98.1	98.4
茶及饮料	100.2	103.2	103.1	101.4	99.2
茶 叶	102.3	104.2	104.2	104.3	103.9
饮 料	98.5	102.4	102.2	99.0	95.4
干鲜瓜果	87.7	85.9	87.9	86.8	84.2
鲜瓜果	84.6	83.4	87.3	84.4	81.4
干（坚）果	99.4	95.7	90.6	98.5	97.1
糕点饼干面包	102.4	102.5	100.4	103.4	105.0
液体乳及乳制品	99.8	97.2	95.5	96.8	99.8
在外用膳食品	103.4	101.4	101.4	102.0	102.2
其他食品	105.6	101.2	106.2	103.2	107.8
烟酒	100.9	100.2	100.8	100.3	100.6
烟 草	101.8	100.0	100.0	100.0	100.0
酒	100.3	100.4	101.4	100.4	101.0
衣着类	103.3	105.0	102.9	104.5	102.9
服 装	103.7	106.3	103.7	105.9	103.4
男式服装	105.1	107.0	106.5	108.7	104.4
女式服装	102.8	106.6	102.8	104.4	103.0
儿童服装	102.8	98.8	94.7	99.7	101.0
衣着材料	101.4	100.6	102.5	101.8	101.5
鞋袜帽	102.2	100.9	99.5	100.0	101.2
鞋	103.3	101.5	100.3	101.8	102.9
袜 子	94.4	95.9	92.6	87.3	88.8
帽 子	99.1	103.2	103.8	96.9	97.3
衣着加工服务费	101.7	105.0	105.0	102.2	102.4

价　格　指　数(2015年,以上年同期价格为100)

by Month(2015,Preceding Last Year=100)

五　月	六　月	七　月	八　月	九　月	十　月	十一月	十二月
101.9	101.7	102.4	102.9	102.6	102.0	102.0	101.8
101.3	100.7	101.9	103.8	102.7	101.7	102.4	102.8
103.5	100.8	102.0	102.0	101.2	98.9	99.5	99.1
100.2	99.0	100.5	104.2	105.8	105.8	105.6	105.4
104.3	104.4	104.1	104.6	104.0	104.4	104.0	104.0
96.5	96.6	94.9	95.9	96.2	94.8	96.5	96.7
100.8	102.7	109.9	110.8	108.6	107.4	106.5	108.0
99.7	102.7	114.7	117.4	114.7	111.6	111.0	112.2
101.7	103.7	101.9	97.0	90.6	93.6	90.3	97.0
102.8	102.2	103.0	102.5	103.3	104.6	103.9	103.9
87.9	88.5	85.9	84.7	88.7	88.0	87.8	88.8
101.0	101.5	101.5	100.2	101.2	102.7	102.8	104.8
100.0	100.3	99.8	97.2	96.6	98.2	102.6	103.4
101.7	102.4	102.7	102.3	104.7	106.1	102.9	105.9
115.9	120.1	116.6	127.4	117.8	106.5	117.1	112.9
119.3	124.0	119.2	132.0	120.6	107.4	119.5	114.4
100.4	100.8	101.6	100.3	100.5	101.5	101.1	101.2
87.7	94.2	99.1	99.9	98.1	97.3	105.2	103.7
104.5	104.2	103.0	106.2	109.3	108.6	108.3	107.6
100.3	100.5	99.8	99.8	99.2	99.4	101.4	102.4
97.3	97.3	98.5	99.2	97.9	100.1	99.8	99.8
98.6	98.8	98.8	98.4	98.6	98.4	103.3	104.7
100.4	99.5	98.4	98.8	99.9	99.8	99.5	99.7
104.1	100.7	99.9	99.9	101.7	101.7	101.7	101.7
97.4	98.5	97.1	97.8	98.5	98.3	97.7	98.1
93.3	84.7	84.5	91.7	87.7	89.6	88.3	90.5
91.5	81.0	80.4	87.3	83.8	84.8	83.5	86.1
100.2	98.5	97.5	104.9	98.6	103.9	103.6	105.1
104.5	103.3	101.7	100.5	102.4	101.4	101.8	101.7
100.9	101.0	100.0	101.4	100.2	100.2	102.5	102.8
103.1	103.3	104.2	104.8	104.7	104.6	104.6	104.6
105.0	103.5	104.9	106.0	109.6	107.1	107.9	104.7
100.2	101.1	101.2	101.4	101.4	101.2	101.4	100.9
101.4	102.8	102.8	102.8	102.8	102.8	102.8	102.8
99.4	99.9	100.0	100.4	100.5	100.1	100.5	99.6
102.8	103.4	104.0	104.0	103.2	103.9	103.0	100.4
104.4	104.7	104.6	103.9	103.1	103.7	102.2	99.3
106.0	106.8	105.9	104.9	104.1	104.3	103.4	99.8
103.2	103.0	103.3	102.7	102.3	103.1	101.1	98.5
104.6	105.8	107.2	107.4	103.2	104.6	104.6	102.9
101.4	101.4	101.4	101.4	101.4	101.4	101.4	101.4
97.6	99.1	103.0	105.4	104.4	105.6	106.2	104.6
98.3	100.0	104.4	106.7	105.2	106.5	107.2	105.3
92.2	92.2	93.2	96.3	99.1	99.1	99.0	99.0
98.2	98.2	96.8	96.8	97.7	99.5	100.5	100.5
101.9	101.9	100.8	100.8	100.4	100.0	100.0	100.0

指　　标	全　年	一　月	二　月	三　月	四　月
家庭设备用品及维修服务类	101.5	100.9	101.3	100.5	99.9
耐用消费品	102.1	100.4	100.5	100.2	98.4
家　具	101.7	101.9	101.9	101.9	91.4
家庭设备	102.3	99.7	99.8	99.3	102.0
室内装饰品	101.1	101.9	101.9	101.9	100.7
床上用品	93.2	92.3	92.6	89.6	93.2
家庭日用杂品	101.4	101.5	101.4	101.2	102.1
家庭服务及加工维修服务	108.6	113.7	119.0	113.9	107.2
医疗保健和个人用品类	102.4	102.8	102.4	102.5	101.5
医疗保健	102.7	101.7	101.5	103.2	101.8
医疗器具及用品	100.0	100.0	100.0	100.0	100.0
中药材及中成药	101.3	102.9	102.4	104.3	98.6
西　药	101.5	98.8	98.9	98.9	99.4
保健器具及用品	115.0	111.2	110.8	120.5	117.7
医疗保健服务	100.7	100.0	100.0	100.0	100.9
个人用品及服务	101.4	105.8	104.7	100.9	100.7
化妆美容用品	100.7	102.9	102.0	101.3	101.0
清洁化妆用品	100.7	102.7	102.9	102.1	101.3
个人饰品	97.6	106.6	100.2	96.9	96.8
个人服务	106.2	111.1	113.0	103.0	103.0
交通和通信类	97.6	98.6	101.7	98.4	98.4
交　通	95.6	95.6	101.2	96.2	96.9
交通工具	96.3	96.9	97.4	96.3	96.0
车用燃料及零配件	84.7	82.8	82.1	84.6	84.7
车辆使用及维修费	99.9	94.6	104.0	100.0	100.0
市区公共交通费	97.7	104.5	116.5	97.0	102.0
城市间交通费	98.9	93.7	103.7	103.6	101.4
通　信	100.2	102.7	102.3	101.2	100.3
通信工具	101.3	121.3	118.1	109.0	102.1
通信服务	100.0	100.0	100.0	100.0	100.0
娱乐教育文化用品及服务类	102.9	102.4	102.5	102.2	103.2
文娱用耐用消费品及服务	100.2	98.4	96.4	97.7	98.9
教　育	101.9	102.2	102.7	102.3	102.5
教材及参考书	101.7	102.8	102.8	103.5	101.7
教育服务	101.9	102.1	102.7	102.1	102.6
文化娱乐类	105.4	103.6	103.4	102.0	102.8
文化娱乐用品	99.4	99.8	100.1	99.5	99.2
书报杂志	117.1	110.3	110.3	105.7	105.7
文娱费	101.8	102.1	101.2	101.5	104.0
旅　游	105.7	105.2	106.2	105.7	109.0
居住类	103.4	103.3	102.8	102.5	102.3
建房及装修材料	108.3	106.7	106.8	107.5	104.8
租　房	99.7	102.2	100.2	99.7	100.0
自有住房	101.9	104.4	103.4	102.6	103.1
水、电、燃料	103.7	100.0	100.0	100.0	100.0

五　月	六　月	七　月	八　月	九　月	十　月	十一月	十二月
101.5	101.8	102.4	101.9	104.0	101.4	101.7	101.3
102.1	102.5	103.4	103.3	106.4	102.8	102.8	102.5
102.0	102.0	103.5	101.9	112.0	101.8	100.8	100.8
102.1	102.8	103.3	103.9	103.7	103.3	103.8	103.4
101.9	102.0	103.4	100.0	99.9	99.8	99.8	99.8
93.2	93.3	92.3	90.8	94.7	95.6	95.3	96.3
101.7	101.8	102.5	101.8	102.7	99.9	100.0	100.2
105.9	105.9	105.9	105.9	105.9	105.9	111.1	105.0
101.4	101.9	102.0	102.5	103.7	103.7	102.3	101.7
101.6	102.8	103.3	103.6	104.1	104.5	102.7	102.1
100.0	100.0	100.0	100.0	100.0	100.0	100.0	100.0
98.2	100.2	99.5	100.2	101.4	102.6	103.1	102.7
99.4	100.9	102.7	103.1	103.9	103.9	103.9	103.9
117.7	118.8	120.2	120.2	120.2	120.2	103.6	100.0
100.9	100.9	100.9	100.9	100.9	100.9	100.9	100.9
100.7	99.8	98.9	99.8	102.5	101.7	101.5	100.7
100.5	100.4	100.3	100.4	102.1	99.7	99.0	99.2
101.7	101.4	100.9	99.8	99.5	99.1	99.0	98.8
97.1	93.4	92.1	94.3	98.6	99.0	99.1	97.7
103.0	103.0	101.5	103.8	108.7	108.7	108.7	106.4
98.1	97.7	98.0	96.2	95.9	95.7	95.7	96.8
96.4	96.4	96.6	93.6	93.2	92.9	93.2	95.4
94.1	93.8	98.0	97.2	95.7	97.3	96.7	96.4
88.0	87.6	84.0	80.6	81.7	84.6	88.0	88.0
100.0	100.0	100.0	100.0	100.0	100.0	100.0	100.0
102.0	102.0	102.0	91.6	96.8	85.8	83.3	92.6
98.8	100.3	97.0	98.1	90.4	98.2	102.2	100.9
100.5	99.4	99.8	99.7	99.6	99.3	99.0	98.6
103.6	96.0	98.4	97.6	97.2	95.1	93.4	90.4
100.0	100.0	100.0	100.0	100.0	100.0	100.0	100.0
102.2	102.3	103.4	104.5	103.4	102.5	103.0	103.6
99.2	100.1	100.7	101.7	101.8	102.6	102.8	102.7
102.3	102.3	102.4	103.7	102.7	98.9	100.5	100.2
101.7	101.7	101.1	101.1	101.1	101.1	101.1	100.7
102.4	102.4	102.5	104.0	102.9	98.6	100.5	100.1
101.7	101.3	107.7	108.5	108.4	108.6	108.2	108.9
99.2	98.3	98.9	99.3	98.9	99.6	99.4	100.9
105.7	105.7	126.4	127.5	127.5	127.5	126.6	126.6
100.7	100.6	101.0	101.9	102.0	102.0	102.0	102.1
104.5	104.5	104.5	105.4	102.4	106.6	105.2	109.0
104.5	104.1	104.3	103.7	103.7	103.4	103.1	102.7
108.3	108.1	109.6	109.3	109.9	109.9	110.3	108.0
99.9	99.4	99.4	99.4	99.4	98.9	98.9	98.9
102.9	102.1	102.1	100.9	100.9	100.2	100.2	100.2
105.8	105.8	105.8	105.8	105.8	105.8	104.6	104.6

9-4 主要年份零售商品

Per Retail and Services

商品名称	规格等级牌号	单　位	1978年	1980年	1985年	1990年	1995年
面　　粉	特　一	元/千克	0.50	0.50	0.50	0.50	2.24
粳　　米	标　一	元/千克	0.34	0.34	0.40	1.04	3.33
小　　米	一　等	元/千克	0.27	0.27	0.44	1.32	2.66
土　　豆		元/千克	0.19	0.22	0.30	0.36	1.48
豆　　腐	水豆腐	元/千克	0.16	0.18	0.26	0.70	1.43
猪　　肉	净　肉	元/千克	1.72	1.95	2.65	5.52	12.91
牛　　肉	净　肉	元/千克	1.26	1.76	2.91	5.43	12.06
羊　　肉	净　肉	元/千克	1.38	1.88	2.80	5.91	15.49
鸡　　蛋	新鲜完整	元/千克	1.58	2.20	2.60	4.96	5.99
海　　带	盐干一级	元/千克	1.18	1.26	1.32	3.60	5.35
大 白 菜	一等	元/千克	0.11	0.07	0.09	0.13	0.72
菠　　菜	一等	元/千克	0.08	0.09	0.28	0.50	0.90
油　　菜	一等	元/千克	0.05	0.07	0.26	0.63	1.11
芹　　菜	一等	元/千克	1.13	0.11	0.39	0.60	1.22
韭　　菜	一等	元/千克	0.15	0.16	0.54	1.01	1.80
黄　　瓜	一等	元/千克	0.19	0.18	0.47	0.99	2.45
西 红 柿	一等	元/千克	0.15	0.18	0.53	1.02	2.66
茄　　子	一等	元/千克	0.14	0.11	0.27	0.89	2.67
青　　椒	一等	元/千克	0.23	0.20	0.47	1.34	4.13
大　　葱	一等	元/千克	0.11	0.12	0.28	0.54	1.46
黑 木 耳	甲　级	元/千克	30.00	32.00	34.86	48.95	59.16
精　　盐	再制盐	元/500克	0.16	0.16	0.14	0.31	0.70
酱　　油	二　级	元/千克	0.22	0.22	0.34	0.68	1.83
味　　精	含麸酸钠80%以上	元/千克	10.80	9.68	12.60	16.50	22.81

和服务项目年平均价格

Price of Major Years

2000年	2005年	2008年	2010年	2011年	2012年	2013年	2014年	2015年
1.78	2.86	3.30	4.14	4.69	4.79	5.07	5.41	5.43
2.03	3.08	3.59	4.76	5.16	5.55	5.91	5.91	6.04
2.07	3.26	5.83	6.99	7.49	7.52	8.58	14.10	14.63
1.48	1.92	2.68	4.53	4.05	2.90	3.61	3.72	3.80
1.55	2.14	3.45	4.31	4.49	4.75	5.21	5.99	6.24
12.87	14.90	25.41	25.18	35.86	35.30	33.04	30.57	32.37
10.99	16.34	29.40	36.47	41.80	48.47	64.52	65.00	66.58
15.04	22.07	35.77	44.80	58.25	68.65	75.33	79.23	76.29
3.99	5.72	6.84	7.48	8.86	8.24	8.52	10.87	9.25
5.36	8.76	15.72	19.29	20.30	23.42	30.35	33.43	32.50
0.91	1.64	2.11	3.23	3.24	2.96	2.77	2.29	2.84
1.57	2.21	2.39	6.69	6.75	8.15	7.61	6.53	7.91
1.26	1.83	1.99	5.05	5.43	5.99	5.84	5.17	6.43
1.25	2.28	3.40	4.99	5.25	5.31	5.46	4.07	5.62
1.98	2.99	4.08	6.55	7.93	7.31	7.05	6.47	7.42
2.53	3.16	4.10	5.67	5.90	6.14	6.26	5.36	5.96
2.07	2.90	4.30	6.01	6.42	6.37	6.60	6.37	7.02
2.51	3.07	4.43	6.05	5.61	5.92	6.34	5.60	6.14
3.15	4.10	5.46	6.45	7.35	7.90	7.48	6.38	8.07
1.31	2.51	5.49	6.16	6.42	8.38	6.95	5.94	6.56
68.57	65.13	74.70	86.80	98.56	104.76	121.45	128.14	122.59
1.10	2.02	1.50	1.50	1.50	3.37	3.83	3.84	4.28
2.40	4.53	6.08	6.74	5.93	7.25	7.04	6.75	6.61
14.26	15.67	14.54	19.33	22.21	23.99	21.02	21.34	22.19

9-4续

商品名称	规格等级牌号	单　位	1978年	1980年	1985年	1990年	1995年
绵白糖	国产机制一级	元/千克	1.60	1.70	1.70	2.60	6.89
红　糖	一　级	元/千克	1.30	1.30	1.30	2.21	6.32
啤　酒	熟12度瓶装	元/瓶	0.58	0.58	0.73	1.41	2.13
苹　果	一　级	元/千克	0.82	0.90	1.19	2.48	3.86
桔　子	一　级	元/千克	1.30	1.52	2.35	2.27	3.37
西　瓜	一　级	元/千克	0.24	0.28	0.32	0.58	3.20
香　蕉	一　级	元/千克	1.46	1.65	1.82	2.93	4.78
自来水	生活用水	元/吨	0.08	0.08	0.09	0.19	0.51
照明用电	民用220V	元/度	0.18	0.18	0.18	0.18	0.29
平　信	外　埠	元/封	0.08	0.08	0.08	0.13	0.20
注射费	肌肉注射	元/次	0.10	0.10	0.10	0.20	0.25
住院费	普通床位	元/天				2.50	4.00
学杂费	高中学生	元/学期	2.50	2.50	2.50	12.00	49.00
公园门票	大明湖	元/张	0.03	0.03	0.03	0.30	4.33
理　发	男理一级全活	元/次	0.30	0.30	0.45	1.30	5.63
洗　澡		元/次	0.24	0.24	0.30	0.58	5.00
课　本	高中语文一年级	元/本				2.00	2.55
银　花	一　等	元/千克	6.65	8.00	18.00	28.00	70.00

2000年	2005年	2008年	2010年	2011年	2012年	2013年	2014年	2015年
6.12	5.43	7.75	9.75	12.52	13.64	15.15	15.89	16.08
5.90	5.54	7.63	9.80	12.91	15.00	15.62	15.54	14.70
2.30	2.42	2.55	2.61	2.68	2.69	2.68	2.77	2.76
2.72	3.19	5.58	8.93	9.36	10.63	12.04	14.96	15.11
2.35	3.30	5.75	7.45	9.00	8.37	10.29	11.97	9.06
2.70	3.06	3.91	4.72	5.64	5.26	5.56	5.88	5.57
4.05	4.02	5.42	6.39	7.91	7.27	7.28	9.70	7.01
1.60	2.78	2.95	3.15	3.15	3.15	3.15	3.15	4.00
0.43	0.53	0.55	0.55	0.55	0.55	0.55	0.56	0.56
0.80	0.80	1.20	1.20	1.20	1.20	1.20	1.20	1.20
1.67	2.00	1.60	2.00	2.00	2.00	2.00	2.00	2.00
7.67	15.00	20.00	26.67	26.67	26.67	26.67	23.33	23.33
600.00	800.00	800.00	800.00	800.00	800.00	800.00	800.00	800.00
13.48	15.63	30.00	30.00	30.00	30.00	30.00	30.00	30.00
10.00	17.50	19.50	20.50	20.50	20.67	25.00	25.21	25.21
8.00	12.00	29.33	30.00	38.00	38.00	38.00	53.00	58.00
6.41	4.60	4.77	6.47	6.47	6.47	6.47	6.47	6.47
93.00	87.22	145.83	325.00	420.65	368.81	314.10	361.17	352.71

9-5 工业生产者出厂

Producer Price Index for Manufactured

项目名称	1月	2月	3月	4月	5月
总指数	98.6	99.3	99.7	99.9	100.0
㈠核心指数	98.9	99.4	99.6	99.9	99.9
㈡高技术	99.8	99.9	100.7	100.3	99.6
㈢能源	95.7	98.0	100.5	99.4	101.0
㈣按轻重工业分					
⑴轻工业	99.7	99.8	100.1	100.2	100.0
1.以农产品为原料	99.8	99.7	100.2	100.1	100.0
2.以非农产品为原料	99.6	99.9	99.9	100.2	100.0
⑵重工业	98.4	99.2	99.6	99.9	100.0
1.采掘	97.7	91.5	99.2	100.0	100.4
2.原料	97.0	98.5	100.3	99.5	100.6
3.加工	98.8	99.5	99.5	100.0	99.9
㈤按生产生活资料分					
⑴生产资料	98.4	99.1	99.7	99.8	100.0
1.采掘	97.7	91.5	99.2	100.0	100.4
2.原料	96.7	98.4	100.2	99.5	100.7
3.加工	98.8	99.4	99.5	99.9	99.9
⑵生活资料	99.9	100.0	100.1	100.4	100.0
1.食品	99.7	99.7	100.1	100.8	100.1
2.衣着	103.4	100.0	100.6	100.1	100.0
3.一般日用品	100.5	100.5	100.0	100.0	99.7
4.耐用消费品	99.0	100.0	100.0	100.0	100.0
㈥按初级中间最终产品分					
⑴初级产品	98.1	92.8	99.4	100.0	100.3
1.矿产品	97.7	91.5	99.2	100.0	100.4
2.废料	100.6	100.0	100.0	100.0	100.0
⑵中间产品	98.2	99.1	99.6	99.9	100.0
⑶最终产品	99.0	99.8	100.2	100.0	100.0
1.最终投资品	98.6	99.7	100.2	99.9	100.0
2.最终消费品	99.9	99.8	100.1	100.2	100.0
㈦按工业部门分					
⑴冶金工业	96.4	96.9	96.8	99.4	99.6
⑵ 电力工业	100.0	99.2	100.2	99.3	99.8
⑶煤炭及炼焦工业	99.3	98.6	99.3	99.7	100.0
⑷石油工业	91.4	96.8	101.2	99.3	102.4
⑸化学工业	98.5	99.6	100.2	100.5	100.0
⑹机械工业	99.5	100.0	100.2	100.0	99.8
⑺建筑材料工业	100.3	100.1	99.4	99.7	100.2
⑻森林工业	100.8	100.3	100.7	100.4	100.8
⑼食品工业	99.5	99.7	99.9	100.3	100.1
⑽纺织工业	99.6	99.6	101.8	99.6	99.6
⑾缝纫工业	104.2	100.0	100.8	100.1	100.0
⑿皮革工业	100.0	100.0	100.0	100.0	100.0
⒀造纸工业	99.8	100.2	100.0	100.0	100.0
⒁文教艺术用品工业	101.5	100.1	99.9	100.8	100.2
⒂其它工业	100.4	100.3	100.7	100.4	100.1

价 格 总 指 数（2015年，以上月价格为100）

Goods (2015,Preceding last month=100)

6月	7月	8月	9月	10月	11月	12月
99.6	99.3	99.2	99.6	99.7	99.4	99.4
99.5	99.2	99.2	99.7	99.7	99.3	99.4
100.1	99.4	98.7	101.4	101.0	99.7	99.9
99.6	99.0	98.3	99.1	99.7	99.5	99.2
100.1	100.3	99.8	99.9	99.9	99.9	99.9
99.9	100.4	99.7	99.8	99.8	99.8	99.8
100.2	100.2	99.9	99.9	100.1	100.1	100.0
99.5	99.1	99.1	99.6	99.6	99.3	99.3
98.8	93.1	96.6	98.5	96.1	98.0	98.1
99.4	99.2	98.5	99.3	99.6	98.9	99.2
99.5	99.1	99.2	99.7	99.7	99.4	99.3
99.4	99.0	99.0	99.6	99.6	99.3	99.2
98.8	93.1	96.6	98.5	96.1	98.0	98.1
99.4	99.2	98.5	99.2	99.7	98.8	99.2
99.5	99.1	99.2	99.7	99.6	99.4	99.3
100.2	100.5	100.0	99.9	100.1	100.0	100.0
100.3	100.7	100.0	99.9	99.9	100.0	100.0
100.0	100.5	100.0	100.0	100.5	99.5	100.0
100.1	100.5	100.0	99.8	100.7	100.2	100.1
100.0	100.0	100.0	100.0	100.0	100.0	100.0
99.0	94.3	97.2	98.7	96.8	98.4	98.5
98.8	93.1	96.6	98.5	96.1	98.0	98.1
100.0	100.0	100.0	100.0	100.0	100.0	100.0
99.4	99.2	98.9	99.5	99.6	99.2	99.1
99.8	99.6	99.6	100.0	100.1	99.7	99.7
99.7	99.4	99.4	100.0	100.1	99.7	99.5
100.0	100.2	100.0	99.9	100.2	99.9	100.0
98.3	97.2	97.5	97.7	97.7	98.1	98.1
99.1	99.3	100.2	100.0	100.2	99.6	100.0
98.9	97.2	97.6	99.3	97.5	99.2	100.0
100.2	99.3	97.0	98.2	99.8	99.4	98.3
99.7	100.0	99.4	99.8	99.8	98.8	99.5
99.9	99.5	99.6	100.3	100.2	99.7	99.7
97.8	98.6	99.5	99.6	99.5	99.2	99.3
100.0	100.0	100.0	100.0	100.0	100.0	100.0
100.1	100.5	100.0	99.9	99.8	99.9	100.0
99.5	100.1	97.9	99.6	98.9	98.9	98.3
100.0	100.6	100.0	100.0	100.6	99.4	100.0
100.0	100.0	100.0	100.0	100.0	100.0	100.0
99.7	100.0	100.0	100.0	100.0	100.0	100.0
100.3	100.1	100.0	99.5	100.5	100.7	100.1
100.7	100.3	99.8	99.2	99.6	100.3	98.9

9-6 工业生产者出厂

Producer Price Index for Manufactured

项目名称	全年	1月	2月	3月	4月	5月
总指数	95.0	96.3	95.8	95.8	95.7	95.8
(一)核心指数	95.0	96.6	96.1	96.0	95.9	95.8
(二)高技术	101.0	100.5	101.2	102.2	102.6	101.8
(三)能源	89.6	90.9	90.0	90.4	90.1	91.1
(四)按轻重工业分						
(1)轻工业	99.5	99.1	99.0	99.4	99.4	99.4
1.以农产品为原料	99.3	98.9	98.7	99.0	99.3	99.2
2.以非农产品为原料	99.7	99.5	99.5	100.2	99.7	99.7
(2)重工业	94.0	95.7	95.1	95.0	94.9	95.0
1.采掘	71.2	75.3	70.0	70.8	72.1	74.0
2.原料	91.4	92.7	92.0	92.3	91.9	92.4
3.加工	94.9	96.8	96.2	96.1	96.0	95.9
(五)按生产生活资料分						
(1)生产资料	93.6	95.4	94.7	94.7	94.5	94.7
1.采掘	71.2	75.3	70.0	70.8	72.1	74.0
2.原料	90.8	92.1	91.3	91.5	91.2	91.9
3.加工	94.6	96.4	95.8	95.7	95.6	95.6
(2)生活资料	101.2	100.8	100.8	101.2	101.5	101.0
1.食品	101.5	100.5	100.2	100.4	101.4	101.0
2.衣着	104.9	105.3	104.9	105.4	104.7	104.4
3.一般日用品	102.0	102.3	102.8	102.6	103.3	102.0
4.耐用消费品	99.0	98.9	99.2	100.4	99.1	99.1
(六)按初级中间最终产品分						
(1)初级产品	75.5	78.9	74.3	75.0	76.2	77.9
1.矿产品	71.2	75.3	70.0	70.8	72.1	74.0
2.废料	100.9	101.1	101.1	101.1	101.1	101.1
(2)中间产品	93.4	95.3	94.6	94.5	94.5	94.5
(3)最终产品	98.1	98.4	98.3	98.7	98.6	98.6
1.最终投资品	97.1	97.5	97.5	97.8	97.7	97.9
2.最终消费品	100.6	100.7	100.6	100.9	101.0	100.5
(七)按工业部门分						
(1)冶金工业	80.0	87.4	84.4	82.6	81.9	81.7
(2) 电力工业	98.4	100.8	100.2	100.4	99.5	99.2
(3)煤炭及炼焦工业	89.8	91.6	91.0	90.9	91.7	92.9
(4)石油工业	83.2	83.8	82.4	83.2	82.9	84.8
(5)化学工业	98.0	98.4	98.2	98.5	99.3	99.1
(6)机械工业	99.1	99.2	99.3	99.8	99.6	99.6
(7)建筑材料工业	95.7	98.7	98.5	98.0	97.7	97.6
(8)森林工业	104.6	104.5	104.9	105.1	105.6	105.9
(9)食品工业	99.2	98.9	98.6	98.6	99.0	98.8
(10)纺织工业	96.1	95.1	94.9	96.4	97.2	97.2
(11)缝纫工业	106.1	106.5	106.1	106.8	105.8	105.4
(12)皮革工业	100.0	100.0	100.0	100.0	100.0	100.0
(13)造纸工业	99.6	98.7	99.9	99.9	99.9	99.9
(14)文教艺术用品工业	102.0	100.8	101.0	100.6	101.7	102.0
(15)其它工业	101.8	99.0	100.3	101.2	101.8	101.8

价格总指数（2015年，以上年同期价格为100）

Goods（2015,Preceding last year=100）

6月	7月	8月	9月	10月	11月	12月
95.3	94.8	94.1	94.0	94.1	93.9	94.0
95.2	94.5	94.0	93.9	94.0	93.7	93.8
101.2	100.2	98.9	100.4	101.7	100.7	100.7
90.8	89.7	88.4	88.1	88.1	88.7	89.4
99.4	100.3	99.7	99.5	99.5	99.4	99.4
99.2	100.5	99.7	99.5	99.4	99.1	99.1
99.7	99.9	99.7	99.5	99.7	99.9	99.9
94.4	93.5	92.9	92.7	92.8	92.7	92.8
74.8	69.6	67.0	69.3	68.7	70.5	71.9
92.1	91.4	90.4	90.2	90.4	90.0	90.4
95.2	94.4	93.8	93.7	93.8	93.6	93.6
94.1	93.3	92.5	92.4	92.5	92.3	92.4
74.8	69.6	67.0	69.3	68.7	70.5	71.9
91.6	90.9	89.8	89.6	89.8	89.5	89.9
95.0	94.1	93.5	93.3	93.4	93.2	93.3
100.7	101.7	101.3	101.3	101.4	101.5	101.2
101.3	103.1	102.2	102.2	102.1	102.1	101.2
104.4	105.2	105.2	104.9	105.5	104.9	104.6
101.0	101.4	101.3	101.3	101.7	102.2	102.3
98.4	98.5	98.5	98.7	98.8	99.0	99.0
78.6	74.1	71.8	73.9	73.5	75.1	76.3
74.8	69.6	67.0	69.3	68.7	70.5	71.9
101.1	101.1	100.6	100.6	100.6	100.6	100.6
93.8	93.2	92.2	92.0	92.1	91.8	91.9
98.3	98.0	97.6	97.5	97.7	97.5	97.5
97.5	96.9	96.5	96.4	96.6	96.4	96.5
100.2	100.9	100.5	100.5	100.6	100.5	100.3
80.5	78.4	77.1	76.4	75.8	76.1	76.6
98.2	97.6	97.2	97.1	97.3	96.7	96.8
92.4	89.8	87.8	88.2	86.8	86.8	87.3
85.1	84.1	82.3	81.4	81.7	83.1	84.2
98.3	98.3	97.6	97.4	97.5	96.8	95.9
99.3	98.9	98.6	98.8	99.2	98.7	98.7
95.7	94.4	93.8	93.5	93.3	93.0	93.5
105.3	104.9	104.4	104.0	103.8	103.6	103.0
98.9	100.6	99.5	99.4	99.3	99.2	99.4
97.1	97.6	97.1	96.5	96.0	94.7	93.7
105.4	106.4	106.4	106.1	106.8	106.1	105.7
100.0	100.0	100.0	100.0	100.0	100.0	100.0
99.6	99.6	99.6	99.6	99.6	99.6	99.6
102.2	102.3	102.4	101.8	102.6	103.4	103.7
102.8	103.4	103.8	102.7	101.8	102.2	100.8

9-7 工业生产者购进价格指数(2015年,以上月价格为100)

Purchasing Price Index for Industrial Producers(2015,Preceding Last Month=100)

项目名称	1月	2月	3月	4月	5月	6月
总指数	98.6	97.9	100.0	99.9	100.0	100.1
按初级中间最终产品分						
(1)初级产品	95.9	92.5	100.3	101.2	100.7	101.0
1.农产品	99.2	100.0	100.3	100.8	99.6	100.1
2.矿产品	94.3	88.8	100.2	101.6	101.3	101.5
3.废料	100.1	100.0	100.0	100.0	100.1	100.0
(2)中间产品	99.4	99.5	99.9	99.5	99.8	99.9
九大类原材料购进价格指数						
(1)燃料、动力类	97.2	94.9	100.2	99.9	100.5	100.5
(2)黑色金属材料类	97.9	99.1	99.5	99.7	99.5	98.4
1.钢材	97.3	99.2	99.5	99.5	99.4	99.6
2.其它	98.5	99.0	99.6	100.0	99.5	97.1
(3)有色金属材料及电线类	98.5	99.8	100.2	99.5	100.8	99.0
(4)化工原料类	98.9	98.4	99.9	99.6	99.7	99.8
(5)木材及纸浆类	100.1	99.9	100.1	100.1	100.0	100.0
(6)建筑材料及非金属类	99.9	99.2	99.4	98.8	99.9	100.1
(7)其它工业原材料及半成品类	100.2	100.1	99.8	100.0	99.7	100.9
(8)农副产品类	99.1	100.0	100.3	100.8	99.6	100.1
(9)纺织原料类	99.9	100.0	100.1	100.1	99.9	99.9

9-7续

项目名称	7月	8月	9月	10月	11月	12月
总指数	100.5	99.3	99.3	99.6	99.3	99.3
按初级中间最终产品分						
(1)初级产品	99.3	99.3	97.8	99.1	99.1	98.6
1.农产品	99.9	101.9	98.9	99.2	99.4	99.8
2.矿产品	99.0	98.1	97.0	98.9	98.8	97.9
3.废料	100.0	100.1	100.0	100.1	100.0	100.0
(2)中间产品	100.8	99.3	99.7	99.8	99.3	99.5
九大类原材料购进价格指数						
(1)燃料、动力类	99.3	98.8	98.7	99.4	99.0	99.1
(2)黑色金属材料类	98.1	99.1	99.1	99.2	99.1	98.1
1.钢材	97.5	99.7	99.3	99.1	99.4	99.1
2.其它	98.7	98.5	98.9	99.3	98.9	97.0
(3)有色金属材料及电线类	99.2	98.3	99.7	99.5	99.0	98.6
(4)化工原料类	99.4	99.5	99.4	99.8	99.1	99.4
(5)木材及纸浆类	100.0	100.0	99.8	100.0	100.0	100.0
(6)建筑材料及非金属类	97.7	99.9	99.6	99.6	97.3	99.7
(7)其它工业原材料及半成品类	105.6	99.7	100.0	100.2	100.1	100.1
(8)农副产品类	99.8	102.0	98.9	99.1	99.3	99.8
(9)纺织原料类	100.2	96.2	100.2	100.0	99.7	99.7

9-8　工业生产者购进价格指数(2015年，以上年同期价格为100)

Purchasing Price Index for Industrial Producers(2015,Preceding Last Year=100)

项目名称	全年	1月	2月	3月	4月	5月	6月
总指数	92.7	93.5	92.0	92.2	92.4	92.7	92.7
按初级中间最终产品分							
(1)初级产品	80.5	82.7	77.6	78.0	79.2	80.7	81.2
1.农产品	101.2	102.3	102.6	103.3	104.4	102.7	102.4
2.矿产品	71.9	75.1	67.9	68.3	69.5	71.9	72.8
3.废料	100.7	100.7	100.6	100.7	100.7	100.8	100.8
(2)中间产品	96.7	97.0	96.7	96.9	96.7	96.6	96.5
九大类原材料购进价格指数							
(1)燃料、动力类	84.2	85.9	82.3	82.7	83.0	84.3	84.6
(2)黑色金属材料类	90.6	92.9	92.4	92.3	92.2	92.2	91.2
1.钢材	91.0	92.9	92.5	92.6	91.9	91.4	91.4
2.其它	90.2	92.8	92.4	92.0	92.4	93.1	91.0
(3)有色金属材料及电线类	96.0	96.5	96.2	99.1	99.3	99.2	97.8
(4)化工原料类	94.6	96.5	95.5	95.7	95.4	94.9	94.9
(5)木材及纸浆类	100.0	100.1	100.0	100.0	100.1	100.1	100.1
(6)建筑材料及非金属类	95.0	98.6	97.8	97.2	96.2	96.2	96.3
(7)其它工业原材料及半成品类	103.4	100.3	100.4	100.3	100.8	100.6	101.3
(8)农副产品类	101.2	102.3	102.7	103.4	104.6	102.8	102.5
(9)纺织原料类	94.5	94.8	94.3	93.8	94.0	94.7	95.1

9-8续

项目名称	7月	8月	9月	10月	11月	12月
总指数	93.0	92.4	92.3	92.7	93.0	93.9
按初级中间最终产品分						
(1)初级产品	80.3	79.6	79.0	80.0	82.7	85.5
1.农产品	101.4	101.1	98.6	98.3	98.5	98.9
2.矿产品	71.7	70.8	70.5	71.9	75.4	79.0
3.废料	100.7	100.7	100.7	100.8	100.7	100.5
(2)中间产品	97.1	96.6	96.6	96.7	96.2	96.4
九大类原材料购进价格指数						
(1)燃料、动力类	83.7	83.1	83.1	83.9	85.5	88.1
(2)黑色金属材料类	89.6	89.3	89.5	89.2	88.8	87.6
1.钢材	89.4	89.9	90.6	90.3	89.8	89.3
2.其它	89.9	88.6	88.4	88.1	87.8	85.8
(3)有色金属材料及电线类	96.3	94.5	94.1	93.9	93.3	92.3
(4)化工原料类	94.2	94.2	94.0	93.7	92.9	93.0
(5)木材及纸浆类	100.2	100.2	100.0	100.0	100.0	100.0
(6)建筑材料及非金属类	94.2	94.0	93.6	93.5	91.3	91.5
(7)其它工业原材料及半成品类	106.5	106.0	106.0	106.1	106.2	106.4
(8)农副产品类	101.4	101.1	98.5	98.2	98.4	98.8
(9)纺织原料类	95.6	92.0	92.4	96.3	95.7	95.9

9-9 住宅销售价格指数（2015年，以上月价格为100）

Sales Price of Residential Buildings（2015,Preceding last month=100）

指　　标	1月	2月	3月	4月	5月	6月
新建住宅	99.7	99.8	99.8	100.0	100.3	100.1
新建商品住宅	99.7	99.8	99.8	100.0	100.3	100.1
90平方米及以下	99.6	99.9	99.9	100.0	100.5	99.8
90-144平方米	99.9	99.9	99.8	100.3	100.2	100.1
144平方米以上	99.4	99.8	99.6	99.4	100.4	100.3
二手住宅	99.8	99.6	99.8	100.0	100.0	100.3
90平方米及以下	99.8	99.9	99.7	100.0	100.1	100.1
90-144平方米	99.7	99.2	100.1	100.1	100.0	100.4
144平方米以上	100.0	99.3	99.6	100.0	100.0	100.4

9-9续

指　　标	7月	8月	9月	10月	11月	12月
新建住宅	99.8	100.2	100.2	100.4	100.2	100.3
新建商品住宅	99.8	100.2	100.2	100.4	100.2	100.3
90平方米及以下	100.0	100.3	100.4	100.2	100.5	100.0
90-144平方米	100.1	100.3	100.3	100.3	100.1	100.2
144平方米以上	99.3	100.0	99.7	100.6	100.4	100.5
二手住宅	100.5	100.3	100.0	100.2	100.4	100.3
90平方米及以下	100.5	100.4	100.0	100.5	100.4	100.2
90-144平方米	100.5	100.1	100.1	99.8	100.2	100.6
144平方米以上	100.3	100.2	100.2	100.3	100.3	100.3

9-10 住宅销售价格指数(2015年,以上年同期价格为100)

Sales Price of Residential Buildings (2015,Preceding last year=100)

指　　标	1月	2月	3月	4月	5月	6月
新建住宅	95.3	94.7	94.1	94.0	94.7	95.4
新建商品住宅	95.3	94.7	94.1	94.0	94.7	95.4
90平方米及以下	95.6	95.0	94.4	94.3	95.4	96.0
90-144平方米	95.7	95.0	94.3	94.6	94.9	95.7
144平方米以上	94.5	94.2	93.5	93.0	93.9	94.8
二手住宅	94.9	94.3	94.1	94.2	94.4	95.0
90平方米及以下	94.6	94.4	94.1	94.6	94.6	95.1
90-144平方米	94.9	94.1	94.2	93.9	94.2	94.9
144平方米以上	95.8	94.6	93.8	93.9	94.2	94.7

9-10续

指　　标	7月	8月	9月	10月	11月	12月
新建住宅	96.4	97.9	98.8	99.6	100.2	100.8
新建商品住宅	96.4	97.9	98.8	99.6	100.2	100.8
90平方米及以下	96.9	98.3	99.6	100.0	101.0	101.3
90-144平方米	96.9	98.7	99.7	100.5	100.9	101.5
144平方米以上	95.4	96.4	96.9	97.9	98.7	99.5
二手住宅	96.4	97.2	98.2	99.2	100.2	101.3
90平方米及以下	96.4	97.5	98.2	99.3	100.5	101.6
90-144平方米	96.5	97.1	98.3	98.9	99.8	101.0
144平方米以上	95.9	96.6	97.8	99.3	99.8	100.8

9-11 主要年份工业生产者出厂、购进价格指数(以上年价格为100)

Purchasing Price Index for Industrial Producers and Producer Price Index for Manufactured Goods in Main Years(Preceding last year=100)

年份	工业生产者出厂价格指数	工业生产者购进价格指数
1998	94.5	95.2
1999	98.9	97.6
2000	104.8	114.5
2001	99.8	101.4
2002	97.9	100.4
2003	103.2	111.2
2004	106.7	116.4
2005	102.3	111.3
2006	100.2	105.6
2007	103.9	105.0
2008	109.2	116.9
2009	96.2	94.3
2010	104.7	109.9
2011	105.3	108.2
2012	98.4	99.4
2013	98.8	97.8
2014	99.0	98.0
2015	95.0	92.7

主要统计指标解释

Explanatory Notes on Main Statistical Indicators

居民消费价格 是指城乡居民支付生活消费品和服务项目消费的价格,是社会产品和服务项目的最终价格,同人民生活密切相关,在整个国民经济价格体系中具有极为重要的地位。

居民消费价格指数 是度量一组代表性消费品及服务项目价格水平随着时间而变动的相对数,反映居民家庭购买的消费品及服务项目价格水平的变动情况。它是宏观经济分析和决策、价格总水平监测和调控以及国民经济核算的重要指标。其按年度计算的变动率通常被用来作为反映通货膨胀(或紧缩)程度的指标。

按用途划分为8个大类,包括食品、烟酒、衣着、家庭设备用品及维修服务、医疗保健及个人用品、交通和通信、娱乐教育文化用品及服务、居住等。下设262个基本分类,我市根据国家规定,确定代表规格品592种。对比基期分类分别为2010年(定基)、上年同月、上月和上年12 月。定基价格指数是从2001年开始编制的。

商品零售价格 是指工业、商业、餐饮业和其它零售企业向城乡居民、机关团体出售生活消费品和办公用品的价格。

商品零售价格指数 是反映一定时期内商品零售价格变动趋势和变动程度的相对数。

商品零售价格的调查范围涉及到各种类型的工业、商业、餐饮业和其它行业的零售商品以及农民对非农业居民出售商品的价格。包括食品、饮料烟酒、服装鞋帽、纺织品、家用电器及音像器材、文化办公用品、日用品、体育娱乐用品、交通通信用品、家具、化妆品、金银珠宝、中西药品及医疗保健用品、书报杂志及电子出版物、燃料、建筑材料及五金电料等16 个大类,229个基本分类的商品零售价格。

工业生产者价格 工业生产者价格包括工业企业产品第一次出售时的出厂价格和企业作为中间投入的原材料、燃料、动力购进价格(简称工业生产者购进价格)。工业生产者价格调查的目的在于及时、准确、科学地反映各工业行业产品价格水平及其变动趋势和幅度,为国民经济核算、计算工业发展速度、宏观经济分析和调控、理顺价格体系等提供科学、准确的依据。

土地交易价格 指房地产开发商或其他建设单位在进行项目开发之前,为获得土地使用权而实际支付的价格,不包括土地的后续开发费用、税费、各种手续费和拆迁费等。

住宅销售价格 指房产所有权转移时买卖双方实际成交的价格(合同价格)。房产买卖时,买房人购买的是房产的所有权,卖房人将房产所有权出让,同时要获得房产所有权出让的价格补偿。它主要包括新建住宅销售和二手住宅销售两部分。

住宅租赁价格 指房屋的所有人出租房屋的实际价格。在此种交易形式中,房屋所有权不变,承租者支付房租,获得一定时期内的房屋使用权;出租者放弃或出让一定时期内的房屋使用权。

10

人民生活

PEOPLE´S LIVELIHOOD

10-1 人民物质文化生活提高情况

Improvement in People's Material and Cultural Life

指　　标	单位	1978年	1990年	2000年	2010年	2014年	2015年
就　业							
每一农村劳动力负担人数	人	1.70	1.61	1.40	1.35	1.40	1.38
每一城市就业者负担人数	人	1.89	1.72	1.71	1.67	2.04	1.80
城镇登记失业率	%			3.70	3.84	2.14	2.04
收入与支出							
农村居民家庭人均纯收入	元	111	731	3047	8903	14726	14232
农村居民家庭人均生活费支出	元	83	570	1977	5407	8581	8597
农村居民恩格尔系数	%	69.9	50.5	43.5	33.6	33.0	32.3
城市居民家庭人均可支配收入	元	338	1620	8471	25321	38763	39889
城市居民家庭人均消费性支出	元	318	1360	6892	15973	22981	26319
城市居民恩格尔系数	%	57.1	57.5	34.6	31.6	29.7	24.4
居民储蓄							
城乡居民年末储蓄存款余额	亿元	1.3	51.1	463.0	2187.7	3738.2	3951.4
人均储蓄存款余额	元	28.5	975.5	8229.6	36239.0	56971	63358
住房面积							
农村人均住房面积	平方米	9.6	22.5	28.6	40.2		52.6
城市人均住宅居住面积	平方米	4.1	7.5	10.5	29.7		44.9
交通通讯							
农村每百户拥有摩托车	辆		4.0	61.0	84.9	64.6	79.1
城市每百户拥有摩托车	辆		7.7	34.3	13.3	11.7	15.1
城市公用事业							
城市人口用水普及率	%	99	100	100	100	98.92	99.00
每万人拥有公园绿地面积	公顷	1.6	4	7.2	11.3	11.5	11.55
文化生活							
城市每百户拥有彩色电视机	台	-	61.3	132.3	115.5	112.8	110.5
农村每百户拥有彩色电视机	台	-	70.0	125.0	122.2	114.4	114.0
教育卫生							
每万人口中在校大学生数	人	22	71	165	1064	1134	1141
每万人拥有卫生技术人员	人	10.98	59.45	63.40	65.2	90.0	100.6
每万人拥有医院病床	张	22.01	32.88	38.57	52.9	68.3	69.1

注：1.城市居民家庭人均消费性支出1990年以前为生活费支出。
　　2.城市人均居住面积2010年以后为人均建筑面积。
　　3.从2015年起，全市发布城乡住户调查一体化改革新口径数据，居民收支调查指标与2014年前分别实施的城镇和农村住户调查的调查范围、方法、指标口径、名称有所不同。（以下相关表同）

10-2 各时期城市居民生活情况

Basic Conditions of Urban Households in Each Period

年份	人均可支配收入（元）	人均消费性支出（元）		就业者负担人数（人）	人均住宅居住面积（平方米）
		小计	人均食品支出		
1949	64.53	61.30	37.39		4.09
1978	337.80	317.88	181.56	1.89	4.06
1981	487.19	452.77	256.67	1.73	4.40
1982	502.97	468.03	275.30	1.70	4.57
1983	552.37	484.87	293.32	1.66	4.93
1984	671.89	537.27	326.97	1.69	5.10
1985	783.00	703.82	397.33	1.68	5.21
“七五”时期					
1986	946.46	836.50	474.62	1.70	7.40
1987	1057.48	943.58	534.12	1.73	7.30
1988	1272.83	1150.44	635.11	1.70	7.50
1989	1487.91	1355.64	745.32	1.71	7.50
1990	1619.50	1360.08	781.58	1.72	7.50
“八五”时期					
1991	1854.33	1569.26	896.62	1.71	7.60
1992	2148.49	1781.21	979.03	1.73	7.65
1993	2873.94	2394.03	1146.02	1.74	7.80
1994	3951.94	3224.73	1566.59	1.72	7.90
1995	4720.55	3830.38	1823.64	1.80	8.00
“九五”时期					
1996	5681.49	4422.91	2161.00	1.71	8.00
1997	6261.21	5210.40	2185.11	1.62	8.10
1998	6757.12	5440.10	2179.99	1.61	9.89
1999	7162.48	6415.39	2204.76	1.66	10.00
2000	8471.32	6891.75	2387.06	1.71	10.50
“十五”时期					
2001	9564.99	7465.04	2386.84	1.74	10.70
2002	10094.13	7818.33	2575.21	1.72	17.83
2003	11012.86	8395.36	2610.75	1.68	18.85
2004	12005.06	8580.54	2784.87	1.65	19.50
2005	13578.46	9226.61	3046.93	1.73	19.55
“十一五”时期					
2006	15340.17	10713.13	3335.31	1.74	20.1
2007	18005.10	12389.69	3900.91	1.72	21.0
2008	20802.17	13904.59	4466.18	1.87	21.5
2009	22721.65	14764.28	4836.78	1.86	29.4
2010	25321.06	15973.32	5051.18	1.67	29.7
“十二五”时期					
2011	28891.97	18045.58	5722.65	1.71	30.3
2012	32569.75	20031.67	6162.16	1.72	–
2013	35647.59	21666.94	6624.32	–	–
2014	38762.77	22980.67	6814.14	2.04	–
2015	39888.71	26318.72	6415.00	1.80	44.9

注：1. 可支配收入1983年以前为生活费收入，消费性支出1992年以前为生活费支出。
2. 从2002年开始，“居民住宅居住面积”改为“使用面积”，2009年改为“建筑面积”。

10-3 主要年份农村居民生活情况

Basic Conditions of Rural Households in Major Years

年份	农民人均纯收入（元）	人均生活费支出（元）		每一劳动力负担人数（人）	人均住宅居住面积（平方米）
		小　计	人均食品支出		
1952	49.4	39.2	29.2	1.8	7.5
1957	63.6	57.9	34.8	1.8	7.8
1962	67.7	59.9	36.3	1.8	8.0
1965	92.6	69.7	46.1	1.8	8.2
1970	82.7	67.2	42.2	1.7	8.5
1975	79.1	59.5	40.8	1.7	9.0
1978	110.5	83.2	58.2	1.7	9.6
1980	168.9	127.1	85.8	1.6	10.5
1985	439.2	330.5	171.1	1.6	16.9
1990	731.1	569.8	287.7	1.6	22.5
1991	810.1	610.6	303.7	1.6	23.7
1992	865.3	660.5	335.1	1.6	21.1
1993	1031.4	724.8	371.4	1.6	22.9
1994	1401.0	942.5	511.0	1.6	24.1
1995	1812.7	1373.6	770.8	1.4	24.7
1996	2328.1	1728.1	926.2	1.4	26.9
1997	2600.0	1799.7	922.0	1.4	27.1
1998	2826.4	1872.5	935.9	1.4	27.4
1999	2943.7	1841.2	876.7	1.4	28.3
2000	3046.8	1976.8	860.0	1.4	28.6
2001	3215.7	2057.8	852.5	1.5	29.9
2002	3355.8	2133.9	849.5	1.4	30.6
2003	3619.3	2316.2	900.7	1.4	32.5
2004	4198.7	2543.1	1040.4	1.4	32.9
2005	4812.3	2902.8	1134.8	1.4	33.8
2006	5480.0	3415.3	1199.8	1.4	35.3
2007	6300.1	3789.8	1423.0	1.4	37.3
2008	7180.2	4385.4	1628.2	1.4	38.7
2009	7804.8	4733.1	1686.3	1.4	39.4
2010	8903.3	5406.6	1818.3	1.4	40.2
2011	10411.8	5905.1	2147.3	1.4	41.2
2012	11786.2	6932.2	2465.4	1.4	42.9
2013	13247.6	7798.7	2640.8	1.4	43.9
2014	14726.0	8581.4	2831.4	1.4	–
2015	14231.8	8597.2	2775.5	1.4	52.6

10-4 每百户城市居民家庭主要耐用消费品拥有量

Number of Durable Consumer Goods Owned Per 100 Urban Households in Major Years

商品名称	单位	1995年	2000年	2005年	2010年	2014年	2015年
摩托车	辆	13.0	34.3	30.1	13.3	11.7	15.1
助力车	辆			18.1	40.2	57.8	72.0
家用汽车	辆			5.4	22.7	38.1	47.6
洗衣机	台	91.5	100.0	97.0	93.2	98.7	98.5
电冰箱	台	92.0	99.3	97.0	96.7	102.5	101.8
彩色电视机	台	95.0	132.3	126.8	115.5	112.8	110.5
家用电脑	台		20.0	54.2	81.0	96.7	90.8
组合音响	台	10.5	29.0	26.8	16.2	13.4	–
摄像机	台		2.3	4.0	10.8	20.0	16.9
照相机	架	40.5	76.0	59.2	54.0	71.9	56.1
钢琴	架		2.7	2.3	4.3	–	–
其它中高档乐器	件	6.5	12.3	6.4	3.5	7.1	5.7
微波炉	台		32.3	53.2	55.8	66.7	58.7
空调器	台	16.0	65.0	104.4	121.5	167.0	146.3
淋浴热水器	台	36.5	81.3	79.3	82.0	100.0	100.3
消毒碗柜	台			5.4	6.5	8.0	6.2
洗碗机	台			1.0	0.3	3.3	2.1
健身器材	件		4.7	6.4	4.3	10.9	10.2
住宅电话	部	38.0	86.7	88.6	46.3	59.9	54.7
移动电话	部		28.7	145.2	179.7	201.6	213.5

10-5 农村每百户居民家庭主要耐用消费品拥有量

Number of Major Durable Consumer Goods Owend Per 100 Rural Households

指 标 名 称	单位	2010年	2011年	2012年	2013年	2014年	2015年
自行车	辆	155	143	142	137	90	-
洗衣机	台	79	82	86	88	88	86
电冰箱	台	83	88	91	92	93	91
摩托车	辆	85	71	62	65	65	79
彩色电视机	台	120	116	118	119	114	114
照相机	架	14	15	14	16	17	8
抽油烟机	台	22	27	28	34	42	28
空调器	台	36	36	39	46	63	56
热水器	台	55	64	69	69	74	74
电话机	部	80	60	58	55	65	47
移动电话	部	153	175	186	195	210	214
家用计算机	台	28	36	39	43	47	40

10-6 居民人均可支配收入和消费性支出(2015年)

Per Capital Annual Income and Per Capital Annual Expenditure(2015)

单位:元

指 标 名 称	全体居民	城镇居民	农村居民
可支配收入	31270.3	39888.7	14231.8
工资性收入	18359.9	23574.7	8050.1
经营净收入	3468.3	2542.2	5299.1
财产净收入	4339.3	6392.6	280.0
转移净收入	5102.8	7379.2	602.5
消费支出	20365.9	26318.7	8597.2
食品烟酒	5192.5	6415.0	2775.5
衣着	1606.8	2179.0	475.4
居住	5339.0	7245.6	1569.5
生活用品及服务	1649.1	2197.5	565.0
交通通信	2673.0	3270.2	1492.4
教育文化娱乐	2188.3	2852.2	875.8
医疗保健	1227.4	1484.9	718.3
其他用品和服务	489.9	674.3	125.3

主要统计指标解释

Explanatory Notes on Main Statistical Indicators

城镇居民家庭就业人口 指城镇居民从事社会劳动并取得劳动报酬或经营收入的人口。就业人口包括通过国家统筹规划和指导由劳动部门介绍就业,自愿组织起来就业和自谋职业等方式,在国有制、集体所有制、中外合资、中外合作、外资在华独资的企事业单位和私营企业单位工作或从事个体劳动的有固定性职业或临时性职业的人口。被聘用和留用的离退休人员也计入就业人口。

城镇居民家庭全部收入 指被调查城镇居民家庭全部的实际现金收入,包括经常或固定得到的收入和一次性收入。不包括周转性收入,如提取银行存款、向亲友借入款、收回借出款以及其他各种暂收款。

城镇居民家庭可支配收入 指被调查城镇居民家庭在支付个人所得税之后,所余下的实际收入。

可支配收入=实际收入-个人所得税-家庭副业生产支出-记帐补贴

现金收入 包括实际收入和借贷收入。

(1)实际收入 指调查户的全部实际的现金收入;不包括借贷收入,如提银行存款、向亲友借入款、收回借出款以及其他各种暂收款。

(2)借贷收入 指周转性收入。包括提取银行存款、储金会款、借入款、收回借出款、兑售有价证券、赊购、为购买房屋从银行贷款等。

城镇居民家庭生活费收入 指被调查的城镇居民家庭全部收入中能用于安排家庭日常生活的实际收入。即城镇居民家庭的全部实际收入除"赡养支出"、"赠送支出"和缴纳的各种税款以及被调查户非本家庭人口的经济用饭人口所交的"搭伙费"。

现金支出 包括现金的实际支出和借贷支出

(1)实际支出 包括消费性支出、非消费性支出和家庭副业生产支出。

(2)借贷支出 包括存入储蓄款、存入储金会款、归还借款、借出款、储蓄性保险支出、购买有价证券、预购、归还为购买住房的银行贷款等。

城镇居民家庭消费性支出 指被调查的城镇居民家庭用于日常生活的全部支出,包括购买商品支出和文化生活、服务等非商品性支出。不包括罚没、丢失款和缴纳的各种税款(如个人所得税、牌照税、房产税等),也不包括个体劳动者生产经营过程中发生的各项费用。

城镇居民家庭购买商品支出 指被调查的城镇居民家庭为自用或赠送亲友而购买商品的全部支出,包括从商店、工厂、饮食业、工作单位食堂、集市以及直接从农民手中购买各种商品的开支。商品支出分为以下八类:食品;衣着;家庭设备用品及服务;医疗保健;交通与通信;娱乐、教育、文化服务;居住;杂项商品和服务。

农民总收入 是指农村住户年内从各种来源得到的全部实际收入(包括现金收入和实物收入)。由基本收入,转移性收入和财产性收入等三部分组成。

基本收入:包括劳动者报酬收入和家庭经营收入。

劳动者报酬收入:指受雇于单位或个人,出卖劳动而得到的报酬收入。包括在乡村组织中劳动得到的报酬收入、在企业劳动得到的报酬收入和在其他单位劳动得到的报酬收入。

工资性收入:指农村住户成员受雇于单位或个人,靠出卖劳动而获得的收入。按来源渠道划分为,在非企业组织中劳动得到的收入、在本地企业劳动得到的收入、常住人口外出务工收入和从其他单位劳动得到的收入。

家庭经营收入主要用来反映以家庭为生产单位的收入水平、生产规模和经济效益情况。它是农村住户从事各项生产的收入,包括种植业收入、林业收入、牧业收入、渔业收入、手工业收入、采集捕猎收入、工业收入、建筑业收入、运输业收入、商业收入、饮食业收入、服务业收入和其他家庭经营收入。

转移性收入:包括在外人口寄回和带回、农村外部亲友赠送的收入、调查补贴、保险赔款、救济金、救灾款、退休金、抚恤金、五保户的供给、奖励收入、土地征用补偿收入和其他转移性收入。

财产性收入:包括利息收入、股息收入、租金收入、出让特许权收入、集体财产收入、其他财产收入。

农民纯收入 是总收入扣除相应的各项费用性支出后归农民所有的收入。它既可以用于生产、非生产投资,改善个指标用来观察农民实际收入水平,以及农民扩大再生产和改善生活的能力。

全年纯收入=总收入-家庭经营费用支出-生产用固定资产折旧-税收-上交集体承包任务-调查补贴-赠送农村外部亲友的支出

农民总支出 是指农村住户全年用于生产、生活和再分配等方面的全部实际支出。包括家庭经营费用支出、购置生产用固定资产支出、缴纳税款、上交集体承包任务、集体提留和摊派、生活消费支出和其他非借贷性支出。但借贷性支出不包括在内。

11

农　业

AGRICULTURE

11-1 各时期农业主要经济指标

Major Economic Indicators of Agriculture in Each Period

年份	农村劳动力（万人）	农林牧渔业总产值（亿元）	农用机械总动力（万千瓦）	年末实有耕地面积（千公顷）	粮食总产量（万吨）	蔬菜总产量（万吨）	肉类总产量（万吨）	粮食单产（千克/公顷）
1949	106.51	1.50	…	469.85	51.63	10.72	0.24	825
1952	112.35	1.91	…	481.17	62.75	8.61	0.40	960
1957	121.09	2.79	0.32	479.58	67.92	15.86	0.66	1065
1962	108.44	1.33	2.98	412.34	39.74	27.67	0.72	765
1965	111.74	2.61	4.84	410.02	73.80	29.12	1.12	1350
1970	123.91	2.75	14.32	396.49	75.47	31.81	1.21	1470
1975	141.00	4.07	48.04	382.05	100.46	42.00	2.07	2025
1978	140.05	6.57	69.70	373.19	115.38	49.19	2.50	2475
1979	141.60	7.48	80.63	372.45	122.56	49.42	2.92	2610
1980	143.19	7.79	88.45	370.87	116.54	58.13	3.69	2565
"六五"时期								
1981	146.52	11.73	94.47	369.80	121.27	49.85	3.99	2865
1982	149.07	14.47	106.60	369.22	121.13	63.45	4.31	3060
1983	152.39	18.07	112.19	368.45	147.41	65.66	4.66	3570
1984	158.23	19.00	123.92	367.35	160.60	86.91	5.03	3915
1985	162.51	18.36	130.41	357.41	163.50	84.11	5.43	3915
"七五"时期								
1986	165.86	20.91	147.36	353.96	168.16	118.86	6.44	3855
1987	168.56	24.65	156.23	352.18	167.25	101.52	7.13	3945
1988	171.44	34.24	172.89	350.56	167.95	122.83	8.68	4080
1989	173.38	35.14	182.40	349.59	162.45	117.99	9.70	3945
1990	176.83	36.92	183.40	347.56	181.47	126.09	11.38	4273
"八五"时期								
1991	180.09	40.13	191.00	344.76	207.55	146.87	13.50	4779
1992	182.51	45.14	191.50	343.29	198.29	170.61	15.36	4655
1993	183.78	57.81	194.40	341.54	232.21	205.62	19.12	4963
1994	183.42	85.37	207.40	339.97	237.66	226.39	26.14	5237
1995	183.55	114.07	241.20	339.30	252.48	253.54	28.68	5512
"九五"时期								
1996	184.68	117.65	247.07	337.25	267.08	350.36	30.43	5602
1997	186.68	131.69	258.50	335.90	240.34	328.64	24.75	5064
1998	186.54	141.45	273.30	334.83	273.10	344.67	27.38	5634
1999	188.27	148.61	297.55	333.72	279.01	366.78	29.89	5752
2000	189.15	154.30	349.47	333.72	240.27	405.95	31.82	5354
"十五"时期								
2001	189.87	162.27	409.07	331.75	239.08	435.20	33.23	5480
2002	190.98	167.99	410.17	329.35	189.86	478.34	31.87	4440
2003	192.71	180.30	417.43	325.18	220.56	504.81	33.29	5448
2004	191.31	204.39	418.54	324.89	242.74	515.26	35.35	5807
2005	190.21	230.46	426.76	366.99	260.11	529.37	37.93	5932
"十一五"时期								
2006	190.80	247.70	429.62	361.74	267.91	536.28	38.74	6042
2007	191.16	265.50	446.60	358.80	268.01	522.24	31.85	6064
2008	190.45	308.70	466.00	361.33	281.50	548.36	36.20	6230
2009	195.56	329.00	486.00		289.47	591.18	37.61	6246
2010	196.85	378.43	509.68	362.30	289.43	601.44	38.08	6192
"十二五"时期								
2011	197.38	422.99	527.39	361.25	295.84	617.82	38.85	6315
2012	198.74	451.86	538.66	361.08	286.03	633.62	39.80	6285
2013	199.80	508.84	552.06	361.81	266.60	657.12	40.24	5997
2014	199.73	524.22	567.02	360.24	271.19	665.86	40.67	6109
2015	200.45	544.68	584.98	362.30	264.55	649.73	39.44	6117

注：1. 自2005年始年末实有耕地面积由国土资源局提供，暂无2009年数据。

2. 依据2006年农业普查数据，对1997年至2007年蔬菜面积、产量做了相应调整。

3. 粮食作物产量、播种面积自2012年开始由山东调查总队反馈。

11-2 农村基层组织和农业基本情况

Basic Conditions of Rural Grassroots Units and Agriculture

指　　标	单位	2010年	2011年	2012年	2013年	2014年	2015年
乡镇数量	个	55	55	55	53	53	48
#镇	个	49	51	51	51	51	46
村民委员会	个	4552	4538	4532	4532	4547	4546
乡村户数	万户	99.68	100.05	100.62	101.11	101.31	101.96
乡村人口	万人	353.59	354.2	355.41	357.43	357.42	360.29
家庭从业人员	万人	196.85	197.37	198.74	199.81	199.73	200.45
男	万人	105.27	105.07	105.56	106.34	105.89	106.07
女	万人	91.58	92.31	93.18	93.47	93.84	94.38
地类面积	公顷	799841	799841	799841	799841	799841	799841
耕地	公顷	362303	361251	360279	361012	360241	358568
其中水浇地	公顷	266913	266031	265366	265725	265119	264016
园地	公顷	26790	26632	26485	26233	26180	26054
林地	公顷	86663	86070	85682	85100	84963	84676
草地	公顷	58894	58404	58193	57520	57430	57250
城镇村及工矿用地	公顷	135194	137306	139087	140218	140772	142969
交通运输用地	公顷	28190	28459	28742	28740	29068	29135
水域及水利设施用地	公顷	51195	51324	51246	51155	51039	50962
其它土地	公顷	50612	50395	50127	49863	50150	50227
年末耕地总资源	公顷	390152	388724	387564	398999	398132	396365
农业机械总动力	万千瓦	509.68	527.39	538.66	552.06	567.02	584.98
农用大中型拖拉机	台	17952	19611	21415	22717	23906	24328
农用小型拖拉机	台	42103	42791	43036	39099	37503	36964
联合收割机	台	7567	8608	9416	10902	12734	12933
柴　油　机	台	85107	85157	84971	84915	85395	85775
割　晒　机	台	4083	4042	3873	3783	3768	3357
脱　粒　机	台	18948	18996	18934	19464	20901	20178
农村用电量	亿千瓦小时	25.57	25.68	26.02	26.35	26.42	26.51
农作物总播种面积	千公顷	620.9	622.3	606.9	591.7	585.4	569.4

注:2012年粮食播种面积数据为山东调查总队反馈数据。

11-3 分地区农村基层组织

Basic Conditions of Rural Grassrootsunits

指　　标	单　位	济南市	历下区	市中区	槐荫区
乡镇数量	个	48			
#镇	个	46			
村民委员会	个	4546	19	77	92
乡村户数	万户	101.96	0	4.26	3.63
乡村总人口	万人	360.29	0	14.45	12.83
乡村劳动力	万人	200.45	0	7.12	7.02
男	万人	106.07	0	3.81	3.66
女	万人	94.38	0	3.31	3.36
地类面积	公顷	799841	10118	28149	15161
耕地	公顷	358568	336	5474	3450
其中水浇地	公顷	264016	92	1456	1511
园地	公顷	26054	30	1151	41
林地	公顷	84676	1916	3746	453
草地	公顷	57250	447	4171	130
城镇村及工矿用地	公顷	142969	7161	9968	7535
交通运输用地	公顷	29135	60	826	711
水域及水利设施用地	公顷	50962	39	360	2678
其它土地	公顷	50227	130	2453	163
年末耕地总资源	公顷	396365	336	6791	3769
农业机械总动力	万千瓦	584.98	5.42	12.62	9.34
农用大中型拖拉机	台	24328	515	544	317
农用小型拖拉机	台	36964	750	1118	410
联合收割机	台	12933	85	110	151
柴油机	台	85775	65	65	5
割晒机	台	3357	0	0	0
脱粒机	台	20178	50	130	2772
农村用电量	亿千瓦小时	26.51	0	2.05	0.69
农作物总播种面积	千公顷	569.4	0	5.34	3.30

注:本表村民委员会指标未单列高新区。其他指标含高新区数据。

和农业基本情况（2015年）

and Agriculture by Region(2015)

天桥区	历城区	长清区	平阴县	济阳县	商河县	章丘市
2	6	6	6	8	11	9
2	6	6	6	8	9	9
120	592	585	336	811	948	905
2.52	19.20	13.14	8.69	12.04	13.64	24.84
8.82	64.10	44.87	29.53	48.70	53.28	83.72
4.54	36.21	23.51	16.14	28.49	28.67	48.74
2.38	18.84	11.90	8.36	15.88	15.43	25.81
2.16	17.37	11.61	7.78	12.61	13.25	22.93
25897	130121	120859	71506	109881	116240	171909
9688	33720	46536	33412	70605	75978	79369
9142	18927	20831	16253	67336	75468	53001
90	13808	4410	2028	385	294	3818
1802	23277	20754	10516	4453	2967	14793
154	15768	15199	4026	509	352	16495
8796	27571	14319	9419	15284	15243	27673
1265	4784	3677	2653	4092	5209	5858
3824	4640	4917	3213	11660	11534	8098
278	6554	11048	6238	2893	4664	15805
10927	41455	53038	37315	73724	77647	91364
20.22	62.93	56.31	52.93	128.20	110.10	126.91
585	2690	2519	3452	4439	3890	5377
2220	4931	3471	2929	11458	8540	1137
320	1301	1098	831	2228	3447	3362
4510	1969	1370	1287	27150	35974	13380
0	0	70	61	1305	1921	0
1255	1319	0	913	5992	4494	3253
0.60	4.91	2.65	2.24	1.13	1.66	10.58
13.37	39.9	61.55	50.33	121.24	127.54	146.58

11-4 各时期农林牧渔业增加值(按当年价格计算)

Added Value of Farming、Animal Husbandry and Fishery in Each Period

单位:亿元

年份地区	合计	农业	林业	牧业	渔业	农林牧渔服务业
1952	1.45	1.09	…	0.36	…	–
1957	1.89	1.42	…	0.47	…	–
1962	1.01	0.76	…	0.25	…	–
1965	1.85	1.39	…	0.46	…	–
1970	2.11	1.58	…	0.53	…	–
1975	2.84	2.13	…	0.71	…	–
1978	4.08	2.94	0.19	0.89	0.06	–
1980	5.84	4.21	0.27	1.28	0.08	–
1985	12.16	8.75	0.57	2.66	0.18	–
"七五"时期						
1986	13.94	10.03	0.65	3.05	0.21	–
1987	16.21	11.66	0.76	3.55	0.24	–
1988	22.05	15.87	1.03	4.83	0.32	–
1989	22.74	16.37	1.06	4.98	0.33	–
1990	22.70	16.34	1.06	4.97	0.33	–
"八五"时期						
1991	24.68	18.00	0.95	5.31	0.42	–
1992	27.74	19.52	1.31	6.38	0.53	–
1993	35.66	23.83	1.45	9.72	0.66	–
1994	49.44	33.39	2.02	13.48	0.55	–
1995	67.24	49.59	1.97	14.95	0.75	–
"九五"时期						
1996	72.74	55.35	2.68	13.49	1.22	–
1997	81.07	62.25	2.95	14.66	1.21	–
1998	88.06	67.07	2.67	16.92	1.40	–
1999	92.52	67.30	2.21	21.33	1.68	–
2000	95.01	67.57	2.51	23.56	1.37	–
"十五"时期						
2001	97.17	68.96	2.25	24.49	1.47	–
2002	98.74	68.88	2.44	25.99	1.43	–
2003	104.90	70.71	2.87	28.51	1.22	1.60
2004	120.47	80.17	3.15	33.86	1.50	1.77
2005	134.34	88.66	4.05	38.14	1.59	1.90
"十一五"时期						
2006	145.12	95.80	4.54	40.32	1.77	2.69
2007	150.30	97.13	5.31	42.46	1.90	3.50
2008	175.00	108.91	7.71	51.79	2.88	3.71
2009	187.07	120.34	8.34	51.22	2.88	4.29
2010	215.17	149.43	4.73	53.08	3.02	4.91
"十二五"时期						
2011	237.86	152.55	5.69	70.61	3.35	5.66
2012	252.92	160.77	6.68	75.28	3.54	6.65
2013	284.70	186.98	7.89	78.08	4.03	7.72
2014	299.11	199.53	8.85	77.57	4.33	8.82
2015	314.99	210.14	9.96	80.82	4.47	9.60
2015年分地区						
历下区						
市中区	3.89	1.08	0.27	2.43	0.00	0.12
槐荫区	4.06	2.06	0.34	1.14	0.50	0.03
天桥区	4.04	1.92	0.09	1.84	0.17	0.02
历城区	49.57	34.74	2.24	10.69	0.59	1.31
长清区	34.30	24.51	1.73	6.85	0.13	1.09
平阴县	32.93	21.61	1.00	8.73	0.22	1.37
济阳县	52.50	37.07	1.09	12.82	0.88	0.63
商河县	48.43	35.86	1.33	7.99	0.82	2.43
章丘市	85.26	51.30	1.86	28.33	1.16	2.61

11-5 各时期农林牧渔业总产值(按当年价格计算)

Gross Output Value of Farming、Forestry、Animal Husbandry in Each Period

单位:亿元

年份地区	合计	农业	林业	牧业	渔业	农林牧渔服务业
1952	1.91	1.67	0.04	0.18	0.02	-
1957	2.79	2.41	0.09	0.28	0.01	-
1962	1.33	1.18	0.03	0.12	…	-
1965	2.61	2.25	0.07	0.28	0.01	-
1970	2.75	2.32	0.10	0.32	0.01	-
1975	4.07	3.48	0.13	0.44	0.02	-
1978	6.57	5.63	0.20	0.72	0.02	-
1980	7.78	6.66	0.18	0.93	0.01	-
1985	18.36	14.63	0.75	2.93	0.05	-
"七五"时期						
1986	20.91	16.81	0.79	3.23	0.08	-
1987	24.65	19.50	0.99	4.05	0.11	-
1988	34.24	24.83	1.42	7.67	0.32	-
1989	35.14	25.04	1.24	8.47	0.39	-
1990	36.92	24.70	1.41	10.36	0.45	-
"八五"时期						
1991	40.13	26.44	1.47	11.64	0.58	-
1992	45.14	29.01	1.70	13.71	0.72	-
1993	57.81	36.00	1.98	18.86	0.97	-
1994	85.37	52.36	2.80	29.38	0.83	-
1995	114.07	71.48	2.71	38.69	1.19	-
"九五"时期						
1996	117.65	77.16	3.35	35.25	1.89	-
1997	131.69	87.91	3.86	38.04	1.88	-
1998	141.45	93.56	3.55	42.17	2.17	-
1999	148.61	96.81	3.12	46.27	2.41	-
2000	154.30	100.18	3.64	48.34	2.14	-
"十五"时期						
2001	162.27	105.54	3.27	51.16	2.30	-
2002	167.99	106.27	3.51	55.84	2.37	-
2003	180.30	109.41	4.11	60.90	2.05	3.83
2004	204.39	121.28	4.49	71.87	2.50	4.25
2005	230.46	137.01	5.56	80.56	2.69	4.64
"十一五"时期						
2006	247.72	147.98	6.44	84.86	2.89	5.55
2007	265.49	156.88	7.34	91.90	3.06	6.31
2008	308.68	179.13	10.82	105.85	4.20	8.68
2009	329.00	202.74	11.46	100.84	4.26	9.70
2010	378.43	246.82	7.12	109.10	4.54	10.85
"十二五"时期						
2011	422.99	261.48	8.34	135.74	4.97	12.45
2012	451.86	277.71	9.49	145.26	5.44	13.96
2013	508.83	319.46	10.99	156.16	6.09	16.13
2014	524.22	333.07	12.00	155.16	6.40	17.58
2015	544.68	344.39	13.14	162.01	6.55	18.59
2015年分地区						
历下区						
市中区	6.14	1.74	0.31	3.93	0.00	0.17
槐荫区	5.74	2.93	0.42	1.62	0.73	0.05
天桥区	6.51	3.25	0.12	2.90	0.22	0.03
历城区	84.25	56.18	3.11	21.87	0.96	2.14
长清区	52.46	35.02	2.27	13.76	0.18	1.22
平阴县	60.75	39.04	1.25	17.60	0.34	2.52
济阳县	100.91	66.04	1.39	31.31	1.18	1.00
商河县	95.15	67.83	1.76	18.51	1.43	5.62
章丘市	132.77	72.37	2.52	50.51	1.52	5.85

11-6 各时期农林牧渔业总产值定基指数(以1952年为100)

Gross Output Value and Indices of Farming、Forestry、Animal Husbandry in Each Period

年　　份	农林牧渔业定基指数	农　业	林　业	牧　业	渔　业
1952	100.00	100.00	100.00	100.00	100.00
1957	116.18	114.55	170.35	119.90	109.96
1962	73.32	74.42	69.10	69.25	20.68
1965	123.31	121.76	147.34	141.38	28.95
1970	151.35	146.28	254.82	184.02	58.65
1975	201.09	196.80	317.61	226.74	78.38
"五五"时期					
1976	198.67	185.64	340.19	269.52	118.70
1977	197.95	190.19	373.20	218.87	56.26
1978	208.10	203.90	304.32	239.93	57.89
1979	233.93	224.05	316.47	293.89	53.70
1980	264.53	259.07	286.30	330.80	43.98
"六五"时期					
1981	279.36	279.29	281.28	377.56	55.36
1982	312.68	308.75	346.83	460.13	51.95
1983	402.03	369.18	434.91	460.59	57.98
1984	493.28	436.59	572.67	651.29	69.52
1985	505.48	460.68	992.56	841.94	161.47
"七五"时期					
1986	531.29	488.47	964.62	857.25	229.32
1987	560.14	506.85	1075.00	960.76	291.92
1988	585.14	510.86	992.11	1191.92	383.08
1989	571.95	483.32	886.96	1320.55	495.30
1990	607.77	449.63	1126.99	1931.15	695.49
"八五"时期					
1991	670.19	488.17	1189.04	2204.93	830.45
1992	712.62	491.78	1298.34	2574.55	1007.33
1993	844.31	566.55	1420.51	3221.58	1209.21
1994	945.74	603.90	1671.10	2864.71	1064.29
1995	1093.57	657.49	1508.72	4905.57	1945.11
"九五"时期					
1996	1197.20	727.03	1818.36	5258.95	2224.25
1997	1273.56	820.27	2002.99	5116.96	2202.07
1998	1426.28	914.05	1858.14	5907.41	2516.54
1999	1486.09	934.64	2110.21	6277.65	2639.47
2000	1569.90	991.58	2255.81	6620.62	2441.73
"十五"时期					
2001	1599.32	1005.16	1700.16	6905.18	2646.43
2002	1638.09	997.16	1826.57	7349.57	2712.97
2003	1711.88	1072.24	1977.78	7726.93	2324.25
2004	1804.32	1132.29	1979.76	8121.00	2803.05
2005	1930.62	1188.90	2237.13	8770.68	2802.30
"十一五"时期					
2006	2046.15	1249.31	2454.25	9245.35	3003.10
2007	2046.15	1334.26	2610.83	9006.43	3540.65
2008	2148.45	1422.32	2783.14	9231.59	3204.85
2009	2260.17	1524.73	2964.04	9342.35	3323.43
2010	2367.76	1584.02	1815.08	10311.68	3416.48
"十二五"时期					
2011	2471.94	1658.47	2016.56	10600.40	3508.72
2012	2588.12	1724.80	2216.20	11151.62	3768.36
2013	2689.05	1762.74	2491.01	11809.56	3877.64
2014	2801.99	1845.58	2724.66	12116.60	3916.41
2015	2919.67	1924.93	2986.23	12540.68	4033.90

11-7 主要农作物播种面积及产量

Sown Areas and Output of Main Farm Crops

指　　标	2010年	2011年	2012年	2013年	2014年	2015年
农作物总播种面积(万公顷)	62.09	62.23	60.69	59.17	58.54	56.94
粮食作物	46.74	46.85	45.51	44.47	44.39	43.25
谷　物	44.09	44.28	43.26	42.94	42.80	41.65
小　麦	21.63	21.57	21.31	21.04	21.05	20.99
稻　谷	0.87	0.85	0.75	0.45	0.34	0.21
玉　米	20.85	21.12	20.62	20.85	20.81	19.82
谷　子	0.63	0.63	0.46	0.50	0.49	0.54
高　粱	0.10	0.10	0.10	0.09	0.09	0.09
其　他	0.01	0.01	0.02	0.01	0.01	0.01
豆　类	1.14	1.09	1.00	0.69	0.69	0.71
薯　类	1.50	1.47	1.25	0.84	0.91	0.88
油料作物	1.57	1.53	1.49	1.52	1.36	1.30
#花　生	1.44	1.40	1.37	1.33	1.21	1.13
棉　花	2.55	2.52	2.20	1.62	1.34	1.18
蔬　菜	9.71	9.79	9.93	9.99	9.97	9.73
果用瓜	1.36	1.36	1.32	1.31	1.29	1.28
其他作物	0.11	0.13	0.16	0.19	0.19	0.20
果园种植面积(万公顷)	2.96	3.18	3.30	3.30	3.29	3.23
#苹　果	1.54	1.49	1.54	1.54	1.53	1.49
梨	0.17	0.18	0.18	0.19	0.18	0.18
葡　萄	0.13	0.13	0.12	0.13	0.13	0.12
桃	0.53	0.54	0.53	0.56	0.57	0.56
农作物总产量(万吨)						
粮食作物产量	289.43	295.84	286.03	266.61	271.19	264.55
谷　物	275.26	281.82	275.83	259.98	264.64	257.65
小　麦	126.32	128.95	128.53	123.86	126.37	129.75
稻　谷	6.45	6.34	5.30	2.89	2.33	1.52
玉　米	139.83	143.96	139.78	131.40	134.26	124.39
谷　子	2.36	2.25	1.86	1.59	1.45	1.74
高　粱	0.26	0.27	0.29	0.20	0.19	0.22
其　他	0.04	0.05	0.07	0.04	0.04	0.03

11-7续

指　　标	2010年	2011年	2012年	2013年	2014年	2015年
豆　类	3.49	3.39	2.71	1.87	1.71	1.92
薯　类	10.70	10.64	7.47	4.76	4.85	4.99
油料作物	5.88	5.48	5.67	5.69	4.95	4.59
#花　生	5.59	5.16	5.38	5.33	4.63	4.23
棉　花	2.94	2.84	2.72	1.98	1.65	1.47
蔬　菜	601.44	617.82	633.62	657.12	665.86	649.73
果用瓜	82.24	95.32	80.22	78.75	77.79	77.00
水果总产量(万吨)	47.44	48.01	50.56	52.22	53.23	53.01
#苹　果	24.74	23.47	24.58	25.37	25.79	25.36
梨	2.54	3.21	3.73	3.99	3.94	4.05
葡　萄	2.17	2.07	2.16	2.13	2.14	2.18
桃	8.69	9.91	10.33	10.84	10.65	10.54
杏	3.12	4.21	4.31	4.37	5.07	4.94
枣(鲜)	1.33	0.97	0.97	0.98	1.02	1.00
柿子(鲜)	2.58	2.00	2.04	2.07	2.05	1.86
山　楂	1.09	1.03	1.07	1.10	1.11	1.1
樱　桃		0.7	0.91	0.89	0.99	1.49
其　他	0.44	0.45	0.46	0.48	0.48	0.48
农作物单位面积产量(公斤/公顷)						
粮食作物单位面积产量	6192	6315	6285	5995	6109	6117
谷　物	6243	6364	6377	6054	6184	6186
小　麦	5838	5978	6032	5887	6002	6182
稻　谷	7451	7467	7059	6422	6799	7259
玉　米	6708	6816	6779	6302	6452	6276
谷　子	3737	3579	4077	3180	2965	3220
高　粱	2478	2669	2870	2222	2149	2497
其　他	3522	3648	3300	4000	2974	3000
豆　类	3053	3102	2716	2710	2474	2683
薯　类	7112	7226	5960	5667	5341	5673
油料作物	3749	3594	3798	3743	3627	3545
#花　生	3872	3681	3935	4008	3830	3747
棉　花	1154	1128	1233	1222	1233	1254
蔬　菜	61931	63128	63830	65778	66779	66791
果用瓜	60684	69891	60963	60115	60506	60263

注：1. 依据2006年农业普查数据，对1997年至2007年蔬菜面积、产量做了相应调整。
2. 2012年主要粮食产量、播种面积数据为山东调查总队反馈数据。

11-8 林、牧、渔业生产情况

Basic Statistics on Forestry、Animal Husbandry and Fishery

指 标	单 位	2010年	2011年	2012年	2013年	2014年	2015年
林业生产							
造林面积	公顷	13589	15496	14300	13637	14881	12013
四旁植树	万株	1363	1350	1399	1377	1366	1311
本年育苗面积	公顷	5929	5326	6525	8900	12073	14439
果品产量	吨	568858	564891	587133	535625	574248	573064
木材采伐量	立方米	382256	114792	148014	167433	143896	132014
牧业生产							
大牲畜存栏	万头	74.48	74.60	77.06	77.23	76.75	72.58
#役 畜	万头	2.50	2.00	1.75	1.49	1.37	0.26
#牛	万头	74.38	74.50	76.46	76.64	76.16	72.05
猪存栏	万头	201.43	201.50	205.15	210.05	207.72	189.69
羊存栏	万只	141.49	148.10	151.09	150.39	153.16	145.02
家禽存栏	万只	3639.74	3679.90	3776.89	3662.78	3552.24	3548.74
猪出栏数	万头	300.27	294.50	304.04	316.10	321.6	304.44
羊出栏数	万只	195.32	215.00	220.67	224.78	229.44	217.4
肉类总产量	吨	380751	388451	397994	402436	406661	394410
#猪牛羊肉	吨	297695	305893	315239	321471	327654	315101
猪 肉	吨	217940	215581	224637	229684	234635	227413
牛 肉	吨	58768	67827	67492	68114	68825	65875
羊 肉	吨	20987	22485	23110	23673	24194	21813
禽 肉	吨	79045	78471	78591	76373	72815	74655
奶 类	吨	311971	314047	332312	318240	321302	291582
#牛 奶	吨	311971	314047	332312	318240	321298	291578
禽 蛋	吨	360309	351894	361178	355883	355122	354604
#鸡 蛋	吨	345032	336659	344115	339787	339617	339093
渔业生产							
水产品产量	吨	42564	43692	45169	46048	47018	47565
捕 捞	吨	1587	1352	1024	905	759	650
养 殖	吨	40977	42340	44145	45143	46259	46915
养殖面积	公顷	6782	6853	6936	7428	7360	7285
养殖单产	公斤/公顷	6276	6178	6365	6077	6285	6440

11-9 分地区主要农作物

Sown Areas and Output of

指标	济南市	历下区	市中区	槐荫区
农作物播种总面积(公顷)	569221		5343	3299
粮 食	432467		5040	3013
谷 物				
小 麦	209867		2500	1580
稻 谷	2091			727
玉 米	198191		2246	707
谷 子	5393		158	
高 粱	883			
其 他	100			
豆 类	7141		82	
薯 类	8801		53	
油料作物	12963		42	7
#花 生	11277		42	
棉 花	11762		25	
蔬 菜	97280		230	279
果用瓜	12777		6	
其他作物	1971			
果园种植面积(公顷)	32288		160	
#苹 果	14857		43	
梨	1770		0.40	
葡 萄	1232		41	
桃	5569		34	
农作物产量(吨)				
粮食作物产量	2645545		22000	17000
谷 物				
小 麦	1297500		10513	8578
稻 谷	15176			5087
玉 米	1243919		10614	3336
谷 子	17364		384	
高 粱	2204			
其 他	300			

播 种 面 积 及 产 量 （2015年）

Main Farm Crops by Region(2015)

天桥区	历城区	长清区	平阴县	济阳县	商河县	章丘市
13365	39975	61549	50327	121244	127539	146580
12453	25973	46487	32727	91593	106447	108733
6680	10527	19673	14487	48287	53133	53000
113	127			1005		120
5570	12826	20954	12854	41309	53313	48413
	1183	1504	878			1670
	136	15	44			687
		100				
91	620	1040	2129	956		2224
	555	3200	2336	37		2619
248	831	5195	2969	1151	65	2455
248	831	4681	1959	1151	65	2301
186	143	463	3283	1134	2549	3979
427	11721	9093	8617	23434	17709	25772
51	1213	312	1030	3932	591	5641
	93		1701		177	
60	11786	2926	8813	1744	716	6083
11	3715	186	6477	1270	226	2928
40	927	85	54	61	304	298
	45	19	416	100	146	466
8	3764	282	275	103	40	1062
67500	139999	275475	180951	570883	725812	645925
39429	60180	109963	75790	311058	357423	324567
687	761			7779		861
27190	69490	140307	85036	248986	368389	290571
	3923	5695	2887			4475
	366	53	113			1672
		300				

11-9续

指　　标	济南市	历下区	市中区	槐荫区
豆　类	19159		186	
薯　类	49925		304	
油料作物	45942		68	14
#花　生	42261		68	
棉　花	14746		36	
蔬　菜	6497337		10252	7157
果用瓜	769962		325	
水果总产量(吨)	530094		2491	
#苹　果	253593		870	
梨	40462		13	
葡　萄	21843		556	
桃	105357		671	
杏	49435		295	
枣(鲜)	10027		58	
柿子(鲜)	18631		9	
山　楂	11045		20	
樱　桃	14904			
其　他	4783			
农作物单位面积产量(公斤/公顷)				
粮食作物单位面积产量	6117		4365	5642
谷　物				
小　麦	6182		4205	5429
稻　谷	7259			7001
玉　米	6276		4725	4720
谷　子	3220		2430	
高　粱	2497			
其　他	3000			
豆　类	2683		2259	
薯　类	5673		5686	
油料作物	3545		1635	1950
#花　生	3747		1635	
棉　花	1254		1434	
蔬　菜	66791		44573	25688
果用瓜	60263		51317	

注：粮食作物产量、播种面积自2012年开始由山东调查总队反馈。

天桥区	历城区	长清区	平阴县	济阳县	商河县	章丘市
194	1867	2884	5057	2825		6145
	3412	16273	12068	234		17634
658	3340	15879	11708	5850	344	8081
658	3340	15133	8986	5850	344	7883
282	214	604	3895	1321	3258	5135
22454	849188	675402	657871	1399640	978671	1896702
2381	64674	16597	67578	299019	43254	276134
1837	184997	48280	139712	48804	28838	75135
202	39593	3511	117191	37683	8646	45897
1115	24732	2424	1623	724	7644	2187
5	1618	721	5600	2464	7404	3476
228	82383	6092	3832	1149	490	10513
1	27997	14365	1912	493	1462	2910
286	97	496	427	1076	2150	5437
	3746	9217	3092	443	1035	1090
	3553	100	1439	4770	8	1156
	1114	11343	34			2413
	165	11	4553			54
5420	5390	5926	5529	6233	6819	5940
5903	5717	5589	5232	6442	6727	6124
6101	6015			7742		7175
4882	5418	6696	6616	6027	6910	6002
	3315	3786	3289			2680
	2685	3427	2584			2433
		3000				
2130	3013	2774	2376	2956		2763
	6150	5085	5166	6353		6732
2655	4017	3057	3944	5082	5295	3291
2655	4020	3233	4587	5082	5295	3426
1515	1500	1305	1187	1166	1278	1290
52628	72452	74280	76346	59729	55265	73596
46500	53297	53198	65597	76056	73155	48954

指标	单位	济南市	历下区	市中区	槐荫区
林业生产					
造林面积	公顷	12013	206.0	628	267
四旁植树	万株	1311	95	91	80
本年育苗面积	公顷	14439	39	87	67
果品产量	吨	573064		11431	
木材采伐量	立方米	132014			
牧业生产					
大牲畜存栏	万头	72.58		0.39	0.18
#役　畜	万头	0.26			
#牛	万头	72.05		0.39	0.18
猪存栏	万头	189.69		2.84	0.40
羊存栏	万只	145.02		1.77	0.49
家禽存栏	万只	3548.74		88.74	17.26
猪出栏数	万头	304.44		6.13	1.53
羊出栏数	万只	217.40		3.00	1.14
肉类总产量	吨	394410		7031	1814
#猪牛羊肉	吨	315101		5464	1330
猪　肉	吨	227413		4598	983
牛　肉	吨	65875		415	189
羊　肉	吨	21813		451	158
禽　肉	吨	74655		1531	483
奶　类	吨	291582		11153	7682
#牛　奶	吨	291578		11153	7682
禽　蛋	吨	354604		8571	1110
#鸡　蛋	吨	339093		8568	1110
渔业生产					
水产品产量	吨	47565			3050
捕　捞	吨	650			
养　殖	吨	46915			3050
养殖面积	公顷	7285			329
养殖单产	公斤/公顷	6440			9271

业 生 产 情 况 （2015年）

and Fishery by Region(2015)

天桥区	历城区	长清区	平阴县	济阳县	商河县	章丘市
92	973	2331	1086	1202	1883	3345
20	165	160	120	100	160	320
307	4200	2839	2832	1342	1916	810
1646	355974	61136	65921	34165	18784	24007
3327	10109	19456	14891	15364	49150	19717
0.20	3.41	5.31	6.79	20.4	9.10	26.80
		0.14	0.03		0.09	
0.20	3.41	5.25	6.57	20.3	9.07	26.68
0.93	24.91	23.64	16.57	28.72	37.65	54.03
1.00	12.06	25.50	29.29	21.87	22.79	30.25
33.28	414.26	294.97	262.42	400.66	493.10	1544.05
3.01	45.59	33.09	29.1	35.23	66.23	84.53
3.00	11.46	29.93	54.08	31.07	45.86	37.86
4963	44483	32856	40200	61056	79643	122364
3971	35825	26810	31688	56860	65356	87797
2260	32779	20924	20986	28411	52100	64372
1358	1676	3404	5343	25502	8301	19687
353	1370	2482	5359	2947	4955	3738
992	8006	5830	6976	4095	14077	32665
446	79449	37821	31925	38405	7293	77408
446	79449	37817	31925	38405	7293	77408
3594	50375	26773	34264	47682	32541	149694
3586	50107	25277	33841	44921	25420	146263
2270	5080	1235	2250	10602	11178	11900
	60	135		135	284	36
2270	5020	1100	2250	10467	10894	11864
275	958	342	456	1502	1270	2153
8255	5240	3216	4934	6969	8578	5510

11-11 农业"四化"情况(2015年)

Basic Statistics on Four Modernization of Agriculture(2015)

指标	机耕面积(千公顷)	有效灌溉面积(千公顷)	化肥施用量(吨折纯)	每公顷耕地化肥施用量(公斤折纯)	农药施用量(吨)	每公顷耕地农药施用量(公斤)
全市	304.8	256.1	224619	626.4	3074.1	8.6
历下区	0.9					
市中区	3.4	2.7	1204	219.9	49.2	9.0
槐荫区	2.5	2.1	784	227.3	47.8	13.9
天桥区	7.9	8.5	5130	529.5	48.8	5.0
历城区	25.6	24.5	17372	515.2	455.5	13.5
长清区	32.5	24.1	13569	291.6	407.8	8.8
平阴县	26.3	18.7	14873	445.1	147.7	4.4
济阳县	60.2	53.4	45065	638.3	983.8	13.9
商河县	61.0	63.9	71141	936.3	448.5	5.9
章丘市	84.5	58.2	55482	699.0	485.0	6.1

11-12 主要农副产品产量与上年和历史最高年份比较

Output of Major Agricultral Products in Comparision with Last Year and Maximum Year

指标	2015年	2014年	历史最高年		2015年为历史最高年的%	2015年为2014年的%
			年份	产量		
农产品产量(万吨)						
粮食总产量	264.55	271.19	2011	295.84	89.4	97.6
#小麦	129.75	126.37	2015	129.75	100.0	102.7
稻谷	1.52	2.33	2000	9.89	15.4	65.3
玉米	124.39	134.26	2011	143.96	86.4	92.6
薯类	4.99	4.85	1995	23.10	21.6	103.0
经济作物(万吨)						
#棉花	1.47	1.65	1999	5.00	29.5	89.6
油料花生	4.23	4.95	2009	6.07	69.6	85.4
蔬菜总产量	649.73	665.86	2014	665.86	97.6	97.6
水果总产量	53.01	53.23	2014	53.23	99.6	99.6
水产品总产量(万吨)	4.8	4.7	2014	4.70	102.1	102.1

主要统计指标解释

Explanatory Notes on Main Statistical Indicators

农林牧渔业产值 是以货币表现的农、林、牧、渔业全部产品的总量，它反映一定时期内农林牧渔业生产的总规模和总成果。

农、林、牧、渔四业的统计范围是辖区内各种经济组织类型、各个系统的全部农林牧渔业生产单位和非农行业单位附属的农林牧渔业生产活动单位。不包括农业科学试验机构进行的农业生产。

农林牧渔业总产值的核算范围是本辖区内在一定时期内生产的农业、。林业、牧业、渔业产品的价值和对农林牧渔业生产活动进行的各种支持性服务活动的价值总和，执行日历年度。

(1)农业产值，包括谷物和其他作物产值：蔬菜，园艺作物产值：水果，坚果，饮料和香料产值；中药材产值。其中谷物和其他作物产值包括谷物、薯类、豆类、棉花、油料，糖料，麻类、烟叶和其他农作物的产值。其他农作物包括青饲料，绿肥、牧草、桑叶及采集的野生植物。

(2)林业，包括林木的培育和种植(不包括茶园、桑园和果园的栽培，管理和收获等活动)。林产品的采集和竹木采伐。

(3)牧业，包括除渔业养殖以外的一切动物饲养和放牧以及捕猎野兽野禽产值。

(4)渔业，包括水生动物和海藻类植物的养殖和捕捞。

(5)农林牧渔服务业，包括灌溉，农产品初加工。农机服务，病虫害防治、森林防火、兽医服务、鱼苗及鱼种场等对农林牧渔业生产活动进行的各种支持性服务活动。但不包括各种科学技术和专业技术服务活动。农林牧渔业总产值核算采用"产品法"进行计算，即用产品产量乘以价格以求出各种产品产值，然后加总求得各业产值，最后各业相加求得农林牧渔业总产值。

1957年以前的农业总产值中包括了厩肥和农民自给性手工业(如农民自制衣服、鞋、袜，自己从事粮食初步加工等)。1958年及以后的农业总产值，林业中增加了村及村以下竹木采伐产值；牧业中取消了厩肥产值；副业中取消了农民自给性手工业产值，增加了村及村以下办的工业产值；渔业中增加了海洋捕捞水产品产值。1980年及以后的农业总产值，在副业中增加了农民家庭兼营工业商品性部分的产值。从1984年起村及村以下办工业产值划归工业。从1993年起取消副业，将采集野生植物产值和农民家庭兼营商品性工业产值划归农业产值，捕猎野兽、野禽产值划入牧业产值。2003年根据新的国民经济行业分类，农林牧渔服务业划归第一产业。原农业产值中的农民家庭兼营商品性工业产值划归工业产值；林业中竹木采伐产值统计范围由村及村以下改为全社会。

农林牧渔业增加值 是指农、林、牧、渔及农林牧渔服务业生产货物或提供服务活动而增加的价值，为农林牧渔业现价总产值扣除农林渔业现价中间投入后的余额。

农林牧渔业增加值的核算范围同农林牧渔业总产值的核算范围相同。

农林牧渔业增加值的计算方法：采用生产法和分配法(收入法)两种。

1. 生产法计算公式：

农林牧渔业增加值=农林牧渔业总产值-农林牧渔业中间消耗

2. 分配法计算公式：

农林牧渔业增加值=固定资产折旧+劳动者报酬+生产税净额+营业盈余

其中：生产税净额=生产税收-生产补贴

农林牧渔业中间消耗 指在农林牧渔业生产过程中投入(或消耗)的各种物质产品和劳务价值的总和。包括中间物质消耗和对非物质生产部门的劳务支出两部分。计算中间消耗有两个原则：一是计算的口径范围要与总产值保持一致，二是本期消耗的不属于固定资产的低值易耗品。某些小农具即使使用年限超过一年，但价值在50元以下，也作为中间物质消耗处理。

粮食产量 指全社会的粮食作物产量。包括国营农场等全民所有制经营的、集体统一经营和农民家庭经营的粮食产量，还包括工矿企业家属办的农场和其他生产单位的产量粮食除包括稻谷、小麦、玉米、高粱、谷子及其他杂粮外，还包括薯类和大豆。其产量计算方法，豆类按去豆荚后的干豆计算；薯类包括甘薯和马铃薯，不包括芋头和木薯。1963年以前按每4公斤鲜薯1公斤粮食计算，从1964年以后按5公斤鲜薯折1公斤粮食计算。其他粮食一律按脱粒后的原粮计算。

油料产量 指全部油料作物的生产量。包括花生、油菜籽、芝麻、向日葵籽、胡麻籽(亚麻籽)和其他油料。不包括大豆、木本油料和野生油料。花生以带壳干花生计算。

水产品产量 指人工养殖的水产品和天然生长的水产的捕捞量。包括海水的鱼类、虾蟹类、贝类和藻类以及淡水的鱼类、虾蟹类和贝类，不包括淡水水生植物。

猪、牛、羊肉产量 指当年出栏并已屠宰的猪、牛、羊的肉产量。即屠宰后除去头蹄下水后带骨肉(即胴体重)的重量。

耕地面积 指年初可以用来种植农作物、经常进行耕锄的田地，包括熟地、当年新开荒地、连续撂荒未满三年的耕地和当年的休闲地(轮歇地)，还包括以种植农作物为主并附带种植桑树、茶树、果树和其他林木的土地，以及沿海、沿湖地区已围垦利用的"海涂"、"湖田"等面积。

不包括属于专业性的桑园、茶园、果园、果木苗圃、林地、芦苇地、天然或人工草地面积。

农作物播种面积 指实际播种或移植有农作物的面

积。凡是实际种植有农作物的面积，不论种植在耕地上还是种植在非耕地上，均包括在农作物播种面积中。在播种季节基本结束后，因遭灾而重新改种和补种的农作物面积，也包括在内。

灌溉面积　指有效灌溉面积，即具有一定的水源，地块比较平整，灌溉工程或设备已经配套，在一般年景下半年能够进行正常灌溉的耕地面积。

农用化肥施用量　指本年内实际用于农业生产的化肥数量，包括氮肥、磷肥、钾肥和复合肥。化肥施用量要求按折纯量计算数量。折纯量是指把氮肥、磷肥、钾肥分别按含氮、含五氧化二磷、含氧化钾的百分之一百成份进行折算后的数量。复合肥按其所含主要成分折算。

农业机械总动力　指主要用于农、林、牧、渔业的各种动力机械的动力总和。包括耕作机械、排灌机械、收获机械、农产品加工机械、运输机械、植物保护机械、牧业机械、林业机械、渔业机械和其他农业机械(内燃机按引擎马力折成瓦(特)计算)，电动机按功率折成瓦特计算。不包括专门用于乡办工业、基本建设、非农业运输、科学试验和教学等非农业生产方面用的动力机械与作业机械。

12

工　业

INDUSTRY

12-1 各时期全部工业基本情况

Basic Statistics on Total Industry in Each Period

年份	全部工业单位数(个)	#国有单位	工业总产值(亿元)	#国有单位	工业增加值(亿元)	#国有单位	国有独立核算工业(万元)	
							利润总额	利税总额
1949	52	–	1.20	0.52	0.40	0.15	190	541
1952	92	–	2.97	1.65	1.09	0.52	1616	2761
1957	399	–	6.90	6.13	2.18	1.84	5742	10065
1962	847	286	6.67	5.61	2.36	1.80	3293	8242
1965	724	247	11.99	10.09	4.34	3.39	16246	22906
1970	828	285	23.12	17.93	7.56	5.64	19347	31834
1975	1041	326	26.41	18.87	8.46	5.50	11555	27846
1978	1319	398	39.06	25.87	12.89	7.11	28852	53031
1979	1353	359	42.95	28.90	14.10	8.01	31875	57532
1980	1535	356	45.31	30.37	14.24	8.85	32909	59572
"六五"时期								
1981	1538	350	47.61	31.72	15.11	9.47	35077	62657
1982	1619	357	51.98	33.91	15.79	10.01	32062	64673
1983	1674	369	59.06	36.99	17.96	11.49	35870	60308
1984	1981	325	66.96	39.78	20.10	13.17	45869	83520
1985	2584	477	74.41	44.66	27.54	16.97	61274	112154
"七五"时期								
1986	3005	369	86.93	48.71	28.69	17.53	54804	115006
1987	3957	361	107.63	56.16	32.88	19.40	58715	125775
1988	5252	372	138.05	68.58	47.49	25.09	80173	156056
1989	7655	380	158.53	76.19	54.66	30.51	76571	170703
1990	11020	394	222.63	116.92	60.43	37.11	25084	125522
"八五"时期								
1991	12211	376	245.73	131.35	67.73	43.35	36715	151718
1992	15374	373	303.33	162.35	86.85	48.97	55463	193000
1993	19392	376	448.25	230.93	115.36	69.65	57984	223445
1994	22009	366	614.08	236.40	154.49	69.64	60393	240473
1995	24621	495	752.23	279.16	194.16	83.12	65335	316289
"九五"时期								
1996	32902	425	834.45	260.16	238.31	91.30	79615	337807
1997	33000	325	897.59	263.34	278.87	92.99	95267	343426
1998	32793	227	966.62	234.03	298.41	94.28	42152	292991
1999	29319	211	981.78	212.95	318.80	79.51	-2340	254619
2000	30899	195	994.00	237.14	336.61	81.00	34824	292198
"十五"时期								
2001	34135	169	1090.70	140.44	356.72	64.69	49222	226242
2002	30064	155	1302.00	144.78	410.98	49.16	28011	234986
2003	30258	126	1544.50	167.30	494.55	68.80	53363	302975
2004	31163	115	1981.80	150.70	620.14	37.21	-3943	72684
2005	31370	102	2447.51	177.00	786.11	66.49	268573	354111
"十一五"时期								
2006	35370	86	2806.94	193.10	861.48	73.95	315323	458191
2007	36112	76	3389.09	283.32	985.78	103.65	364790	751182
2008	36416	80	4829.16	338.24	1140.14	136.55	418265	853091
2009	37656	77	5096.98	345.44	1191.36	166.36	422898	885006
2010	37521	66	5800.39	404.38	1352.42	284.75	643216	1162785
"十二五"时期								
2011	36750	54	5544.60	478.10	1507.88		561683	1217350
2012	35917	52	5535.25	491.20	1603.08		646193	1401892
2013	38443	30	5711.48	280.63	1690.63		551967	665206
2014	38753	25	5861.98	246.26	1822.11		507491	611865
2015	38793	24	5877.28	204.79	1844.37		517575	571354

注:1. 工业增加值、工业总产值按当年价格计算。
2. 1985、1995年因工业普查对教育局校办工厂统计方法的规定,故国有单位较多。
3. 2001年后炼油、浪潮、将军等原国有企业陆续改制,故国有数字较以前年份有所减小。
4.2004年第一次经济普查后,统计年鉴包含济南供电公司年报数据。

12-2 各时期规模以上工业基本情况

Basic Statistics of Industrial Enterprises Above Designated Size in Each Period

年　　份	单位数(个)	工业总产值(亿元)	工业增加值(亿元)	主营业务收入(亿元)	利税总额(亿元)	利润总额(亿元)	资产总计(亿元)	所有者权益(亿元)
1949	52	1.06	0.40	0.91	0.07	0.03	0.58	0.17
1952	92	2.83	1.02	2.40	0.32	0.18	1.89	0.55
1957	399	6.04	2.08	5.85	1.04	0.60	2.85	0.83
1962	847	6.65	2.15	6.87	0.92	0.39	5.66	1.65
1965	724	11.89	4.07	9.49	2.47	1.73	5.93	1.73
1970	828	22.94	7.29	19.30	3.66	2.22	10.67	3.10
1975	1041	26.16	7.94	19.70	3.47	1.55	17.21	5.01
1978	1319	37.67	9.94	31.39	6.80	3.88	25.68	7.47
1979	1353	38.79	11.18	35.51	7.21	4.13	27.19	7.91
1980	1535	43.60	12.15	36.90	7.51	4.26	29.22	8.50
"六五"时期								
1981	1538	42.26	12.77	39.84	7.98	4.37	31.49	9.20
1982	1619	45.58	13.63	42.94	8.13	4.18	34.52	10.08
1983	1674	49.64	14.86	46.38	8.84	4.74	38.09	11.12
1984	1981	55.95	17.91	52.16	10.46	5.82	41.66	12.16
1985	1915	66.98	23.10	64.76	13.98	7.62	47.09	13.75
"七五"时期								
1986	2036	75.67	24.54	73.98	14.38	7.07	56.79	16.70
1987	2004	88.17	27.24	86.19	15.88	7.52	64.21	18.88
1988	1984	107.76	35.39	113.84	19.65	10.37	81.67	24.01
1989	1993	118.88	43.20	131.86	20.88	9.73	104.34	30.68
1990	2008	174.89	41.63	136.29	15.57	3.23	125.25	36.82
"八五"时期								
1991	1985	194.29	44.84	160.58	18.46	4.97	138.34	40.81
1992	1941	236.37	60.16	200.54	23.48	7.84	167.44	49.39
1993	2156	319.49	104.43	309.91	31.88	10.26	338.15	99.61
1994	2202	414.81	113.71	346.13	41.69	13.61	462.34	136.14
1995	2648	526.48	130.88	432.17	53.59	16.30	578.55	180.86
"九五"时期								
1996	2301	549.40	175.21	494.99	66.82	27.83	705.50	225.53
1997	1843	603.30	194.42	605.81	70.12	26.99	882.36	286.59
1998	1060	593.83	189.88	539.29	58.56	18.62	882.38	297.81
1999	1064	628.59	201.38	579.64	59.17	15.97	931.22	302.21
2000	1038	680.04	219.19	629.72	64.62	21.69	958.10	363.37
"十五"时期								
2001	1015	786.70	252.61	746.92	77.79	28.45	984.71	369.40
2002	1125	1009.04	325.98	917.31	92.71	32.13	1120.60	407.36
2003	1319	1318.54	426.30	1223.76	132.84	54.71	1312.97	440.85
2004	1512	1781.78	560.15	1677.93	175.98	83.68	1473.90	507.63
2005	1670	2237.51	722.11	2142.84	244.61	131.30	1868.06	630.06
"十一五"时期								
2006	1752	2591.65	797.70	2490.94	289.78	153.74	2000.62	702.78
2007	1820	3189.09	926.58	3086.85	358.87	199.73	2337.09	903.87
2008	2016	3862.64	1052.48	3766.93	425.72	220.79	2899.47	1123.03
2009	2156	3950.77	1154.01	3868.70	500.63	275.85	3478.94	1572.11
2010	2021	4485.61	1313.00	4497.17	584.53	339.76	3904.42	1481.75
"十二五"时期								
2011	1417	4028.49	–	4165.19	453.47	242.63	3932.90	1407.89
2012	1647	4248.29	–	4454.97	498.24	253.06	4109.29	1582.77
2013	1901	4777.47	–	4926.11	539.49	312.95	4249.79	1671.91
2014	1984	5253.05	–	5406.67	606.60	357.82	4564.86	1846.32
2015	2021	5339.97	–	5417.16	685.71	396.13	4987.76	2159.78

注：1. 工业增加值、工业总产值按当年价格计算。
2. 1997年及以前统计口径为乡及乡以上工业企业，1998年及以后为全部国有及年销售收入500万元以上工业企业，2011年及以后为年主营业务收入2000万元以上工业企业。
3. 1991年及以前"工业增加值"指标为"工业净产值"指标。
4. 2004年第一次经济普查后，统计年鉴包含济南供电公司年报数据。

12-3 各时期主要工业产品产量

Output of Major Industrial Products in Each Period

年 份	钢（万吨）	发电量（亿千瓦小时）	水泥（万吨）	化肥（万吨）	金切机床（台）	汽车（辆）	服务器（万台）	布（万米）
1949	–	0.29	0.15	–	40	–	–	2682
1952	–	0.55	1.08	1.62	565	–	–	5104
1957	0.03	1.07	1.29	0.48	2312	–	–	5573
1962	0.57	4.20	4.85	0.81	1140	12	–	2160
1965	0.54	5.65	19.24	3.79	2061	335	–	4853
1970	7.01	11.28	38.06	4.87	4718	1775	–	11665
1975	22.81	11.07	58.48	9.06	3994	3507	–	12547
1978	34.54	12.65	87.55	18.02	3610	4025	–	13806
1979	33.19	11.92	93.77	11.07	3771	4515	–	14300
1980	36.34	11.95	98.86	12.78	4414	5641	–	15236
"六五"时期								
1981	34.23	11.12	96.50	11.62	3336	5099	–	16290
1982	34.96	11.15	104.64	13.23	4262	5993	–	17657
1983	41.24	13.01	112.38	15.37	4816	7249	–	17963
1984	43.80	23.49	117.17	14.53	5533	7947	–	16522
1985	52.64	26.44	135.10	11.44	6686	9400	–	18082
"七五"时期								
1986	57.24	27.01	154.51	12.31	7472	7600	–	12346
1987	64.09	28.83	158.92	13.00	7007	5225	–	20137
1988	75.23	42.97	182.80	13.69	7280	6741	–	19374
1989	81.58	43.98	198.95	14.48	6806	7701	–	21744
1990	87.68	44.71	211.56	14.44	5121	6239	–	20155
"八五"时期								
1991	105.42	56.43	248.33	14.90	5330	7096	–	20119
1992	113.34	61.46	335.61	14.64	7443	8544	–	14896
1993	139.35	69.00	340.35	14.47	6724	10132	–	13205
1994	166.19	66.87	384.00	15.62	3297	9380	–	16062
1995	172.72	68.75	425.02	14.03	4109	5657	–	15046
"九五"时期								
1996	205.49	63.50	379.32	13.73	3855	7125	–	13710
1997	237.70	59.14	392.23	13.89	2526	5656	–	14213
1998	267.33	60.06	379.40	17.29	1508	3615	–	11286
1999	265.29	64.24	474.47	22.91	1955	3738	–	14782
2000	277.04	69.29	485.12	28.41	2908	3078	–	16493
"十五"时期								
2001	293.83	69.81	572.28	28.71	3528	7395	–	14107
2002	394.41	69.12	867.71	28.29	4522	12152	–	16027
2003	507.70	77.60	925.20	28.50	6751	19989	–	17040
2004	688.30	74.70	1343.90	40.30	8904	29648	–	16336
2005	1046.60	90.80	1595.70	28.90	7166	42214	–	14018
"十一五"时期								
2006	1131.26	100.14	1960.64	31.44	10057	59242	–	22852
2007	1214.90	130.37	733.98	40.31	9473	100133	–	27469
2008	1123.20	124.25	734.58	48.52	5110	109107	8.3	11786
2009	1051.67	128.76	761.72	57.77	2400	129900	9.7	7500
2010	959.33	131.45	729.79	49.09	2165	212047	9.9	8191
"十二五"时期								
2011	835.80	154.48	824.70	44.20	2024	170717	13.0	11461
2012	694.50	156.60	776.00	55.20	4237	141269	14.7	14908
2013	711.14	162.55	782.20	33.29	4297	165963	17.1	14574
2014	746.20	178.47	832.40	28.60	4902	139751	28.1	14070
2015	699.80	175.87	781.50	23.50	3807	96184	40.6	15539

注：按经济普查规定汽车产量不含底盘。

12-4 规模以上工业主要经济指标(2015年)

Main Economic Indicators of Industrial Enterprises Above Designated Size(2015)

指 标	企 业 单位数 (个)	亏 损 企业数 (个)	工业总产值 (现价) (万元)	工业销售产值 (现价) (万元)	全部从业人员 年平均人数 (万人)
总 计	2021	215	5339.97	5397.73	42.16
按登记注册类型分					
内资企业	1854	188	4868.12	4938.71	37.12
国有企业	24	11	204.79	203.98	1.15
中央企业	7	4	149.45	148.73	0.66
地方企业	17	7	55.33	55.25	0.49
集体企业	20	3	31.66	31.42	0.34
股份合作企业	4	1	1.82	1.81	0.03
有限责任公司	799	89	2866.78	2959.80	22.52
国有独资公司	24	8	658.16	655.48	5.08
其他有限责任公司	775	81	2208.62	2304.32	17.44
股份有限公司	84	9	459.22	454.10	3.33
私营企业	914	72	1296.42	1280.19	9.65
私营独资企业	60	4	89.88	89.07	0.54
私营合伙企业	2	1	0.45	0.45	0.01
私营有限责任公司	810	61	1073.31	1059.64	8.29
私营股份有限公司	42	6	132.78	131.03	0.80
其他企业	9	3	7.43	7.41	0.10
港、澳、台商投资企业	50	9	123.15	115.33	1.94
合资经营企业(港或澳、台资)	20	3	58.81	53.85	0.93
合作经营企业(港或澳、台资)	1	0	1.53	1.48	0.03
港澳台商独资经营企业	28	6	55.66	52.02	0.90
港澳台商投资股份有限公司	1	0	7.15	7.98	0.08
外商投资企业	117	18	348.70	343.69	3.10
中外合资经营企业	66	9	175.77	171.42	1.83
中外合作经营企业	4	0	13.79	18.88	0.17
外资企业	45	9	112.44	110.85	1.01
外商投资股份有限公司	2	0	46.71	42.54	0.09
按经济组织类型分					
独资企业	177	33	494.43	487.34	3.94
国有企业	24	11	204.79	203.98	1.15
集体企业	20	3	31.66	31.42	0.34

12-4续1

指　　标	企　业 单位数 （个）	亏　损 企业数 （个）	工业总产值 （现价） （万元）	工业销售产值 （现价） （万元）	全部从业人员 年平均人数 （万人）
私营独资企业	60	4	89.88	89.07	0.54
港澳台商独资经营企业	28	6	55.66	52.02	0.90
外资企业	45	9	112.44	110.85	1.01
合作、合伙企业	20	5	25.02	30.03	0.33
股份合作企业	4	1	1.82	1.81	0.03
私营合伙企业	2	1	0.45	0.45	0.01
合作经营企业(港或澳、台资)	1	0	1.53	1.48	0.03
中外合作经营企业	4	0	13.79	18.88	0.17
其他企业（内资）	9	3	7.43	7.41	0.10
股份有限公司	129	15	645.85	635.65	4.31
股份有限公司(内资)	84	9	459.22	454.10	3.33
私营股份有限公司	42	6	132.78	131.03	0.80
港澳台商投资股份有限公司	1	0	7.15	7.98	0.08
外商投资股份有限公司	2	0	46.71	42.54	0.09
有限责任公司	1695	162	4174.67	4244.71	33.58
国有独资公司	24	8	658.16	655.48	5.08
私营有限责任公司	810	61	1073.31	1059.64	8.29
合资经营企业(港或澳、台资)	20	3	58.81	53.85	0.93
中外合资经营企业	66	9	175.77	171.42	1.83
其他有限责任公司	775	81	2208.62	2304.32	17.44
按轻重工业分					
轻工业	549	49	1122.80	1104.18	10.51
重工业	1472	166	4217.18	4293.55	31.65
按企业规模分					
大型企业	45	7	2274.64	2381.51	16.74
中型企业	183	34	926.07	909.94	9.64
小型企业	1793	174	2139.26	2106.28	15.78
按工业行业分					
煤炭开采和洗选业	4	4	3.25	3.34	0.12
石油和天然气开采业	3	1	15.13	15.13	0.10
黑色金属矿采选业	3	1	3.28	3.28	0.06
非金属矿采选业	10	0	19.64	19.56	0.15

12-4续2

指　　标	企　业 单位数 （个）	亏　损 企业数 （个）	工业总产值 （现价） （万元）	工业销售产值 （现价） （万元）	全部从业人员 年平均人数 （万人）
农副食品加工业	74	5	115.03	113.88	0.72
食品制造业	63	6	133.10	128.28	1.43
酒、饮料和精制茶制造业	26	1	92.18	94.90	1.23
烟草制品业	2	0	116.17	115.88	0.19
纺织业	50	7	94.00	92.76	0.89
纺织服装、服饰业	31	2	35.00	34.39	0.69
皮革、毛皮、羽毛及其制品和制鞋业	9	1	10.02	9.86	0.18
木材加工和木、竹、藤、棕、草制品业	23	0	25.26	24.82	0.16
家具制造业	8	0	11.33	11.09	0.10
造纸和纸制品业	29	3	30.50	29.87	0.37
印刷和记录媒介复制业	43	4	38.56	39.09	0.62
文教、工美、体育和娱乐用品制造业	27	2	29.81	29.10	0.29
石油加工、炼焦和核燃料加工业	14	4	243.32	241.76	0.32
化学原料和化学制品制造业	137	12	424.24	418.89	2.50
医药制造业	69	7	213.47	208.27	1.90
化学纤维制造业	5	0	5.28	4.94	0.04
橡胶和塑料制品业	67	4	95.58	93.87	0.52
非金属矿物制品业	194	18	349.12	339.99	2.82
黑色金属冶炼和压延加工业	35	4	354.53	491.63	3.90
有色金属冶炼和压延加工业	14	2	23.23	23.13	0.11
金属制品业	221	14	397.12	390.71	3.03
通用设备制造业	292	48	481.15	480.16	4.68
专用设备制造业	176	14	190.76	187.38	2.08
汽车制造业	85	8	550.05	541.74	4.42
铁路、船舶、航空航天和其他运输设备制造业	32	5	97.83	96.45	1.14
电气机械和器材制造业	97	16	320.20	315.17	1.90
计算机、通信和其他电子设备制造业	54	6	456.83	440.55	2.83
仪器仪表制造业	62	5	55.87	54.65	0.71
其他制造业	2	0	0.88	0.88	0.01
废弃资源综合利用业	3	1	2.21	2.21	0.02
金属制品、机械和设备修理业	4	0	11.48	11.51	0.19
电力、热力生产和供应业	25	3	253.79	253.72	1.17
燃气生产和供应业	18	4	25.24	19.49	0.32
水的生产和供应业	10	3	15.53	15.43	0.26

12-5 规模以上国有及国有控股工业主要经济指标(2015年)

Main Economic Indicators of State-Owned and State-Controlled Industrial Enterprises Above Designated Size(2015)

指　　标	企　业单位数（个）	亏　损企业数（个）	工业总产值（现价）（万元）	工业销售产值（现价）（万元）	全部从业人员年平均人数（万人）
总　计	155	39	20935457	22024818	15.39
按登记注册类型分					
内资企业	140	35	20511111	21658045	14.75
国有企业	24	11	2047887	2039751	1.15
中央企业	7	4	1494544	1487281	0.66
地方企业	17	7	553343	552470	0.49
有限责任公司	104	23	15920546	17109376	12.75
国有独资公司	24	8	6581622	6554813	5.08
其他有限责任公司	80	15	9338924	10554563	7.66
股份有限公司	12	1	2542678	2508919	0.85
港、澳、台商投资企业	4	0	152974	102382	0.27
合资经营企业(港或澳、台资)	4	0	152974	102382	0.27
外商投资企业	11	4	271372	264391	0.37
中外合资经营企业	10	4	254142	247161	0.36
中外合作经营企业	1	0	17230	17230	0.01
按轻重工业分					
轻工业	37	8	1838088	1819498	1.72
重工业	118	31	19097369	20205320	13.67
按企业规模分					
大型企业	21	5	17472528	18642611	11.46
中型企业	49	14	2096646	2011649	2.74
小型企业	85	20	1366283	1370559	1.20
按工业行业分					
煤炭开采和洗选业	4	4	32500	33365	0.12
石油和天然气开采业	3	1	151265	151265	0.10
黑色金属矿采选业	1	0	28336	28336	0.05

12–5续

指　　标	企　业 单位数 （个）	亏　损 企业数 （个）	工业总产值 （现价） （万元）	工业销售产值 （现价） （万元）	全部从业人员 年平均人数 （万人）
非金属矿采选业	1	0	5611	5611	0.01
农副食品加工业	3	1	18301	17443	0.04
食品制造业	3	0	27490	27490	0.06
酒、饮料和精制茶制造业	3	0	107956	104113	0.14
烟草制品业	2	0	1161745	1158784	0.19
纺织业	3	1	41618	37521	0.18
纺织服装、服饰业	1	0	6390	5671	0.05
造纸和纸制品业	1	0	4760	4760	0.03
印刷和记录媒介复制业	5	0	50782	52231	0.16
石油加工、炼焦和核燃料加工业	3	1	2328402	2311666	0.25
化学原料和化学制品制造业	11	3	521899	501465	0.78
医药制造业	3	1	46887	45873	0.11
非金属矿物制品业	7	1	88457	88152	0.13
黑色金属冶炼和压延加工业	3	1	2921198	4299483	3.27
金属制品业	11	1	254380	244511	0.29
通用设备制造业	15	5	668079	707550	1.25
专用设备制造业	4	0	90566	85957	0.22
汽车制造业	4	2	4383940	4317923	3.07
铁路、船舶、航空航天和其他运输设备制造业	8	3	733279	729125	0.78
电气机械和器材制造业	17	4	770617	774833	0.70
计算机、通信和其他电子设备制造业	8	5	3697471	3555323	1.81
仪器仪表制造业	2	0	60136	56506	0.08
废弃资源综合利用业	1	0	10662	10662	0.01
金属制品、机械和设备修理业	1	0	43559	43559	0.01
电力、热力生产和供应业	15	2	2411469	2411469	1.04
燃气生产和供应业	8	1	159759	106231	0.25
水的生产和供应业	4	2	107942	107942	0.21

12-6 规模以上私营工业企业主要经济指标(2015年)

Main Economic Indicators of Private Industrial Enterprises Above Designated Size(2015)

指　　标	企　业 单位数 (个)	#亏　损 企业数 (个)	工业总产值 (现价) (万元)	工业销售产值 (现价) (万元)	全部从业人员 年平均人数 (万人)
总　计	914	72	12964237	12801892	9.65
按登记注册类型分组					
内资企业	914	72	12964237	12801892	9.65
私营企业	914	72	12964237	12801892	9.65
私营独资企业	60	4	898825	890702	0.54
私营合伙企业	2	1	4539	4473	0.01
私营有限责任公司	810	61	10733098	10596384	8.29
私营股份有限公司	42	6	1327775	1310333	0.80
按轻重工业分					
轻工业	242	13	3024532	2990975	2.76
重工业	672	59	9939706	9810917	6.88
按企业规模分					
大型企业	3	0	993116	1002498	0.84
中型企业	32	3	1936569	1917064	1.50
小型企业	879	69	10034552	9882331	7.30
按工业行业分					
黑色金属矿采选业	1	1	2380	2380	0.00
非金属矿采选业	4	0	170600	170331	0.11
农副食品加工业	39	2	634785	626674	0.34
食品制造业	19	4	294816	292848	0.30
酒、饮料和精制茶制造业	7	1	295783	304424	0.46
纺织业	23	0	255531	252219	0.18
纺织服装、服饰业	12	0	114589	111710	0.17
皮革、毛皮、羽毛及其制品和制鞋业	5	0	37019	35798	0.08
木材加工和木、竹、藤、棕、草制品业	11	0	128952	126646	0.08

12-6续

指　　标	企　业 单位数 （个）	亏　损 企业数 （个）	工业总产值 （现价） （万元）	工业销售产值 （现价） （万元）	全部从业人员 年平均人数 （万人）
家具制造业	6	0	84517	82772	0.07
造纸和纸制品业	19	2	185490	182572	0.20
印刷和记录媒介复制业	25	0	170829	168079	0.19
文教、工美、体育和娱乐用品制造业	12	1	121258	118676	0.14
石油加工、炼焦和核燃料加工业	7	2	88944	89999	0.06
化学原料和化学制品制造业	65	4	1801379	1780862	0.85
医药制造业	25	1	393328	388259	0.21
化学纤维制造业	1	0	4236	1128	0.01
橡胶和塑料制品业	32	1	506837	496711	0.22
非金属矿物制品业	94	9	1061773	1042614	0.94
黑色金属冶炼和压延加工业	17	1	189188	186223	0.13
有色金属冶炼和压延加工业	4	0	27633	27366	0.02
金属制品业	108	6	1752802	1731077	1.09
通用设备制造业	138	17	1877956	1856269	1.30
专用设备制造业	94	10	851241	832159	0.92
汽车制造业	37	0	425684	421046	0.38
铁路、船舶、航空航天和其他运输设备制造业	11	1	127108	124648	0.11
电气机械和器材制造业	37	5	847314	841550	0.39
计算机、通信和其他电子设备制造业	20	1	222972	221095	0.33
仪器仪表制造业	31	1	220802	217808	0.32
其他制造业	2	0	8781	8781	0.01
废弃资源综合利用业	1	0	7106	7106	0.00
电力、热力生产和供应业	1	0	17085	17085	0.01
燃气生产和供应业	3	2	15153	15153	0.01
水的生产和供应业	3	0	20369	19825	0.02

指 标	流动资产合 计			固定资产合 计	固定资产原 价
		应收账款	存货		
总 计	2887.54	690.72	715.40	1211.88	1845.83
按登记注册类型分					
内资企业	2614.09	630.67	668.28	1049.24	1597.45
国有企业	63.18	16.19	12.19	79.48	121.32
中央企业	42.55	12.06	10.13	44.84	59.05
地方企业	20.63	4.13	2.05	34.64	62.27
集体企业	8.96	2.88	2.85	6.33	7.36
股份合作企业	0.53	0.21	0.09	0.18	0.30
有限责任公司	1958.32	436.63	505.00	672.80	999.99
国有独资公司	840.61	99.92	220.24	224.59	348.08
其他有限责任公司	1117.71	336.71	284.76	448.21	651.91
股份有限公司	185.95	50.07	43.85	100.64	169.14
私营企业	389.00	123.07	103.29	189.09	298.09
私营独资企业	8.01	2.42	2.44	5.20	7.01
私营合伙企业	0.17	0.08	0.04	0.09	0.13
私营有限责任公司	319.64	101.38	89.33	159.79	255.25
私营股份有限公司	61.18	19.18	11.49	24.00	35.70
其他企业	8.15	1.61	1.01	0.72	1.25
港、澳、台商投资企业	102.42	16.42	13.18	73.49	107.39
合资经营企业(港或澳、台资)	57.07	8.15	5.26	28.09	49.19
合作经营企业(港或澳、台资)	0.90	0.00	0.50	0.01	0.05
港澳台商独资经营企业	35.66	7.08	7.13	41.86	51.84
港澳台商投资股份有限公司	8.80	1.19	0.29	3.52	6.30
外商投资企业	171.03	43.64	33.94	89.15	140.99
中外合资经营企业	74.11	26.67	17.40	49.71	83.54
中外合作经营企业	11.06	2.31	1.47	3.78	7.65
外资企业	61.49	13.85	11.87	33.64	47.06
外商投资股份有限公司	24.37	0.80	3.21	2.02	2.74
按经济组织类型分					
独资企业	177.30	42.43	36.48	166.52	234.58
国有企业	63.18	16.19	12.19	79.48	121.32
集体企业	8.96	2.88	2.85	6.33	7.36
私营独资企业	8.01	2.42	2.44	5.20	7.01

业 资 产 实 力 （2015年）

Above Designated Size(2015)

单位:亿元

流动负债合计	非流动负债合计	所有者权益合计		
			实收资本	国家资本
2204.12	496.45	2159.78	924.93	271.32
2034.44	461.92	1877.80	801.03	258.23
68.50	18.11	57.03	46.15	45.34
41.56	6.09	40.46	40.05	40.05
26.95	12.03	16.57	6.09	5.28
6.15	2.03	6.55	1.45	0.10
0.22	0.00	0.60	0.21	0.00
1536.10	402.62	1270.24	535.73	180.29
693.84	247.03	382.94	242.48	55.05
842.26	155.59	887.30	293.25	125.24
131.29	10.97	205.16	75.28	31.25
284.06	28.18	336.76	140.43	1.26
5.06	0.14	10.09	3.58	0.00
0.14	0.01	0.07	0.03	0.00
233.66	24.15	273.50	120.88	0.93
45.20	3.87	53.10	15.94	0.34
8.11	0.01	1.46	1.79	0.00
61.73	17.99	111.33	46.55	5.71
32.28	9.73	53.32	19.77	5.38
0.27	0.00	0.65	0.05	0.00
25.41	8.25	44.85	23.09	0.00
3.77	0.01	12.51	3.64	0.33
107.96	16.54	170.65	77.36	7.38
54.55	7.83	69.43	40.78	7.03
3.73	0.00	11.83	1.94	0.35
38.33	8.33	60.12	26.97	0.00
11.35	0.37	29.27	7.68	0.00
143.45	36.87	178.64	101.23	45.43
68.50	18.11	57.03	46.15	45.34
6.15	2.03	6.55	1.45	0.10
5.06	0.14	10.09	3.58	0.00

12-7续1

指　　标	流动资产合　计	应收账款	存货	固定资产合　计	固定资产原　价
港澳台商独资经营企业	35.66	7.08	7.13	41.86	51.84
外资企业	61.49	13.85	11.87	33.64	47.06
合作、合伙企业	20.81	4.22	3.11	4.78	9.39
股份合作企业	0.53	0.21	0.09	0.18	0.30
私营合伙企业	0.17	0.08	0.04	0.09	0.13
合作经营企业(港或澳、台资)	0.90	0.00	0.50	0.01	0.05
中外合作经营企业	11.06	2.31	1.47	3.78	7.65
其他企业(内资)	8.15	1.61	1.01	0.72	1.25
股份有限公司	280.29	71.24	58.82	130.17	213.88
股份有限公司(内资)	185.95	50.07	43.85	100.64	169.14
私营股份有限公司	61.18	19.18	11.49	24.00	35.70
港澳台商投资股份有限公司	8.80	1.19	0.29	3.52	6.30
外商投资股份有限公司	24.37	0.80	3.21	2.02	2.74
有限责任公司	2409.14	572.83	616.98	910.40	1387.98
国有独资公司	840.61	99.92	220.24	224.59	348.08
私营有限责任公司	319.64	101.38	89.33	159.79	255.25
合资经营企业(港或澳、台资)	57.07	8.15	5.26	28.09	49.19
中外合资经营企业	74.11	26.67	17.40	49.71	83.54
其他有限责任公司	1117.71	336.71	284.76	448.21	651.91
按轻重工业分					
轻工业	493.09	77.13	91.18	235.80	362.16
重工业	2394.45	613.59	624.22	976.08	1483.67
按企业规模分					
大型企业	1584.25	285.11	366.94	539.70	823.31
中型企业	582.94	186.31	137.09	299.31	477.47
小型企业	720.35	219.30	211.37	372.87	545.06
按工业行业分					
煤炭开采和洗选业	6.51	0.26	0.50	7.33	10.33
石油和天然气开采业	32.52	31.60	0.06	12.18	27.92
黑色金属矿采选业	3.93	0.26	0.27	0.86	2.15
非金属矿采选业	2.17	0.74	0.65	1.66	7.31
农副食品加工业	17.98	5.13	6.41	14.46	20.68

单位:亿元

流动负债合计	非流动负债合计	所有者权益合计	实收资本	国家资本
25.41	8.25	44.85	23.09	0.00
38.33	8.33	60.12	26.97	0.00
12.47	0.03	14.60	4.02	0.35
0.22	0.00	0.60	0.21	0.00
0.14	0.01	0.07	0.03	0.00
0.27	0.00	0.65	0.05	0.00
3.73	0.00	11.83	1.94	0.35
8.11	0.01	1.46	1.79	0.00
191.62	15.23	300.04	102.53	31.92
131.29	10.97	205.16	75.28	31.25
45.20	3.87	53.10	15.94	0.34
3.77	0.01	12.51	3.64	0.33
11.35	0.37	29.27	7.68	0.00
1856.59	444.32	1666.50	717.16	193.62
693.84	247.03	382.94	242.48	55.05
233.66	24.15	273.50	120.88	0.93
32.28	9.73	53.32	19.77	5.38
54.55	7.83	69.43	40.78	7.03
842.26	155.59	887.30	293.25	125.24
326.88	50.60	470.93	141.94	32.11
1877.24	445.85	1688.85	783.00	239.22
1254.66	357.64	987.17	417.78	159.65
412.53	65.90	523.81	201.56	63.30
536.93	72.91	648.80	305.59	48.38
9.76	0.13	−1.13	2.50	0.00
3.24	1.39	40.14	4.88	3.90
2.37	0.25	3.93	1.59	1.46
0.95	0.08	3.89	1.33	0.50
14.51	1.95	17.77	5.18	0.24

12-7续2

指　　标	流动资产合　计			固定资产合　计	固定资产原　价
		应收账款	存货		
食品制造业	44.06	7.06	10.29	33.02	42.90
酒、饮料和精制茶制造业	26.38	3.82	7.25	26.40	44.23
烟草制品业	13.10	0.02	0.00	2.16	6.53
纺织业	23.39	3.44	9.34	19.89	26.25
纺织服装、服饰业	7.81	1.59	2.76	9.43	19.11
皮革、毛皮、羽毛及其制品和制鞋业	2.16	0.41	0.68	0.89	1.11
木材加工和木、竹、藤、棕、草制品业	3.10	0.79	1.20	5.24	6.62
家具制造业	2.30	0.39	0.86	1.44	1.62
造纸和纸制品业	7.95	1.98	3.10	4.40	6.45
印刷和记录媒介复制业	25.86	8.05	3.65	14.60	23.69
文教、工美、体育和娱乐用品制造业	4.84	1.32	1.58	4.34	5.37
石油加工、炼焦和核燃料加工业	24.08	3.77	16.53	46.88	81.90
化学原料和化学制品制造业	153.69	32.68	39.45	106.32	159.64
医药制造业	217.85	30.93	27.33	57.03	89.23
化学纤维制造业	3.91	0.83	1.53	1.04	1.71
橡胶和塑料制品业	19.29	9.16	5.34	9.88	14.19
非金属矿物制品业	176.46	58.92	28.23	78.82	139.39
黑色金属冶炼和压延加工业	148.28	51.70	29.61	37.37	72.24
有色金属冶炼和压延加工业	5.41	1.90	2.58	1.05	1.89
金属制品业	137.52	40.67	32.63	55.12	82.71
通用设备制造业	260.55	69.30	79.92	118.41	159.78
专用设备制造业	99.16	32.44	30.83	27.75	45.21
汽车制造业	743.03	92.16	203.27	137.31	232.50
铁路、船舶、航空航天和其他运输设备制造业	57.59	25.63	17.25	53.87	52.58
电气机械和器材制造业	241.23	82.79	74.63	57.43	71.88
计算机、通信和其他电子设备制造业	204.87	62.10	62.26	43.67	64.28
仪器仪表制造业	38.16	13.76	10.54	9.58	11.34
其他制造业	0.85	0.06	0.05	0.00	0.00
废弃资源综合利用业	1.05	0.34	0.17	0.26	0.71
金属制品、机械和设备修理业	3.03	1.38	0.86	3.48	5.99
电力、热力生产和供应业	53.91	7.42	2.58	163.95	242.36
燃气生产和供应业	37.68	2.56	0.45	18.36	24.71
水的生产和供应业	35.92	3.39	0.75	26.00	39.31

单位:亿元

流动负债合计	非流动负债合计	所有者权益合计		
			实收资本	国家资本
38.31	2.94	47.52	15.06	0.10
24.41	1.48	29.90	18.63	6.93
7.75	2.97	26.53	12.62	12.62
26.09	2.31	23.18	8.81	0.09
5.36	2.36	11.41	5.40	0.08
2.05	0.03	1.24	0.33	0.00
3.54	0.59	4.73	2.04	0.00
0.54	0.18	2.72	1.00	0.00
7.50	0.17	5.74	2.81	0.05
14.12	1.54	29.57	12.78	1.24
4.68	0.19	5.80	1.32	0.00
45.19	0.44	27.49	39.09	29.82
169.28	43.85	102.27	38.95	5.23
106.74	6.45	186.04	21.59	0.10
2.05	0.00	3.08	1.23	0.00
7.03	0.87	19.68	8.79	0.00
117.10	14.06	111.39	35.12	0.49
117.45	42.63	156.70	42.95	32.08
3.71	0.03	3.22	1.07	0.00
78.78	3.96	125.24	37.79	4.14
182.19	14.36	250.49	115.18	54.53
62.46	5.92	77.43	30.77	1.65
586.17	194.00	339.42	223.08	21.90
75.90	7.71	38.15	24.47	13.66
167.99	12.63	175.76	73.17	28.22
137.30	28.61	119.51	37.92	8.98
25.86	1.41	28.25	14.98	3.29
1.32	0.00	0.27	0.51	0.00
0.85	0.00	0.46	0.22	0.09
1.38	0.07	5.54	2.76	1.75
96.30	63.03	82.19	50.82	24.37
27.58	10.25	31.50	14.16	4.64
26.32	27.60	22.77	14.03	9.16

12-8 规模以上国有及

Capital Power of State-Owned and State-Controlled

指　　标	流动资产合计	应收账款	存货	固定资产合计	固定资产原价
总　计	15050380	3246942	3766373	6120686	9348346
按登记注册类型分					
内资企业	14591078	3146179	3723595	5817071	8884257
国有企业	631780	161948	121851	794825	1213178
中央企业	425454	120615	101310	448439	590473
地方企业	206327	41333	20541	346386	622705
有限责任公司	13571123	2859123	3424389	4534916	6750134
国有独资公司	8406110	999159	2202406	2245929	3480758
其他有限责任公司	5165013	1859964	1221984	2288987	3269375
股份有限公司	388174	125108	177354	487331	920945
港、澳、台商投资企业	253510	15610	4713	152237	223608
合资经营企业(港或澳、台资)	253510	15610	4713	152237	223608
外商投资企业	205792	85154	38065	151378	240481
中外合资经营企业	200294	84901	37853	138765	227811
中外合作经营企业	5498	253	212	12614	12671
按轻重工业分					
轻工业	822882	101022	120618	520362	853936
重工业	14227498	3145920	3645755	5600325	8494410
按企业规模分					
大型企业	12107813	2155519	3157358	4108193	6267144
中型企业	1954808	811635	401131	1424872	2196545
小型企业	987759	279789	207884	587621	884657
按工业行业分					
煤炭开采和洗选业	65052	2579	4969	73269	103335
石油和天然气开采业	325175	315954	560	121828	279200
黑色金属矿采选业	38354	2370	2573	8137	20234

国 有 控 股 工 业 资 产 实 力 （2015年）

Industrial Enterprises Above Designated Size(2015)

单位:万元

流动负债合计	非流动负债合计	所有者权益合计		
			实收资本	国家资本
13059642	4058406	9209735	5151432	2629326
12705098	3935212	8750004	4890972	2522195
685015	181135	570300	461471	453371
415561	60865	404585	400529	400529
269454	120269	165715	60942	52842
11483264	3740749	7818662	4082790	1766729
6938390	2470285	3829408	2424817	550453
4544874	1270463	3989254	1657973	1216275
536818	13329	361041	346712	302095
175360	77372	243788	110970	50753
175360	77372	243788	110970	50753
179184	45822	215944	149491	56378
179184	45822	194049	149441	56378
0	0	21895	50	0
749458	322497	762735	436446	303906
12310184	3735909	8447001	4714986	2325420
10458551	3458909	6594672	3694717	1596492
1686807	405796	1734888	874131	591936
914284	193701	880176	582584	440898
97596	1311	-11323	25000	0
32405	13930	401401	48800	39000
23069	2532	38081	14580	14580

指　　标	流动资产合　计			固定资产合　计	固定资产原　价
		应收账款	存货		
非金属矿采选业	1180	565	605	0	0
农副食品加工业	19345	2480	9862	12976	15034
食品制造业	6744	86	2450	2143	3614
酒、饮料和精制茶制造业	36375	8623	10489	38850	62589
烟草制品业	130978	218	7	21643	65288
纺织业	43741	2944	26546	9943	26714
纺织服装、服饰业	13539	318	400	9939	11460
造纸和纸制品业	6616	682	886	65	179
印刷和记录媒介复制业	67073	34815	8576	46416	72926
石油加工、炼焦和核燃料加工业	205478	29849	150954	436120	777139
化学原料和化学制品制造业	458879	45988	65667	383200	575365
医药制造业	37478	4690	10001	36354	43317
非金属矿物制品业	61150	27770	8015	31495	68392
黑色金属冶炼和压延加工业	1326170	484402	221733	256791	543178
金属制品业	202851	92932	75096	57904	97042
通用设备制造业	1045984	242033	325081	495108	658780
专用设备制造业	116628	33133	41251	17192	39212
汽车制造业	6944688	771911	1864440	1139852	1961794
铁路、船舶、航空航天和其他运输设备制造业	468066	218850	134735	446604	398134
电气机械和器材制造业	949354	406680	271626	362251	384634
计算机、通信和其他电子设备制造业	1441872	391287	497307	283239	417891
仪器仪表制造业	54584	33704	4661	29374	35318
废弃资源综合利用业	5525	1373	1407	561	2832
金属制品、机械和设备修理业	4783	623	4063	3102	3455
电力、热力生产和供应业	440912	52743	17753	1444136	2169022
燃气生产和供应业	263419	12655	3074	136148	186299
水的生产和供应业	268388	24690	1589	216049	325972

单位:万元

流动负债合计	非流动负债合计	所有者权益合计		
			实收资本	国家资本
0	0	1665	1665	0
26386	2802	4063	5426	2426
3729	0	3536	1430	1030
12091	4990	66659	56711	56372
77452	29744	265325	126201	126201
55671	1092	23976	13150	861
3395	63	26415	800	800
6097	0	663	505	505
30170	6473	79855	48890	9119
400201	392	257945	374443	298235
931572	304519	-36162	75560	45047
69733	8653	39525	16169	0
50443	9084	46927	25515	2380
1007790	412728	1416810	323279	319279
183267	17744	71267	50704	41374
976961	103040	728620	537992	532681
76076	97	73133	30627	11493
5283445	1889988	3045835	2035648	218484
589489	68835	281771	183603	136570
775826	97194	644793	345679	278872
1077790	242692	622130	159360	89232
39256	0	51377	39040	26818
2246	0	3858	1139	854
967	0	8227	6932	6932
838829	538332	636997	392040	233378
175325	65267	253670	105135	45192
212368	236905	162699	105413	91613

指　　标	主营业务收入	主营业务成本	销售费用	主营业务税金及附加	管理费用	税　金
总　计	5417.16	4290.55	191.71	195.55	279.42	14.06
按登记注册类型分						
内资企业	4961.82	3923.29	188.91	173.66	252.95	12.38
国有企业	204.69	79.63	0.37	3.35	10.14	0.45
中央企业	148.45	32.03	0.13	1.01	3.70	0.28
地方企业	56.24	47.60	0.24	2.34	6.44	0.16
集体企业	36.86	31.43	0.66	1.02	1.68	0.06
股份合作企业	1.83	1.51	0.01	0.08	0.12	0.00
有限责任公司	2965.76	2409.88	99.45	115.53	168.10	8.95
国有独资公司	809.29	617.48	81.95	24.73	43.81	2.87
其他有限责任公司	2156.47	1792.40	17.50	90.81	124.29	6.09
股份有限公司	451.88	313.09	73.42	10.15	21.05	0.92
私营企业	1293.23	1081.03	14.84	43.43	51.56	1.99
私营独资企业	90.14	75.85	0.91	2.25	2.50	0.15
私营合伙企业	0.45	0.39	0.01	0.02	0.02	0.00
私营有限责任公司	1072.64	898.18	12.95	35.33	42.62	1.59
私营股份有限公司	130.00	106.60	0.98	5.83	6.42	0.25
其他企业	7.58	6.73	0.15	0.09	0.30	0.01
港、澳、台商投资企业	119.16	95.48	0.67	7.48	8.57	0.80
合资经营企业(港或澳、台资)	59.57	47.22	0.27	5.03	4.15	0.32
合作经营企业(港或澳、台资)	1.48	0.79	0.03	0.29	0.30	0.00
港澳台商独资经营企业	50.19	41.85	0.29	1.75	3.46	0.43
港澳台商投资股份有限公司	7.92	5.62	0.07	0.41	0.66	0.05
外商投资企业	336.18	271.78	2.13	14.41	17.91	0.88
中外合资经营企业	168.76	142.64	1.15	4.76	8.67	0.54
中外合作经营企业	18.92	12.41	0.17	2.46	0.51	0.02
外资企业	107.15	82.54	0.68	2.75	7.71	0.26
外商投资股份有限公司	41.35	34.19	0.13	4.44	1.02	0.07
按经济组织类型分						
独资企业	489.03	311.30	2.91	11.12	25.49	1.33
国有企业	204.69	79.63	0.37	3.35	10.14	0.45
集体企业	36.86	31.43	0.66	1.02	1.68	0.06
私营独资企业	90.14	75.85	0.91	2.25	2.50	0.15

业 损 益 及 分 配 （2015年）

Enterprises Above Designated Size(2015)

单位:亿元

利息支出	利润总额	应交所得税	亏损企业亏损总额	利税总额	应交增值税
61.65	396.13	47.95	25.75	685.71	175.53
59.11	351.19	39.90	22.95	621.64	159.22
1.42	51.76	0.18	3.89	57.14	4.97
0.60	52.08	0.10	2.44	54.84	2.60
0.82	-0.33	0.07	1.44	2.29	2.37
0.23	2.48	0.33	0.10	4.76	1.61
0.03	0.09	0.01	0.01	0.15	0.05
48.37	168.87	24.78	16.26	270.20	79.69
18.30	33.88	3.73	8.99	53.01	15.28
30.08	134.99	21.05	7.27	217.19	64.42
3.10	34.11	5.07	0.45	131.77	24.18
5.79	93.67	9.26	2.15	157.01	48.47
0.10	8.18	0.49	0.02	13.38	4.29
0.00	0.00	0.00	0.00	0.01	0.00
3.96	76.43	7.83	1.70	129.43	40.03
1.74	9.06	0.94	0.43	14.19	4.16
0.16	0.21	0.27	0.09	0.61	0.25
0.89	10.01	2.00	1.08	15.87	5.17
0.33	5.20	1.18	0.14	7.82	2.32
0.00	0.08	0.02	0.00	0.19	0.07
0.56	2.58	0.54	0.94	5.10	2.23
0.00	2.14	0.25	0.00	2.76	0.54
1.65	34.93	6.05	1.72	48.20	11.13
0.94	11.41	1.48	0.92	18.37	5.81
0.01	3.70	0.59	0.00	4.83	0.96
0.69	14.42	3.51	0.80	18.56	3.46
0.01	5.40	0.47	0.00	6.43	0.90
2.99	79.42	5.05	5.76	98.94	16.56
1.42	51.76	0.18	3.89	57.14	4.97
0.23	2.48	0.33	0.10	4.76	1.61
0.10	8.18	0.49	0.02	13.38	4.29

指　　标	主营业务收入	主营业务成本	销售费用	主营业务税金及附加	管理费用	税　金
港澳台商独资经营企业	50.19	41.85	0.29	1.75	3.46	0.43
外资企业	107.15	82.54	0.68	2.75	7.71	0.26
合作、合伙企业	30.24	21.83	0.37	2.94	1.24	0.03
股份合作企业	1.83	1.51	0.01	0.08	0.12	0.00
私营合伙企业	0.45	0.39	0.01	0.02	0.02	0.00
合作经营企业(港或澳、台资)	1.48	0.79	0.03	0.29	0.30	0.00
中外合作经营企业	18.92	12.41	0.17	2.46	0.51	0.02
其他企业（内资）	7.58	6.73	0.15	0.09	0.30	0.01
股份有限公司	631.15	459.50	74.60	20.83	29.15	1.28
股份有限公司(内资)	451.88	313.09	73.42	10.15	21.05	0.92
私营股份有限公司	130.00	106.60	0.98	5.83	6.42	0.25
港澳台商投资股份有限公司	7.92	5.62	0.07	0.41	0.66	0.05
外商投资股份有限公司	41.35	34.19	0.13	4.44	1.02	0.07
有限责任公司	4266.74	3497.92	113.82	160.66	223.54	11.40
国有独资公司	809.29	617.48	81.95	24.73	43.81	2.87
私营有限责任公司	1072.64	898.18	12.95	35.33	42.62	1.59
合资经营企业(港或澳、台资)	59.57	47.22	0.27	5.03	4.15	0.32
中外合资经营企业	168.76	142.64	1.15	4.76	8.67	0.54
其他有限责任公司	2156.47	1792.40	17.50	90.81	124.29	6.09
按轻重工业分						
轻工业	1113.20	782.15	87.40	60.01	52.93	2.51
重工业	4303.95	3508.40	104.31	135.54	226.49	11.54
按企业规模分						
大型企业	2409.92	1779.94	160.17	92.47	135.45	6.69
中型企业	895.35	722.80	9.87	43.93	55.76	3.47
小型企业	2111.89	1787.81	21.68	59.15	88.21	3.89
按工业行业分						
煤炭开采和洗选业	3.97	4.10	0.12	0.06	1.33	0.03
石油和天然气开采业	15.15	11.15	0.84	0.00	0.99	0.05
黑色金属矿采选业	3.37	2.62	0.04	0.07	0.50	0.02
非金属矿采选业	19.06	14.49	0.61	0.81	1.16	0.05
农副食品加工业	115.24	99.75	0.38	3.54	3.61	0.10

单位:亿元

利息支出	利润总额	应交所得税	亏损企业亏损总额	利税总额	应交增值税
0.56	2.58	0.54	0.94	5.10	2.23
0.69	14.42	3.51	0.80	18.56	3.46
0.20	4.09	0.89	0.10	5.80	1.34
0.03	0.09	0.01	0.01	0.15	0.05
0.00	0.00	0.00	0.00	0.01	0.00
0.00	0.08	0.02	0.00	0.19	0.07
0.01	3.70	0.59	0.00	4.83	0.96
0.16	0.21	0.27	0.09	0.61	0.25
4.85	50.71	6.74	0.87	155.15	29.78
3.10	34.11	5.07	0.45	131.77	24.18
1.74	9.06	0.94	0.43	14.19	4.16
0.00	2.14	0.25	0.00	2.76	0.54
0.01	5.40	0.47	0.00	6.43	0.90
53.61	261.91	35.27	19.01	425.82	127.85
18.30	33.88	3.73	8.99	53.01	15.28
3.96	76.43	7.83	1.70	129.43	40.03
0.33	5.20	1.18	0.14	7.82	2.32
0.94	11.41	1.48	0.92	18.37	5.81
30.08	134.99	21.05	7.27	217.19	64.42
4.58	126.30	15.39	4.14	173.99	38.34
57.06	269.83	32.56	21.61	511.72	137.19
42.38	186.43	22.52	10.17	337.50	68.88
11.06	63.38	11.71	7.98	106.68	33.21
8.21	146.32	13.71	7.60	241.53	73.44
0.54	−1.85	0.00	1.85	−1.47	0.41
0.03	2.13	0.45	0.29	4.45	2.82
0.15	0.03	0.02	0.00	0.29	0.31
0.03	1.63	0.31	0.00	3.42	2.14
0.35	6.33	0.47	0.07	9.07	3.30

12-9续2

指　　标	主营业务收入	主营业务成本	销售费用	主营业务税金及附加	管理费用	税　金
食品制造业	129.29	102.52	0.96	5.98	5.79	0.40
酒、饮料和精制茶制造业	90.87	70.55	1.94	6.95	2.82	0.25
烟草制品业	116.17	0.74	78.22	0.02	0.67	0.02
纺织业	89.23	81.26	0.48	1.15	2.30	0.13
纺织服装、服饰业	34.83	29.56	0.23	0.49	2.39	0.11
皮革、毛皮、羽毛及其制品和制鞋业	9.97	8.66	0.36	0.22	0.20	0.01
木材加工和木、竹、藤、棕、草制品业	24.55	20.44	0.31	0.61	0.53	0.01
家具制造业	11.11	9.38	0.05	0.23	0.54	0.00
造纸和纸制品业	30.90	26.61	0.20	0.97	1.36	0.16
印刷和记录媒介复制业	39.36	31.59	0.27	1.21	2.83	0.12
文教、工美、体育和娱乐用品制造业	29.43	24.91	0.38	0.78	1.22	0.02
石油加工、炼焦和核燃料加工业	242.14	155.68	72.05	0.47	5.49	0.39
化学原料和化学制品制造业	412.50	350.99	3.35	13.52	17.38	0.90
医药制造业	213.25	125.21	2.44	27.36	17.59	0.69
化学纤维制造业	5.28	4.12	0.03	0.13	0.32	0.01
橡胶和塑料制品业	93.59	79.59	1.08	2.57	2.88	0.07
非金属矿物制品业	341.89	292.30	2.96	11.78	12.32	0.95
黑色金属冶炼和压延加工业	359.63	341.37	1.35	5.48	16.28	1.72
有色金属冶炼和压延加工业	22.97	21.85	0.06	0.18	0.42	0.03
金属制品业	394.26	325.43	3.91	7.56	14.10	0.79
通用设备制造业	482.03	395.60	5.87	16.30	27.89	1.29
专用设备制造业	184.62	152.31	1.92	6.34	11.02	0.64
汽车制造业	696.66	621.37	4.53	22.83	35.75	2.57
铁路、船舶、航空航天和其他运输设备制造业	104.42	87.14	1.08	3.22	10.11	0.48
电气机械和器材制造业	291.05	247.33	2.09	13.54	14.20	0.85
计算机、通信和其他电子设备制造业	450.77	352.43	2.03	33.86	45.95	0.51
仪器仪表制造业	52.90	39.44	0.40	4.01	4.98	0.09
其他制造业	0.86	0.70	0.02	0.02	0.03	0.00
废弃资源综合利用业	2.20	1.99	0.01	0.03	0.24	0.00
金属制品、机械和设备修理业	11.50	8.95	0.18	0.11	1.22	0.09
电力、热力生产和供应业	252.79	114.91	0.80	0.47	9.65	0.38
燃气生产和供应业	24.79	20.23	0.07	1.88	1.80	0.05
水的生产和供应业	14.55	13.28	0.09	0.78	1.57	0.11

单位:亿元

利息支出	利润总额	应交所得税	亏损企业亏损总额	利税总额	应交增值税
0.40	15.09	2.67	0.11	20.70	8.68
0.29	9.03	1.95	0.08	15.43	8.60
0.02	24.04	0.04	0.00	24.27	0.29
1.27	2.81	0.52	0.56	7.11	4.95
0.15	2.13	0.32	0.02	3.36	1.66
0.03	0.45	0.20	0.11	0.99	0.76
0.09	2.36	0.28	0.00	3.28	1.21
0.02	0.87	0.03	0.00	1.59	0.75
0.08	1.87	0.28	0.05	3.03	1.60
0.17	4.37	0.56	0.05	6.31	2.63
0.15	1.81	0.14	0.03	3.21	1.56
1.23	7.81	1.79	0.62	95.21	89.57
7.30	20.08	2.57	6.81	33.16	16.55
0.59	44.63	6.77	0.62	59.18	22.01
0.01	0.78	0.13	0.00	0.84	0.20
0.38	6.75	0.72	0.09	12.37	6.41
3.00	18.66	2.66	1.05	32.67	17.63
12.02	10.80	0.88	0.10	17.27	9.07
0.04	0.39	0.07	0.02	0.57	0.29
2.30	39.27	4.46	0.69	62.30	28.28
2.63	33.41	4.69	4.69	60.05	32.61
0.94	12.12	0.86	0.43	20.29	9.66
14.66	18.05	3.30	2.00	36.17	23.99
1.27	1.54	0.49	2.67	5.45	4.88
2.22	15.79	1.87	0.82	24.06	10.98
4.56	17.30	2.99	0.50	31.03	17.23
0.20	4.65	0.44	0.07	7.64	3.51
0.00	0.08	0.00	0.00	0.12	0.03
0.01	–0.07	0.01	0.08	0.03	0.10
0.02	1.01	0.13	0.00	1.57	0.78
3.80	67.27	4.17	0.71	30.73	14.51
0.07	2.52	0.61	0.22	2.86	0.99
0.60	0.17	0.10	0.35	0.61	0.65

12-10 规模以上国有及国有

Profit、Loss and Distribution of State-Owned and State-Controlled

指　　标	主营业务收入	主营业务成本	主营业务税金及附加	销售费用	管理费用	税　金
总　计	22378620	16808729	1609939	735447	1353817	72534
按登记注册类型分						
内资企业	21953196	16452057	1608063	712116	1314142	69876
国有企业	2046923	796272	3721	33540	101396	4459
中央企业	1484548	320272	1301	10122	37042	2824
地方企业	562375	476001	2421	23418	64354	1635
有限责任公司	17381969	14036979	883435	657978	1146192	62476
国有独资公司	8092913	6174783	819500	247282	438110	28663
其他有限责任公司	9289056	7862196	63936	410696	708082	33813
股份有限公司	2524304	1618806	720906	20598	66554	2941
港、澳、台商投资企业	155911	126514	361	12838	14911	775
合资经营企业(港或澳、台资)	155911	126514	361	12838	14911	775
外商投资企业	269514	230158	1515	10494	24765	1883
中外合资经营企业	251909	214851	1003	10407	24626	1845
中外合作经营企业	17605	15307	512	87	138	38
按轻重工业分						
轻工业	1828774	547640	794950	57626	86989	4488
重工业	20549846	16261089	814989	677821	1266828	68045
按企业规模分						
大型企业	18954206	13983433	1566137	603979	1049278	53190
中型企业	2042972	1642249	23562	95436	200701	11519
小型企业	1381443	1183047	20240	36032	103839	7825
按工业行业分						
煤炭开采和洗选业	39712	40961	1213	606	13291	320
石油和天然气开采业	151488	111534	8441	0	9886	472
黑色金属矿采选业	29321	21960	434	715	4902	242

控股工业损益及分配（2015年）

Industrial Enterprises Above Designated Size(2015)

单位:万元

利息支出	利润总额	应交所得税	亏损企业亏损总额	利税总额	应交增值税
443718	1324397	136533	162653	2756001	600931
440997	1300447	131701	158997	2721236	592234
14222	517575	1771	38893	571354	49664
6032	520834	1033	24444	548442	25979
8189	-3259	738	14449	22912	23685
413076	694554	112361	119765	1178708	380916
182957	338793	37265	89859	530128	152755
230119	355761	75096	29905	648580	228161
13700	88318	17568	339	971174	161654
439	18365	4258	0	21337	2394
439	18365	4258	0	21337	2394
2281	5585	575	3656	13428	6302
2227	4080	575	3656	10865	5757
55	1505	0	0	2563	546
12480	236643	3006	26241	275586	24754
431238	1087755	133527	136412	2480414	576177
386117	1177568	101511	93372	2438245	474637
42788	90739	29432	40274	188225	73327
14814	56091	5590	29008	129531	52967
5423	-18454	0	18454	-14708	2533
345	21268	4491	2864	44510	14802
1543	264	240	0	2827	2129

12-10续

指　　标	主营业务收入	主营业务成本	主营业务税金及附加	销售费用	管理费用	税　金
非金属矿采选业	5155	4646	16	10	283	0
农副食品加工业	22262	19457	33	1287	1307	95
食品制造业	27490	24422	279	706	689	2
酒、饮料和精制茶制造业	104053	80196	9495	3204	4477	416
烟草制品业	1161745	7374	782210	241	6747	160
纺织业	35263	30711	109	1784	4199	257
纺织服装、服饰业	6632	2104	108	27	2837	6
造纸和纸制品业	4728	4068	112	536	1805	0
印刷和记录媒介复制业	53802	42414	239	601	7684	247
石油加工、炼焦和核燃料加工业	2315043	1464955	719988	1849	50221	3669
化学原料和化学制品制造业	543187	485909	2405	11991	32316	3383
医药制造业	51910	20709	634	23788	6760	430
非金属矿物制品业	87964	78876	506	4047	5467	435
黑色金属冶炼和压延加工业	2937623	2825762	8875	39565	137955	15472
金属制品业	258239	227496	1601	3804	16620	2121
通用设备制造业	703291	541596	4572	39570	93349	6952
专用设备制造业	93067	74273	450	4732	9450	660
汽车制造业	5852996	5250147	32349	201755	305346	21797
铁路、船舶、航空航天和其他运输设备制造业	723690	605154	8160	26558	79809	4005
电气机械和器材制造业	724808	581029	3071	46282	64831	5209
计算机、通信和其他电子设备制造业	3670665	2884440	15347	294179	377209	1107
仪器仪表制造业	56506	40376	464	4721	7111	262
废弃资源综合利用业	9916	8851	64	181	719	0
金属制品、机械和设备修理业	43559	37038	613	108	124	0
电力、热力生产和供应业	2407118	1067918	7162	1866	85149	3356
燃气生产和供应业	158812	127647	439	14141	12107	326
水的生产和供应业	98579	96707	552	6596	11168	1137

单位:万元

利息支出	利润总额	应交所得税	亏损企业亏损总额	利税总额	应交增值税
0	154	0	0	287	117
647	–56	118	533	143	165
0	1490	221	0	2119	351
498	6741	1040	0	21786	5550
226	240412	416	0	242702	1026
177	89	3	114	969	772
0	1716	0	0	2720	897
0	69	17	0	237	56
444	4060	236	0	7057	2659
9981	74324	16297	2420	945767	151436
48575	–41510	247	55396	–34429	4122
1409	2142	645	1923	7352	4577
718	977	363	2512	5120	3637
117905	79642	6581	164	127817	39300
1701	2184	503	3368	11669	7883
8965	33155	9247	27727	71111	33079
2017	4043	538	0	7755	3261
138553	132690	28650	3206	274803	109764
11488	–8659	1873	24444	20330	20803
15242	17778	2277	3580	28592	7419
41346	95161	18031	4804	200911	90402
72	5723	801	0	8515	2303
143	45	37	0	598	489
24	5652	996	0	7688	1423
31902	645133	37521	6300	737473	85043
45	20572	4931	1364	22788	1646
4329	–2407	215	3481	1494	3288

12-11 分地区规模以上

Main Economic Indicators of Industrial

指　　标	全 市	历下区	市中区	槐荫区	天桥区
企业单位数(个)	2021	33	40	58	66
工业总产值(万元)	53399702	3048805	3008139	1662701	542964
资产与负债(万元)					
资产总计	49895926	1603467	7088543	2418453	1609432
流动资产合计	28887843	792317	4781433	1610474	719519
存货	7157293	249897	1259831	416285	142924
应收账款	6908612	235138	743894	395871	172506
固定资产合计	12120801	666342	961275	555241	618529
流动负债合计	22050676	915923	3589361	1209677	851866
非流动负债合计	4967912	72622	1242185	144263	334888
所有者权益合计	21603189	614266	2256452	1038572	409022
实收资本	9252975	435949	1426203	378877	271266
国家资本	2713610	336232	238303	179663	128857
损益及分配(万元)					
主营业务收入	54171586	3102450	3821097	1629257	592665
主营业务成本	42914901	2123998	3371565	1308009	520334
主营业务税金及附加	1917179	724624	21650	8189	2373
管理费用	2794768	129674	218439	131078	72585
税金	140607	6158	14423	7620	3877
利润总额	3961533	86123	96333	112695	-36915
应交所得税	479528	20563	20233	17721	3127
亏损企业亏损总额	257485	18048	6875	7952	54892
利税总额	6857592	981191	197850	174918	-20654
本年应交增值税	1755488	170401	79840	54024	13887

工 业 主 要 经 济 指 标 （2015年）

Enterprises Above Designated Size(2015)

历城区	长清区	平阴县	济阳县	商河县	章丘市	高新区
179	227	196	226	167	594	234
6018444	2012481	3427406	4769405	1931798	16183354	9650301
8093732	2774217	2958137	2692758	1032621	10024450	9600116
4738509	1537412	1852532	1187154	511748	5195533	5961211
895154	426893	415253	196372	164040	1345853	1644792
1257444	522726	353081	486766	128154	1053350	1559683
1512957	897861	826953	1225630	384841	2821296	1649878
3301381	1276459	1108248	808371	455869	4085282	4448239
680478	260705	151505	195337	68016	1014284	803630
3869984	1122791	1614210	1630088	474696	4352240	4220868
1133682	859878	322367	492307	179978	2013737	1738733
477827	456101	23754	44523	7023	253104	568223
5859170	1947068	3350647	4625367	1883880	16753933	9464801
5066955	1689157	2652020	3627546	1654694	14459446	6441177
35071	11106	21611	45372	13110	204528	829546
332198	139093	148269	250491	58752	544345	769843
23562	10523	12638	7526	2998	31548	19734
387008	20081	355360	498501	79897	1117307	700499
67350	6968	54007	77065	7413	129630	75452
7416	40901	8286	15651	9022	55973	32470
577171	77661	502442	724770	131105	1985168	967749
152969	45809	125185	180864	38046	662477	218410

12-12 规模以上大中型

Main Indicators of Large and

指　　标	企业单位数（个）	亏损企业数（个）	工业总产值（当年价格）（万元）	工业销售产值（当年价格）（万元）
总　计	2021	215	53399702	53977330
按登记注册类型分				
内资企业	1854	188	48681235	49387088
国有企业	24	11	2047887	2039751
中央企业	7	4	1494544	1487281
地方企业	17	7	553343	552470
集体企业	20	3	316581	314182
股份合作企业	4	1	18250	18149
有限责任公司	799	89	28667844	29597970
国有独资公司	24	8	6581622	6554813
其他有限责任公司	775	81	22086222	23043158
股份有限公司	84	9	4592157	4541015
私营企业	914	72	12964237	12801892
私营独资企业	60	4	898825	890702
私营合伙企业	2	1	4539	4473
私营有限责任公司	810	61	10733098	10596384
私营股份有限公司	42	6	1327775	1310333
其他企业	9	3	74279	74129
港、澳、台商投资企业	50	9	1231479	1153316
合资经营企业(港或澳、台资)	20	3	588111	538542
合作经营企业(港或澳、台资)	1	0	15300	14760
港澳台商独资经营企业	28	6	556599	520248
港澳台商投资股份有限公司	1	0	71469	79766
外商投资企业	117	18	3486989	3436926
中外合资经营企业	66	9	1757652	1714172
中外合作经营企业	4	0	137877	188814
外资企业	45	9	1124390	1108549
外商投资股份有限公司	2	0	467070	425391
按轻重工业分				
轻工业	549	49	11227952	11041798
重工业	1472	166	42171750	42935532
按企业规模分				
大型企业	45	7	22746387	23815077
中型企业	183	34	9260685	9099405
小型企业	1793	174	21392630	21062848

工 业 企 业 经 营 情 况 （2015年）

Medium-Sized Enterprises (2015)

资产总计（万元）	负债合计（万元）	主营业务收入（万元）	利润总额（万元）	利税总额（万元）	从业人员平均人数（人）
49877640	28188968	54171586	3961289	6857095	42.16
44879822	26011757	49618175	3511886	6216416	37.12
1523048	915042	2046923	517575	571354	1.15
881059	476474	1484548	520834	548442	0.66
641989	438568	562375	−3259	22912	0.49
159897	91667	368584	24797	47557	0.34
8189	2217	18257	943	1499	0.03
32607659	19878878	29657605	1688694	2702025	22.52
13252828	9423746	8092913	338793	530128	5.08
19354831	10455132	21564693	1349901	2171897	17.44
3507911	1449491	4518794	341066	1317719	3.33
6975483	3591411	12932253	936729	1570144	9.65
187904	86974	901367	81825	133822	0.54
2680	2004	4464	3	115	0.01
5755124	3003769	10726431	764335	1294297	8.29
1029775	498664	1299991	90566	141910	0.80
97636	83052	75759	2082	6120	0.10
1964544	851248	1191629	100056	158663	1.94
953278	420036	595741	51991	78152	0.93
9185	2705	14760	846	1921	0.03
839122	390648	501930	25797	51030	0.90
162959	37859	79198	21422	27559	0.08
3033274	1325963	3361781	349348	482016	3.10
1396053	701759	1687632	114095	183722	1.83
156545	38256	189189	36990	48301	0.17
1070728	468705	1071462	144222	185644	1.01
409947	117243	413498	54041	64349	0.09
8622900	3909429	11132049	1263001	1739870	10.51
41254739	24279539	43039537	2698289	5117225	31.65
26048471	16176744	24099205	1864300	3375005	16.74
10445350	5207248	8953453	633764	1066796	9.64
13383819	6804976	21118928	1463225	2415294	15.78

12-12续

指　　　标	企业单位数（个）	亏损企业数（个）	工业总产值（当年价格）（万元）	工业销售产值（当年价格）（万元）
按工业行业分				
煤炭开采和洗选业	4	4	32500	33365
石油和天然气开采业	3	1	151265	151265
黑色金属矿采选业	3	1	32752	32751
非金属矿采选业	10	0	196353	195624
农副食品加工业	74	5	1150347	1138849
食品制造业	63	6	1331035	1282766
酒、饮料和精制茶制造业	26	1	921827	948978
烟草制品业	2	0	1161745	1158784
纺织业	50	7	939954	927584
纺织服装、服饰业	31	2	350009	343872
皮革、毛皮、羽毛及其制品和制鞋业	9	1	100153	98584
木材加工和森、竹、藤、棕、草制品业	23	0	252632	248181
家具制造业	8	0	113312	110929
造纸和纸制品业	29	3	304968	298696
印刷和记录媒介复制业	43	4	385628	390944
文教、工美、体育和娱乐用品制造业	27	2	298133	290965
石油加工、炼焦和核燃料加工业	14	4	2433220	2417582
化学原料和化学制品制造业	137	12	4242366	4188937
医药制造业	69	7	2134705	2082675
化学纤维制造业	5	0	52835	49351
橡胶和塑料制品业	67	4	955782	938682
非金属矿物制品业	194	18	3491184	3399903
黑色金属冶炼和压延加工业	35	4	3545288	4916349
有色金属冶炼和压延加工业	14	2	232344	231298
金属制品业	221	14	3971202	3907094
通用设备制造业	292	48	4811507	4801641
专用设备制造业	176	14	1907635	1873782
汽车制造业	85	8	5500495	5417384
铁路、船舶、航空航天和其他运输设备制造业	32	5	978311	964521
电气机械和器材制造业	97	16	3202034	3151659
计算机、通信和其他电子设备制造业	54	6	4568304	4405511
仪器仪表制造业	62	5	558692	546526
其他制造业	2	0	8781	8781
废弃资源综合利用业	3	1	22061	22061
金属制品、机械和设备修理业	4	0	114768	115073
电力、热力生产和供应业	25	3	2537880	2537216
燃气生产和供应业	18	4	252432	194914
水的生产和供应业	10	3	155264	154252

资产总计（万元）	负债合计（万元）	主营业务收入（万元）	利润总额（万元）	利税总额（万元）	从业人员平均人数（人）
205616	175589	39712	−18454	−14708	0.12
447736	46335	151488	21268	44510	0.10
65608	26273	33736	297	2946	0.06
53273	14344	190597	16347	34193	0.15
355710	175997	1152432	63290	90654	0.72
894709	418769	1292919	150922	207039	1.43
564027	264997	908704	90323	154336	1.23
372521	107196	1161745	240412	242702	0.19
548262	316000	892339	28121	71111	0.89
194904	79901	348267	21262	33625	0.69
33621	21197	99737	4470	9905	0.18
93226	45906	245486	23615	32760	0.16
45648	18439	111069	8716	15884	0.10
140230	82790	309010	18744	30332	0.37
463930	168279	393600	43693	63149	0.62
110609	52570	294257	18137	32121	0.29
731277	456406	2421423	78096	952079	0.32
3241733	2217818	4124982	200815	331585	2.50
3010221	1149779	2132505	446317	591825	1.90
51418	20637	52753	7782	8418	0.04
359289	149406	935852	67467	123710	0.52
2817985	1704130	3418906	186551	326733	2.82
3178140	1607923	3596295	107992	172664	3.90
73216	41028	229742	3922	5744	0.11
2216293	948570	3942616	392741	623008	3.03
4608192	2100473	4820349	334101	600458	4.68
1533219	750427	1846224	121238	202872	2.08
11218075	7823912	6966619	180459	361694	4.42
1235697	854227	1044157	15410	54495	1.14
3597759	1840145	2910542	157879	240557	1.90
2870169	1673971	4507723	173005	310312	2.83
562620	280146	528967	46536	76357	0.71
15938	13269	8626	822	1157	0.01
13083	8458	21969	−686	291	0.02
69848	14490	115014	10060	15726	0.19
2415259	1593356	2527886	672683	772235	1.17
701256	386218	247851	25249	28558	0.32
767322	539598	145487	1688	6059	0.26

12-13 规模以上大中型工业企业一览表(2015年)

Summary of Large and Medium-Sized Enterprises(2015)

企业名称	登记注册类型	企业规模	所属行业
华能济南黄台发电有限公司	其他有限责任公司	大型	火力发电
浪潮集团有限公司	其他有限责任公司	大型	计算机整机制造
济南锅炉集团有限公司	其他有限责任公司	大型	锅炉及辅助设备制造
济南沃德汽车零部件有限公司	中外合资经营	大型	汽车零部件及配件制造
济钢集团有限公司	其他有限责任公司	大型	钢压延加工
中国石油集团济柴动力总厂	国有	大型	内燃机及配件制造
济南热电有限公司	国有独资公司	大型	热力生产和供应
济南水务集团有限公司	国有独资公司	大型	自来水生产和供应
山东晋煤明水化工集团有限公司	其他有限责任公司	大型	氮肥制造
山东晋煤日月化工有限公司	其他有限责任公司	大型	氮肥制造
济南利民制药有限责任公司	其他有限责任公司	大型	化学药品制剂制造
济南圣泉集团股份有限公司	私营有限股份公司	大型	初级形态塑料及合成树脂制造
卧龙电气章丘海尔电机有限公司	与港澳台商合资经营	大型	微电机及其他电机制造
山东福胶集团有限公司	其他有限责任公司	大型	中成药生产
齐鲁宏业纺织集团有限公司	其他有限责任公司	大型	棉纺纱加工
山东小鸭集团有限责任公司	国有独资公司	大型	制冷、空调设备制造
济南二机床集团有限公司	国有独资公司	大型	金属成形机床制造
济南重工股份有限公司	股份有限公司	大型	矿山机械制造
山东齐鲁电机制造有限公司	国有独资公司	大型	发电机及发电机组制造
济南轻骑摩托车有限公司	国有独资公司	大型	摩托车整车制造
济南轻骑铃木摩托车有限公司	中外合资经营	大型	摩托车整车制造
济南玫德铸造有限公司	股份有限公司	大型	建筑装饰及水暖管道零件制造
齐鲁制药有限公司	其他有限责任公司	大型	化学药品制剂制造
中国重型汽车集团有限公司	国有独资公司	大型	汽车整车制造
济南轨道交通装备有限责任公司	其他有限责任公司	大型	铁路机车车辆及动车组制造
山东力诺太阳能电力股份有限公司	股份有限公司	大型	技术玻璃制品制造
济南金麒麟刹车系统有限公司	股份有限公司	大型	铁路机车车辆配件制造
山东中创软件工程股份有限公司	股份有限公司	大型	其他计算机制造
中国石油化工股份有限公司济南分公司	股份有限公司	大型	原油加工及石油制品制造
积成电子股份有限公司	股份有限公司	大型	其他计算机制造
济南庚辰钢铁有限公司	其他有限责任公司	大型	炼铁
山东大汉建设机械有限公司	其他有限责任公司	大型	起重机制造
山东山水水泥集团有限公司	港澳台商独资	大型	水泥制造
济南裕兴化工有限责任公司	国有独资公司	大型	专项化学用品制造
山东旺旺食品有限公司	外资企业	大型	乳制品制造
山东闽源钢铁有限公司	其他有限责任公司	大型	钢压延加工
费斯托气动有限公司	外资企业	大型	液压和气压动力机械及元件制造
山东佳宝集团有限公司	其他有限责任公司	大型	乳制品制造
济南达利食品有限公司	私营有限责任公司	大型	含乳饮料和植物蛋白饮料制造
山东济华燃气有限公司	与港澳台商合资经营	大型	燃气生产和供应业
济南伊利乳业有限责任公司	其他有限责任公司	大型	乳制品制造
山东同欣电子有限公司	私营有限责任公司	大型	电子元件及组件制造
山东银鹭食品有限公司	中外合资经营	大型	含乳饮料和植物蛋白饮料制造
济南艾尔维制衣有限公司	私营有限责任公司	中型	羽毛(绒)制品加工
济南利源金属制品有限公司	其他有限责任公司	中型	金属结构制造
济南隆泰纺织科技有限公司	私营有限责任公司	中型	棉纺纱加工
济南第一机床有限公司	其他有限责任公司	中型	金属切削机床制造

12-13续1

企业名称	登记注册类型	企业规模	所属行业
济南汇智电力科技有限公司	其他有限责任公司	中型	电力电子元器件制造
济南桃李面包有限公司	私营有限责任公司	中型	糕点、面包制造
山东新华印务有限责任公司	其他有限责任公司	中型	书、报刊印刷
山东重骑摩托车(集团)厂	国有	中型	摩托车整车制造
山东天鹅棉业机械股份有限公司	股份有限公司	中型	棉花加工机械制造
山东电力设备有限公司	其他有限责任公司	中型	变压器、整流器和电感器制造
山东福瑞达医药集团公司	国有	中型	生物药品制造
山东桑乐太阳能有限公司	其他有限责任公司	中型	燃气、太阳能及类似能源家用器具制造
山东省兴业发展有限公司	国有独资公司	中型	机织服装制造
济南长城炼油有限责任公司	其他有限责任公司	中型	原油加工及石油制品制造
济南镇海机械厂	国有	中型	液压和气压动力机械及元件制造
济南市冶金科学研究所有限责任公司	其他有限责任公司	中型	有色金属合金制造
山东宏济堂制药集团有限公司	股份有限公司	中型	中成药生产
济南济钢铁合金厂	集体	中型	铁合金冶炼
中国人民解放军六四五五厂	国有	中型	改装汽车制造
济南金钟电子衡器股份有限公司	股份有限公司	中型	衡器制造
中国人民解放军第七四二三工厂（液压泵）	国有	中型	液压和气压动力机械及元件制造
济南元首针织股份有限公司	股份有限公司	中型	针织或钩针编织物织造
济南瑞通铁路电务有限责任公司	其他有限责任公司	中型	电线、电缆制造
国网山东济南市历城区供电公司	国有	中型	电力供应
济南镁碳砖厂有限公司	股份有限公司	中型	耐火陶瓷制品及其他耐火材料制造
济南沃德机械制造有限公司	股份有限公司	中型	汽车零部件及配件制造
济南野风酥食品有限公司	私营有限责任公司	中型	饼干及其他焙烤食品制造
山东璟华标志服有限责任公司	其他有限责任公司	中型	机织服装制造
山东银鹰炊事机械有限公司	其他有限责任公司	中型	食品、酒、饮料及茶生产专用设备制造
章丘市铜铝铸造厂	集体	中型	汽车零部件及配件制造
国网山东章丘市供电公司	国有	中型	电力供应
山东省章丘鼓风机股份有限公司	股份有限公司	中型	风机、风扇制造
章丘市金属颜料有限公司	其他有限责任公司	中型	锻件及粉末冶金制品制造
山东明威起重设备有限公司	其他有限责任公司	中型	起重机制造
章丘华明水泥有限公司	其他有限责任公司	中型	水泥制造
济南市长清计算机应用公司	集体	中型	供应用仪表及其他通用仪器制造
济南冶金化工设备有限公司	其他有限责任公司	中型	其他专用设备制造
山东宏达科技集团有限公司	股份有限公司	中型	环境保护专用设备制造
山东平阴丰源炭素有限责任公司	其他有限责任公司	中型	石墨及碳素制品制造
济南市平阴县玛钢厂	集体	中型	建筑装饰及水暖管道零件制造
济南市琦泉热电有限责任公司	其他有限责任公司	中型	火力发电
济南黄河特钢有限责任公司	其他有限责任公司	中型	钢压延加工
平阴鲁西装备科技有限公司	股份有限公司	中型	金属压力容器制造
济南乐喜施肥料有限公司	私营有限责任公司	中型	复混肥料制造
国网山东商河县供电公司	国有	中型	电力供应
国网山东济阳县供电公司	国有	中型	电力供应
山东明仁福瑞达制药股份有限公司	股份有限公司	中型	中成药生产
山东鲁得贝车灯股份有限公司	股份有限公司	中型	电气信号设备装置制造
济南天辰机器集团有限公司	私营有限责任公司	中型	其他专用设备制造
保利民爆济南科技有限公司	其他有限责任公司	中型	炸药及火工产品制造
济南晶恒电子有限责任公司	其他有限责任公司	中型	半导体分立器件制造

12-13续2

企业名称	登记注册类型	企业规模	所属行业
山东绿霸化工股份有限公司	股份有限公司	中型	化学试剂和助剂制造
济南德佳机器控股有限公司	私营有限责任公司	中型	玻璃、陶瓷和搪瓷制品生产专用设备制造
山推建友机械股份有限公司	股份有限公司	中型	建筑材料生产专用机械制造
西电济南变压器股份有限公司	股份有限公司	中型	变压器、整流器和电感器制造
山东电工电气日立高压开关有限公司	中外合资经营	中型	配电开关控制设备制造
济南迈克阀门科技有限公司	其他有限责任公司	中型	阀门和旋塞制造
山东输变电设备有限公司	其他有限责任公司	中型	变压器、整流器和电感器制造
济南铸造锻压机械研究所有限公司	国有独资公司	中型	其他金属加工机械制造
国网山东济南市长清区供电公司	国有	中型	电力供应
济南帅潮实业有限公司	私营有限责任公司	中型	弹簧制造
山东上好佳食品工业有限公司	港澳台商独资	中型	饼干及其他焙烤食品制造
济南大阳食品有限公司	私营有限责任公司	中型	禽类屠宰
中电装备山东电子有限公司	中外合资经营	中型	电工仪器仪表制造
济南统一企业有限公司	港澳台商独资	中型	茶饮料及其他饮料制造
济南普利思矿泉水有限公司	其他有限责任公司	中型	瓶（罐）装饮用水制造
中集车辆（山东）有限公司	中外合资经营	中型	改装汽车制造
星铂联雅思达颜料（济南）有限公司	外资企业	中型	涂料制造
济南西门子变压器有限公司	中外合资经营	中型	变压器、整流器和电感器制造
山东润华药业有限公司	其他有限责任公司	中型	中药饮片加工
东港股份有限公司	港澳台商投资股份有限公司	中型	包装装潢及其他印刷
济南台有玻璃制品有限公司	股份有限公司	中型	日用玻璃制品制造
济南弘正科技有限公司	港澳台商独资	中型	摩托车零部件及配件制造
山东圣泉化工股份有限公司	其他有限责任公司	中型	初级形态塑料及合成树脂制造
济阳县济北石化有限责任公司	其他有限责任公司	中型	石油开采
山东鲁信天一印务有限公司	港澳台商独资	中型	包装装潢及其他印刷
济南华鲁食品有限公司	股份有限公司	中型	食品及饲料添加剂制造
山东胜邦绿野化学有限公司	其他有限责任公司	中型	化学农药制造
山东博士伦福瑞达制药有限公司	与港澳台商合资经营	中型	生物药品制造
山东建泽混凝土有限公司	中外合资经营	中型	水泥制品制造
山东福贞金属包装有限公司	外资企业	中型	金属包装容器制造
福士汽车零部件（济南）有限公司	外资企业	中型	汽车零部件及配件制造
山东民基电力装备工程有限公司	私营有限责任公司	中型	变压器、整流器和电感器制造
济南联德重工机械有限公司	其他有限责任公司	中型	锻件及粉末冶金制品制造
济南汇丰炭素有限公司	其他有限责任公司	中型	石墨及碳素制品制造
章丘市顺营冶金辅料有限公司	私营有限责任公司	中型	石灰石、石膏开采
济南华阳炭素有限公司	其他有限责任公司	中型	石墨及碳素制品制造
济南万瑞炭素有限公司	其他有限责任公司	中型	石墨及碳素制品制造
济南娃哈哈恒枫饮料有限公司	中外合资经营	中型	含乳饮料和植物蛋白饮料制造
山东亿同新纸业有限公司	其他有限责任公司	中型	纸和纸板容器制造
济南二机床铸造有限公司	国有独资公司	中型	黑色金属铸造
山东省鲁棉集团天元纺织有限公司	其他有限责任公司	中型	棉纺纱加工
山东宝雅新能源汽车股份有限公司	股份有限公司	中型	汽车整车制造
济南泰鸿汽车零部件有限公司	其他有限责任公司	中型	汽车零部件及配件制造
济南科盛电子有限公司	其他有限责任公司	中型	信息化学品制造
山东太古飞机工程有限公司	中外合资经营	中型	航空航天器修理

12-13续3

企业名称	登记注册类型	企业规模	所属行业
济南趵突泉酿酒有限责任公司	其他有限责任公司	中型	白酒制造
济南腾龙排气管有限公司	其他有限责任公司	中型	风机、风扇制造
华电章丘发电有限公司	其他有限责任公司	中型	火力发电
山东科芯电子有限公司	其他有限责任公司	中型	通信系统设备制造
华熙福瑞达生物医药有限公司	中外合作经营	中型	生物药品制造
山东星科智能科技股份有限公司	股份有限公司	中型	其他电子设备制造
山东华凌电缆有限公司	私营有限责任公司	中型	电线、电缆制造
济南第二汽车配件有限公司	其他内资	中型	汽车零部件及配件制造
济南银鹰食品机械有限公司	中外合资经营	中型	食品、酒、饮料及茶生产专用设备制造
济南中维世纪科技有限公司	私营有限责任公司	中型	其他计算机制造
中闻集团山东印务有限公司	其他有限责任公司	中型	书、报刊印刷
济南钢城矿业有限公司	其他有限责任公司	中型	铁矿采选
济南泉华包装制品有限公司	与港澳台商合资经营	中型	纸和纸板容器制造
山东通发实业有限公司	私营有限责任公司	中型	建筑工程用机械制造
山东鲁能智能技术有限公司	其他有限责任公司	中型	配电开关控制设备制造
济南龙山炭素有限公司	私营有限责任公司	中型	石墨及碳素制品制造
济南宝世达实业发展有限公司	其他有限责任公司	中型	电线、电缆制造
山东山大华天科技集团股份有限公司	股份有限公司	中型	配电开关控制设备制造
章丘重型锻造有限公司	私营有限责任公司	中型	锻件及粉末冶金制品制造
章丘市鲁洪化工有限公司	私营有限股份公司	中型	化学试剂和助剂制造
山东山大电力技术有限公司	其他有限责任公司	中型	其他专用仪器制造
山东力诺瑞特新能源有限公司	中外合资经营	中型	光学玻璃制造
山东宏业纺织股份有限公司	股份有限公司	中型	棉纺纱加工
山东百脉泉酒业有限公司	其他有限责任公司	中型	白酒制造
济南恒升工程机械有限公司	私营有限责任公司	中型	起重机制造
山东同力达智能机械有限公司	其他有限责任公司	中型	其他金属工具制造
济南信和家具有限公司	私营有限责任公司	中型	木质家具制造
济南中燃科技发展有限公司	其他有限责任公司	中型	其他金属加工机械制造
济阳元首针织有限责任公司	其他有限责任公司	中型	针织或钩针编织服装制造
济南澳海炭素有限公司	其他有限责任公司	中型	石墨及碳素制品制造
济南金魁工程机械有限公司	私营有限责任公司	中型	起重机制造
山东力诺特种玻璃股份有限公司	私营有限责任公司	中型	玻璃仪器制造
山东中孚信息产业股份有限公司	私营有限股份公司	中型	电子元件及组件制造
山东华森混凝土有限公司	私营有限责任公司	中型	水泥制品制造
山东大旺食品有限公司	外资企业	中型	饼干及其他焙烤食品制造
山东法因数控机械股份有限公司	股份有限公司	中型	金属切削机床制造
九阳股份有限公司	外商投资股份有限公司	中型	家用厨房电器具制造
济南百事可乐饮料有限公司	与港澳台商合资经营	中型	碳酸饮料制造
济南万方炭素有限责任公司	其他有限责任公司	中型	石墨及碳素制品制造
济南明鑫制药股份有限公司	股份有限公司	中型	化学药品原料药制造
山东奥太电气有限公司	其他有限责任公司	中型	金属切割及焊接设备制造
济南莱钢钢结构有限公司	其他有限责任公司	中型	金属结构制造
山东力诺光伏高科技有限公司	私营有限责任公司	中型	光学玻璃制造
济南巨鑫机车车辆配件有限公司	私营有限责任公司	中型	锻件及粉末冶金制品制造
山东大鲁阁织染工业有限公司	港澳台商独资	中型	棉纺纱加工

12-13续4

企 业 名 称	登记注册类型	企业规模	所 属 行 业
平阴建昌机械制造厂	私营独资	中型	建筑材料生产专用机械制造
济南港华燃气有限公司	与港澳台商合资经营	中型	燃气生产和供应业
山东嘉元食用菌科技有限公司	私营有限责任公司	中型	蔬菜加工
济南喜哥马服装有限公司	与港澳台商合资经营	中型	羽毛(绒)制品加工
济南巨能铁塔制造有限公司	私营有限责任公司	中型	金属结构制造
山东明龙建筑机械有限公司	其他有限责任公司	中型	起重机制造
山东神戎电子股份有限公司	股份有限公司	中型	光电子器件及其他电子器件制造
平阴山水水泥有限公司	与港澳台商合资经营	中型	水泥制造
山东中氟化工科技有限公司	中外合资经营	中型	化学试剂和助剂制造
山东爱普电气设备有限公司	其他有限责任公司	中型	其他输配电及控制设备制造
山东和美华集团有限公司	其他有限责任公司	中型	饲料加工
济南圣泉倍进陶瓷过滤器有限公司	中外合资经营	中型	特种陶瓷制品制造
山东国舜环保设备有限公司	股份有限公司	中型	环境保护专用设备制造
山东神思电子技术股份有限公司	股份有限公司	中型	其他计算机制造
山东科源制药有限公司	其他有限责任公司	中型	化学药品原料药制造
济南思迈迩制衣有限公司	私营有限责任公司	中型	机织服装制造
山东新阳能源有限公司	国有独资公司	中型	烟煤和无烟煤开采洗选
中粮可口可乐饮料(济南)有限公司	中外合作经营	中型	果菜汁及果菜汁饮料制造
山东裕兴电工器材有限公司	私营有限责任公司	中型	电子工业专用设备制造
山东鲁润热能科技有限公司	其他有限责任公司	中型	环境保护专用设备制造
济南圣泉铸造材料有限公司	中外合资经营	中型	初级形态塑料及合成树脂制造
山东冠世针织有限公司	外资企业	中型	针织或钩针编织服装制造
山东北辰机电设备股份有限公司	私营有限股份公司	中型	金属压力容器制造
山东华氟化工有限责任公司	其他有限责任公司	中型	化学试剂和助剂制造
安莉芳(山东)服装有限公司	港澳台商独资	中型	针织或钩针编织服装制造
济南宇飞食品有限公司	其他有限责任公司	中型	禽类屠宰
山东伊莱特重工有限公司	中外合资经营	中型	锻件及粉末冶金制品制造
济南万润肉类加工有限公司	其他有限责任公司	中型	牲畜屠宰
济南吉利汽车有限公司	其他有限责任公司	中型	汽车整车制造
济南时代试金试验机有限公司	其他有限责任公司	中型	电工仪器仪表制造
山东天玉墙体材料有限公司	其他有限责任公司	中型	粘土砖瓦及建筑砌块制造
青岛啤酒(济南)有限公司	其他有限责任公司	中型	啤酒制造
济南泓泉制水有限公司	与港澳台商合资经营	中型	自来水生产和供应
济南海川投资集团有限公司	其他有限责任公司	中型	石墨及碳素制品制造
济南佳明正远服装有限公司	与港澳台商合资经营	中型	机织服装制造
山东金德利集团快餐连锁配送有限责任公司	其他有限责任公司	中型	米、面制品制造
济南轻骑标致摩托车有限公司	中外合资经营	中型	摩托车整车制造
济南宜和食品有限公司	中外合资经营	中型	酱油、食醋及类似制品制造
山东博科生物产业有限公司	其他有限责任公司	中型	医疗实验室及医用消毒设备和器具制造
济南金百利包装用品有限公司	私营有限责任公司	中型	纸和纸板容器制造
济南新峨嵋实业有限公司	其他有限责任公司	中型	锻件及粉末冶金制品制造
章丘市热力公司	国有	中型	热力生产和供应

12-14 主要工业产品生产量(2015年)

Output of Major Industrial Products(2015)

主要工业产品名称	单位	生产量	主要工业产品名称	单位	生产量
铁矿石原矿	万吨	77.5	厚钢板	万吨	163.6
石灰石	万吨	127.8	中板	万吨	192.7
小麦粉	万吨	14.8	中厚宽钢带	万吨	91.5
饲料	万吨	50.6	热轧薄宽钢带	万吨	26.1
配合饲料	万吨	17.8	冷轧薄宽钢带	万吨	38.4
混合饲料	万吨	12.1	镀层板(带)	万吨	13.1
精制食用植物油	万吨	0.4	焊接钢管	万吨	10.9
鲜、冷藏肉	万吨	8.5	用外购国产钢材再加工生产钢材	万吨	37.5
冷冻蔬菜	万吨	5	用外购钢材再加工生产钢材	万吨	37.5
焙烤松脆食品	万吨	0.5	铁合金	万吨	1.6
糖果	万吨	5.4	铝合金	万吨	0.2
速冻食品	万吨	0.5	铜材	万吨	0.4
速冻米面食品	万吨	0.3	铝材	万吨	4.9
乳制品	万吨	39.1	钢结构	万吨	7.2
液体乳	万吨	35.6	金属切削工具	万件	45
固体及半固体乳制品	万吨	3.5	锻件	万吨	119.1
乳粉	万吨	0.1	粉末冶金零件	万吨	0.3
罐头	吨	0.7	电站锅炉	蒸发量吨	9326
酱油	万吨	8.6	工业锅炉	蒸发量吨	2237
冷冻饮品	万吨	2.1	发动机	万千瓦	1673.1
食品添加剂	万吨	1.3	汽车用发动机	万千瓦	1570.3
饮料酒	万千升	30.2	电站用汽轮机	万千瓦	83.7
白酒(折65度,商品量)	万千升	2.5	金属切削机床	台	3807
啤酒	万千升	24.8	数控金属切削机床	台	1918
软饮料	万吨	125.7	金属成形机床	台	1949
碳酸型饮料(汽水)	万吨	42.3	数控金属成形机床(数控锻压设备)	台	248
包装饮用水	万吨	40.5	铸造机械	万台	2.7
果汁和蔬菜汁类饮料	万吨	8.4	机床数控装置	万套	1.3
精制茶	吨	2	起重机	万吨	116.1
卷烟	亿支	542.9	泵	万台	1.6
纱	万吨	17	真空泵	万台	0.9
棉纱	万吨	11.8	气体压缩机	台	768
棉混纺纱	万吨	4.7	非制冷设备用压缩机	台	768
化学纤维纱	万吨	0.5	阀门	万吨	1.3
布	亿米	1.6	液压元件	万件	34.8
棉布	亿米	0.9	气动元件	万件	188.8
棉混纺布	亿米	0.4	滚动轴承	万套	5.4
化学纤维短纤布	亿米	0.2	齿轮	万吨	6.2
无纺布(无纺织物)	万吨	2.9	工业电炉	台	52
服装	万件	8502.2	风机	万台	4.5
梭织服装	万件	3139.4	鼓风机	万台	4

12-14续1

主要工业产品名称	单位	生产量	主要工业产品名称	单位	生产量
羽绒服装	万件	9.6	工商用制冷、空调设备	万台(套)	1.9
衬衫	万件	152.8	电动手提式工具	台	19
针织服装	万件	5362.9	衡器(秤)	万台	0.4
人造板	万立方米	4.1	包装专用设备	台	2454
纤维板	万立方米	4.1	金属密封件	万件	2.8
人造板表面装饰板	万平方米	29	金属紧固件	万吨	2.5
复合木地板	万平方米	21.6	弹簧	万吨	7.1
家具	万件	52.4	矿山专用设备	万吨	2.5
木质家具	万件	27.1	建筑工程用机械	台	370
金属家具	万件	23.2	挖掘、铲土运输机械	台	370
机制纸及纸板(外购原纸加工除外)	万吨	0.3	水泥专用设备	吨	9532
纸制品	万吨	15.7	混凝土机械	台	5026
瓦楞纸箱	万吨	7.6	金属冶炼设备	吨	31104.8
单色印刷品	万令	280.7	炼油、化工生产专用设备	万吨	0.5
多色印刷品	万对开色令	646.1	模具	万套	12.8
精甲醇	万吨	38.6	食品制造机械	台	38
合成氨(无水氨)	万吨	69.9	农产品初加工机械	万台	6.3
农用氮、磷、钾化学肥料(折纯)	万吨	23.5	印刷专用设备	吨	1030
氮肥(折含氮100%)	万吨	23.5	电子工业专用设备	台	69
尿素(折含氮100%)	万吨	23.5	机械化农业及园艺机具	台	319
化学农药原药(折有效成分100%)	万吨	2.3	收获后处理机械	台	319
杀虫剂(杀螨剂)原药	吨	1839	棉花加工机械	台	647
杀菌剂原药	吨	8.2	医疗仪器设备及器械	台	1344
除草剂原药	万吨	1.8	环境污染防治专用设备	台(套)	808
涂料	万吨	6.4	大气污染防治设备	台(套)	121
初级形态塑料	万吨	48.8	水质污染防治设备	台(套)	298
聚丙烯树脂	万吨	12.1	固体废弃物处理设备	台(套)	389
合成橡胶	万吨	1.2	工业机器人	套	57
合成纤维聚合物	吨	14	汽车	万辆	9.6
化学试剂	万吨	1.1	基本型乘用车(轿车)	辆	2682
单晶硅	万千克	6.3	轿车(1升<排量≤1.6升)	辆	316
多晶硅	万千克	182.1	轿车(2.0升<排量≤2.5升)	辆	2366
合成洗涤剂	万吨	3.6	载货汽车	万辆	9.2
化学药品原药	万吨	1	新能源汽车	辆	1281
中成药	万吨	0.4	改装汽车	万辆	0.5
化学纤维	万吨	2.7	铁路货车	辆	1051
合成纤维	万吨	2.7	摩托车整车	万辆	39.1
涤纶纤维	万吨	2.7	发电机组(发电设备)	万千瓦	733
橡胶轮胎外胎	万条	99.1	汽轮发电机组	万千瓦	733
乘用车橡胶轮胎外胎	万条	99.1	电动机	万千瓦	217.1
塑料制品	万吨	13.9	直流电动机	万千瓦	0.6
塑料薄膜	万吨	1.5	交流电动机	万千瓦	216.5
农用薄膜	万吨	0.8	变压器	万千伏安	9493.3

12-14续2

主要工业产品名称	单位	生产量	主要工业产品名称	单位	生产量
泡沫塑料	万吨	4.7	电力变压器，额定容量≥8000kVA，电压≥500kV	万千伏安	4252.6
硅酸盐水泥熟料	万吨	450.6	互感器	万台	2.6
窑外分解窑水泥熟料	万吨	450.6	高压开关板	面	171
水泥	万吨	781.5	低压开关板	面	1760
强度等级42.5水泥（含R型）	万吨	16	通信及电子网络用电缆	万对千米	9.7
商品混凝土	万立方米	1034.7	电力电缆	万千米	12.9
水泥混凝土压力管	千米	1274.5	绝缘制品	吨	701.4
预应力混凝土桩	万米	48.3	家用洗衣机	万台	39.3
砖	亿块	4.3	家用燃气灶具	万台	4.7
天然花岗石建筑板材	万平方米	1.1	太阳能热水器	万平方米	126.3
隔热、隔音人造矿物材料及其制品	万吨	0.7	灯具及照明装置	万套(台个)	5
钢化玻璃	万平方米	30.9	电子计算机整机	万台	64.9
夹层玻璃	万平方米	36.6	微型计算机设备	万台	24.3
中空玻璃	万平方米	33	服务器	万台	40.6
日用玻璃制品	万吨	11	显示器	万台	1
玻璃包装容器	万吨	1.1	微波终端机	万部	4.5
耐火材料制品	万吨	56.1	半导体分立器件	亿只	25.6
石墨及炭素制品	万吨	198.2	集成电路	万块	1309
生铁	万吨	693.8	光电子器件	万只	4.5
粗钢	万吨	699.8	电子元件	亿只	33.5
铸铁件	万吨	38.1	印制电路板	万平方米	67.9
铸钢件	万吨	14.5	工业自动调节仪表与控制系统	万台(套)	3.9
钢材	万吨	724.6	电工仪器仪表	万台	10.7
大型型钢	万吨	11.8	分析仪器及装置	万台(套)	0.8
中小型型钢	万吨	34.1	试验机	万台	0.7
棒材	万吨	104.6	汽车仪器仪表	万台	24
钢筋	万吨	13.6	钟	万只	191.5
特厚板	万吨	24.2	自来水生产量	亿立方米	4.9
原油加工量	万吨	510.0	石油沥青	万吨	2.5
汽油	万吨	164.7	焦炭	万吨	265.6
柴油	万吨	192.0	发电量	亿千瓦时	175.9
燃料油	万吨	2.2	其中：火力发电量	亿千瓦时	165.3
石脑油	万吨	7.1	风力发电量	亿千瓦时	3.3
液化石油气	万吨	32.4	垃圾发电量	亿千瓦时	2.7
石油焦	万吨	31.5	煤气生产量	亿立方米	27.8

12-15 工业企业能源购进、消费及库存(2015年)

Purchases、Consumption and Invetory of Main Energy Source in Industrial Enterprises(2015)

能源名称	计量单位	年初库存量	本年购进量	本年消费			年末库存量
				合计	工业生产消费	非工业生产消费	
能源合计	吨标准煤	–	–	27358229.9	27250148.2	108081.4	–
原煤	吨	891858.1	8160425.0	8896088.3	8878495.6	17592.8	605850.5
洗精煤	吨	189595.0	4011247.0	3895026.0	3895026.0	0.0	298756.0
其他洗煤	吨	197089.0	1967266.0	2048934.0	2048386.0	548.0	109285.0
煤制品	吨	42009.5	861530.1	859356.9	859356.9	0.0	44182.7
焦炭	吨	59880.1	241845.5	3294513.7	3294387.7	126.0	5296.5
天然气	万立方米	0.0	35392.1	35457.0	35229.7	227.3	26.6
液化天然气	吨	0.3	414.9	413.8	413.8	0.0	0.7
原油	吨	58409.7	5114649.1	5100009.5	5100009.5	0.0	73049.3
汽油	吨	347.4	13716.0	13964.5	10381.7	3582.8	132.9
煤油	吨	53.7	1198.2	1175.2	1168.0	7.3	55.3
柴油	吨	976.4	37031.0	37227.6	25117.0	12110.6	918.9
燃料油	吨	0.0	1092.0	2682.0	2682.0	0.0	0.0
液化石油气	吨	0.0	90.6	90.6	86.9	3.7	1.7
炼厂干气	吨	0.0	0.0	192656.0	192656.0	0.0	0.0
其他石油制品	吨	6946.1	26701.4	455618.2	455608.0	10.3	6454.7
热力	百万千焦	0.0	6426115.8	9400257.6	8605783.0	794474.7	0.0
电力	万千瓦时	0.0	1097648.7	1533761.6	1499776.8	33984.8	0.0
其他燃料	吨标准煤	6.0	7510.4	10439.6	10435.6	4.0	4.0

注:按照经济普查要求,免填能源合计中,年初库存、购进量、年末库存。

12-16 工业分行业主要能源消费量(2015年)

Consumption of Main Energy Source in Industrial Enterprises by Sector(2015)

指　　标	原煤（吨）	汽油（吨）	煤油（吨）	柴油（吨）	燃料油（吨）	热　力（百万千焦）	电　力（万千瓦时）
总　计	8896088	13964	1175	37228	2682	9400258	1533762
采矿业	558173	157	0	736	0	15693	15501
煤炭开采和洗选业	557582	14	0	98	0	15693	4585
石油和天然气开采业	0	143	0	38	0	0	6167
黑色金属矿采选业	591	0	0	0	0	0	2211
非金属矿采选业	0	0	0	600	0	0	2538
制造业	3548218	12770	1175	34331	2682	9384564	1286371
农副食品加工业	3461	408	0	173	0	0	8495
食品制造业	15911	570	0	651	41	527130	18216
酒、饮料和精制茶制造业	20152	69	0	358	0	167537	19719
纺织业	2690	121	0	60	0	135170	36072
纺织服装、服饰业	360	71	0	6	0	54186	4841
皮革、毛皮、羽毛(绒)及其制品业	2074	36	0	0	0	0	782
木材加工及木、竹、藤、棕、草制品业	88	264	0	107	0	0	4929
家具制造业	0	6	0	9	0	0	623
造纸及纸制品业	1380	95	0	2	0	0	6778
印刷业和记录媒介的复制	1584	119	8	158	0	26351	7267
文教体育用品制造业	22	273	0	61	0	0	1936
石油加工、炼焦及核燃料加工业	1696	512	0	122	1549	894561	46394
化学原料及化学制品制造业	1502685	621	968	905	0	1673106	214239
医药制造业	94416	788	0	672	0	4812805	71051
化学纤维制造业	45	0	0	0	0	0	1929
橡胶和塑料制品业	761	113	1	122	0	0	16524
非金属矿物制品业	724725	690	0	13142	1092	0	120877
黑色金属冶炼及压延加工业	1004534	388	0	6221	0	678713	418563
有色金属冶炼及压延加工业	1607	118	0	112	0	0	4023
金属制品业	88688	521	2	1406	0	0	76502
通用设备制造业	26065	2636	97	2314	0	4344	53474
专用设备制造业	3154	894	1	354	0	0	21342
汽车制造业	32412	421	52	6315	0	348176	68605
铁路、船舶、航空航天和其他运输设备制造业	9171	363	6	259	0	44416	12883
电气机械及器材制造业	9363	777	41	109	0	17035	25733
计算机、通信和其他电子设备制造业	0	1029	0	45	0	1034	13709
仪器仪表制造业	365	692	0	477	0	0	4830
其他制造业	0	0	0	0	0	0	149
金属制品、机械和设备修理业	807	101	0	97	0	0	562
电力、热力、燃气及水生产和供应业	4789698	1037	0	2161	0	1	231890
电力、热力生产和供应业	4789698	549	0	2006	0	1	212386
燃气生产和供应业	0	286	0	110	0	0	1909
水的生产和供应业	0	202	0	45	0	0	17595

主要统计指标解释

Explanatory Notes on Main Statistical Indicators

按照国家统计方法制度规定，1998年独立核算工业统计范围由原乡及乡以上调整为全部国有及年销售收入500万元以上非国有工业企业，2011年规模以上工业企业统计范围调整为年主营业务收入2000万元以上。同时，统计分类中的原经济组织类型分组相应地调整为按企业登记注册类型分组。

工业 指从事自然资源的开采，对采掘品和农产品进行加工和再加工的物质生产部门。具体包括：(1)对自然资源的开采，如采矿、晒盐、森林采伐等(但不包括禽兽捕猎和水产捕捞)；(2)对农副产品的加工、再加工，如粮油加工、食品加工、轧花、缫丝、纺织、制革等；(3)对采掘品的加工、再加工，如炼铁、炼钢、化工生产、石油加工、机器制造、木材加工等，以及电力、自来水、煤气的生产和供应等；(4)对工业品的修理、翻新，如机器设备的修理、交通运输工具(包括小卧车)的修理等。

1984年以前农村的村及村以下办工业归属农业，1984年以后划归工业。

工业统计调查单位 工业统计调查单位分为两类：独立核算法人工业企业和工业活动单位。

(1)独立核算法人工业企业是指从事工业生产经营活动的单位。独立核算法人工业企业应同时具备以下条件：①依法成立，有自己的名称、组织机构和场所，能够承担民事责任；②独立拥有和使用资产，承担负债，有权与其他单位签订合同；③独立核算盈亏，并能够编制资产负债表。

(2)工业活动单位是指在一个场所从事一种或主要从事一种工业生产活动的经济单位。它包括独立核算工业企业按主营业务活动(即工业生产活动)划分的主营业务活动单位和非工业企业所属的工业生产活动单位(即原非独立核算工业生产单位)。工业活动单位，一般应同时具备以下三个条件：①具有一个场所，从事一种或主要从事一种工业活动；②单独组织工业生产、经营或业务活动；③单独核算收入和支出。

企业登记注册类型 是指具有法人资格的各类企业在工商行政管理机关登记注册的类型。本年鉴中，国有经济、集体经济、股份制经济、国有控股等概念与过去含义有所区别。

(一)国有企业：是指企业全部资产归国有家所有，并按《中华人民共和国企业法人登记管理条例》规定登记注册的非公司制的经济组织。不包括有限责任公司中的国有独资公司。

(二)集体企业：是指企业资产归集体所有，并按《中华人民共和国企业法人登记管理条例》规定登记注册的经济组织。

(三)股份合作企业：是指以合作制为基础，由企业职工共同出资入股，吸收一定比例的社会资产投资组建，实行自主经营，自负盈亏，共同劳动，民主管理，按劳分配下按股分红相结合的一种集体经济组织。

(四)联营企业：是指两个及两个以上相同或不同所有制性质的企业法人或事业单位法人，按自愿、平等、互利的原则，共同投资组成的经济组织。联营企业包括：

1.国有联营企业：指国有企业与国有企业间的联营；

2.集体联营企业：指集体企业与集体企业间的联营；

3.国有与集体联营企业：指国有企业与集体企业间的联营；

4.其他联营企业：指国有企业与私人企业间的联营，集体企业与私人企业间的联营，国有、集体与私人企业间的联营。

(五)有限责任公司：是指根据《中华人民共和国公司登记管理条例》规定登记注册，由两个以上，五十个以下的股东共同出资，每个股东以其所认缴的出资额对公司承担有限责任，公司以其全部资产对其债务承担责任的经济组织。有限责任公司包括国有独资公司以及其他有限责任公司。

1.国有独资公司：是指国家授权的投资机构或者国家授权的部门单独投资设立的有限责任公司。

2.其他有限责任公司：是指国有独资公司以外的其他有限责任公司。

(六)股份有限公司：是指根据《中华人民共和国公司登记管理条例》规定登记注册，其全部注册资本由等额股份构成并通过发行股票筹集资本，股东以其认购的股份对公司承担有限责任，公司以其全部资产对其债务承担责任的经济组织。

(七)私营企业：是指由自然人投资设立或由自然人控股，以雇佣劳动为基础的营利性经济组织。包括按照《公司法》、《合伙企业法》、《私营企业暂行条例》规定登记注册的私营有限责任公司、私营股份有限公司、私营合伙企业和私营独资企业。

1.私营独资企业：是指按《私营企业暂行条例》的规定，由一名自然人投资经营，以雇佣劳动为基础，投资者对企业债务承担无限责任的企业。

2.私营合伙企业：是指按《合伙企业法》或《私营企业暂行条例》的规定，由两个以上自然人按照协议共同投资、共同经营、共负盈亏，以雇佣劳动为基础，对债务承担无限责任的企业。

3.私营有限责任公司：是指按《公司法》、《私营企业暂行条例》的规定，由两个以上自然人投资或由单个自然人控股的有限责任公司。

4.私营股份有限公司：是指按《公司法》的规定，由五个以上自然人投资，或由单个自然人控投的股份有限公司。

(八)其他企业：是指上述第(一)至第(七)之处的其他内资经济组织。

(九)合资经营企业(港或澳、台资)：是指港澳台地区投资者也内地的企业依照《中华人民共和国中外台资经营企业法》及有关法律的规定，按合同规定的比例投资设立、分享利润和分担风险的企业。

（十）合作经营企业（港和澳、台资）：是指港澳台地区投资者与内地企业依照《中华人民共和国中外合作经营企业法》及有关法律的规定，依照合作合同的约定进行投资或提供条件设立、分配利润和分担风险的企业。

（十一）港、澳、台商独资经营企业：是指依照《中华人民共和国外资企业法》及有关法律的规定，在内地由港澳台地区投资者全额投资设立的企业。

（十二）港、澳、台投资股份有限公司：是指根据国家有关规定，经外经贸部依法批准设立，其中港、澳、台商的股本占公司注册资本的比例达25%以上（含25%）的股份有限公司。凡其中港、澳、台商的股本占公司注册资本的比例小于25%的，属于内资企业中的股份有限公司。

（十三）中外合资经营企业，是指外国企业或外国人与中国内地企业依照《中华人民共和国外合资经营企业法》及有关法律的规定，按合同规定的比例投资设立、分享利润和分担风险的企业。

（十四）中外合作经营企业：是指外国企业或外国人与中国内地企业依照《中华人民共和国中外合作经营企业法》及有关法律的规定，依照合作合同的约定进行投资或提供条件设立、分配利润和分担风险的企业。

（十五）外资企业：是指依照《中华人民共和国外资企业法》及有关法律的规定，在中国内地由外国投资者全额投资设立的企业。

（十六）外商投资股份有限公司：是指根据国家有关规定，经外经贸部依法批准设立，其中外资的股本占公司注册资本的比例达25%以上（含25%）的股份有限公司。凡其中外资股本占公司注册资本的比例小于25%的，属于内部企业中的股份有限公司。

轻工业　指主要提供生活消费品和制作手工工具的工业。按其所使用的原料不同，可分为两大类：（1）以农产品为原料的轻工业，是指直接或间接以农产品为基本原料的轻工业。主要包括食品制造、饮料制造、烟草加工、纺织、缝纫、皮革和毛皮制作、造纸以及印刷等工业；（2）以非农产品为原料的轻工业，是指以工业品为原料的轻工业。主要包括文教体育用品、化学药品制造、合成纤维制造、日用化学制品、日用玻璃制品、日用金属制品、手工工具制造、医疗器械制造、文化和办公用机械制造等工业。

重工业　是指为国民经济各部门提供物质技术基础的主要生产资料的工业。按其生产性质和产品用途，可以分为下列三类：（1）采掘（伐）工业，是指对自然资源的开采，包括石油开采、煤炭开采、金属矿开采、非金属矿开采和木材采伐等工业；（2）原材料工业，指向国民经济各部门提供基本材料、动力和燃料的工业。包括金属冶炼及加工、炼焦及焦炭、化学、化工原料、水泥、人造板以及电力、石油和煤炭加工等工业；（3）加工工业，是指对工业原材料进行再加工制造的工业。包括装备国民经济各部门的机械设备制造工业、金属结构、水泥制品等工业，以及为农业提供的生产资料如化肥、农药等工业。

根据上述划分原则，修理业中以重工业产品为修理作业对象的划为重工业，反之划为轻工业。

工业总产值　是以货币表现的工业企业在一定时期内生产的已出售或可供出售工业产品总量，它反映一定时间内工业生产的总规模和总水平。它包括：在本企业内不再进行加工，经检验、包装入库（规定不需包装的产品除外）的成品价值，对外加工费收入，自制半成品、在产品期末初差额价值。工业总产值采用“工厂法”计算，即以工业企业作为一个整体，按企业工业生产活动的最终成果来计算，企业内部不允许重复计算，不能把企业内部各个车间（分厂）生产的成果相加。但在企业之间、行业之间、地区之间存在着重复计算。

轻重工业总产值的划分也是按“工厂法”计算的，即一个工业企业在正常情况下生产的主要产品的性质属于轻工业，则该企业的全部总产值作为轻工业总产值。如生产的主要产品的性质属于重工业，则该企业的全部总产值作为重工业总产值。

工业增加值　是指工业行业在报告期内以货币表现的工业生产活动的最终成果。

实收资本　指企业实际收到的投资人投入的资本。按投资主体可分为国家资本、集体资本、法人资本、个人资本、港澳台资本和外商资本等。

资产合计　指企业拥有或控制的能以货币计量的经济资源。包括各种财产、债权和其他权利。资产按其流动性划分为流动资产、长期投资、固定资产、无形及递延资产和其他资产。

（1）流动资产指企业可以在一年内或者超过一年的一个生产周期内变现或耗用的资产合计。包括现金及各种存款、短期投资、应收及预付款项、存货等。

（2）固定资产指企业固定资产净值、固定资产清理、在建工程、待处理固定资产损失所占用的资金合计。

（3）无形资产指企业长期使用而没有实物形态的资产。包括专利权、非专利技术、商标权、著作权、土地使用权、商誉等。

负债合计　指企业承担的能以货币计量，将以资产或劳务偿付的债务。负债一般按偿还期长短分为流动负债和长期负债、递延税项等。

（1）流动负债指企业在一年内或者超过一年的一个营业周期内需要偿还的债务合计，其中包括短期借款、应付及预收款项、应付工资、应交税金和应交利润等。

（2）长期负债指企业在一年以上或者超过一年的一个营业周期以上需要偿还的债务合计，其中包括长期借款、应付债务、长期应付款项等。

所有者权益　指企业投资人对企业净资产的所有权。企业净资产等于企业全部资产减去全部负债后的余额，其中包括投资者对企业的最初投入，以及资本公积金、盈余公积金和未分配利润，对股份制企业即为股东权益。

固定资产原价　指企业在建造、购置、安装、改建、扩建、技术改造某项固定资产时所支出的全部货币总额。它一般包括买价、包装费、运杂费和安装费等。

固定资产净值 是指固定资产原价减去历年已提折旧额后的净额。

产品销售收入 指企业销售产品和提供劳务等主要经营业务取得的业务总额。

产品销售成本 指企业销售产品和提供劳务等主要经营业务的实际成本。

产品销售税金及附加 指企业销售产品和提供工业性劳务等主要经营业务应负担的城市维护建设税、消费税、资源税和教育费附加。

产品销售利润 指企业销售产品和提供工业性劳务等主要经营业务收入扣除其成本、费用、税金后的利润。

利润总额 指企业实现的利润。

应交增值税 指企业在报告期内应交纳的增值税额。

总资产贡献率 反映企业全部资产的获利能力，是企业经营业绩和管理水平的集中体现，是评价和考核企业盈利能力的核心指标。计算公式为：

总资产贡献率(%)＝(利润总额＋税金总额＋利息支出)/平均资产总额×100%

资产负债率 该指标既反映企业经营风险的大小，也反映企业利用债权人提供的资金从事经营活动的能力。计算公式为：

资产负债率(%)＝负债总额/资产总额×100%

工业成本费用利润率 指在一定时期内实现的利润与成本费用之比，是反映工业生产成本及费用投入的经济效益指标，同时也是反映降低成本的经济效益的指标。计算公式为：

工业成本费用利润率(%)＝利润总额/成本费用总额×100%

工业增加值率 指在一定时期内工业增加值占同期工业总产值的比重，反映降低中间消耗的经济效益。计算公式为：

工业增加值率(%)＝工业增加值(现价)/工业总产值(现价)×100%

流动资产周转次数 指在一定时期内流动资产完成的周转次数，反映流动资产的周转速度。计算公式为：

流动资金周转次数＝产品销售收入/全部流动资产平均余额

产品销售率 指报告期工业销售产值与同期全部工业总产值之比，是反映工业产品已实现销售的程度，分析工业产销衔接情况，研究工业产品满足社会需求程度的指标。计算公式为：

产品销售率(%)=工业销售产值/工业总产值(现价)×100%

全员劳动生产率 指根据产品的价值量指标计算的平均每一个从业人员在单位时间内的产品生产量。是考核企业经济活动的重要指标，是企业生产技术水平、经营管理水平、职工技术熟练程度和劳动积极性的综合表现。目前我国的全员劳动生产率是将工业企业的工业增加值除以同一时期全部从业人员的平均人数来计算的。计算公式为：

全员劳动生产率＝工业增加值/全部从业人员平均人数

利润总额=营业利润＋投资收益＋补贴收入＋营业外收入－营业外支出＋以前年度损益调整

利税总额 指企业产品销售税金及附加、利润总额和应交增值税之和。

资本金 指企业在工商行政管理部门登记的注册资金合计。企业资本金按投资主体可分为国家资本金、法人资本金、个人资本金和外商资本金等。资本金合计包括企业各种投资主体注册的全部资本金。

总资产 指企业拥有或控制的全部资产。包括流动资产、长期投资、固定资产、无形及递延资产、其他资产等，即为企业资产负债表的资产总计项。

13

建筑业

CONSTRUCTION

13-1 建筑业主要指标

Summary of Construction Enterprises with Grade Ⅰ Qualification(2015)

指　　标	单位	2010年	2011年	2012年	2013年	2014年	2015年
汇总单位数	个	739	488	492	486	454	441
建筑业增加值	万元	2151997	1791905	2126738	2986331	3014387	4660600
建筑业总产值	万元	8943039	11291079	12094163	13867631	15422095	16638332
按隶属关系分							
中央属	万元	4111266	5258069	5597652	6026998	6781707	7693792
省属	万元	1089652	1217025	1283292	1497316	1549456	1664077
市属	万元	1467098	1935696	2169003	2723246	2978560	3222554
县及县以下	万元	791904	1130731	1432745	1525039	1654785	1608569
其他	万元	1483119	1749558	1611471	2095032	2457587	2449340
按工程性质分							
建筑工程	万元	7040234	10000822	10688363	12174551	13708876	14422832
安装工程	万元	1447613	928959	966527	1190377	1392597	1744180
其他产值	万元	455192	361298	439273	502703	320622	471320
竣工产值	万元	3994976	4742897	5172005	6457841	6398538	7613104
房屋施工面积	万平方米	4655	5805	6556	7696	9183	10189
#本年新开工	万平方米	1943	2692	2570	3008	3420	2991
房屋竣工面积	万平方米	1306	1185	1638	2012	1772	2039
#住宅	万平方米	773	693	1081	1281	1157	1178
所有者权益	万元	1963818	2287009	2516989	3214727	3516583	40150815
利润总额	万元	414811	344352	433249	499818	516686	5684732
工资总额	万元	1109175	942251	1155489	1711089	1917170	16381409

注: 本表建筑业增加值自2015年起为全社会口径。

13-2 建筑业增加值构成(2015年)

Value Added of Construction by Structure(2015)

单位:万元

指　　标 (总承包与专业承包)	建筑业增加值	本年提取固定资产折旧	营业税金及附加	管理费中的税金	营业利润	应付职工薪酬(本年贷方累计发生额
总　计	2826306	132676	479530	14884	561076	1638141
其中:国有及国有控股企业	1688009	105024	310713	7374	348887	916012
一、按登记注册类型分组						
内资企业	2796837	130924	467134	14623	554133	1630024
国有企业	388726	15066	61981	3465	34761	273452
集体企业	48632	667	4773	264	8374	34555
股份合作企业	245	186	1012	64	-2968	1951
联营企业	454	3	321	5	20	106
其他联营企业	454	3	321	5	20	106
有限责任公司	1975966	97257	333974	8114	398919	1137701
国有独资公司	425900	18273	107661	1191	93259	205516
其他有限责任公司	1550066	78984	226313	6923	305660	932185
股份有限公司	92798	12282	10648	112	44167	25588
私营企业	290017	5462	54426	2599	70859	156671
私营有限责任公司	279849	4770	51710	2461	69466	151443
私营股份有限公司	10168	692	2716	138	1394	5228
港、澳、台商投资企业	28684	1739	12304	260	6904	7478
与港澳台商合资经营	28684	1739	12304	260	6904	7478
外商投资企业	785	13	92	2	40	639
中外合资经营企业	792	13	92	2	57	629
外资企业	-7				-17	10
二、按国民经济行业分组						
房屋建筑业	1433962	27226	233681	6105	246176	920775
土木工程建筑业	1118709	91949	199845	6213	231489	589214
建筑安装业	129089	8628	15826	1022	28960	74654
建筑装饰和其他建筑业	144546	4873	30178	1544	54452	53499
三、按隶属关系分组						
中央	1000805	85473	213077	2945	194513	504797
省(自治区、直辖市)	272561	12603	42556	1716	71380	144307
地区(州、盟、省辖市)及以下、其他	1552940	34600	223897	10223	295458	989036
四、按企业资质等级分组						
施工总承包	2534369	119282	429084	12072	478937	1494995
特级	521964	37889	85241	1836	140851	256148
一级	1590818	71706	290208	6186	257104	965613
二级	265873	6975	35801	2067	53304	167727
三级以下	155715	2712	17835	1983	27678	105507
专业承包	291937	13394	50445	2812	82140	143146
一级	119618	2058	23810	929	29584	63238
二级	118581	5473	20918	1374	39834	50983
三级以下	53737	5863	5718	509	12722	28926

指标 （总承包与专业承包）	流动资产合计	#存货	固定资产合计	固定资产原价
总计	16652200	3544759	1570776	2020627
其中：国有及国有控股企业	11958928	2306773	1205422	1510452
一、按登记注册类型分组				
内资企业	16109212	3423690	1531589	1966462
国有企业	2538802	615821	187760	306612
集体企业	124185	41917	29745	19481
股份合作企业	111043	70616	4675	5564
联营企业	2713	744	7	42
其他联营企业	2713	744	7	42
有限责任公司	10701791	2386774	771967	1336634
国有独资公司	3135136	542853	155138	268497
其他有限责任公司	7566654	1843921	616829	1068138
股份有限公司	1522018	13216	409059	134063
私营企业	1108661	294603	128377	164066
私营独资企业				
私营有限责任公司	1046808	282384	115195	150829
私营股份有限公司	61853	12219	13182	13237
其他企业				
港、澳、台商投资企业	538249	119921	39103	53781
与港澳台商合资经营	538249	119921	39103	53781
港、澳、台商独资	0	0	0	0
外商投资企业	4739	1149	84	385
中外合资经营企业	4448	1149	84	335
外资企业	291		0	50
二、按国民经济行业分组				
房屋建筑业	5401538	1415331	314079	434407
土木工程建筑业	10161857	1894304	1147993	1433244
建筑安装业	467718	97001	55250	86399
建筑装饰和其他建筑业	621087	138124	53454	66577
三、按隶属关系分组				
中央	7332932	1330550	1014246	1148391
省(自治区、直辖市)	1895583	518740	92213	207953
地区(州、盟、省辖市)及以下、其他	7423686	1695469	464317	664283
四、按企业资质等级分组				
施工总承包	15373438	3228183	1460817	1851089
特级	5731497	787214	753933	677609
一级	7879007	1923430	543003	959357
二级	1439354	453724	93939	148364
三级以下	323580	63816	69943	65760
专业承包	1278762	316576	109959	169538
一级	605683	155374	37818	48899
二级	446412	116795	45138	72730
三级以下	226667	44407	27003	47909

资 产 实 力 （2015年）

Enterprises（2015）

单位:万元

流动负债合计	非流动负债合计	负债合计	所有者权益合计	
				#国家资本
14725161	647013	15489554	4015082	1044451
10895727	596987	11497639	2375443	980856
14198934	629849	14925148	3856198	1038953
2367761	113631	2486317	391825	215213
94213	2275	107114	63878	6232
115807		124007	4962	65
2497		2497	223	
2497		2497	223	
9570193	264163	9868010	2445586	706443
2854658	83830	2938488	775411	378773
6715535	180333	6929522	1670175	327670
1372368	243023	1618124	330207	111000
676095	6757	719080	619519	
624962	6719	667910	584868	
51133	38	51170	34651	
523637	17165	561816	156651	5250
523637	17165	561816	156651	5250
0	0	0	0	0
2591		2591	2232	249
2590		2590	1941	249
0		0	291	
4540825	132073	4735396	1370210	222582
9533596	450210	9988570	2074140	788336
328716	1254	341927	234467	24030
322024	63476	423662	336265	9503
6892559	406176	7302156	1175982	508639
1644405	85325	1758794	435844	104809
6188197	155512	6428604	2403255	431003
13886363	571148	14525895	3446253	1019572
5431874	304640	5736514	1317704	509644
7072506	250390	7343138	1493885	461998
1175858	10987	1216362	423963	24390
206126	5131	229881	210701	23540
838798	75865	963660	568829	24879
439216	58208	497961	168995	7965
247945	5215	264256	270207	13490
151637	12442	201443	129627	3424

13-4 建筑业施工产值构成(2015年)

Output Value of Construction by Structure(2015)

单位:万元

指标 (总承包与专业承包)	合计	建筑工程	安装工程	其他产值	竣工产值
总计	16638332	14422832	1744180	471320	7613104
其中:国有及国有控股企业	11471546	10129570	1032240	309736	4713021
一、按登记注册类型分组					
内资企业	16368622	14153395	1743907	471320	7610326
国有企业	3397929	2506123	701959	189848	1334262
集体企业	179855	160001	19854		115087
股份合作企业	12680	9000	3580	100	7680
联营企业	9441	9441			9441
其他联营企业	9441	9441			9441
有限责任公司	10116064	9155556	768193	192315	5154871
国有独资公司	2655312	2517700	137611		1563534
其他有限责任公司	7460752	6637856	630582	192315	3591338
股份有限公司	1118681	1055414	33997	29270	136646
私营企业	1533972	1257861	216325	59787	852340
私营有限责任公司	1463335	1197669	208064	57602	808667
私营股份有限公司	70637	60192	8261	2185	43673
港、澳、台商投资企业	266851	266851			2735
与港澳台商合资经营	266851	266851			2735
外商投资企业	2859	2585	274		42
中外合资经营企业	2859	2585	274		42
二、按国民经济行业分组					
房屋建筑业	7467947	7006826	307819	153302	4301769
土木工程建筑业	7727601	6494242	1012145	221214	2534002
建筑安装业	529113	135388	368274	25451	334473
建筑装饰和其他建筑业	913671	786376	55942	71353	442859
三、按隶属关系分组					
中央	7693792	6702596	870959	120238	3249666
省(自治区、直辖市)	1664077	1497473	104867	61737	647110
地区(州、盟、省辖市)及以下、其他	7280463	6222763	768355	289345	3716327
四、按企业资质等级分组					
施工总承包	15131449	13456707	1379695	295047	6758499
特级	3089478	3060208		29270	727616
一级	10425794	9134444	1099319	192031	5051418
二级	1134223	826381	238194	69649	713370
三级及以下	481955	435675	42183	4097	266095
专业承包	1506883	966125	364486	176273	854604
一级	722414	380949	211668	129797	385796
二级	587832	463458	84851	39523	304284
三级及以下	196638	121718	67966	6953	164524

13-5 建筑企业损益及分配(2015年)

Output Value of Construction by Structure(2015)

单位:万元

指　标 (总承包与专业承包)	营业收入	利税总额	营业利润	利润总额	应付职工薪酬 (本年贷方 累计发生额)
总　计	17164244	494413	561076	568473	1638141
其中:国有及国有控股企业	11625799	318086	348887	356809	916012
一、按登记注册类型分组					
内资企业	16499650	481756	554133	561620	1630024
国有企业	2644790	65445	34761	37875	273452
集体企业	148903	5036	8374	8344	34555
股份合作企业	30754	1076	-2968	-2948	1951
联营企业	9515	325	20	20	106
其他联营企业	9515	325	20	20	106
有限责任公司	10854631	342088	398919	403141	1137701
国有独资公司	3520148	108852	93259	95763	205516
其他有限责任公司	7334483	233236	305660	307378	932185
股份有限公司	1180256	10761	44167	43970	25588
私营企业	1630803	57025	70859	71219	156671
私营有限责任公司	1547723	54171	69466	69680	151443
私营股份有限公司	83080	2854	1394	1539	5228
港、澳、台商投资企业	661219	12564	6904	6814	7478
与港澳台商合资经营	661219	12564	6904	6814	7478
外商投资企业	3375	93	40	39	639
中外合资经营企业	3375	93	57	56	629
外资企业			-17	-17	10
二、按国民经济行业分组					
房屋建筑业	7245638	239786	246176	248453	920775
土木工程建筑业	8388981	206058	231489	236461	589214
建筑安装业	581940	16848	28960	28769	74654
建筑装饰和其他建筑业	947685	31722	54452	54790	53499
三、按隶属关系分组					
中央	8069616	216022	194513	202384	504797
省(自治区、直辖市)	1579568	44271	71380	70893	144307
地区(州、盟、省辖市)及以下、其他	7515060	234120	295184	295196	989036
四、按企业资质等级分组					
施工总承包	15482427	441156	478937	485468	1494995
特级	3951366	87076	140851	141965	256148
一级	9864659	296394	257104	260992	965613
二级	1165392	37868	53304	54573	167727
三级以下	501010	19818	27678	27938	105507
专业承包	1681818	53257	82140	83006	143146
一级	793679	24739	29584	29978	63238
二级	645378	22292	39834	40166	50983
三级以下	242761	6227	12722	12862	28926

13－6 施工工程个数及施工面积(2015年)

Number of Projects and Floor Space Under Construction(2015)

指标 (总承包与专业承包)	房屋建筑施工面积 (万平方米)	#本年新开工面积 (万平方米)	房屋建筑竣工面积 (万平方米)	#住宅房屋 (万平方米)	竣工房屋价值 (万元)
总计	10189	2991	2039	1178	4111800
其中:国有及国有控股企业	6660	1814	1028	416	2234625
一、按登记注册类型分组					
内资企业	10189	2991	2039	1178	4111800
国有企业	729	200	187	107	267418
集体企业	148	69	102	52	83872
股份合作企业	5	4	4	4	7000
有限责任公司	8156	2306	1526	850	3292667
国有独资公司	2848	817	438	29	1179490
其他有限责任公司	5308	1488	1088	821	2113176
股份有限公司	446	116	23	21	28362
私营企业	705	297	197	143	432482
私营有限责任公司	684	278	180	132	409160
私营股份有限公司	21	19	17	11	23322
二、按国民经济行业分组					
房屋建筑业	9605	2856	1978	1175	3964293
土木工程建筑业	559	122	52	3	139229
建筑安装业	20	12	9	0	8278
建筑装饰和其他建筑业	5				
三、按隶属关系分组					
中央	4800	1288	686	196	1743354
省(自治区、直辖市)	225	76	91	85	197061
地区(州、盟、省辖市)及以下、其他	5164	1626	1262	896	2171385
四、按企业资质等级分组					
施工总承包	10107	2950	2017	1177	4097532
特级	689	175	40	21	79565
一级	8345	2258	1579	869	3347077
二级	669	323	250	188	490940
三级及以下	405	194	149	100	179951
专业承包	82	41	22	0	14268
一级	43	13			
二级	23	16	12	0	11022
三级及以下	15	12	10		3246

13-7　济南市建筑业特级、一级资质企业一览表(2015年)

Summary of Construction Enterprises with Grade Ⅰ Qualification(2015)

企业名称	隶属关系	经济类型	所属行业
山东省建设建工(集团)有限责任公司	地(区、市、州、盟)	其他有限责任公司	房屋建筑业
山东省公路建设(集团)有限公司	其它	与港澳台商合资经营	公路工程建筑
山东省路桥集团有限公司	省(自治区、直辖市)	其他有限责任公司	架线及设备工程建筑
中铁十局集团有限公司	中央	其他有限责任公司	铁路工程建筑
中铁十四局集团有限公司	中央	股份有限责任公司	铁路工程建筑
济南城建集团有限公司	地(区、市、州、盟)	国有独资公司	铁路工程建筑
山东高速齐鲁建设集团公司	省(自治区、直辖市)	国有	房屋建筑业
济南一建集团总公司	地(区、市、州、盟)	国有	房屋建筑业
山东省城建工程集团公司	省(自治区、直辖市)	股份合作	房屋建筑业
中建八局第一建设有限公司	中央	国有独资公司	房屋建筑业
山东三箭建设工程管理有限公司	地(区、市、州、盟)	国有独资公司	房屋建筑业
山东三箭建设工程股份有限公司	地(区、市、州、盟)	国有独资公司	房屋建筑业
中建八局第二建设有限公司	中央	其他有限责任公司	房屋建筑业
中铁十局集团建筑工程有限公司	中央	其他有限责任公司	房屋建筑业
普利置业有限公司	省(自治区、直辖市)	其他有限责任公司	房屋建筑业
济南二建集团工程有限公司	地(区、市、州、盟)	其他有限责任公司	房屋建筑业
济南四建(集团)有限责任公司	地(区、市、州、盟)	其他有限责任公司	房屋建筑业
济南建工总承包集团有限公司	地(区、市、州、盟)	其他有限责任公司	房屋建筑业
济南长兴建设集团有限公司	地(区、市、州、盟)	其他有限责任公司	房屋建筑业
山东港基建设集团有限公司	县(区、市、旗)	其他有限责任公司	房屋建筑业
山东长箭建设集团有限公司	县(区、市、旗)	其他有限责任公司	房屋建筑业
山东长泰建设集团有限公司	县(区、市、旗)	其他有限责任公司	房屋建筑业
山东平安建设集团有限公司	县(区、市、旗)	其他有限责任公司	房屋建筑业
济南铸诚建筑工程集团有限公司	县(区、市、旗)	其他有限责任公司	房屋建筑业
山东科信达建筑安装有限公司	县(区、市、旗)	其他有限责任公司	房屋建筑业
章丘市第二建筑安装(集团)有限责任公司	县(区、市、旗)	其他有限责任公司	房屋建筑业
山东天宝建设集团有限公司	其它	股份有限责任公司	房屋建筑业
山东中恒建设集团有限公司	其它	股份有限责任公司	房屋建筑业
山东省建设集团有限公司	其它	股份有限责任公司	房屋建筑业
中铁十四局集团第四工程有限公司	中央	国有独资公司	铁路工程建筑
山东琴通路桥集团有限公司	地(区、市、州、盟)	其他有限责任公司	公路工程建筑
济南金曰公路工程有限公司	地(区、市、州、盟)	其他有限责任公司	公路工程建筑
济南通达公路工程有限公司	县(区、市、旗)	其他有限责任公司	公路工程建筑
山东鲁桥建设有限公司	其它	其他有限责任公司	公路工程建筑
济南舜联建设集团有限公司	其它	股份有限责任公司	房屋建筑业
山东省齐鲁装饰设计院	省(自治区、直辖市)	其他联营	建筑装饰业
山东万得福装饰工程有限公司	其它	其他有限责任公司	建筑装饰业
山东水利工程总公司	省(自治区、直辖市)	国有	河湖治理及防洪设施工程建筑
山东省水利工程局	省(自治区、直辖市)	国有	河湖治理及防洪设施工程建筑
山东黄河工程集团有限公司	中央	国有独资公司	港口及航运设施工程建筑

13-7续

企业名称	隶属关系	经济类型	所属行业
济南市黄河工程局	中央	国有	管道工程建筑
山东送变电工程公司	中央	国有	架线及设备工程建筑
山东电力建设第一工程公司	中央	国有	架线及设备工程建筑
山东电力建设第二工程公司	中央	国有	架线及设备工程建筑
山东电建建设集团有限公司	其它	其他有限责任公司	架线及设备工程建筑
济钢集团山东建设工程有限公司	省（自治区、直辖市）	国有独资公司	电气安装
中铁十四局集团隧道工程有限公司	中央	其他有限责任公司	铁路工程建筑
中铁十局集团济南铁路工程有限公司	中央	国有	公路工程建筑
济南黄河路桥工程公司	地（区、市、州、盟）	国有	市政道路工程建筑
济南汇通联合市政工程有限责任公司	中央	其他有限责任公司	市政道路工程建筑
中铁十局集团电务工程有限公司	中央	其他有限责任公司	铁路工程建筑
山东省工业设备安装总公司	省（自治区、直辖市）	国有	工矿工程建筑
中铁十四局集团电气化工程有限公司	中央	其他有限责任公司	架线及设备工程建筑
山东国舜建设集团有限公司	县（区、市、旗）	其他有限责任公司	管道和设备安装
山东正元建设工程有限责任公司	中央	其他有限责任公司	房屋建筑业
中铁济南工程技术有限公司	中央	其他有限责任公司	铁路工程建筑
山东省城乡建设勘察设计研究院	省（自治区、直辖市）	国有	提供施工设备服务
山东省机械施工有限公司	地（区、市、州、盟）	其他有限责任公司	提供施工设备服务
济南金鼎电力安装有限公司	县（区、市、旗）	其他有限责任公司	电气安装
山东省装饰集团总公司	省（自治区、直辖市）	国有	建筑装饰业
济南宏铁建筑装饰工程有限公司	中央	其他有限责任公司	建筑装饰业
山东剑桥装饰工程有限公司	省（自治区、直辖市）	其他有限责任公司	建筑装饰业
山东省鸿鑫工程有限公司	其它	股份有限责任公司	建筑装饰业
山东省永隆装饰工程有限公司	其它	股份有限责任公司	建筑装饰业
山东福缘来装饰有限公司	其它	股份有限责任公司	建筑装饰业
山东福思特建筑装饰有限公司	其它	股份有限责任公司	建筑装饰业
山东盛顺装饰有限公司	其它	股份有限责任公司	建筑装饰业
山东德泰装饰有限公司	其它	股份有限责任公司	建筑装饰业
山东省鲁美建材装饰有限公司	其它	股份有限责任公司	建筑装饰业
山东津单幕墙有限公司	其它	股份有限责任公司	建筑装饰业
济南消防工程有限公司	地（区、市、州、盟）	其他有限责任公司	电气安装
济南剀诚消防自控设备有限公司	其它	其他有限责任公司	电气安装
山东华尔泰建筑工程有限公司	其它	其他有限责任公司	电气安装
山东宏雁电子系统工程有限公司	其它	股份有限责任公司	电气安装
山东华森建筑消防项目管理有限公司	其它	股份有限责任公司	电气安装
山东嘉林建设工程有限公司	其它	股份有限责任公司	房屋建筑业
济南建设设备安装有限责任公司	地（区、市、州、盟）	其他有限责任公司	管道和设备安装
山东优士科技发展有限公司	其它	股份有限责任公司	电气安装
山东省邮电工程有限公司	其它	其他有限责任公司	架线及设备工程建筑
山东海威装饰工程有限公司	其它	股份有限责任公司	建筑装饰业
中直建筑装饰股份有限公司	其它	私营股份有限公司	建筑装饰业

主要统计指标解释

Explanatory Notes on Main Statistical Indicators

建筑业统计单位 指从事房屋、构筑物建造和设备安装活动的法人企业。建筑业法人企业应同时具备的条件是：①依法成立，有自己的名称、组织机构和场所，能够承担民事责任；②独立拥有和使用资产，承担负债，有权与其他单位签订合同；③独立核算盈亏，能够编制资产负债表。

建筑业总产值（即自行完成施工产值） 是以货币表现的建筑安装企业在一定时期内生产的建筑业产品的总和。建筑业总产值包括：

（1）建筑工程产值：指列入建筑工程预算内的各种工程价值。

（2）设备安装工程产值：指设备安装工程价值，不包括被安装设备本身价值。

（3）房屋、构筑物修理产值：指房屋、构筑物修理所完成的价值，但不包括被修理房屋、构筑物本身的价值和生产设备的修理价值。

（4）非标准设备制造产值：指加工制造没有定型的、非标准的生产设备的加工费和原材料价值，以及附属加工厂为本企业承建工程制作的非标准设备的价值。

建筑业增加值 指建筑业企业在报告期内以货币表现的建筑业生产经营活动的最终成果。目前建筑业增加值采用分配法（收入法）计算，即从收入的角度出发，根据生产要素在生产过程中应得的收入份额计算。具体计算公式为：

建筑业增加值＝本年提取的固定资产折旧+应付工资+应付福利费+管理费用中的劳动待业保险金、税金+工程结算税金及附加+工程结算利润

房屋建筑施工面积 指在报告期内施工的全部房屋建筑面积，包括本期新开工的房屋面积、上期施工跨入本期继续施工的房屋面积、上期停缓建在本期恢复施工的房屋面积、本期竣工的房屋面积及本期施工后又停缓建的房屋面积。

房屋建筑竣工面积 指在报告期内房屋建筑按照设计要求全部完工，达到了住人和使用条件，经验收鉴定合格，正式移交使用单位的房屋建筑面积。

自有机械设备年末总台数 指归本企业所有，属于本企业固定资产的生产性机械设备年末总台数。包括施工机械、生产设备、运输设备以及其他设备。

自有机械设备年末总功率 指本企业自有施工机械、生产设备、运输设备以及其他设备等列为在册固定资产的生产性机械设备年末总功率，按设定能力或查定能力计算。包括机械本身的动力和为该机械服务的单独动力设备，如电动机等。计算单位用千瓦，动力换算可按1 马力＝0.735 千瓦折合成千瓦数。电焊机、变压器、锅炉不计算动力。

营业收入 指企业经营主要业务和其他业务所确认的收入总额。营业收入合计包括“主营业务收入”和“其他业务收入”。根据会计“利润表”中“营业收入”项目的本期总额数填报。

营业利润 指企业从事生产经营活动所取得的利润。执行2006 年《企业会计准则》的企业，营业利润为营业收入减去营业成本、营业税金及附加、销售费用、管理费用、财务费用、资产减值损失，再加上公允价值变动收益和损益收益。未执行2006 年《企业会计准则》的企业，营业利润为主营业务收入减去主营业务成本、主营业务税金及附加，加上其他业务利润后，再减支销售费用、管理费用、财务费用后的金额。

企业总收入 指与企业生产经营直接有关的各项收入，包括工程结算收入和其他业务收入。计算公式为：

企业总收入＝工程结算收入＋其他业务收入

14

运输与邮电

TRANSPORTATION POST AND TELECOMMUNICATION SERVICES

14-1 邮电业务量

Postal and Telecommunications Services

指　　标	单位	2010年	2011年	2012年	2013年	2014年	2015年
国内分类业务量							
年末市内电话	万户	177.4	152.1	161.1	150.3	150.2	141.0
年末农村电话	万户	35.90	34.70	32.18	29.73	26.73	24.30
年末住宅电话	万户	137.50	117.39	120.26	103.57	102.61	86.40
年末移动电话用户	万户	857.60	931.10	978.0	1243.57	1177.87	1090.40
宽带网及互联网拨号注册电话	户	1173000	1327000	1736200	1758710	2027279	2316600
每百人互联网用户数	户/百人	19.42	21.90	28.5	28.68	32.61	37.02
邮电局所	处	211	211	203	215	216	204
国际及港澳分类业务量							
函　件	万件	6.18	5.00	8.49	42.70	115.40	19.49
包　件	万件	1.36	1.48	1.48	1.26	0.92	0.84

注：国际及港澳分类业务量来自山东省邮政公司济南市分公司。

14-2 邮电通信设备拥有量

Telecommunications Facilities

年份	交换机总容量（万门）			电话机（万部）		
	全市	市话	农话	全市	市话	农话
1978				2.68	2.27	0.41
1980				3.56	3.10	0.46
1981				3.69	3.22	0.47
1982				3.95	3.48	0.47
1983				4.57	4.08	0.49
1984	3.31	2.46	0.85	4.98	4.48	0.50
1985	3.75	2.82	0.93	6.16	5.65	0.51
1986	4.50	3.48	1.02	6.56	5.99	0.57
1987	5.57	4.46	1.11	7.60	7.00	0.60
1988	6.04	4.55	1.49	8.65	8.02	0.63
1989	6.08	4.56	1.52	8.97	8.31	0.66
1990	6.35	4.95	1.40	9.87	9.12	0.75
1991	9.37	7.88	1.49	10.48	9.64	0.84
1992	13.69	12.02	1.67	14.03	13.25	0.78
1993	18.36	15.27	3.09	19.44	18.05	1.39
1994	31.96	29.07	2.89	28.60	26.68	1.92
1995	50.16	42.43	7.73	39.18	36.48	2.70
1996	57.45	51.82	5.63	57.92	54.03	3.89
1997	72.43	57.70	14.73	64.34	59.44	4.90
1998	108.00	98.20	9.90	73.00	66.60	6.40
1999	124.00	95.00	29.00	89.75	71.55	18.20
2000	173.72	133.31	40.41	106.34	83.08	23.26
2001	176.80	130.44	46.36	131.62	97.33	34.29
2002	182.60	105.90	38.60	156.90	118.30	38.60
2003	212.00	162.09	49.91	203.30	161.10	42.20
2004	235.30	179.90	55.40	252.10	203.90	48.20
2005	253.95	195.66	58.29	258.90	206.30	52.60
2006	253.80	203.80	50.00	243.90	194.00	49.90
2007	224.50	197.50	48.00	243.20	194.90	48.30
2008	238.60	178.30	60.30	234.00	189.70	44.30
2009	237.20	192.20	45.00	237.00	192.00	45.00
2010	151.00	122.40	28.60	213.30	177.40	35.90
2011	–	–	–	186.80	152.10	34.70
2012	–	–	–	193.28	161.10	32.18
2013	–	–	–	180.05	150.32	29.73
2014	–	–	–	176.90	150.17	26.73
2015	–	–	–	165.30	141.00	24.30

14-3 交通运输业基本情况

Basic Conditions of Transportation

指　　标	2010年	2011年	2012年	2013年	2014年	2015年
铁路客运量(万人)	3327.4	3340.0	3824.0	8483.5	9507.8	10681.1
铁路客运周转量(亿人公里)	307.9	311.9	344.0	549.9	617.3	662.5
铁路货运量(万吨)	9913.2	10053.4	10103.6	19045.9	16792.3	15793.8
铁路货运周转量(亿吨公里)	1131.9	1118.3	1090.3	1393.5	1238.1	1088.0
公路客运量(万人)	12758.0	11165.0	13084.0	3670.0	3729.0	3663.0
公路旅客周转量(亿人公里)	138.5	144.1	140.3	50.7	51.6	54.2
公路货运量(万吨)	13029.0	14574.0	15922.0	19050.0	19359.0	20419.0
公路货物周转量(亿吨公里)	231.5	253.6	275.4	371.3	392.0	393.8
民航客运量(万人)	379.2	433.0	426.0	452.8	488.1	533.1
民航客运周转量(亿人公里)	115.9	142.9	158.1	176.2	195.3	227.7
民航货运量(万吨)	3.4	3.8	3.9	3.8	3.9	4.2
公路通车里程(公里)						
公路通车里程	11611	11940	12297	12697	12846	13104
#高速公路	347	347	347	355	419	419
有铺装、简易铺装路面	11191	11669	11997	12422	12602	12906
未铺装路面	421	271	300	274	245	198
民用航空						
执行航线(条)	140	99	68	150	103	152
通航城市(个)	45	50	56	59	53	67
起飞架次(架次)	69961	77856	78465	80746	83551	86158
民用车辆(辆)						
民用汽车	807378	928553	1059056	1213611	1382459	1541045
私人汽车	671567	786802	910043	1051529	1217636	1378270
载客汽车	627849	755966	897092	1052540	1224763	1400588
#大型	10928	11624	10949	11205	11966	11194
载货汽车	117994	126250	126393	136874	134929	123801
#重型	22572	25614	22926	24860	26303	24653
其它汽车	61535	46337	35571	24197	22767	16656
摩托车	421347	380518	329476	197767	174618	126540
挂车	6382	7233	7085	7299	7398	7497

注：1. 公路通车里程自2006年起调整统计口径，增加了村道公路统计。
2. 民用航空的相关统计口径2007年有所调整。
3. 因省交通厅公路局统计口径变化，自2012年起，公路通车里程按路面类型分为有铺装路面、简易铺装路面和未铺装路面。
4. 铁路系统统计数据来自济南铁路局。
5. 自2014年起，交通部门执行新的公路运输量统计方案，调查范围较老口径有所缩小，2014年及2013年数据均为新口径下交通部反馈数据。

14－4　规模以上交通运输仓储邮政业企业财务指标(2015年)

Main Financial Indicators of Transport,Storage and Postal Services above Designated Size(2015)

指　　标	单　位	交通运输、仓储和邮政业
单位数	个	192
年初存货	万元	204378
流动资产合计	万元	2739172
其中:应收账款	万元	123000
其中:存货	万元	192616
固定资产原价	万元	5215601
本年折旧	万元	280993
资产总计	万元	8774471
负债合计	万元	4645115
所有者权益合计	万元	4129356
营业收入	万元	3159352
其中:主营业务收入	万元	2943172
营业成本	万元	2495985
其中:主营业务成本	万元	2312324
营业税金及附加	万元	31353
其中:主营业务税金及附加	万元	26716
销售费用	万元	109418
管理费用	万元	157547
其中:税金	万元	5396
财务费用	万元	76553
其中:利息收入	万元	65321
其中:利息支出	万元	99249
投资收益	万元	91226
营业利润	万元	383031
营业外收入	万元	88217
其中:补贴收入	万元	45596
营业外支出	万元	5233
利润总额	万元	466316
应交所得税	万元	121657
应付职工薪酬(本年贷方累计发生额)	万元	428834
应交增值税	万元	59826
从事服务业活动的从业人员平均人数	人	54846

14-5 分地区公路交通(2015年)

Road Transportation by Region(2015)

指　　标	济南市	市　区	平阴县	济阳县	商河县	章丘市
公路通车里程(公里)	13104	4621	1184	2338	2413	2548
#高速公路	419	262	36	41	33	47
有铺装、简易铺装路面	12906	4532	1184	2335	2405	2449
未铺装路面	198	89	0	2	8	99
公路客运量(万人)	3663	3228	83	111	52	190
旅客周转量(万人公里)	541500	499738	6596	13903	7813	13512
公路货运量(万吨)	20419	15127	1319	208	481	3283
货运周转量(万吨公里)	3938245	3022255	264574	52616	141674	457126

注:交通部门执行新的公路运输量统计方案,统计口径有所调整。

主要统计指标解释

Explanatory Notes on Main Statistical Indicators

公路里程　指在一定时期内实际达到《公路工程技术标准JTJ01-88》规定的等级公路,并经公路主管部门正式验收交付使用的公路里程数。包括大中城市的郊区公路以及通过小城镇街道部分的公路里程和桥梁、渡口的长度,不包括大中城市的街道、厂矿、林区生产用道和农业生产用道的里程。两条或多条公路共同经由同一路段,只计算一次,不得重复计算里程长度。它是反映公路建设发展规模的重要指标,也是计算运输网密度等指标的基础资料。

民用航空航线里程　指民航运输定期班机飞行的航线长度的总和。航线长度按机场之间的距离计算,通常有两种计算方法:一是将每条航线长度相加称为重复计算航线里程;一是将两线或两条以上航线经过同一区段里程,只计算一次航线长度称为不重复计算航线里程。一般常用的是后者,它能确切反映民航运输网的规模,是表明民航事业为国民经济服务和方便人民生活程度的主要指标。

货(客)运量　指在一定时期内,各种运输工具实际运送的货物(旅客)数量。它是反映运输业为国民经济和人民生活服务的数量指标,也是制定和检查运输生产计划、研究运输发展规模和速度的重要指标。货运按吨计算,客运按人计算。货物不论运输距离长短、货物类别,均按实际重量统计。旅客不论行程远近或票价多少,均按一人一次客运量统计;半价票、小孩票也按一人统计。

货物(旅客)周转量　指在一定时期内,由各种运输工具运送的货物(旅客)数量与其相应运输距离的乘积之总和。它是反映运输业生产总成果的重要指标,也是编制和检查运输生产计划,计算运输效率、劳动生产率以及核算运输单位成本的主要基础资料。计算货物周转量通常按发出站与到达站之间的最短距离,也就是计费距离计算。计算公式为:

货物(旅客)周转量=货物(旅客)运输量×运输距离

移动电话用户　指在移动电话营业部门登记,通过移动电话交换机进入移动电话网、占有移动电话号码的电话用户。用户数量以实际办理登记手续进入邮电部门移动电话网的户数进行计算,一部或一台移动电话统计为一户。

电话用户　指接入国家公众固定电话网,并按固定电话业务进行经营管理的电话用户。1997年以前,电话用户分为市内电话用户和农村电话用户。市内电话用户是指接入县城及县以上城市电话网上的电话用户;农村电话用户是指接入县邮电局农话台及县以下农村电话交换点,以县城为中心(除市话用户外)联通县、乡(镇)、行政村、村民小组的用户。从1997年起,电话用户数分组调整为以用户所在区域划分为"城市电话用户"和"乡村电话用户",与过去的按市内电话和农村电话划分方法不同。而电话用户数、电话机部数统计方法不变。

15

国内贸易

DOMESTIC TRADE

15-1 各时期分行业社会消费品零售

Total Retail Sales of Consumer Goods by Section in Each Period

单位:万元

年 份	社会消费品零售总额						
	总 计	批发零售业	住宿业	餐饮业	制造业	其 他	农民对非农业居民
1949	11426	7312		556	3514	–	44
1952	22248	16985		1223	3592	–	448
1957	34568	29279		1935	2381	3	970
1962	41436	35784		1655	2946	266	785
1965	40795	36470		1829	1856	287	353
1970	42993	39397		1537	1468	321	270
1975	60105	53239		2565	2914	1217	170
1978	81335	70661		2907	5120	2222	425
1979	96036	80703		4000	9060	823	1450
1980	119775	95121		4392	16489	1299	2474
"六五时期"							
1981	135236	103303		5388	21353	2157	3035
1982	152094	116241		8165	21398	2778	3512
1983	167948	127884		9225	23569	2953	4317
1984	200301	150233		11342	29563	4506	4657
1985	243080	181867		14823	32342	5535	8513
"七五时期"							
1986	294102	219730		17880	35565	5456	15471
1987	331504	240192		20305	45386	8963	16658
1988	425984	300090		30808	60463	12300	22323
1989	484392	343978		28634	71653	9729	30398
1990	528221	382047		25599	71505	10886	38184
"八五时期"							
1991	597989	424836		27443	78452	14186	53072
1992	732882	535080		37096	77951	21108	61647
1993	1013726	723914		56059	80101	28475	125177
1994	1454386	1037687		86141	99621	27914	203023
1995	1880151	1345321		133501	115105	42533	243691
"九五时期"							
1996	2256851	1570947		176100	141201	22261	346342
1997	2618976	1744014		216727	177219	50392	430624
1998	2911018	1893486		255616	207595	76994	477327
1999	3175983	2043078		305333	225132	83892	518548
2000	3547062	2287545		377550	233128	102535	546304
"十五时期"							
2001	3975320	2574216		485494	237545	118179	559886
2002	4464927	2935804		613178	231947	143702	540296
2003	5371750	4373831		741565	–	256354	–
2004	6984935	5691288	57973	940191	–	295483	–
2005	8078776	6575543	66490	1084425	–	352318	–
"十一五时期"							
2006	9393436	7571831	78098	1324135	–	419372	–
2007	11031462	8791908	86322	1648409	–	504823	–
2008	13566824	10684195	96391	2142271	–	643968	–
2009	15956509	12710608	105378	2438279	–	702244	–
2010	18024610	14022650	150810	3081114	–	770036	–
"十二五时期"							
2011	21142868	16338362	175067	3717616	–	911823	–
2012	24202475	18740304	187466	4308195	–	966510	–
2013	27433506	22006709	177160	4154845	–	1094792	–
2014	30876494	26004226	196307	4675960	–	–	–
2015	34103088	28754816	210316	5137956	–	–	–

15-2 限额以上批发零售贸易法人企业商品销售情况(2015年)

Total Purchase Sales and Inventory by Sector Above Designated Size(2015)

单位:万元

指 标	商品销售总额		
	合 计	批 发	零 售
总 计	37389035.9	24961322.5	12427713.4
一、批发业	27596567.4	24437687.9	3158879.5
农、林、牧产品批发	202764.9	199735.4	3029.5
谷物、豆及薯类批发	55241.9	55241.9	0.0
种子批发	27530.4	27514.8	15.6
饲料批发	46290.7	46290.7	0.0
棉、麻批发	42861.2	42861.2	0.0
林业产品批发	3006.2	1686.2	1320.0
牲畜批发	9733.3	9733.3	0.0
其他农牧产品批发	18101.2	16407.3	1693.9
食品、饮料及烟草制品批发	2842088.4	2781016.8	61071.6
米、面制品及食用油批发	1598059.1	1581842.8	16216.3
糕点、糖果及糖批发	31882.5	31882.5	0.0
果品、蔬菜批发	227869.0	201947.6	25921.4
肉、禽、蛋、奶及水产品批发	33065.4	30923.7	2141.7
盐及调味品批发	39717.3	39717.3	0.0
酒、饮料及茶叶批发	42762.8	38422.1	4340.7
烟草制品批发	801064.0	801064.0	0.0
其他食品批发	67668.3	55216.8	12451.5
纺织、服装及家庭用品批发	1843261.5	1505792.7	337468.8
纺织品、针织品及原料批发	56273.5	55290.9	982.6
服装批发	133245.6	122837.7	10407.9
鞋帽批发	48891.1	46698.2	2192.9
化妆品及卫生用品批发	298649.0	169715.9	128933.1
厨房、卫生间用具及日用杂货批发	15206.9	12067.7	3139.2
灯具、装饰物品批发	11605.9	11325.5	280.4
家用电器批发	1277108.0	1085575.3	191532.7
其他家庭用品批发	2281.5	2281.5	0.0
文化、体育用品及器材批发	1034725.1	806962.1	227763.0
文具用品批发	328287.7	290561.3	37726.4
体育用品及器材批发	3228.7	3036.7	192.0
图书批发	563021.5	374064.0	188957.5
音像制品及电子出版物批发	130.7	130.7	0.0

15-2续1

指　　标	商品销售总额		
	合　计	批　发	零　售
首饰、工艺品及收藏品批发	128399.2	128399.2	0.0
其他文化用品批发	11657.3	10770.2	887.1
医药及医疗器材批发	4887500.0	4085228.1	802271.9
西药批发	2683052.1	2099622.6	583429.5
中药批发	1573590.3	1357470.5	216119.8
医疗用品及器材批发	630857.6	628135.0	2722.6
矿产品、建材及化工产品批发	12754420.3	11227371.5	1527048.8
煤炭及制品批发	5913821.7	5891596.8	22224.9
石油及制品批发	3303378.7	1829746.0	1473632.7
非金属矿及制品批发	6587.5	6587.5	0.0
金属及金属矿批发	2277415.5	2255034.6	22380.9
建材批发	277289.2	275468.7	1820.5
化肥批发	199344.1	198944.1	400.0
农药批发	215802.3	215346.4	455.9
其他化工产品批发	560781.3	554647.4	6133.9
机械设备、五金产品及电子产品批发	3188321.2	3037406.4	150914.8
农业机械批发	41434.6	41434.6	0.0
汽车批发	974861.4	950776.4	24085.0
汽车零配件批发	230725.1	221784.0	8941.1
摩托车及零配件批发	23348.8	21442.2	1906.6
五金产品批发	69489.2	55727.2	13762.0
电气设备批发	613541.8	609467.5	4074.3
计算机、软件及辅助设备批发	350589.0	290878.8	59710.2
通讯及广播电视设备批发	269150.5	245025.8	24124.7
其他机械设备及电子产品批发	615180.8	600869.9	14310.9
贸易经纪与代理	213170.6	176751.7	36418.9
贸易代理	211764.4	175345.5	36418.9
其他贸易经纪与代理	1406.2	1406.2	0.0
其他批发业	630315.4	617423.2	12892.2
再生物资回收与批发	27497.9	27497.9	0.0
其他未列明批发业	602817.5	589925.3	12892.2
内资企业	25493319.9	22453577.4	3039742.5
国有企业	4188406.2	3915062.1	273344.1

15-2续2

指　　标	商品销售总额		
	合　计	批　发	零　售
集体企业	50940.6	36402.6	14538.0
股份合作企业	31887.2	31887.2	0.0
有限责任公司	12600397.8	10886959.8	1713438.0
国有独资公司	1389639.7	1268802.8	120836.9
其他有限责任公司	11210758.1	9618157.0	1592601.1
股份有限公司	1226665.1	708857.2	517807.9
私营企业	7385696.2	6868879.0	516817.2
私营独资企业	17168.7	17168.7	0.0
私营有限责任公司	7252528.1	6737589.3	514938.8
私营股份有限公司	115999.4	114121.0	1878.4
其他企业	9326.8	5529.5	3797.3
港、澳、台商投资企业	1748021.5	1727928.6	20092.9
港澳台商独资企业	1748021.5	1727928.6	20092.9
外商投资企业	355226.0	256181.9	99044.1
中外合资经营企业	68163.3	68163.3	0.0
中外合作经营企业	6756.5	6756.5	0.0
外资企业	64879.1	55853.4	9025.7
外商投资股份有限公司	215427.1	125408.7	90018.4
二、零售业	9792468.5	523634.6	9268833.9
综合零售	2924235.6	821.0	2923414.6
百货零售	2461107.2	821.0	2460286.2
超级市场零售	411715.1	0.0	411715.1
其他综合零售	51413.3	0.0	51413.3
食品、饮料及烟草制品专门零售	322368.7	65786.0	256582.7
粮油零售	28257.0	1265.0	26992.0
糕点、面包零售	10937.3	0.0	10937.3
果品、蔬菜零售	49937.8	1798.1	48139.7
肉、禽、蛋、奶及水产品零售	78359.0	13924.7	64434.3
营养和保健品零售	12374.5	1986.5	10388.0
酒、饮料及茶叶零售	97255.7	38340.2	58915.5
烟草制品零售	12722.8	0.0	12722.8
其他食品零售	32524.6	8471.5	24053.1
纺织、服装及日用品专门零售	239402.6	18986.8	220415.8

15-2续3

指　　标	商品销售总额		
	合　计	批　发	零　售
纺织品及针织品零售	4958.1	490.0	4468.1
服装零售	127351.1	13976.9	113374.2
鞋帽零售	3546.9	445.6	3101.3
化妆品及卫生用品零售	73360.4	3416.4	69944.0
钟表、眼镜零售	16026.2	657.9	15368.3
厨房用具及日用杂品零售	1309.0	0.0	1309.0
其他日用品零售	12850.9	0.0	12850.9
文化、体育用品及器材专门零售	138740.4	6994.2	131746.2
文具用品零售	6384.4	3773.1	2611.3
体育用品及器材零售	1682.5	0.0	1682.5
图书、报刊零售	29171.8	0.0	29171.8
珠宝首饰零售	78471.2	2970.4	75500.8
工艺美术品及收藏品零售	3732.1	250.7	3481.4
乐器零售	2542.8	0.0	2542.8
照相器材零售	13021.3	0.0	13021.3
其他文化用品零售	3734.3	0.0	3734.3
医药及医疗器材专门零售	366215.3	101197.4	265017.9
药品零售	326764.2	95608.4	231155.8
医疗用品及器材零售	39451.1	5589.0	33862.1
汽车、摩托车、燃料及零配件专门零售	4079947.8	82421.0	3997526.8
汽车零售	3461444.1	76708.9	3384735.2
汽车零配件零售	76218.5	5432.6	70785.9
摩托车及零配件零售	15881.5	0.0	15881.5
机动车燃料零售	526403.7	279.5	526124.2
家用电器及电子产品专门零售	981266.1	181461.1	799805.0
家用视听设备零售	233123.2	53049.9	180073.3
日用家电设备零售	206242.8	110471.7	95771.1
计算机、软件及辅助设备零售	155505.4	12024.1	143481.3
通信设备零售	372466.3	2748.9	369717.4
其他电子产品零售	13928.4	3166.5	10761.9
五金、家具及室内装饰材料专门零售	386955.9	7357.7	379598.2
五金零售	30299.1	3685.7	26613.4

15-2续4

指　　标	商品销售总额		
	合　计	批　发	零　售
家具零售	336882.0	347.3	336534.7
涂料零售	718.8	0.0	718.8
木质装饰材料零售	3385.8	1691.7	1694.1
陶瓷、石材装饰材料零售	11389.9	0.0	11389.9
其他室内装饰材料零售	4280.3	1633.0	2647.3
货摊、无店铺及其他零售业	353336.1	58609.4	294726.7
互联网零售	190370.9	0.0	190370.9
邮购及电视、电话零售	126456.7	57318.3	69138.4
生活用燃料零售	31751.2	0.0	31751.2
其他未列明零售业	4757.3	1291.1	3466.2
内资企业	9085605.8	523634.6	8561971.2
国有企业	166106.8	6472.6	159634.2
集体企业	52357.6	0.0	52357.6
股份合作企业	2701.1	0.0	2701.1
有限责任公司	3152160.8	211300.0	2940860.8
国有独资公司	55591.6	0.0	55591.6
其他有限责任公司	3096569.2	211300.0	2885269.2
股份有限公司	2593323.9	12835.2	2580488.7
私营企业	3089557.7	292212.3	2797345.4
私营独资企业	34828.6	304.9	34523.7
私营合伙企业	1215.7	0.0	1215.7
私营有限责任公司	2997505.7	287842.9	2709662.8
私营股份有限公司	56007.7	4064.5	51943.2
其他企业	29397.9	814.5	28583.4
港、澳、台商投资企业	288951.6	0.0	288951.6
与港澳台商合资经营企业	76156.4	0.0	76156.4
港澳台商独资企业	212795.2	0.0	212795.2
外商投资企业	417911.1	0.0	417911.1
中外合资经营企业	123077.7	0.0	123077.7
中外合作经营企业	86594.0	0.0	86594.0
外资企业	50933.9	0.0	50933.9
外商投资股份有限公司	157305.5	0.0	157305.5

15-3 限额以上批发零

Capital Power of Wholesales and Retail Sales Trade

指　　标	法人企业数（个）	流动资产合　　计	存　货	固定资产原　　价	累计折旧	本年折旧
总计	1616	15240083.0	2844997.1	2781512.2	966541.1	157433.7
一、批发业	855	10255929.7	1974855.5	1822601.1	648175.0	101554.9
农、林、牧产品批发	28	80706.2	42088.9	27678.9	8287.9	988.2
谷物、豆及薯类批发	5	34760.2	28090.3	14526.7	3994.0	277.9
种子批发	6	21243.5	7869.3	8379.8	2668.1	428.3
饲料批发	4	7249.7	1468.8	70.0	23.7	20.8
棉、麻批发	3	3515.5	267.5	139.5	120.0	13.3
林业产品批发	1	2600.0	2000.0	130.0	16.0	8.2
牲畜批发	3	1019.2	43.1	85.3	46.4	45.3
其他农牧产品批发	6	10318.1	2349.9	4347.6	1419.7	194.4
食品、饮料及烟草制品批发	54	951145.8	318480.9	166760.1	49429.0	12016.4
米、面制品及食用油批发	13	640957.5	262372.1	44113.3	18067.4	1749.1
糕点、糖果及糖批发	1	11359.1	5390.3	128.9	113.8	5.4
果品、蔬菜批发	15	7904.1	579.2	6411.6	2626.0	369.2
肉、禽、蛋、奶及水产品批发	6	18006.7	8252.9	26844.6	2477.4	1840.5
盐及调味品批发	3	16309.9	646.7	5481.9	2604.5	193.7
酒、饮料及茶叶批发	10	38798.1	16972.1	1334.8	1071.6	221.2
烟草制品批发	1	197885.0	21840.1	57674.8	17300.6	2850.3
其他食品批发	5	19925.4	2427.5	24770.2	5167.7	4787.0
纺织、服装及家庭用品批发	65	970987.4	297959.8	57440.9	8440.6	2510.2
纺织品、针织品及原料批发	4	4252.4	964.9	511.7	212.8	122.5
服装批发	15	64417.9	24137.7	1450.9	1015.2	151.8
鞋帽批发	9	23901.5	9334.3	755.9	449.0	140.9
化妆品及卫生用品批发	9	35977.2	17805.3	5424.1	1527.4	293.2
厨房、卫生间用具及日用杂货批发	2	11362.5	2740.6	221.6	133.9	21.7
灯具、装饰物品批发	4	2361.9	861.1	118.0	104.4	4.0
家用电器批发	21	828594.0	242097.3	48634.7	4897.9	1771.1
其他家庭用品批发	1	120.0	18.6	324.0	100.0	5.0
文化、体育用品及器材批发	28	758619.6	278665.4	209444.6	76600.1	10384.9
文具用品批发	15	92080.3	13443.5	17251.1	6737.4	2280.7
体育用品及器材批发	2	4528.8	165.6	216.0	170.1	17.6
图书批发	4	654677.7	263597.2	191639.6	69579.4	8061.6
音像制品及电子出版物批发	1	543.8	81.6	19.8	14.8	0.0
首饰、工艺品及收藏品批发	2	2848.1	802.0	83.4	18.9	12.5
其他文化用品批发	4	3940.9	575.5	234.7	79.5	12.5
医药及医疗器材批发	100	2079085.2	341091.7	133143.0	32450.4	11021.0
西药批发	48	1137558.8	209077.8	98715.2	18923.9	5578.5
中药批发	29	713974.8	109642.3	18443.8	6262.1	1679.2
医疗用品及器材批发	23	227551.6	22371.6	15984.0	7264.4	3763.3
矿产品、建材及化工产品批发	354	3270042.6	435661.6	1069803.5	445648.7	58878.0
煤炭及制品批发	66	713121.8	41471.5	29112.4	9758.4	1997.5

售贸易企业资产实力（2015年）

Above Designated Size(2015)

单位:万元

资产总计	负债合计	所有者权益合计	实收资本				
				国家资本	集体资本	法人资本	个人资本
19931627.9	15673774.6	4257853.3	2242538.6	429081.8	49610.0	781108.2	655824.7
13450492.9	10310887.5	3139605.4	1498498.3	268092.1	29516.9	508527.6	409152.5
111071.2	71041.8	40029.4	24631.6	8132.4	200.0	3225.8	13073.4
51049.9	40098.9	10951.0	2250.0	1767.2	0.0	447.8	35.0
30599.7	11048.1	19551.6	16121.6	5098.7	200.0	296.0	10526.9
7307.3	5821.2	1486.1	1650.0	0.0	0.0	1520.0	130.0
3788.8	2254.8	1534.0	1700.0	0.0	0.0	602.0	1098.0
2714.0	1800.0	914.0	100.0	0.0	0.0	100.0	0.0
1058.1	861.0	197.1	110.0	0.0	0.0	40.0	70.0
14553.4	9157.8	5395.6	2700.0	1266.5	0.0	220.0	1213.5
1159598.2	771350.9	388247.3	89596.7	8305.8	1646.0	29965.0	6874.0
702456.9	627441.6	75015.3	11496.4	7014.5	0.0	2066.0	2110.0
11401.1	10059.5	1341.6	2000.0	0.0	0.0	1700.0	300.0
14188.7	7395.2	6793.5	3722.1	0.0	1147.1	1163.0	1412.0
67275.7	19926.4	47349.3	43641.0	0.0	0.0	61.0	1080.0
20796.9	9976.2	10820.7	1068.5	968.5	0.0	100.0	0.0
45606.3	41777.0	3829.3	5300.9	322.8	498.9	2927.2	1552.0
257616.8	36282.5	221334.3	1000.0	0.0	0.0	1000.0	0.0
40255.8	18492.5	21763.3	21367.8	0.0	0.0	20947.8	420.0
1133331.8	1084869.5	48462.3	105436.0	500.0	274.2	72878.7	31783.0
4589.0	3285.3	1303.7	751.0	0.0	0.0	651.0	100.0
67045.3	73460.0	-6414.7	53253.0	0.0	0.0	51036.0	2217.0
24508.9	25696.8	-1187.9	726.0	0.0	0.0	80.6	645.4
39888.8	36609.4	3279.4	6937.0	0.0	0.0	4762.0	2175.0
11450.2	11183.4	266.8	400.0	0.0	0.0	300.0	100.0
2375.5	530.0	1845.5	1558.0	0.0	0.0	200.0	1358.0
983130.1	933960.6	49169.5	41611.0	500.0	274.2	15649.1	25187.6
344.0	144.0	200.0	200.0	0.0	0.0	200.0	0.0
1015405.8	731450.9	283954.9	83483.9	45000.0	60.0	14411.0	24012.9
111280.4	90540.6	20739.8	18494.0	0.0	60.0	10250.0	8184.0
4574.7	1763.2	2811.5	2526.0	0.0	0.0	0.0	2526.0
891969.1	634045.9	257923.2	60505.0	45000.0	0.0	2915.0	12590.0
548.8	540.4	8.4	50.0	0.0	0.0	0.0	50.0
2936.7	1343.0	1593.7	1000.0	0.0	0.0	755.0	245.0
4096.1	3217.8	878.3	908.9	0.0	0.0	491.0	417.9
2312699.6	2022572.2	290127.4	174575.6	18261.5	4722.7	100389.2	48635.3
1282766.3	1133809.0	148957.3	99625.6	7472.8	794.7	58915.4	30175.8
784760.9	677608.8	107152.1	56825.0	10788.7	3928.0	28750.8	13357.5
245172.4	211154.4	34018.0	18125.0	0.0	0.0	12723.0	5102.0
5276931.9	3766642.9	1510289.0	582998.8	183366.6	21761.3	162877.8	169107.1
952592.5	790836.4	161756.1	140732.8	48582.3	0.0	54670.0	37480.5

指　　标	法人企业数（个）	流动资产合计	存货	固定资产原价	累计折旧	本年折旧
石油及制品批发	35	1192177.6	219842.1	960220.1	401569.9	52707.3
非金属矿及制品批发	3	23891.7	9472.2	59.3	44.5	12.0
金属及金属矿批发	161	616266.5	89538.3	30378.7	16366.7	2032.3
建材批发	15	138656.4	8243.3	6855.8	1421.1	304.7
化肥批发	9	216248.8	9801.1	14425.7	7135.5	513.7
农药批发	11	65611.7	10746.9	3144.3	1753.5	392.9
其他化工产品批发	54	304068.1	46546.2	25607.2	7599.1	917.6
机械设备、五金产品及电子产品批发	198	1886429.0	217014.8	128839.9	20953.0	3728.6
农业机械批发	9	11066.5	4040.2	1703.4	927.8	36.3
汽车批发	17	385401.7	78236.6	2814.1	1468.8	176.9
汽车零配件批发	29	105743.8	14203.3	81126.5	1369.2	393.4
摩托车及零配件批发	7	7378.9	3321.1	1859.3	413.9	79.9
五金产品批发	11	34229.1	3159.6	2590.6	1418.8	179.3
电气设备批发	18	647480.2	4944.8	6078.5	2253.0	506.0
计算机、软件及辅助设备批发	29	94215.7	16939.7	3309.3	1744.8	248.4
通讯及广播电视设备批发	16	112581.6	14054.7	7959.1	2174.0	666.4
其他机械设备及电子产品批发	62	488331.5	78114.8	21399.1	9182.7	1442.0
贸易经纪与代理	4	39960.0	4238.5	17751.7	1446.6	569.4
贸易代理	3	39632.0	4238.5	17647.7	1349.7	556.7
其他贸易经纪与代理	1	328.0	0.0	104.0	96.9	12.7
其他批发业	24	218953.9	39653.9	11738.5	4918.7	1458.2
再生物资回收与批发	6	1143.4	664.6	3529.9	158.7	14.3
其他未列明批发业	18	217810.5	38989.3	8208.6	4760.0	1443.9
内资企业	841	9179336.1	1728681.3	1694735.6	636279.0	97218.5
国有企业	19	600306.8	138381.5	55743.1	20387.6	3480.0
集体企业	5	6442.7	3771.5	15502.1	6123.4	2098.9
股份合作企业	1	34347.5	6150.3	3769.4	1273.9	195.3
有限责任公司	257	4443147.4	757565.3	590133.3	202273.5	31119.4
国有独资公司	9	585379.3	109386.8	108576.6	42658.1	6362.9
其他有限责任公司	248	3857768.1	648178.5	481556.7	159615.4	24756.5
股份有限公司	14	1012730.4	176004.3	830998.8	341900.1	44785.0
私营企业	543	3080849.8	646763.1	197637.6	64077.8	15538.6
私营独资企业	3	1252.8	789.5	235.0	122.8	79.6
私营有限责任公司	529	2991639.0	626835.8	182184.4	59811.9	14548.7
私营股份有限公司	11	87958.0	19137.8	15218.2	4143.1	910.3
其他企业	2	1511.5	45.3	951.3	242.7	1.3
港、澳、台商投资企业	8	979648.3	233603.5	107227.8	4362.8	2341.5
港、澳、台商独资经营企业	8	979648.3	233603.5	107227.8	4362.8	2341.5
外商投资企业	6	96945.3	12570.7	20637.7	7533.2	1994.9
中外合资经营企业	1	60460.9	10356.5	4329.8	2977.5	224.6
中外合作经营企业	1	3758.3	874.7	91.4	47.6	12.5

资产总计	负债合计	所有者权益合计	实收资本				
				国家资本	集体资本	法人资本	个人资本
2576456.3	1573744.6	1002711.7	98189.7	31261.5	2707.3	25068.5	6508.0
25456.5	29745.8	–4289.3	4000.0	0.0	0.0	0.0	4000.0
756651.9	512135.2	244516.7	264114.5	103516.8	1751.0	64175.2	81476.6
144368.6	112578.4	31790.2	25378.9	0.0	14858.0	3484.2	7036.7
254199.3	231917.2	22282.1	6423.0	0.0	2400.0	868.0	3155.0
101839.9	74348.9	27491.0	13402.0	6.0	45.0	7042.0	6262.3
465366.9	441336.4	24030.5	30757.9	0.0	0.0	7569.9	23188.0
2122831.6	1671852.4	450979.2	363502.0	4475.8	740.0	67210.1	99125.8
13870.3	11121.4	2748.9	2548.0	3.0	185.0	110.0	2250.0
393340.1	293639.5	99700.6	64588.1	50.0	0.0	5914.1	3124.0
244323.9	83825.1	160498.8	149936.5	1100.0	0.0	5213.8	17910.2
10979.0	7548.6	3430.4	3354.1	0.0	0.0	1903.1	1451.0
35841.3	27792.6	8048.7	9299.0	0.0	0.0	7970.0	1329.0
665354.8	635521.3	29833.5	20187.1	0.0	0.0	6215.0	13972.1
100331.2	67689.3	32641.9	22872.0	1658.0	0.0	6967.5	14246.5
129654.4	103331.3	26323.1	24525.0	0.0	555.0	7983.7	11248.5
529136.6	441383.3	87753.3	66192.2	1664.8	0.0	24932.9	33594.5
65308.1	52748.0	12560.1	1800.0	0.0	0.0	1200.0	600.0
64973.0	52753.3	12219.7	1500.0	0.0	0.0	1200.0	300.0
335.1	–5.3	340.4	300.0	0.0	0.0	0.0	300.0
253314.7	138358.9	114955.8	72473.7	50.0	112.7	56370.0	15941.0
8076.8	2894.6	5182.2	1490.0	0.0	0.0	50.0	1440.0
245237.9	135464.3	109773.6	70983.7	50.0	112.7	56320.0	14501.0
12103527.5	9345232.0	2758295.5	1205969.1	253987.6	29516.9	508527.6	409152.5
737720.7	589911.7	147809.0	104234.6	21218.6	2000.0	81016.0	0.0
15834.9	15198.9	636.0	924.1	0.0	872.7	51.4	0.0
37459.7	29956.2	7503.5	7400.1	0.0	0.0	0.0	7400.1
5529182.1	4334891.1	1194291.0	537774.8	224634.4	21278.9	190069.6	101791.9
735831.4	435954.4	299877.0	20375.0	15965.0	0.0	4410.0	0.0
4793350.7	3898936.7	894414.0	517399.8	208669.4	21278.9	185659.6	101791.9
2192879.5	1312994.5	879885.0	35868.5	8029.9	2892.3	20350.0	4596.3
3586510.1	3060240.8	526269.3	517906.0	104.7	2473.0	216679.6	293864.2
1375.9	850.0	525.9	210.0	0.0	0.0	0.0	210.0
3474373.3	2991367.9	483005.4	497936.0	104.7	2473.0	212655.9	277917.9
110760.9	68022.9	42738.0	19760.0	0.0	0.0	4023.7	15736.3
3940.5	2038.8	1901.7	1861.0	0.0	0.0	361.0	1500.0
1178115.0	882205.7	295909.3	232885.3	0.0	0.0	0.0	0.0
1178115.0	882205.7	295909.3	232885.3	0.0	0.0	0.0	0.0
168850.4	83449.8	85400.6	59643.9	14104.5	0.0	0.0	0.0
66126.8	19628.3	46498.5	25192.7	12848.3	0.0	0.0	0.0
3803.6	952.8	2850.8	1884.0	1256.2	0.0	0.0	0.0

指　　标	法人企业数（个）	流动资产合　计	存　货	固定资产原　价	累计折旧	本年折旧
外资企业	3	23187.1	44.2	132.7	89.7	55.5
外商投资股份有限公司	1	9539.0	1295.3	16083.8	4418.4	1702.3
二、零售业	761	4984153.3	870141.6	958911.1	318366.1	55878.8
综合零售	54	2398732.9	120303.6	483437.8	176307.1	21700.6
百货零售	37	2166811.6	94008.8	409130.1	145385.7	16571.2
超级市场零售	14	223132.4	18767.2	72884.5	30081.8	4986.5
其他综合零售	3	8788.9	7527.6	1423.2	839.6	142.9
食品、饮料及烟草制品专门零售	132	167337.2	34850.6	53127.4	11551.0	2785.1
粮油零售	17	8558.8	769.8	8351.8	2562.3	259.6
糕点、面包零售	2	2720.0	402.5	754.0	503.5	62.9
果品、蔬菜零售	36	12158.0	2180.8	12547.1	2477.7	242.2
肉、禽、蛋、奶及水产品零售	25	27207.0	14594.5	8638.1	1805.5	437.9
营养和保健品零售	15	3507.7	951.2	2664.1	386.4	63.4
酒、饮料及茶叶零售	15	95440.3	5838.8	17821.2	3212.5	1590.2
烟草制品零售	3	9180.4	6796.1	145.4	66.2	38.5
其他食品零售	19	8565.0	3316.9	2205.7	536.9	90.4
纺织、服装及日用品专门零售	66	105997.7	38802.1	43370.5	3568.4	1319.5
纺织品及针织品零售	3	1770.0	1103.7	6.6	5.5	5.4
服装零售	36	60395.4	26360.7	39989.0	2264.2	921.3
鞋帽零售	4	5021.0	863.6	269.4	51.4	1.1
化妆品及卫生用品零售	12	13211.2	6289.4	1128.4	569.6	81.3
钟表、眼镜零售	4	19869.4	2387.1	798.8	504.0	206.4
厨房用具及日用杂品零售	2	1862.7	152.8	2.9	0.9	0.0
其他日用品零售	5	3868.0	1644.8	1175.4	172.8	104.0
文化、体育用品及器材专门零售	40	75570.8	36772.8	9841.2	3452.4	496.9
文具用品零售	4	1205.2	601.3	534.7	248.0	15.6
体育用品及器材零售	1	35.0	26.0	13.5	0.0	0.0
图书、报刊零售	8	13347.5	3435.8	1701.8	685.0	65.3
珠宝首饰零售	14	34737.4	21081.7	5766.0	1765.3	334.6
工艺美术品及收藏品零售	5	15154.4	7625.6	1331.3	388.8	44.0
乐器零售	3	1074.0	947.7	20.6	16.1	1.1
照相器材零售	4	4912.5	3054.7	374.9	264.4	30.8
其他文化用品零售	1	5104.8	0.0	98.4	84.8	5.5
医药及医疗器材专门零售	46	172145.3	37877.8	16924.2	7168.2	1356.1
药品零售	30	142589.5	34692.9	15681.2	6371.9	1181.7
医疗用品及器材零售	16	29555.8	3184.9	1243.0	796.3	174.4
汽车、摩托车、燃料及零配件专门零售	261	1571773.3	506361.7	213671.3	77492.4	18338.6
汽车零售	181	1472071.2	477517.8	181078.8	63586.7	16132.0
汽车零配件零售	19	18051.3	6268.1	2982.1	952.9	281.9
摩托车及零配件零售	7	6257.3	1832.7	243.9	50.0	6.5
机动车燃料零售	54	75393.5	20743.1	29366.5	12902.8	1918.2

资产总计	负债合计	所有者权益合计	实收资本				
				国家资本	集体资本	法人资本	个人资本
30989.2	16368.9	14620.3	12567.2	0.0	0.0	0.0	0.0
67930.8	46499.8	21431.0	20000.0	0.0	0.0	0.0	0.0
6481135.0	5362887.1	1118247.9	744040.3	160989.7	20093.1	272580.6	246672.2
3176883.3	2704756.2	472127.1	211610.0	128873.2	5280.5	34569.6	22724.4
2885722.0	2433568.3	452153.7	173549.6	127373.2	5280.5	20540.5	20355.4
281709.9	263932.6	17777.3	36587.4	1500.0	0.0	12618.1	2307.0
9451.4	7255.3	2196.1	1473.0	0.0	0.0	1411.0	62.0
219580.8	169102.9	50477.9	55962.9	6002.2	3481.6	28320.1	16218.4
18454.6	5076.5	13378.1	7395.7	4553.3	0.0	455.0	2387.4
2985.1	2073.9	911.2	210.9	0.0	0.0	50.0	160.9
24575.4	8396.4	16179.0	11173.5	168.9	3221.6	2322.1	5460.9
36036.6	45620.1	-9583.5	10089.5	0.0	210.0	5915.5	3964.0
6398.1	2503.5	3894.6	2472.9	0.0	50.0	171.5	2251.4
110963.2	88174.3	22788.9	20344.6	0.0	0.0	16751.0	1653.0
9338.0	7642.8	1695.2	1285.0	1180.0	0.0	85.0	20.0
10829.8	9615.4	1214.4	2990.8	100.0	0.0	2570.0	320.8
158599.3	149533.3	9066.0	16733.8	0.0	3050.0	7626.9	6056.9
1784.4	1526.9	257.5	93.0	0.0	0.0	93.0	0.0
105343.6	102618.4	2725.2	10560.6	0.0	3050.0	3508.0	4002.6
5704.4	5231.7	472.7	480.0	0.0	0.0	60.0	420.0
17022.9	11969.4	5053.5	1876.8	0.0	0.0	1012.5	864.3
20438.3	20617.9	-179.6	1160.3	0.0	0.0	1110.3	50.0
1908.7	1444.0	464.7	453.1	0.0	0.0	33.1	420.0
6397.0	6125.0	272.0	2110.0	0.0	0.0	1810.0	300.0
83211.6	46777.2	36434.4	29952.3	1654.6	490.0	10152.0	17655.7
1494.5	503.4	991.1	996.9	0.0	0.0	810.0	186.9
58.6	8.8	49.8	49.8	0.0	0.0	0.0	49.8
14598.2	6411.4	8186.8	3871.0	840.0	0.0	1361.0	1670.0
39669.3	19313.7	20355.6	20776.4	0.0	0.0	7380.0	13396.4
16167.2	10999.6	5167.6	2534.6	814.6	490.0	0.0	1230.0
1080.9	972.2	108.7	122.6	0.0	0.0	50.0	72.6
5023.0	3892.4	1130.6	1101.0	0.0	0.0	551.0	550.0
5119.9	4675.7	444.2	500.0	0.0	0.0	0.0	500.0
219377.2	154141.2	65236.0	31639.8	759.3	1047.9	13782.6	16050.0
189222.0	131688.3	57533.7	27996.8	598.3	1047.9	12050.6	14300.0
30155.2	22452.9	7702.3	3643.0	161.0	0.0	1732.0	1750.0
1960962.0	1657002.1	303959.9	286212.7	17748.4	6722.7	115960.1	129081.1
1814888.6	1599655.8	215232.8	225610.8	228.0	4530.7	98329.7	109560.0
28961.9	20814.1	8147.8	4013.3	0.0	300.0	2394.2	1319.1
6451.2	2986.4	3464.8	3192.0	0.0	0.0	490.0	2702.0
110660.3	33545.8	77114.5	53396.6	17520.4	1892.0	14746.2	15500.0

指　　标	法人企业数（个）	流动资产合　计	存　货	固定资产原　价	累计折旧	本年折旧
家用电器及电子产品专门零售	100	306702.1	56826.5	27186.2	7320.5	4502.9
家用视听设备零售	20	121130.9	14508.8	2214.3	649.8	33.6
日用家电设备零售	31	78035.2	14750.6	20667.8	4697.9	3974.0
计算机、软件及辅助设备零售	27	33788.6	11645.5	1938.2	996.5	229.8
通信设备零售	17	69311.8	15239.1	2058.5	796.0	207.7
其他电子产品零售	5	4435.6	682.5	307.4	180.3	57.8
五金、家具及室内装饰材料专门零售	42	104837.6	7871.2	88077.6	26937.8	3568.9
五金零售	20	14938.6	4659.2	2175.6	778.4	103.1
家具零售	13	84928.9	1845.1	85286.8	26003.1	3437.5
涂料零售	1	67.9	6.3	47.9	0.3	0.3
木质装饰材料零售	2	640.1	454.4	71.8	38.6	3.6
陶瓷、石材装饰材料零售	4	3843.4	753.6	258.3	93.4	13.0
其他室内装饰材料零售	2	418.7	152.6	237.2	24.0	11.4
货摊、无店铺及其他零售业	20	81056.4	30475.3	23274.9	4568.3	1810.2
互联网零售	3	31973.4	18024.4	11331.9	1077.0	751.5
邮购及电视、电话零售	3	38632.4	10864.4	3949.4	1964.8	479.7
生活用燃料零售	10	6976.6	1063.0	7640.1	1375.7	539.8
其他未列明零售业	4	3474.0	523.5	353.5	150.8	39.2
内资企业	748	4691312.9	823469.4	859779.2	286169.0	49833.3
国有企业	12	27575.5	10581.8	10383.6	4949.6	238.1
集体企业	21	12910.5	2882.3	44443.9	3213.5	568.1
股份合作企业	2	209.6	51.5	322.8	151.2	30.4
有限责任公司	245	1127217.2	281067.9	265244.6	88616.6	22023.6
国有独资公司	2	21350.5	4750.5	1691.9	1275.0	35.5
其他有限责任公司	243	1105866.7	276317.4	263552.7	87341.6	21988.1
股份有限公司	25	2495805.1	231494.9	381945.3	137949.8	15705.8
私营企业	413	1021730.5	296774.0	149641.9	50666.2	11099.7
私营独资企业	25	2940.5	1318.0	1774.5	352.5	65.2
私营合伙企业	1	97.2	44.8	47.8	24.7	5.0
私营有限责任公司	376	1005446.9	290760.0	145038.4	49223.3	10831.6
私营股份有限公司	11	13245.9	4651.2	2781.2	1065.7	197.9
其他企业	30	5864.5	617.0	7797.1	622.1	167.6
港、澳、台商投资企业	6	62312.5	19578.9	51316.5	8820.6	2728.5
合资经营企业(港或澳、台资)	1	15585.2	4089.5	8649.6	3004.0	1056.7
港、澳、台商独资经营企业	5	46727.3	15489.4	42666.9	5816.6	1671.8
外商投资企业	7	230527.9	27093.3	47815.4	23376.5	3317.0
中外合资经营企业	2	23560.2	8723.9	7799.8	4454.6	743.3
中外合作经营企业	1	169625.8	0.0	20725.6	12948.7	942.3
外资企业	3	7222.3	1360.0	8486.0	5187.9	989.5
外商投资股份有限公司	1	30119.6	17009.4	10804.0	785.3	641.9

资产总计	负债合计	所有者权益合计	实收资本				
				国家资本	集体资本	法人资本	个人资本
341860.0	256605.6	85254.4	42383.0	0.0	0.0	26453.3	15929.7
125635.1	116514.5	9120.6	5641.9	0.0	0.0	3143.9	2498.0
99677.8	60103.4	39574.4	9341.3	0.0	0.0	7620.4	1720.9
39085.0	12510.7	26574.3	18677.8	0.0	0.0	13261.0	5416.8
72899.4	64051.1	8848.3	7471.0	0.0	0.0	1768.0	5703.0
4562.7	3425.9	1136.8	1251.0	0.0	0.0	660.0	591.0
204855.6	172497.1	32358.5	26188.0	0.0	20.4	19677.0	6490.6
23549.6	19328.7	4220.9	4936.4	0.0	20.4	1582.0	3334.0
175846.3	150224.2	25622.1	19147.0	0.0	0.0	17045.0	2102.0
123.4	12.4	111.0	54.6	0.0	0.0	0.0	54.6
673.3	1022.0	-348.7	130.0	0.0	0.0	130.0	0.0
4008.3	1831.1	2177.2	1810.0	0.0	0.0	810.0	1000.0
654.7	78.7	576.0	110.0	0.0	0.0	110.0	0.0
115805.2	52471.5	63333.7	43357.8	5952.0	0.0	16039.0	16465.4
54953.3	21650.7	33302.6	24765.8	3600.0	0.0	4079.0	12185.4
40814.8	19466.1	21348.7	8861.0	0.0	0.0	8861.0	0.0
16342.2	6868.4	9473.8	8729.0	2352.0	0.0	2448.0	3929.0
3694.9	4486.3	-791.4	1002.0	0.0	0.0	651.0	351.0
6092738.0	5094247.4	998490.6	668386.3	160989.7	20093.1	252316.7	234986.8
36488.2	21180.2	15308.0	6672.6	5672.6	0.0	1000.0	0.0
61663.4	45243.0	16420.4	11702.3	0.0	11457.3	245.0	0.0
381.2	156.8	224.4	206.9	0.0	156.2	0.0	50.7
1524796.8	1151101.7	373695.1	258511.2	34573.7	6640.1	137124.3	80173.1
23129.2	7469.3	15659.9	11000.0	9000.0	0.0	2000.0	0.0
1501667.6	1143632.4	358035.2	247511.2	25573.7	6640.1	135124.3	80173.1
3233333.8	2817330.4	416003.4	164721.4	120382.2	1347.9	12068.9	30922.4
1222555.2	1055670.2	166885.0	219802.0	192.3	60.0	100923.7	118626.0
4596.3	2335.6	2260.7	1377.7	0.0	0.0	740.8	636.9
120.3	75.9	44.4	50.0	0.0	0.0	50.0	0.0
1199894.5	1038384.9	161509.6	185303.3	192.3	0.0	99741.9	85369.1
17944.1	14873.8	3070.3	33071.0	0.0	60.0	391.0	32620.0
13519.4	3565.1	9954.3	6769.9	168.9	431.6	954.8	5214.6
108194.7	68468.6	39726.1	19647.9	0.0	0.0	3152.4	0.0
22661.5	19338.8	3322.7	3831.0	0.0	0.0	2868.6	0.0
85533.2	49129.8	36403.4	15816.9	0.0	0.0	283.8	0.0
280202.3	200171.1	80031.2	56006.1	0.0	0.0	17111.5	11685.4
32805.0	16698.8	16106.2	12352.4	0.0	0.0	5314.4	0.0
177469.9	152181.7	25288.2	16387.9	0.0	0.0	1618.1	0.0
17328.4	13386.8	3941.6	7000.0	0.0	0.0	6500.0	0.0
52599.0	17903.8	34695.2	20265.8	0.0	0.0	3679.0	11685.4

15-4 限额以上批发零售

Profit Loss and Distribution of Wholesales and

指 标 名 称	法人企业数（个）	主营业务收入	主营业务成本	主营业务税金及附加
总计	1616	39225726.7	36637144.1	156468.3
一、批发业	855	30055566.0	28388458.8	119154.1
农、林、牧产品批发	28	200211.8	186941.3	70.3
谷物、豆及薯类批发	5	54844.7	53163.9	8.8
种子批发	6	27840.4	24264.5	13.0
饲料批发	4	44763.0	43832.1	12.4
棉、麻批发	3	42591.3	42046.5	9.2
林业产品批发	1	2602.0	1950.0	7.7
牲畜批发	3	8992.5	7241.5	16.2
其他农牧产品批发	6	18577.9	14442.8	3.0
食品、饮料及烟草制品批发	54	2443388.6	2159415.1	78647.2
米、面制品及食用油批发	13	1405666.9	1361025.6	1772.7
糕点、糖果及糖批发	1	31882.5	31018.0	32.2
果品、蔬菜批发	15	151345.1	130812.9	1692.0
肉、禽、蛋、奶及水产品批发	6	32509.2	26848.2	13.3
盐及调味品批发	3	33895.1	25693.9	126.4
酒、饮料及茶叶批发	10	45368.0	38404.2	500.3
烟草制品批发	1	684670.1	495853.0	72750.1
其他食品批发	5	58051.7	49759.3	1760.2
纺织、服装及家庭用品批发	65	1668006.1	1587322.3	9436.8
纺织品、针织品及原料批发	4	55953.6	54009.9	12.4
服装批发	15	115974.4	109019.3	139.7
鞋帽批发	9	41830.8	37650.8	59.5
化妆品及卫生用品批发	9	259814.9	241078.7	8490.5
厨房、卫生间用具及日用杂货批发	2	12997.4	11319.1	15.0
灯具、装饰物品批发	4	9919.7	9442.8	9.3
家用电器批发	21	1169300.3	1123140.5	643.9
其他家庭用品批发	1	2215.0	1661.2	66.5
文化、体育用品及器材批发	28	1413311.4	1222406.1	1558.9
文具用品批发	15	285185.6	272181.5	208.8
体育用品及器材批发	2	2890.4	2525.0	31.5
图书批发	4	1004216.2	828720.1	1286.8
音像制品及电子出版物批发	1	130.7	123.1	0.2
首饰、工艺品及收藏品批发	2	110197.4	108582.5	24.2
其他文化用品批发	4	10691.1	10273.9	7.4
医药及医疗器材批发	100	4278992.1	4007876.3	6958.6
西药批发	48	2315975.5	2203272.2	2048.9
中药批发	29	1380375.6	1298017.3	1926.5
医疗用品及器材批发	23	582641.0	506586.8	2983.2
矿产品、建材及化工产品批发	354	16305795.9	15677368.3	18732.7
煤炭及制品批发	66	4420678.3	4361217.3	1945.7
石油及制品批发	35	8595098.3	8118506.7	11717.1

贸易企业损益及分配（2015年）

Retail Sales Trade Above Designated Size (2015)

单位:万元

销售费用	管理费用	财务费用	营业利润	利润总额	应交所得税	应付职工薪酬（本年贷方累计发生额）	应交增值税
1362059.3	704032.2	131178.6	402652.4	492531.6	114157.5	765207.9	382358.5
793163.1	462854.9	68736.9	271255.7	344562.2	75509.6	466737.1	224965.7
5540.8	6682.4	1592.8	−229.5	3344.6	97.4	2897.9	402.9
1109.9	1688.7	1193.2	−2591.3	609.8	6.5	337.9	15.4
1585.4	2582.8	88.6	5.4	683.2	45.4	1123.2	156.6
682.7	242.5	38.8	−54.2	−110.2	26.0	349.5	103.7
327.5	240.8	32.1	−47.9	−48.2	10.8	135.9	68.3
2.3	401.0	70.0	171.0	245.0	0.0	33.0	0.0
480.6	200.7	−0.3	1053.7	1068.3	6.8	112.0	58.9
1352.4	1325.9	170.4	1233.8	896.7	1.9	806.4	0.0
44639.7	71135.5	−480.5	116901.1	123508.9	26577.0	60034.6	45055.8
17306.8	26447.5	2090.7	19687.8	28129.2	6677.3	12648.5	3641.0
692.9	148.2	144.1	−230.3	−328.4	0.0	278.7	248.2
2878.2	2354.3	221.7	13385.8	12638.8	533.0	2709.8	739.9
1714.2	1173.1	172.5	2587.8	1436.2	6.4	1523.9	61.7
4557.5	2239.7	−90.9	1743.7	1797.0	479.0	2149.1	331.5
4585.9	2309.6	423.0	−854.1	−682.0	−1262.9	1827.6	882.6
11840.2	34361.2	−3442.3	77214.8	77162.0	19291.3	32273.8	38840.6
1064.0	2101.9	0.7	3365.6	3356.1	852.9	6623.2	310.3
53011.0	19295.2	2781.0	476.6	3199.4	3336.1	27171.5	8238.8
1509.9	241.0	44.8	135.6	136.7	21.4	406.7	91.5
6465.2	3538.3	1760.9	−3982.1	−3975.3	130.5	4684.9	848.4
2755.1	1432.0	472.6	−348.8	−382.1	23.9	1961.3	426.5
2377.5	5959.7	508.6	3112.8	3875.5	1344.7	3136.1	2819.5
1566.4	198.6	−125.7	26.5	26.5	31.0	246.9	118.0
326.4	87.0	11.6	42.6	43.2	7.5	215.5	71.1
38006.7	7751.4	108.2	1093.7	3078.6	1744.7	16440.1	3861.7
3.8	87.2	0.0	396.3	396.3	32.4	80.0	2.1
62973.1	77233.2	−684.7	56975.7	57595.0	783.6	80398.7	2557.0
5290.1	3054.2	1398.7	3108.1	3234.7	262.1	6022.6	1389.9
137.4	29.3	178.7	−13.3	17.0	5.7	254.8	67.1
56643.4	73852.5	−2323.1	52996.4	53467.1	464.3	73611.1	830.1
1.2	7.9	3.3	−5.0	−5.0	0.0	55.2	14.8
682.4	121.0	81.6	859.6	852.3	47.3	246.6	196.7
218.6	168.3	−23.9	29.9	28.9	4.2	208.4	58.4
120387.7	63761.0	26557.9	58847.0	58695.0	13709.4	53201.0	47253.6
38000.8	33377.7	17487.3	24376.9	24278.9	5107.2	25885.5	14628.3
31599.8	15580.3	6082.4	29265.2	29275.5	7180.1	13834.6	10252.6
50787.1	14803.0	2988.2	5204.9	5140.6	1422.1	13480.9	22372.7
384773.3	173659.2	29666.5	18319.3	73815.5	22979.5	199156.6	103663.1
29272.8	11176.8	16374.3	−10878.3	−7809.9	1935.9	9682.3	5198.9
307935.3	122229.1	−5510.6	48009.7	71881.8	18074.0	168100.8	88120.4

15-4续1

指 标 名 称	法人企业数（个）	主营业务收入	主营业务成本	主营业务税金及附加
非金属矿及制品批发	3	5642.9	5711.9	4.1
金属及金属矿批发	161	2120740.8	2077114.0	2850.3
建材批发	15	242535.9	234320.8	262.8
化肥批发	9	200378.4	199465.7	357.6
农药批发	11	223143.9	201520.1	1002.0
其他化工产品批发	54	497577.4	479511.8	593.1
机械设备、五金产品及电子产品批发	198	2962263.3	2810943.7	2154.5
农业机械批发	9	39706.4	35524.7	19.2
汽车批发	17	950445.8	894376.5	96.0
汽车零配件批发	29	216463.4	204758.1	114.7
摩托车及零配件批发	7	23412.7	21470.6	39.0
五金产品批发	11	63356.6	58204.3	99.9
电气设备批发	18	528615.5	519819.9	309.3
计算机、软件及辅助设备批发	29	327413.3	315261.0	245.9
通讯及广播电视设备批发	16	237275.8	225851.7	99.6
其他机械设备及电子产品批发	62	575573.8	535676.9	1130.9
贸易经纪与代理	4	225821.1	203312.7	548.2
贸易代理	3	224414.9	202020.6	548.0
其他贸易经纪与代理	1	1406.2	1292.1	0.2
其他批发业	24	557775.7	532873.0	1046.9
再生物资回收与批发	6	24715.9	21447.5	610.3
其他未列明批发业	18	533059.8	511425.5	436.6
内资企业	841	28131285.7	26596100.5	118226.6
国有企业	19	4003548.9	3941764.6	1105.5
集体企业	5	45072.8	37203.5	419.0
股份合作企业	1	31015.9	28802.3	40.5
有限责任公司	257	10569792.9	9868046.6	88305.1
国有独资公司	9	1225377.2	1012572.3	75656.5
其他有限责任公司	248	9344415.7	8855474.3	12648.6
股份有限公司	14	6753198.6	6346160.8	8785.3
私营企业	543	6719678.2	6366233.3	19564.1
私营独资企业	3	15705.1	14341.5	72.2
私营有限责任公司	529	6566911.8	6232877.1	19106.8
私营股份有限公司	11	137061.3	119014.7	385.1
其他企业	2	8978.4	7889.4	7.1
港、澳、台商投资企业	8	1620478.0	1524690.5	402.2
港、澳、台商独资经营企业	8	1620478.0	1524690.5	402.2
外商投资企业	6	303802.3	267667.8	525.3
中外合资经营企业	1	58259.3	54709.1	73.3
中外合作经营企业	1	6756.4	5123.0	21.2
外资企业	3	58322.2	53464.2	104.0
外商投资股份有限公司	1	180464.4	154371.5	326.8

销售费用	管理费用	财务费用	营业利润	利润总额	应交所得税	应付职工薪酬（本年贷方累计发生额）	应交增值税
115.2	295.3	297.0	-780.6	-782.1	0.8	148.5	32.1
23021.1	21839.7	6540.4	-10664.4	16493.9	1415.5	8607.1	5388.9
3837.5	1570.1	1339.3	2792.0	2832.8	546.6	1725.7	1246.2
2456.8	2153.4	4886.7	-9071.5	-9303.7	273.1	933.4	749.8
7672.5	7367.3	1934.4	1954.7	4729.4	531.7	5936.7	264.4
10462.1	7027.5	3805.0	-3042.3	-4226.7	201.9	4022.1	2662.4
95006.5	42098.1	8562.1	9588.5	11954.4	5713.7	36560.0	11218.7
1213.3	526.2	31.3	2405.5	1251.0	175.3	574.1	482.8
44660.3	5748.5	-1465.5	7073.1	8345.8	3284.7	7766.0	756.7
6772.4	5976.1	263.6	833.1	936.8	254.0	3798.1	720.1
749.8	824.1	52.3	232.0	238.3	43.7	440.1	57.2
1885.8	2688.3	255.3	411.5	145.7	53.5	1416.9	688.8
3447.6	4729.8	-149.9	1172.0	1301.0	934.1	2891.9	1103.3
3894.4	5725.9	968.4	1500.4	1577.5	326.6	4642.0	1024.3
6579.6	4548.6	4231.4	-2687.8	-2035.7	240.6	2535.2	1229.3
25803.3	11330.6	4375.2	-1351.3	194.0	401.2	12495.7	5156.2
19420.2	2064.0	237.6	1232.9	2850.5	922.8	3523.3	4226.0
19310.6	2017.8	262.7	1239.4	2857.0	922.8	3496.0	4226.0
109.6	46.2	-25.1	-6.5	-6.5	0.0	27.3	0.0
7410.8	6926.3	504.2	9144.1	9598.9	1390.1	3793.5	2349.8
193.2	298.2	127.0	2033.0	2006.3	191.6	314.8	193.5
7217.6	6628.1	377.2	7111.1	7592.6	1198.5	3478.7	2156.3
720763.2	424338.3	69318.0	243876.1	315444.2	66024.2	446386.6	220679.8
31558.2	17159.2	17472.1	-1410.1	2922.4	2242.5	14756.9	5786.7
2423.8	1954.8	845.1	2269.6	2269.6	201.3	4876.0	657.8
1992.2	651.6	36.1	117.5	117.6	36.5	623.7	310.8
271602.1	184971.8	34154.8	182065.2	221466.5	40048.4	200863.5	99850.7
34764.4	41401.0	641.1	81579.7	87039.6	21385.6	39507.1	40922.0
236837.7	143570.8	33513.7	100485.5	134426.9	18662.8	161356.4	58928.7
239252.9	108958.6	-6154.4	37017.0	62002.8	14488.6	148056.1	76472.2
173800.3	110312.3	22966.8	23156.9	26437.3	8957.3	76989.1	37537.4
237.9	207.2	106.0	740.3	740.3	0.2	95.1	58.4
166480.3	104568.0	21732.9	18815.7	23433.9	8573.2	71553.8	35863.1
7082.1	5537.1	1127.9	3600.9	2263.1	383.9	5340.2	1615.9
133.7	330.0	-2.5	660.0	228.0	49.6	221.3	64.2
47048.7	29764.4	-1128.2	26065.6	27549.4	8437.5	16781.1	2806.6
47048.7	29764.4	-1128.2	26065.6	27549.4	8437.5	16781.1	2806.6
25351.2	8752.2	547.1	1314.0	1568.6	1047.9	3569.4	1479.3
1873.2	1108.7	-39.0	612.7	833.4	214.0	765.0	333.6
180.2	446.2	-27.9	1003.5	1003.5	272.2	145.5	163.6
3923.4	711.4	-191.3	597.3	631.2	234.9	1758.9	547.8
19374.4	6485.9	805.3	-899.5	-899.5	326.8	900.0	434.3

指 标 名 称	法人企业数（个）	主营业务收入	主营业务成本	主营业务税金及附加
二、零售业	761	9170160.7	8248685.3	37314.2
综合零售	54	2545060.0	2256637.5	15500.8
百货零售	37	2146043.3	1920637.6	13249.4
超级市场零售	14	355022.6	296734.0	1691.8
其他综合零售	3	43994.1	39265.9	559.6
食品、饮料及烟草制品专门零售	132	299365.4	250373.6	2265.2
粮油零售	17	26578.8	20539.9	244.6
糕点、面包零售	2	9348.2	8315.4	43.3
果品、蔬菜零售	36	49061.8	40203.8	596.4
肉、禽、蛋、奶及水产品零售	25	71097.5	58273.3	677.0
营养和保健品零售	15	13059.4	11619.3	206.5
酒、饮料及茶叶零售	15	88375.4	75099.1	311.8
烟草制品零售	3	10825.3	9761.9	21.1
其他食品零售	19	31019.0	26560.9	164.5
纺织、服装及日用品专门零售	66	187402.5	151551.4	834.4
纺织品及针织品零售	3	4505.1	3527.6	24.3
服装零售	36	110579.3	86147.7	555.2
鞋帽零售	4	3476.0	2595.0	1.7
化妆品及卫生用品零售	12	39425.7	35231.8	156.3
钟表、眼镜零售	4	15417.5	12895.4	44.2
厨房用具及日用杂品零售	2	1201.2	977.0	1.2
其他日用品零售	5	12797.7	10176.9	51.5
文化、体育用品及器材专门零售	40	126303.0	112403.7	1662.8
文具用品零售	4	5868.8	5437.6	6.5
体育用品及器材零售	1	1438.0	1222.3	50.0
图书、报刊零售	8	28940.8	25494.9	7.3
珠宝首饰零售	14	68572.6	60991.6	1531.3
工艺美术品及收藏品零售	5	3666.1	2865.2	49.3
乐器零售	3	2256.9	2012.5	1.6
照相器材零售	4	11897.0	11476.3	6.8
其他文化用品零售	1	3662.8	2903.3	10.0
医药及医疗器材专门零售	46	317918.2	252494.1	1495.1
药品零售	30	282361.7	221786.2	1312.1
医疗用品及器材零售	16	35556.5	30707.9	183.0
汽车、摩托车、燃料及零配件专门零售	261	4367280.1	4091458.5	9691.2
汽车零售	181	3757556.5	3540856.5	6357.9
汽车零配件零售	19	67791.6	63534.5	162.1
摩托车及零配件零售	7	13914.9	13042.6	77.0
机动车燃料零售	54	528017.1	474024.9	3094.2
家用电器及电子产品专门零售	100	916010.6	847344.7	1614.0
家用视听设备零售	20	196219.6	176544.0	519.0

销售费用	管理费用	财务费用	营业利润	利润总额	应交所得税	应付职工薪酬（本年贷方累计发生额）	应交增值税
568896.2	241177.3	62441.7	131396.7	147969.4	38647.9	298470.8	157392.8
208298.3	81877.6	17054.6	51838.3	51228.4	13554.3	91553.0	37481.0
144070.7	68041.5	15157.4	52489.7	52714.3	11244.8	65772.0	29872.9
62832.8	11618.0	1666.1	−1037.7	−1870.4	2242.2	24259.5	7166.1
1394.8	2218.1	231.1	386.3	384.5	67.3	1521.5	442.0
27550.4	10933.7	4630.3	5564.1	3427.7	1286.6	17040.4	4867.6
3966.6	708.2	26.7	1334.1	1529.5	269.3	2441.5	216.0
333.6	247.3	5.5	403.1	72.4	23.4	904.1	275.8
1960.0	1592.6	1332.0	3377.0	2956.5	197.4	2889.3	761.5
10043.1	2723.6	616.2	414.3	−457.2	339.6	4415.5	1110.1
766.3	588.5	85.5	−208.6	−584.8	13.0	625.3	156.7
7733.0	3081.5	2434.8	−335.8	−580.3	326.6	3584.0	1819.6
579.5	277.5	12.3	149.9	143.4	44.1	187.6	152.2
2168.3	1714.5	117.3	430.1	348.2	73.2	1993.1	375.7
24983.1	7449.1	967.6	1485.9	1342.9	262.3	14483.0	4974.1
794.4	51.2	8.6	−1.8	−1.8	0.4	305.5	176.1
16467.6	4712.5	471.4	2205.8	2052.9	211.9	9955.5	2669.0
688.4	268.4	36.7	−114.1	−115.3	1.3	336.7	6.3
2374.0	1370.4	92.2	169.4	171.9	38.2	1911.4	514.7
1821.3	403.7	350.8	−97.9	−89.8	3.0	612.8	223.1
64.3	96.4	0.0	62.3	62.3	1.4	181.0	2.6
2773.1	546.5	7.9	−737.8	−737.3	6.1	1180.1	1382.3
6578.9	4254.0	510.8	1169.3	1525.9	720.4	5105.6	1271.1
169.7	176.0	−14.5	77.5	77.7	38.1	213.7	43.2
46.5	26.8	19.6	72.8	73.2	1.2	35.8	3.2
1327.7	523.4	11.6	1625.1	1635.6	414.0	657.0	18.5
3886.4	1646.8	438.0	123.7	361.9	234.6	3191.0	996.8
630.1	924.5	16.1	−617.1	−546.2	24.8	545.5	129.4
75.2	111.7	1.7	53.6	15.2	2.6	78.1	6.6
188.2	323.7	0.0	−101.3	−102.1	2.5	217.4	25.8
255.1	521.1	38.3	−65.0	10.6	2.6	167.1	47.6
40527.4	10922.3	408.2	26319.2	25851.1	4641.6	24298.0	9816.3
38824.8	8992.9	206.7	25423.5	25007.9	4501.5	23404.9	9126.8
1702.6	1929.4	201.5	895.7	843.2	140.1	893.1	689.5
137545.1	93234.0	33736.6	11809.8	15044.8	8601.4	101779.7	88660.0
113585.0	76631.1	33124.9	−2445.9	1125.9	6547.1	83677.8	80682.8
1538.0	1711.2	−162.9	1062.5	721.5	272.2	1638.1	357.5
330.3	183.0	48.7	237.3	236.6	56.8	331.7	337.4
22091.8	14708.7	725.9	12955.9	12960.8	1725.3	16132.1	7282.3
45126.0	15802.2	1821.9	11820.8	28584.0	5254.0	20438.2	5113.0
13758.3	4756.2	451.1	3491.0	4195.3	359.7	5525.2	812.7

指标名称	法人企业数（个）	主营业务收入	主营业务成本	主营业务税金及附加
日用家电设备零售	31	192081.5	172914.5	475.7
计算机、软件及辅助设备零售	27	193004.2	181378.7	243.8
通信设备零售	17	321866.7	304736.6	339.6
其他电子产品零售	5	12838.6	11770.9	35.9
五金、家具及室内装饰材料专门零售	42	129272.4	84055.6	2979.3
五金零售	20	26304.5	23170.0	79.4
家具零售	13	85660.7	45794.7	2798.0
涂料零售	1	625.0	545.6	1.2
木质装饰材料零售	2	2783.7	2351.0	12.1
陶瓷、石材装饰材料零售	4	10002.8	8740.6	66.7
其他室内装饰材料零售	2	3895.7	3453.7	21.9
货摊、无店铺及其他零售业	20	281548.5	202366.2	1271.4
互联网零售	3	131447.3	82400.5	597.7
邮购及电视、电话零售	3	116742.0	92412.5	530.9
生活用燃料零售	10	29272.6	23927.8	132.4
其他未列明零售业	4	4086.6	3625.4	10.4
内资企业	748	8562552.2	7755298.1	34999.2
国有企业	12	144847.1	130519.3	403.4
集体企业	21	46998.9	42083.7	351.2
股份合作企业	2	2454.0	2013.4	12.8
有限责任公司	245	2695240.7	2396029.0	10701.2
国有独资公司	2	58781.1	53172.2	131.9
其他有限责任公司	243	2636459.6	2342856.8	10569.3
股份有限公司	25	2945279.2	2700221.2	12632.6
私营企业	413	2698910.0	2460834.3	10499.7
私营独资企业	25	31610.6	23884.1	2395.7
私营合伙企业	1	1215.7	1162.5	2.1
私营有限责任公司	376	2617630.5	2393103.6	7822.9
私营股份有限公司	11	48453.2	42684.1	279.0
其他企业	30	28822.3	23597.2	398.3
港、澳、台商投资企业	6	263881.7	237083.7	631.3
合资经营企业(港或澳、台资)	1	63617.2	58729.9	149.8
港、澳、台商独资经营企业	5	200264.5	178353.8	481.5
外商投资企业	7	343726.8	256303.5	1683.7
中外合资经营企业	2	95105.0	75321.0	424.8
中外合作经营企业	1	79115.0	66779.0	328.0
外资企业	3	44588.8	37416.8	334.4
外商投资股份有限公司	1	124918.0	76786.7	596.5

销售费用	管理费用	财务费用	营业利润	利润总额	应交所得税	应付职工薪酬（本年贷方累计发生额）	应交增值税
13618.9	3880.4	540.2	1378.1	17708.0	4442.8	5520.7	1603.2
4746.2	2362.9	254.0	5596.4	5176.4	240.6	3805.9	1003.0
12330.6	4161.7	552.8	1391.4	1543.4	205.2	5145.0	1534.4
672.0	641.0	23.8	−36.1	−39.1	5.7	441.4	159.7
17995.0	8948.6	3101.6	9172.5	9203.6	2677.4	8741.6	2026.1
506.9	846.2	44.5	1657.5	1646.3	87.2	1002.1	212.4
16396.7	7676.9	2936.5	7026.6	7067.7	2466.6	7174.6	1329.0
36.4	28.9	0.0	12.9	12.9	0.9	37.2	13.8
328.6	69.3	4.3	29.9	30.9	24.9	162.8	72.8
675.3	283.8	116.2	120.2	120.4	29.6	292.7	174.4
51.1	43.5	0.1	325.4	325.4	68.2	72.2	223.7
60292.0	7755.8	210.1	12216.8	11761.0	1649.9	15031.3	3183.6
44455.7	2936.8	308.7	1851.7	1494.5	245.5	10724.6	464.6
12447.6	3239.5	−343.7	9895.8	9845.6	1283.5	2844.9	2255.7
2947.8	1440.1	243.6	580.9	537.3	118.9	1165.5	207.7
440.9	139.4	1.5	−111.6	−116.4	2.0	296.3	255.6
473873.3	225831.9	59620.3	116615.9	134113.8	35824.6	267163.9	147804.8
2403.6	9667.6	122.7	3431.7	3374.3	1039.2	5901.6	2230.0
1842.3	1774.9	164.6	959.1	960.3	214.8	1959.9	506.5
290.2	75.5	1.6	60.5	59.4	6.5	92.7	73.9
189132.8	74186.0	16626.3	30038.8	47067.1	13618.5	105031.4	73624.2
845.0	1777.3	−123.8	2268.3	2310.2	269.4	2573.1	1009.7
188287.8	72408.7	16750.1	27770.5	44756.9	13349.1	102458.3	72614.5
155373.3	68476.9	18033.8	50957.1	52598.5	13443.9	75734.6	35830.5
123919.6	70326.5	24380.7	28868.5	27865.6	7185.7	76286.8	35274.1
994.3	910.6	152.3	3521.8	2853.1	123.0	801.5	1411.6
44.9	9.6	0.0	0.0	−2.1	82.1	22.5	82.1
120589.2	67914.3	23970.3	23889.0	23568.0	6606.4	74270.9	32993.1
2291.2	1492.0	258.1	1457.7	1446.6	374.2	1191.9	787.3
911.5	1324.5	290.6	2300.2	2188.6	316.0	2156.9	265.6
19939.2	3659.5	1136.9	4779.7	4399.3	857.5	7153.7	3893.3
2953.7	823.2	1008.2	675.9	527.9	131.9	1392.5	1028.9
16985.5	2836.3	128.7	4103.8	3871.4	725.6	5761.2	2864.4
75083.7	11685.9	1684.5	10001.1	9456.3	1965.8	24153.2	5694.7
15948.8	7764.2	−115.6	1096.8	1070.6	195.1	10076.9	2944.2
10071.6	208.9	1165.9	5689.7	5584.4	1373.7	2293.6	1620.0
6927.3	991.7	331.6	−200.6	−255.7	151.8	2194.1	672.2
42136.0	2721.1	302.6	3415.2	3057.0	245.2	9588.6	458.3

15－5 限额以上餐饮业

Main Economic Indicators of Enterprises in

指 标 名 称	法人企业数（个）	资产合计	负债合计	所有者权益合计	实收资本
总计	214	426698.8	387074.3	39624.5	93017.4
正餐服务	196	381302.6	341644.0	39658.6	84413.2
快餐服务	14	35570.3	37513.8	–1943.5	6769.6
其他餐饮业	4	9825.9	7916.5	1909.4	1834.6
小吃服务	2	6233.0	5918.4	314.6	1025.2
餐饮配送服务	2	3592.9	1998.1	1594.8	809.4
内资企业	212	412681.9	358907.5	53774.4	90534.0
国有企业	19	96999.2	73339.7	23659.5	17830.6
集体企业	2	1285.9	358.1	927.8	1864.8
股份合作企业	1	1295.8	429.8	866.0	876.8
有限责任公司	64	182601.3	150935.8	31665.5	39672.3
国有独资公司	2	35697.3	18447.7	17249.6	11762.4
其他有限责任公司	62	146904.0	132488.1	14415.9	27909.9
股份有限公司	8	3452.2	7807.3	–4355.1	2012.0
私营企业	113	113318.9	111622.9	1696.0	28169.5
私营独资企业	12	3365.8	3678.2	–312.4	1005.4
私营有限责任公司	98	108538.7	106122.3	2416.4	26824.1
私营股份有限公司	3	1414.4	1822.4	–408.0	340.0
其他企业	5	13728.6	14413.9	–685.3	108.0
港、澳、台商投资企业	2	14016.9	28166.8	–14149.9	2483.4
港澳台商独资企业	2	14016.9	28166.8	–14149.9	2483.4
国有控股	29	158967.8	105835.5	53132.3	34510.9
集体控股	3	2572.0	2475.2	96.8	2864.8
私人控股	152	163664.6	155553.9	8110.7	38043.9
港澳台商控股	3	14827.3	29265.3	–14438.0	2533.4
其他	27	86667.1	93944.4	–7277.3	15064.4

主要经济指标 (2015年)

Cataring Trades Above Designated Size (2015)

单位:万元

主营业务收入	主营业务成本	销售费用	管理费用	财务费用	营业利润	利润总额	应付职工薪酬（本年贷方累计发生额）
339556.1	178801.0	117857.5	43578.5	7502.0	−17979.0	−17150.0	70618.3
273512.6	139703.5	96002.7	38978.7	6354.9	−15583.6	−15900.4	57650.8
60101.6	35216.0	20655.6	3117.4	1135.5	−2458.7	−538.0	12185.8
5941.9	3881.5	1199.2	1482.4	11.6	63.3	−711.6	781.7
2752.2	1944.7	449.2	947.8	13.0	79.6	−710.6	286.0
3189.7	1936.8	750.0	534.6	−1.4	−16.3	−1.0	495.7
317136.2	170709.8	103815.4	42552.7	6413.3	−15152.3	−14332.1	66342.6
40571.9	12931.8	21271.3	11605.8	95.8	−7725.3	−5758.6	13273.6
1257.9	524.2	112.3	689.8	89.1	−241.0	−240.3	500.5
1232.9	459.3	354.8	384.0	−0.4	−34.5	−29.0	343.0
137391.1	84409.0	36318.3	14558.1	3253.7	−3166.2	−2490.3	22027.5
41492.5	37354.7	3764.8	803.6	492.7	171.3	25.9	817.8
95898.6	47054.3	32553.5	13754.5	2761.0	−3337.5	−2516.2	21209.7
2923.6	1558.7	2234.1	162.4	−2.9	−1155.2	−1156.8	1195.1
129381.4	68996.5	41407.9	14895.3	2931.2	−2698.8	−4527.2	27529.7
8500.4	4659.9	2554.9	1112.0	63.5	−231.2	−443.6	2234.1
118926.8	63498.0	37855.5	13622.9	2854.8	−2407.8	−4078.5	25038.7
1954.2	838.6	997.5	160.4	12.9	−59.8	−5.1	256.9
4377.4	1830.3	2116.7	257.3	46.8	−131.3	−129.9	1473.2
22419.9	8091.2	14042.1	1025.8	1088.7	−2826.7	−2817.9	4275.7
22419.9	8091.2	14042.1	1025.8	1088.7	−2826.7	−2817.9	4275.7
108907.6	66595.6	32839.1	15104.8	800.3	−7786.6	−5402.3	19782.5
1565.6	725.0	796.7	714.2	53.3	−824.4	−807.6	764.5
176954.2	91091.7	57673.7	20720.3	3882.2	−2354.0	−4044.6	38157.6
24018.0	8610.9	15156.8	1025.8	1098.4	−2962.1	−2952.6	4736.1
28110.7	11777.8	11391.2	6013.4	1667.8	−4051.9	−3942.9	7177.6

15－6 限额以上住宿业

Main Economic Indicators of Enterprises in

指标名称	法人企业数（个）	资产合计	负债合计	所有者权益合计	实收资本
总计	84	819691.9	640006.6	179685.3	132892.0
旅游饭店	50	733126.1	524845.8	208280.3	124384.4
一般旅馆	31	83856.6	113781.6	−29925.0	7951.2
其他住宿业	3	2709.2	1379.2	1330.0	556.4
内资企业	80	800678.7	615217.2	185461.5	126103.6
国有企业	18	203470.8	71677.8	131793.0	44051.4
集体企业	2	6870.5	1735.8	5134.7	3206.0
股份合作企业	2	9397.4	7396.4	2001.0	1416.3
有限责任公司	34	538169.0	503030.9	35138.1	70872.9
国有独资公司	3	33827.4	11901.2	21926.2	700.0
其他有限责任公司	31	504341.6	491129.7	13211.9	70172.9
股份有限公司	3	300.3	335.9	−35.6	151.0
私营企业	21	42470.7	31040.4	11430.3	6406.0
私营有限责任公司	21	42470.7	31040.4	11430.3	6406.0
港、澳、台商投资企业	3	18522.7	24352.5	−5829.8	6738.4
与港澳台商合资经营企业	2	18302.0	22613.8	−4311.8	6472.8
港澳台商独资企业	1	220.7	1738.7	−1518.0	265.6
外商投资企业	1	490.5	436.9	53.6	50.0
中外合资经营企业	1	490.5	436.9	53.6	50.0

主 要 经 济 指 标 （2015年）

Quartering Trades Above Designated Size(2015)

单位:万元

主营业务收入	主营业务成本	销售费用	管理费用	财务费用	营业利润	利润总额	应付职工薪酬（本年贷方累计发生额）
259079.4	62431.6	127269.8	66276.9	9083.7	-17468.4	-15843.9	70762.8
192918.7	53680.4	76236.5	55489.8	8486.6	-9581.5	-9302.2	53338.8
63091.2	7697.2	49622.8	10545.4	593.9	-8072.6	-6792.7	16801.9
3069.5	1054.0	1410.5	241.7	3.2	185.7	251.0	622.1
251287.4	61593.2	124100.9	63722.9	9054.8	-17669.8	-16287.0	68572.3
75683.8	23655.1	30787.0	24574.5	-292.6	-4751.3	-3443.6	22977.1
2759.7	559.1	984.6	1043.2	-7.0	13.1	15.3	852.9
5052.6	2148.6	1070.2	1582.3	25.7	-66.2	-37.1	1049.3
147576.8	27785.2	82875.4	33376.7	9049.7	-12788.8	-12840.7	39357.4
10228.2	4326.2	2090.9	5320.7	376.3	-1710.1	-1712.9	3696.2
137348.6	23459.0	80784.5	28056.0	8673.4	-11078.7	-11127.8	35661.2
699.8	381.3	209.9	105.2	2.8	-38.8	-38.8	157.2
19514.7	7063.9	8173.8	3041.0	276.2	-37.8	57.9	4178.4
19514.7	7063.9	8173.8	3041.0	276.2	-37.8	57.9	4178.4
7529.0	716.8	3116.0	2483.3	28.9	198.1	439.8	2110.4
6289.1	647.6	2508.3	2483.3	23.4	273.4	439.8	1866.2
1239.9	69.2	607.7	0.0	5.5	-75.3	0.0	244.2
263.0	121.6	52.9	70.7	0.0	3.3	3.3	80.1
263.0	121.6	52.9	70.7	0.0	3.3	3.3	80.1

15－7　商品交易市场分类情况(2015年)

Free Markets in Urban and Rural Areas(2015)

单位:个

指　　标	合计	城　市	农　村
商品交易市场个数总计(个)	457	287	170
消费品市场	383	234	149
消费品综合市场	33	11	22
农副产品市场	217	96	121
农副产品综合市场	166	70	96
农副产品专业市场	51	26	25
工业消费品市场	129	124	5
工业消费品综合市场	101	98	3
工业消费品专业市场	27	25	2
其　他	4	3	1
生产资料市场	74	53	21
生产资料综合市场	10	3	7
工业生产资料市场	42	34	8
农业生产资料市场	10	4	6
农业生产资料综合市场	6	2	4
农业生产资料专业市场	4	2	2
其　他	12	12	-

15-8 销售过亿元的商品交易市场一览表(2015年)

Summary of Consumer Goods Markets with Annual Transaction Value Above 100 Million Rmb Yuan(2015)

序号	市场名称	市场类别	年末营业面积(平方米)	市场总摊位数(个)	年成交额(万元)
1	济南海鲜大市场	水产品市场	30000	900	390000
2	济南西市场小商品批发市场	工业消费品综合市场	26000	567	11980
3	济南博茗茶叶市场	茶叶市场	82000	680	167000
4	山东匡山汽车大世界	汽车市场	130000	68	619577
5	山东匡山钢材市场	金属材料市场	13000	68	25000
6	山东匡山农产品综合交易市场	蔬菜市场	21000	800	157133
7	山东老屯汽车配件城	机动车零配件市场	35000	500	30100
8	山东老屯茶城	茶叶市场	8000	120	12500
9	槐荫区红旗钢材市场	金属材料市场	35000	112	65000
10	山东齐鲁鞋城	鞋帽市场	19176	600	110030
11	济南众鑫鞋城	鞋帽市场	38765	400	80410
12	济南市堤口路果品批发市场	干鲜果品市场	110000	2200	165000
13	济南中恒商场	工业消费品综合市场	68000	2230	29614
14	山东泉胜物流大市场	其他专业市场	236000	1200	25050
15	济南红星美凯龙世博家居生活广场	家具市场	97741	489	79503
16	山东灯具批发市场	灯具市场	68000	190	8230
17	济南黄台家居广场	家具市场	15000	180	25200
18	山东东亚金星家居	家具市场	71536	440	58833
19	济南泺口服装批发市场	服装市场	190000	2924	242400
20	山东济南重汽配件城	机动车零配件市场	61938	435	302000
21	山东建材市场	建材市场	40000	450	100000
22	济南高科技市场	计算机及辅助设备市场	5500	90	12100
23	七里堡蔬菜综合批发市场	农产品综合市场	165000	2000	335000
24	山东汽车城	机动车零配件市场	10900	108	46500
25	山东济南维尔康肉类水产综合批发市场	水产品市场	6000	370	270000
26	济南永君钢材市场	金属材料市场	37000	82	13500
27	平阴黄河市场管理有限公司	其他农产品市场	3000	639	33967
28	济阳县曲堤镇黄瓜批发市场	蔬菜市场	31000	786	306390
29	商河县小商品批发城	工业消费品综合市场	19000	300	17146
30	商河县富东农贸综合市场	农产品综合市场	15000	260	30492
31	商河县白桥大蒜市场	蔬菜市场	19000	310	29932
32	章丘市秀水建筑装饰材料市场	装饰材料市场	64500	336	28430
33	章丘市绣惠钢铁设备交易中心	金属材料市场	86000	450	81290
34	章丘市刁镇蔬菜批发市场	蔬菜市场	40500	600	110380

15-9 限额以上住宿业和餐

Main Economic Indicators of Enterprises in Quartering

指　　　标	法人企业数（个）	从业人员期末人数（人）	营业额	客房收入
总计	298	33494	563482.9	180130.8
一、住宿业	84	14774	258729.2	129327.5
旅游饭店	50	10632	192513.1	80177.3
一般旅馆	31	4003	63086.0	46842.6
其他住宿业	3	139	3130.1	2307.6
内资企业	80	14288	250936.9	125532.4
国有企业	18	4580	75739.2	27710.2
集体企业	2	201	2759.7	1775.6
股份合作企业	2	240	5052.6	1961.4
有限责任公司	34	8156	147263.3	83801.6
国有独资公司	3	792	10983.3	3743.6
其他有限责任公司	31	7364	136280.0	80058.0
股份有限公司	3	53	699.8	610.0
私营企业	21	1058	19422.3	9673.6
私营有限责任公司	21	1058	19422.3	9673.6
港、澳、台商投资企业	3	459	7529.0	3627.4
与港澳台商合资经营企业	2	361	6289.1	2897.1
港澳台商独资企业	1	98	1239.9	730.3
外商投资企业	1	27	263.3	167.7
中外合资经营企业	1	27	263.3	167.7
二、餐饮业	214	18720	304753.7	50803.3
正餐服务	196	15303	237248.0	49983.3
快餐服务	14	3046	61521.5	85.0
其他餐饮业	4	371	5984.2	735.0
小吃服务	2	216	2752.2	735.0
餐饮配送服务	2	155	3232.0	0.0
内资企业	212	17775	282214.7	50803.3
国有企业	19	3017	39509.7	17426.9
集体企业	2	171	1257.9	513.5
股份合作企业	1	96	1232.9	576.9
有限责任公司	64	6119	103295.2	11175.3
国有独资公司	2	105	4552.8	553.3
其他有限责任公司	62	6014	98742.4	10622.0
股份有限公司	8	441	2976.3	490.7
私营企业	113	7532	129578.5	20243.3
私营独资企业	12	624	8896.2	476.9
私营有限责任公司	98	6806	118585.2	19038.9
私营股份有限公司	3	102	2097.1	727.5
其他企业	5	399	4364.2	376.7
港、澳、台商投资企业	2	945	22539.0	0.0
港澳台商独资企业	2	945	22539.0	0.0

饮 业 法 人 企 业 经 营 情 况 （2015年）

Trades and Cataring Trades Above Designated Size(2015)

			客房数（间）	床位数（个）	餐位数（位）	年末餐饮营业面积（平方米）
餐费收入	商品销售收入	其他收入				
330623.6	8440.9	44287.6	32670	53610	119124	589629
88613.9	4161.8	36626.0	23735	37714	32395	134504
81596.9	2586.0	28152.9	8972	14887	24009	111776
6260.2	1575.8	8407.4	14200	21942	7988	21528
756.8	0.0	65.7	563	885	398	1200
86781.5	4139.4	34483.6	23094	36720	30495	128404
28925.7	1284.1	17819.2	3215	5650	9219	41865
936.3	0.0	47.8	259	475	916	3650
2943.5	147.7	0.0	260	470	800	4200
46675.3	2053.4	14733.0	17099	26723	16678	70466
6839.9	65.3	334.5	530	858	1956	8900
39835.4	1988.1	14398.5	16569	25865	14722	61566
62.7	27.1	0.0	219	375	66	820
7238.0	627.1	1883.6	2042	3027	2816	7403
7238.0	627.1	1883.6	2042	3027	2816	7403
1736.8	22.4	2142.4	605	924	1580	5600
1227.2	22.4	2142.4	470	700	1200	3600
509.6	0.0	0.0	135	224	380	2000
95.6	0.0	0.0	36	70	320	500
95.6	0.0	0.0	36	70	320	500
242009.7	4279.1	7661.6	8935	15896	86729	455125
176148.9	3926.7	7189.1	8549	15276	69040	392858
60977.1	23.8	435.6	9	10	16518	54226
4883.7	328.6	36.9	377	610	1171	8041
1945.2	72.0	0.0	377	610	620	2040
2938.5	256.6	36.9	0	0	551	6001
219470.7	4279.1	7661.6	8935	15896	82942	442324
20503.4	464.2	1115.2	2274	4361	8730	57237
693.8	13.8	36.8	235	467	650	2490
627.8	28.2	0.0	76	140	380	1000
86273.7	1268.6	4577.6	1965	3564	33655	150091
2266.8	96.0	1636.7	230	410	789	2327
84006.9	1172.6	2940.9	1735	3154	32866	147764
2412.2	61.9	11.5	302	460	2931	14400
105062.9	2442.4	1829.9	3977	6706	34843	208106
8187.7	222.3	9.3	159	265	3287	15451
95679.4	2220.1	1646.8	3735	6331	30906	189975
1195.8	0.0	173.8	83	110	650	2680
3896.9	0.0	90.6	106	198	1753	9000
22539.0	0.0	0.0	0	0	3787	12801
22539.0	0.0	0.0	0	0	3787	12801

主要统计指标解释

Explanatory Notes on Main Statistical Indicators

社会消费品零售总额 指企业(单位、个体户)通过交易直接售给个人、社会集团非生产、非经营用的实物商品金额,以及提供餐饮服务所取得的收入金额。个人包括城乡居民和入境人员,社会集团包括机关、社会团体、部队、学校、企事业单位、居委会或村委会等。

限额以上单位标准批发业主营业务收入2000万及以上,零售业主营业务收入500万及以上,住宿和餐饮业主营业务收入200万及以上。

商品销售额 指对本单位以外的单位和个人出售的商品金额(包括售给本单位消费用的商品,含增值税),在批发和零售业中,本指标反映在国内市场上销售商品以及出口商品的总价。

商品销售包括:(1)售给城乡居民和社会集团消费用的商品;(2)售给农业、工业、建筑业、服务业等国民经济各行业用于生产、经营用的商品,包括售予批发和零售业作为转卖或加工后转卖的商品;(3)对国(境)外直接出口的商品。

商品销售不包括:(1)未通过买卖行为付出的商品,如随机构变动移交给其他企业单位的商品、借出的商品、归还受其他单位委托代保管的商品、付出的加工原料和赠送给其他单位的样品等;(2)经本单位介绍,由买卖双方直接结算,本单位只收取手续费的业务;(3)购货退回的商品;(4)商品损耗和损失;(5)出售本单位自用的废旧物资。

批发额 指售给国民经济各行业用于生产、经营用的商品金额。

商品批发包括:(1)售给农业、工业、建筑业等行业用于生产的各种机器设备、工具、原料、材料、燃料、建筑材料,售给农民的农业生产资料,售给交通运输、仓储和邮政业用于业务活动的设备、车辆和燃料等;(2)售给信息传输、软件和信息技术服务,科学研究和技术服务业,水利、环境和公共设施管理业等行业用于生产经营、勘察设计、科研试验等业务经营使用的商品,售给批发和零售业、住宿和餐饮业使用的各种设备、工具、原材料、燃料、仓储运输用的商品;(3)售给居民服务、修理和其他服务业各种营业用品,如售给理发业的理发工具、毛巾等,日用品修理业的设备、工具、材料、零配件等,售给民政部门救灾用的商品等;(4)售给批发和零售业作为转卖用的商品;售给餐饮业用于烹饪、调制加工后出售的商品和转卖的商品;售给服务业转卖的商品;(5)出口的商品。

零售额 指售给城乡居民用于生活消费和社会集团用于公共消费的商品金额。

商品零售包括:(1)售给城乡居民的各种生活消费品,售给入境旅游的外国人、华侨、港澳台同胞的各类商品;(2)售给行政事业单位、社会团体、军队和武警等机构的商品,以及以零售方式售给各类企业的商品。具体包括:用于非生产和社会交往的办公用品,如通讯设备、计算器具和设备、电讯网络设备、文印设备、音像视听器材和设备、纸张、本册、文具及装订文印材料、家具、日用电器、针纺织品、清洁卫生用品、文体用品、奖品、纪念品、礼品等;供内部人员乘坐的交通工具和燃料;用于办公设施修缮的各类配件、材料、工具等;用于取暖和防暑降温的设备、燃料、材料及食品等;专用于教学的用品和设备;非营利医疗机构的中、西药品、中药材和医疗设备器材;非专用的劳动保护用品;不对外营业的内部食堂用的餐具、炊具、设备、清洁卫生工具和食品、燃料等;军队、武警用于其人员生活的衣着品和个人用品;其他各类非生产性设备和用品。

商品零售不包括:(1)售给城乡居民已确知是用于生产、经营的商品;(2)售给各类农业生产者的生产资料类商品,如农机、农药化肥、农膜、种子饲料等商品;(3)售给企业单位生产用具及生产上专用的劳动保护用品。

住宿餐饮业营业额 指住宿和餐饮业单位在经营活动中因提供服务或销售商品等取得的全部收入,包括:客房收入、餐费收入、商品销售额(含增值税)和其他收入。不包括法人企业附营的其他行业产业活动单位的餐费收入、商品销售收入等各项收入。

16

对外贸易与国际旅游

FOREIGN ECONOMY TRADE AND INTERNATIONAL TOURISM

16-1 海关进出口商品总值

Total Value of Imports and Exports by Category of Commodities

单位:万美元

指　　标	2014年 进出口总额	出　口	进　口	2015年 进出口总额	出　口	进　口
总　值	1048867	605917	442950	911424	599661	311763
按贸易方式分						
一般贸易	851471	505384	346087	774303	501298	273005
援助物资	674	674	0	582	582	0
捐赠物资	5	–	5	54	2	52
补偿贸易	–	–	–	–	–	–
来料加工装配贸易	8216	4766	3450	4978	3101	1877
进料加工贸易	62904	46292	16612	58787	46575	12212
对外承包工程出口货物	37690	37690	0	35225	35225	0
投资设备	328	0	328	45	0	45
出料加工贸易	–	–	–	–	–	–
海关特殊监管区域进口设备	472	0	472	71	0	71
海关特殊监管区域物流货物	5989	1670	4319	6318	713	5605
易货贸易	–	–	–	–	–	–
保税监管场所进出境货物	24023	9387	14636	23041	10384	12657
来料加工装配进口设备	–	–	–	–	–	–
租赁贸易	56297	0	56297	7597	1682	5915
其他贸易	798	54	744	423	99	324
按运输方式分						
水路运输	788665	520813	267852	666828	502325	164503
铁路运输	6096	5820	276	4595	4091	504
公路运输	96339	37027	59312	131096	47827	83269
航空运输	92706	37299	55407	101093	41824	59269
邮件运输	94	32	62	63	11	52
其他运输	64967	4926	60041	7749	3583	4166
按企业性质分						
国有企业	303353	102704	200649	256112	88732	167380
集体企业	27995	25209	2786	22015	20939	1076
外商投资企业	290892	169035	121857	235292	175359	59933
中外合资	142742	60176	82566	5997	59301	30171
中外合作	5349	5247	102	89472	5867	130
外商独资	142802	103613	39189	139823	110191	29632
其　他	426627	308969	117658	398005	314631	83374

16-2 主要国别(地区)海关进出口商品总值

Total Value of Imports and Exports of Main Countries or Territories by Categoty of Commodities

单位:万美元

国别(地区)	2014年 进出口总值	出口	进口	2015年 进出口总值	出口	进口
总 值	1048867	605917	442950	911424	599661	311763
亚 洲	383315	259209	124106	414125	276823	137302
香 港	11530	11202	328	9231	9147	84
印 度	38074	35135	2939	27532	24305	3227
印度尼西亚	38986	18846	20140	26331	19982	6349
日 本	50487	37123	13364	49456	38680	10776
马来西亚	37690	15165	22525	69028	12784	56244
巴基斯坦	4790	4790	0	7409	7366	43
菲律宾	15124	12598	2526	22172	19864	2308
卡塔尔	1119	299	820	599	353	246
沙特阿拉伯	9624	6347	3277	11912	8550	3362
新加坡	12554	4670	7884	7536	3923	3613
韩 国	26155	17755	8400	23522	16653	6869
泰 国	22483	8875	13608	27323	8752	18571
土耳其	6067	5759	308	6077	5888	189
阿拉伯联合酋长国	11833	8001	3831	14570	11224	3346
越 南	31016	30277	739	36235	35051	1184
台湾省	14917	9338	5579	18790	10559	8231
非 洲	146918	105003	41915	109917	105050	4867
埃 及	4258	4241	17	4233	4162	71
南 非	7564	4502	3062	5928	4477	1451
尼日利亚	10033	10031	2	18032	17810	222
欧 洲	159575	95939	63636	153945	93303	60642
比利时	7397	5914	1483	7885	6341	1544
英 国	11675	9085	2590	10955	8820	2135
德意志联邦共和国	47176	15638	31538	42765	15126	27639
法 国	8125	5980	2145	8850	5373	3477
意大利	14776	11007	3769	16485	11449	5036
荷 兰	8104	5771	2333	9628	7854	1774
西班牙	6816	6053	763	6231	5305	926
芬 兰	1604	1093	511	1235	888	347
瑞 典	3794	1650	2144	3957	1262	2695
瑞 士	5313	674	4639	6630	1288	5342
俄罗斯	16087	14955	1132	11806	11269	537
拉丁美洲	145453	67984	77469	78872	49913	28959
阿根廷	3479	2945	534	3731	3617	114
巴 西	48230	14359	33871	26109	8294	17815
智 利	21365	3774	17591	9344	3516	5828
墨西哥	8847	6568	2279	7859	7665	194
北美洲	162960	63409	99551	110790	62909	47881
加拿大	22344	10443	11901	20026	11309	8717
美 国	140616	52967	87649	90763	51599	39164
大洋洲	50620	14373	36247	43761	11664	32097
澳大利亚	36259	8448	27811	35226	8000	27226
新西兰	9917	1494	8423	6318	1452	4866

16-3 海关进出口商品分类金额

Value of Imports and Exports by Category of Commodities

单位:万美元

商品类别	2014年		2015年	
	出口	进口	出口	进口
总额	605917	442950	599661	311763
活动物;动物产品	172	8040	320	4603
活动物	0	0	0	0
肉及食用杂碎	0	63	0	0
鱼、甲壳动物、软体动物及其他水生无脊椎动物	44	413	55	309
乳品;蛋品;天然蜂蜜;其他食用动物产品	26	7563	34	4291
其他动物产品	102	1	231	3
植物产品	3324	4345	3914	4403
活树及其他活植物;鳞茎、根及类似品;插花及装饰用簇叶	8	0	6	2
食用蔬菜、根及块茎	1195	45	1499	77
食用水果及坚果;柑桔属水果或甜瓜的果皮	1566	893	1722	614
咖啡、茶、马黛茶及调味香料	212	131	466	145
谷物	0	6	0	197
制粉工业产品;麦芽;淀粉、菊粉;面筋	14	308	0	109
含油子仁及果实;杂项子仁及果实;工业用或药用植物;稻草、秸秆及饲料	232	2940	161	3067
虫胶;树胶、树脂及其他植物液、汁	97	7	48	4
编结用植物材料;其他植物产品	0	15	12	188
动、植物油、脂及其分解产品;精制的食用油脂;动、植物蜡	153	10488	92	8783
动、植物油、脂及其分解产品;精制的食用油脂;动、植物蜡	153	10488	92	8783
食品;饮料、酒及醋;烟草、烟草及烟草用品的制品	1284	1695	1099	2088
肉、鱼、甲壳动物、软体动物及其他水生无脊椎动物的制品	0	0	0	1
糖及糖食	28	4	25	8
可可及可可制品	0	0	0	2
谷物、粮食粉、淀粉或乳的制品;糕饼点心	116	29	60	223
蔬菜、水果、坚果或植物其他部分的制品	828	93	776	104
杂项食品	18	11	44	38
饮料、酒及醋	13	824	4	1181
食品工业的残渣及废料;配制的动物饲料	281	734	190	531
烟草、烟草及烟草代用品的制品	0	0	0	0
矿产品	332	120266	432	61113
盐;硫磺;泥土及石料;石膏料、石灰及水泥	296	207	419	347
矿砂、矿渣及矿灰	22	108794	3	55358
矿物燃料、矿物油及其蒸馏产品;沥青物质;矿物蜡	14	11265	10	5408

16-3续1

商品类别	2014年		2015年	
	出口	进口	出口	进口
化学工业及其相关工业的产品	69507	15879	63702	5413
无机化学品;贵金属、稀土金属、放射性元素及其同位素的有机及无机化合物	3469	844	3202	173
有机化学品	27431	868	26577	844
药　品	11425	156	16153	198
肥　料	5792	0	1106	0
鞣料浸膏及染料浸膏;鞣酸及其衍生物;染料、颜料及其他着色料;油漆及清漆;油灰及其他胶粘剂;墨水、油墨	5827	566	5201	487
精油及香膏;芳香料制品及化妆盥洗品	119	472	47	629
肥皂、有机表面活性剂、洗涤剂、润滑剂、人造蜡、调制蜡、光洁剂、蜡烛及类似品、塑料用膏、“牙科用蜡”及牙料用熟石膏制剂	1873	331	1494	332
蛋白类物质;改性淀粉;胶;酶	633	77	714	51
炸药;烟火制品;火柴;引火合金;易燃材料制品	2	0	0	0
照相及电影用品	25	1	58	1
杂项化学产品	12911	12564	9150	2698
塑料及其制品;橡胶及其制品	18790	22790	16989	18373
塑料及其制品	16480	21912	14726	17518
橡胶及其制品	2310	878	2263	855
生皮、皮革、毛皮及其制品;鞍具及挽具;旅行用品、手提包及类似容器、动物肠线(蚕胶丝除外)制品	3115	81	2082	188
生皮(毛皮除外)及皮革	16	71	6	70
皮革制品;鞍具及挽具;旅行用品、手提包及类似容器;动物肠线(蚕胶丝除外)制品	2959	5	1873	115
毛皮、人造毛皮及其制品	140	5	203	3
木及木制品;木炭;软木及软木制品;稻草、秸秆、针茅或其他编结材料制品;蓝筐及柳条编结品	3779	897	3532	293
木及木制品;木炭	2123	897	1836	293
软木及软木制品	4	0	7	0
稻草、秸秆、针茅或其他编结材料制品;蓝筐及柳条编结品	1652	0	1689	0
木浆及其他纤维状纤维素浆;回收(废碎)纸或纸板;纸、纸板及其制品	2705	20617	2028	18882
木浆及其他纤维状纤维素浆;回收(废碎)纸或纸板	16	19615	0	17956
纸及纸板;纸浆、纸或纸板制品	2606	963	1973	907

16-3续2

商品类别	2014年		2015年	
	出口	进口	出口	进口
书籍、报纸、印刷图画及其他印刷品；手稿、打字稿及设计图纸	83	39	55	19
纺织原料及纺织制品	41228	7694	39778	4714
蚕　丝	60	1	81	0
羊毛、动物细毛或粗毛；马毛纱线及其机织物	51	74	43	29
棉　花	1831	6147	1684	3358
其他植物纺织纤维；纸纱线及其机织物	139	24	152	38
化学纤维长丝	174	286	414	151
化学纤维短纤	6090	379	5016	316
絮胎、毡呢及无纺织物；特种纱线；线、绳、索、缆及其制品	1414	317	2037	271
地毯及纺织材料的其他铺地制品	114	18	442	16
特种机织物；簇绒织物；花边；装饰毯；装饰带；刺绣品	286	58	198	37
浸渍、涂布、包覆或层压的纺织物；工业用纺织制品	231	54	340	54
针织物或钩编织物	379	130	324	112
针织或钩编的服装及衣着附件	14572	3	10226	89
非针织或非钩编的服装及衣着附件	11094	4	8041	19
其他纺织制成品；成套物品；旧衣着及旧纺织品；碎织物	4793	199	10780	224
鞋、帽、伞、杖、鞭及其零件；已加工的羽毛及其制品；人造花；人发制品	3640	0	1792	19
鞋靴、护腿和类似品及其零件	2459	0	496	19
帽类及其零件	291	0	349	0
雨伞、阳伞、手杖、鞭子、马鞭及其零件	21	0	42	0
已加工羽毛、羽绒及其制品；人造花；人发制品	869	0	905	0
石料、石膏、水泥、石棉、云母及类似材料的制品；陶瓷产品；玻璃及其制品	21010	546	18688	639
石料、石膏、水泥、石棉、云母及类似材料的制品	6772	143	5481	183
陶瓷产品	4613	16	3701	7
玻璃及其制品	9625	387	9506	449
天然或养殖珍珠、宝石或半宝石、贵金属、包贵金属及其制品；仿手饰；硬币	3134	1863	1186	821
天然或养殖珍珠、宝石或半宝石、贵金属、包贵金属及其制品；仿手饰；硬币	3134	1863	1186	821
贱金属及其制品	116655	15574	106717	5909
钢　铁	34022	331	29708	318
钢铁制品	73531	1612	69470	1834
铜及其制品	2045	11733	2101	2232

商品类别	2014年		2015年	
	出口	进口	出口	进口
镍及其制品	15	59	26	75
铝及其制品	3275	1074	3399	871
铅及其制品	2	3	0	0
锌及其制品	24	17	10	15
锡及其制品	0	2	0	0
其他贱金属、金属陶瓷及其制品	473	170	42	135
贱金属工具、器具、利口器、餐匙、餐叉及其零件	1712	303	1151	183
贱金属杂项制品	1556	270	810	246
机器、机械器具、电气设备及其零件；录音机及放声机、电视图像、声音的录制和重放设备及其零件、附件	161284	119154	166692	134036
核反应堆、锅炉、机器、机械器具及其零件	97059	68082	102187	67813
电机、电气设备及其零件；录音机及放声机、电视图像、声音的录制和重放设备及其零件、附件	64225	51072	64505	66223
车辆、航空器、船舶及有关运输设备	135008	63210	152750	16573
铁道及电车道机车、车辆及其零件；铁道及电车道轨道固定装置及其零件、附件；各种机械（包括电动机械）交通信号设备	3016	742	4438	675
车辆及其零件、附件，但铁道及电车道车辆除外	125120	1906	146207	1812
航空器、航空器及其零件	2610	60479	2045	14007
船舶及浮动结构体	4262	83	60	79
光学、照相、电影、计量、检验、医疗或外科用仪器及设备、精密仪器及设备；钟表；乐器；上述物品的零件、附件	8123	28222	8667	24391
光学、照相、计量、检验、医疗或外科用仪器及设备、精密仪器及设备；上述物品的零件、附件	7556	28000	8179	24229
钟表及其零件	213	69	87	38
乐器及其零件、附件	354	153	401	124
武器、弹药及其零件、附件	0	0	0	0
武器、弹药及其零件、附件	0	0	0	0
杂项制品	12574	1399	8426	465
家具；寝具、褥垫、弹簧床垫、软坐垫及类似的填充制品；未列名灯具及照明装置；发光标志、发光铭牌及类似品；活动房屋	8522	596	5604	266
玩具、游戏品、运动用品及其零件、附件	2255	718	1546	136
杂项制品	1797	85	1276	63
艺术品、收藏品及古物	112	186	73	57
特殊交易品及未分类商品	0	0	701	0

16-4　按企业性质分海关进出口商品总值(2015年)

Import and Export Value of Commodities by Ownership(2015)

单位:万美元

指　　标	合　计	国有企业	外商投资企业				集体企业	其　他
			小计	中外合作	中外合资	外商独资		
进口商品总额	311763	167380	59933	130	30171	29632	1076	83374
一般贸易	273005	164202	38069	80	11474	26514	1074	69660
来料加工装配贸易	1877	0	798	0	661	137	0	1079
进料加工贸易	12212	2436	4442	50	1847	2545	0	5334
租赁贸易	5915	0	5915	0	5915	0	0	0
海关特殊监管区域进口设备	71	0	1	0	0	1	0	70
海关特殊监管区域物流货物	5605	716	323	0	0	323	0	4566
投资设备	45	0	45	0	0	45	0	0
保税监管场所进出境货物	12657	0	10114	0	10114	0	0	2543
国际无偿援助和捐赠物资	0	0	0	0	0	0		0
其他贸易	376	26	226	0	160	67	2	122
出口商品总值	599661	88732	175359	5867	59301	110191	20939	314631
一般贸易	501298	52540	137326	5505	41683	90138	19194	292238
国际无偿援助和捐赠物资	582	262	0	0	0	0	320	0
来料加工装配贸易	3101	1	1428	0	1013	415	0	1672
进料加工贸易	46575	7913	26008	362	6078	19569	0	12654
对外承包工程出口货物	35225	26377	100	0	100	0	1425	7323
保税监管场所进出境货物	10384	0	10384	0	10384	0	0	0
海关特殊监管区域物流货物	713	30	35	0	0	35	0	648
其他贸易	1783	1609	78	0	43	34	0	96

16-5　历年海关进出口总额

Total Imports and Exports by Category(Customs Statistics)

单位:万美元

年　份	进出口总额	进口总额	出口总额
1993	27446	21371	6075
1994	41746	23579	18167
1995	66587	29812	36775
1996	91347	48193	43154
1997	104230	52862	51368
1998	79943	45096	34847
1999	96125	60199	35926
2000	143935	86827	57108
2001	150143	90746	59397
2002	149264	79755	69509
2003	201554	117980	83545
2004	304678	167373	137305
2005	376213	198370	177843
2006	438930	194981	243949
2007	621804	278277	343527
2008	802699	342979	459720
2009	565704	260998	304706
2010	743776	338888	404888
2011	1041422	436966	604456
2012	913286	341844	571442
2013	957442	409126	548316
2014	1048867	442950	605917
2015	911424	311763	599661

16-6 利用外资情况

Utilization of Foreign Capital

指标	2010年	2011年	2012年	2013年	2014年	2015年
利用外资合同数(个)	87	86	84	86	78	104
外商直接投资	87	86	84	86	78	104
合同外资金额(万美元)	120903	141440	162081	165341	187974	303100
外商直接投资	120903	141440	162081	165341	187974	303100
实际使用外资(万美元)	104011	110002	122016	132054	143497	157851
外商直接投资	104011	110002	122016	132054	143497	157851

16-7 对外经济技术合作

Technological Cooperation with Foreign Countries or Territories

指标	单位	2010年	2011年	2012年	2013年	2014年	2015年
对外承包和劳务合作合同金额	万美元	345291	385394	458996	190515	519758	530383
对外承包	万美元	329172	385394	458996	190515	519758	530383
对外承包和劳务合作营业额	万美元	150697	216052	240406	197113	215461	308737
对外承包	万美元	135079	216052	240406	197113	215461	308737
外派劳务人数	人	–	9908	6187	8339	6833	6886
境外投资企业数	个	–	44	42	48	48	50
中方协议投资额	万美元	–	24538	53412	54231	60174	70052

16-8 出口1000万美元以上企业一览表(2015年)

Summary of Enterprises with Annual Exports Value Above 10 Million Dollar(2015)

单位:万美元

单位名称	单位名称
中国重汽集团进出口有限公司	济南亚国经贸有限公司
济南玫德铸造有限公司	济南柴油机股份有限公司
山东一达通企业服务有限公司	山东圣泉新材料股份有限公司
济钢集团国际贸易有限责任公司	山东润科国际贸易有限公司
山东电力建设第二工程公司	济南莱福瑞制冷配件有限公司
山东浪潮进出口有限公司	华熙福瑞达生物医药有限公司
山东太古飞机工程有限公司	山东中农联合生物科技股份有限公司
齐鲁天和惠世制药有限公司	山东三维商贸有限公司
济南秦工国际贸易有限公司	山东华民钢球股份有限公司
山东临沃重机有限公司	卧龙电气章丘海尔电机有限公司
山东电力基本建设总公司	济南博意达商贸有限公司
齐鲁安替制药有限公司	山东伊莱特重工有限公司
源和电站股份有限公司	海湾电子(山东)有限公司
济南澳海炭素有限公司	九阳股份有限公司
山东力诺光伏高科技有限公司	济南宏创博展汽车销售有限公司
济南万方炭素有限责任公司	济南世纪天邦汽车进出口贸易有限公司
山东省冶金设计院股份有限公司	济南九鼎中泰国际贸易有限公司
山东集鑫汽车销售有限公司	济南派克线缆有限公司
山东绿霸化工股份有限公司	费斯托气动有限公司
济南金麒麟刹车系统有限公司	山东大汉建设机械股份有限公司
济南华尔重型汽车销售有限公司	齐鲁制药有限公司
中国山东对外经济技术合作集团有限公司	济南市冶金科学研究所有限责任公司
济南圣泉集团股份有限公司	济南实达紧固件有限公司
济南轻骑对外贸易有限责任公司	济南创凯科技有限公司
山东冠世时装加工有限公司	山东中天重工有限公司
济南大自然新材料有限公司	山东商龙经贸有限公司
济南轻骑标致摩托车有限公司	济南艾伯特商贸有限公司
中能华辰集团有限公司	济南思迈迩制衣有限公司
济南博顺物资有限公司	山东银丰纳米新材料有限公司
济南台有玻璃制品有限公司	山东凯莱(国际)贸易有限公司
山东齐发药业有限公司	福士汽车零部件(济南)有限公司
山东齐发药业有限公司	济南诚信通铝业有限公司
济南鲁东耐火材料有限公司	济南豪瑞通专用汽车有限公司
山东球墨铸铁管有限公司	山东松下电子信息有限公司
山东电力设备有限公司	齐鲁宏业纺织集团有限公司
浪潮软件集团有限公司	济南源海化工有限公司
浪潮集团有限公司	济阳县华龙饰品有限公司
济南笙歌商贸有限公司	济南银丰硅制品有限责任公司
中铁十局集团有限公司	济南星辉数控机械科技有限公司
山东冠世针织有限公司	济南轨道交通装备有限责任公司
济南弘正科技有限公司	山东力诺特种玻璃股份有限公司
济南华辰实业有限责任公司	济南天章纺织品进出口有限公司
济南裕兴化工有限责任公司	济南尼克焊接技术有限公司
山东立达进出口公司	章丘美华进出口贸易有限公司
济南邦和工贸有限公司	济南浩然国际贸易有限公司
济南二机床集团有限公司	章丘振宇锻造有限公司
山东电力建设第一工程公司	

16-9 旅游住宿单位接待入境游客

Foreign Tourists Received by Tourist Hotels

指　　标	2010年	2011年	2012年	2013年	2014年	2015年
入境游客人数(人次)	230985	289953	315949	307244	314536	332942
外国人	153327	193963	205606	194003	194567	205477
#日 本	27226	32498	30438	24457	22336	22154
菲律宾	1262	2461	2351	2231	2237	2215
新加坡	9511	12323	13729	13525	13840	14837
韩　国	26501	31921	33734	32026	33839	34238
加拿大	4097	4986	5272	5283	5361	5697
英　国	7015	8284	9120	8978	9164	9693
德　国	10662	12393	13477	13245	13722	14688
法　国	4539	5404	6040	5873	6207	6694
意大利	2072	3282	3383	3752	3825	4086
瑞　士	717	837	895	895	931	986
澳大利亚	5198	7529	8441	8250	8411	8934
新西兰	1151	1445	1445	1448	1519	1625
美　国	13815	17860	19763	19243	19844	21396
港澳台同胞	77658	95990	110343	113241	119969	127465
#台湾同胞	31243	39750	48898	54031	57586	61726
入境游客人天数(人天)	534367	678516	741043	725144	739926	786451
外国人	357446	446616	481859	453894	443823	460937
港澳和台湾同胞	176921	231900	589184	271250	296061	325514
#台湾同胞	68195	92831	113127	124750	138269	172776
国际旅游（外汇）收入(亿美元)	1.14	1.42	1.60	1.51	1.71	1.84
#商品性收入	0.22	0.34	0.51	0.32	0.58	0.53
附:平均每天来济入境旅游人数(人次)	633	794	866	842	862	912
星级宾馆客房出租率(%)	65.2	68.0	64.8	61.0	62.6	61.0

16-10 济南与国外结成友好城市一览表(2015年末)

Foreign Friendly Cities of Jinan(End of 2015)

日　本	城　市	缔结日期
日本	和歌山市(和歌山县首府)	1983.01.14
英国	考文垂市(英国汽车工业故乡,制造业中心之一)	1983.10.03
日本	山口市(山口县首府)	1985.09.20
美国	萨克拉门托市(加利福尼亚州首府)	1985.05.29
加拿大	里贾纳市(萨斯喀彻温省省会)	1987.08.10
巴布亚新几内亚	莫尔斯比港(巴布亚新几内亚首都)	1988.09.28
韩国	水原市(京畿道首府)	1993.10.27
俄罗斯	下诺夫哥罗德市(下诺夫哥罗德州首府)	1994.09.25
芬兰	万达市(欧洲机场城市、芬兰第四大城市)	2001.08.27
法国	雷恩市(布列塔尼大区首府)	2002.07.17
澳大利亚	郡德勒普市(西澳洲新兴教育科技中心)	2004.09.04
德国	奥格斯堡市(施瓦本地区首府)	2004.10.10
乌克兰	哈尔科夫市(哈尔科夫州首府)	2007.05.23
以色列	卡法萨巴市(沙龙地区中心城市)	2009.05.11
白俄罗斯	维捷布斯克市(维捷布斯克州首府)	2009.09.20
佛得角	普拉亚市(佛得角首都)	2009.09.22
巴西	波多韦柳市(朗多尼亚州首府)	2011.10.13
土耳其	马尔马里斯市(地中海沿岸港口城市和旅游胜地)	2011.10.21
印度尼西亚	徐图利祖市(东爪哇省泗水市机场城市、新兴经济城市)	2012.09.21
保加利亚	卡赞勒格市(保加利亚玫瑰精油生产中心)	2013.08.29
墨西哥	萨博潘市(哈利斯科州经济首府)	2014.05.20
意大利	奇维塔韦基亚市(欧洲第三大客运港)	2015.08.28

16-11 济南与各友好城市交流

Basic Statistics of Transmission Between Foreign Friendly Cities and Jinan

指　　标	2010年	2011年	2012年	2013年	2014年	2015年
出访交流考察						
批　数	382	357	374	257	430	583
人　次	1700	1184	1250	866	994	1444
接待来访团组						
批　数	295	259	280	140	128	123
人　次	3100	2782	2680	1786	1296	1107

主要统计指标解释

Explanatory Notes on Main Statistical Indicators

海关进出口总额　指实际进出我国国境的货物总金额。包括对外贸易实际进出口货物,来料加工装配进出口货物,国家间、联合国及国际组织无偿援助物资和赠送品,华侨、港澳台同胞和外籍华人捐赠品,租赁期满归承租人所有的租赁货物,进料加工进出口货物,边境地方贸易及边境地区小额贸易进出口货物(边民互市贸易除外),中外合资企业、中外合作经营企业、外商独资经营企业进出口货物和公用物品,到、离岸价格在规定限额以上的进出口货样和广告品(无商业价值、无使用价值和免费提供出口的除外),从保税仓库提取在中国境内销售的进口货物,以及其他进出口货物。进出口总额用以观察一个国家在对外贸易方面的总规模。我国规定出口货物按离岸价格统计,进口货物按到岸价格统计。

利用外资　指我国各级政府、部门、企业和其他经济组织通过对外借款、吸收外商直接投资以及用其他方式筹措的境外现汇、设备、技术等。

对外借款　是我国利用外资的重要部分。指通过对外正式签订借款协议,从境外筹措的资金,包括外国政府贷款、国际金融组织贷款、外国银行商业贷款、出口信贷以及对外发行债券等。1996 年及以前还包括对外发行股票。

外商直接投资　指外国企业和经济组织或个人(包括华侨、港澳台胞以及我国在境外注册的企业)按我国有关政策、法规,用现汇、实物、技术等在我国境内开办外商独资企业、与我国境内的企业或经济组织共同举办中外合资经营企业、合作经营企业或合作开发资源的投资(包括外商投资收益的再投资)。即"外方投资者的投资股本"和总投资与注册资本差额部分的"外方股东对企业的直接贷款"。

外商其他投资　指除对外借款和外商直接投资以外的各种利用外资的形式。包括企业在境内外股票市场公开发行的以外币计价的股票(目前主要是在香港证券市场发行的H股和在境内证券市场发行的B股)发行价总额,国际租赁进口设备的应付款,补偿贸易中外商提供的进口设备、技术、物料的价款,加工装配贸易中外商提供的进口设备、物料的价款,外商投资企业差额借款。

对外承包工程　指各对外承包公司以招标议标承包方式承揽的下列业务:(1)承包国外工程建设项目,(2)承包我国对外经援项目,(3)承包我国驻外机构的工程建设项目,(4)承包我国境内利用外资进行建设的工程项目,(5)与外国承包公司合营或联合承包工程项目时我国公司分包部分,(6)对外承包兼营的房屋开发业务。对外承包工程的营业额是以货币表现的本期内完成的对外承包工程的工作量,包括以前年度签订的合同和本年度新签订的合同在报告期内完成的工作量。

对外劳务合作　指以收取工资的形式向业主或承包商提供技术和劳动服务的活动。我国对外承包公司在境外开办的合营企业,中国公司同时又提供劳务的,其劳务部分也纳入劳务合作统计。劳务合作营业额按报告期内向雇主提交的结算数(包括工资、加班费和奖金等)统计。

对外设计咨询　指以服务成果向业主收费的技术服务项目。包括承担地形地貌测绘,地质资源勘探与普查,建设区域规划,提供设计文件、图纸、生产工艺技术资料和工程技术经济咨询,工程项目的可行性考察、研究和评估,进行技术指导和培训人员等;也包括承担国(境)内利用外资进行建设的工程项目的上述规定的设计咨询项目的收取外币部分。

入境游客　指报告期内来中国(大陆)观光、度假、探亲访友、就医疗养、购物、参加会议或从事经济、文化、体育、宗教活动的外国人、港澳台同胞等游客(即入境旅游人数)。统计时,入境游客按每入境1次统计1人次。

外国人　指属外国国籍的人,加入外国国籍的中国血统华人也计入外国人。

港澳台同胞　指居住在中国香港特别行政区、澳门特别行政区和台湾省的中国同胞。

国际旅游(外汇)收入　入境游客在中国(大陆)境内旅行、游览过程中用于交通、参观游览、住宿、餐饮、购物、娱乐等全部花费。

17

科　技

SCIENCE AND TECHNOLOGY

17－1 科技综合情况

Basic Statistics on Science and Technology

指　　标	单位	2010年	2011年	2012年	2013年	2014年	2015年
R&D活动单位	个	445	401	446	573	660	803
R&D活动全时人员	人年	33389	37048	37824	41643	46796	51297
R&D活动经费内部支出	万元	814450	955341	989528	1111522	1205442	1330544
#基础研究	万元	42834	53609	72717	77918	81093	106229
#应用研究	万元	92867	126146	135575	127176	142848	136507
#试验发展	万元	678750	775586	781236	906428	981501	1087808
#日常性支出	万元	719001	852242	859567	967345	1068381	1161518
人员劳务费	万元	201119	266312	277486	320273	376373	470990
#资产性支出	万元	95450	103101	129961	144177	137061	169026
仪器设备	万元	85139	96654	123932	135607	126102	160990
R&D活动经费外部支出	万元	41114	40140	38990	46679	57993	42612
科技成果情况							
专利申请数	件	4425	6301	8699	10221	12196	14178
#发明专利申请数	件	1770	2678	3903	4755	6234	8454
拥有发明专利数	件	3717	5624	4973	6087	7712	10007
科技项目（课题）情况							
项目（课题）数	项	13895	11174	15899	17683	18811	21177
项目参加人员折合全时当年	人年	30439	35518	36702	39557	43828	46715

17－2 科技投入情况(2015年)

Basic Statistics on Scientific and Technological Funds(2015)

指　　标	单位	合计	科研机构	高等院校	规模以上工业企业	其他
有R&D活动单位数	个	803	79	50	594	80
R&D人员	人	75383	6256	14759	43785	10583
#研究人员	人	38575	4008	12432	18157	3978
博士生	人	6042	800	4565	484	193
硕士生	人	14024	1781	5747	4414	2082
本科生	人	25697	2733	3709	19255	1580
其他	人	29620	2522	738	19632	6728
R&D人员折合全时人员	人年	51938	5623	7005	33349	5961
基础研究	人年	5557	1179	3179	0	1199
应用研究	人年	6414	1497	3347	569	1001
试验发展	人年	39968	2946	480	32780	3762
R&D经费内部支出	万元	1330544	135812	126913	951320	116499
基础研究	万元	106229	22236	62595	0	21398
应用研究	万元	136507	35926	50602	26157	23822
试验发展	万元	1087808	77650	13716	925163	71279
日常性支出	万元	1161518	114315	113237	846495	87471
#人员劳务费	万元	470990	69948	17222	327830	55990
资产性支出	万元	169026	21227	13676	105095	29028
#仪器和设备	万元	160990	16023	12343	104071	28552

17-3　规模以上工业企业科技活动情况(2015年)

Main Indicators of Industrial Enterprises Above Designated Size(2015)

单位:个

指　　标	企业数	#有R&D活动的单位数	企业办科技机构数
总计	2022	594	287
按登记注册类型分			
国有企业	24	12	4
集体企业	20	3	6
股份合作企业	4	1	
国有联营企业			
国有独资公司	24	10	15
其他有限责任公司	775	213	120
股份有限公司	85	48	42
私营独资企业	60	4	3
私营合伙企业	2		
私营有限责任公司	810	222	79
私营股份有限公司	42	16	6
其他企业	9	1	1
合资经营企业(港或澳、台资)	20	5	2
合作经营企业(港或澳、台资)	1	1	
港、澳、台商独资经营企业	28	8	
港、澳、台商投资股份有限公司	1	1	
中外合资经营企业	66	28	5
中外合作经营企业	4	2	
外资企业	45	17	4
外商投资股份有限公司	2	1	
按工业行业大类分			
煤炭开采和洗选业	4		
石油和天然气开采业	3		
黑色金属矿采选业	3		
非金属矿采选业	10	1	2
农副食品加工业	74	24	10
食品制造业	63	21	13
酒、饮料和精制茶制造业	26	3	4

17-3续

指　　标	企业数	#有R&D活动的单位数	企业办科技机构数
烟草制品业	2		
纺织业	50	9	4
纺织服装、服饰业	31	1	
皮革、毛皮、羽毛及其制品和制鞋业	9	1	1
木材加工和木、竹、藤、棕、草制品业	23	3	
家具制造业	8		
造纸和纸制品业	29	1	1
印刷和记录媒介复制业	43	11	3
文教、工美、体育和娱乐用品制造业	27	3	
石油加工、炼焦和核燃料加工业	14	4	4
化学原料和化学制品制造业	137	52	35
医药制造业	69	38	26
化学纤维制造业	5	3	
橡胶和塑料制品业	67	12	1
非金属矿物制品业	194	37	9
黑色金属冶炼和压延加工业	36	6	10
有色金属冶炼和压延加工业	14	1	1
金属制品业	221	28	14
通用设备制造业	292	93	45
专用设备制造业	176	76	31
汽车制造业	85	15	9
铁路、船舶、航空航天和其他运输设备制造业	32	8	4
电气机械和器材制造业	97	49	19
计算机、通信和其他电子设备制造业	54	42	24
仪器仪表制造业	62	40	14
其他制造业	2	1	
废弃资源综合利用业	3		
金属制品、机械和设备修理业	4	2	1
电力、热力生产和供应业	25	5	
燃气生产和供应业	18		
水的生产和供应业	10	3	2

17-4 规模以上工业企业技术改造及引进吸收(2015年)

Innovation and Resorb of Industrial Enterprises Above Designated Size(2015)

单位:万元

指　　标	技术改造经费支出	引进国外技术经费支出	引进技术的消化吸收经费支出	购买国内技术经费支出
总计	305386	30715	4171	16627
按登记注册类型分				
国有企业	1156	21		36
集体企业	260			
股份合作企业				
国有联营企业				
国有独资公司	34940	228	34	475
其他有限责任公司	237499	26318	4134	15411
股份有限公司	24663	225		598
私营独资企业				
私营合伙企业				
私营有限责任公司	4938	183	3	46
私营股份有限公司	357			62
其他企业				
合资经营企业(港或澳、台资)				
合作经营企业(港或澳、台资)				
港、澳、台商独资经营企业				
港、澳、台商投资股份有限公司	500			
中外合资经营企业	809	3740		
中外合作经营企业				
外资企业	265			
外商投资股份有限公司				
按工业行业大类分				
煤炭开采和洗选业				
石油和天然气开采业				
黑色金属矿采选业				
非金属矿采选业	100			35
农副食品加工业	638			11
食品制造业	1692			
酒、饮料和精制茶制造业	29			6

17-4续

指　　标	技术改造经费支出	引进国外技术经费支出	引进技术的消化吸收经费支出	购买国内技术经费支出
烟草制品业				
纺织业	2883			
纺织服装、服饰业				
皮革、毛皮、羽毛及其制品和制鞋业	71		36	
木材加工和木、竹、藤、棕、草制品业				
家具制造业				
造纸和纸制品业		152	3	
印刷和记录媒介复制业	500			
文教、工美、体育和娱乐用品制造业				
石油加工、炼焦和核燃料加工业	22434			80
化学原料和化学制品制造业	3332		1762	25
医药制造业	87223	24765		13681
化学纤维制造业				
橡胶和塑料制品业	71			
非金属矿物制品业	4073	226	1	501
黑色金属冶炼和压延加工业	10055		986	
有色金属冶炼和压延加工业	300			
金属制品业	377			
通用设备制造业	5990	21		691
专用设备制造业	1642	31		18
汽车制造业	27043			
铁路、船舶、航空航天和其他运输设备制造业	14405	4810	989	1055
电气机械和器材制造业	7565	678	394	475
计算机、通信和其他电子设备制造业	112927			
仪器仪表制造业	676			50
其他制造业				
废弃资源综合利用业				
金属制品、机械和设备修理业	25	32		
电力、热力生产和供应业	1073			
燃气生产和供应业				
水的生产和供应业	264			

17-5 规模以上工业企业技术资源(2015年)

Technical Resources of Industrial Enterprises Above Desitnated Size(2015)

指　　标	R&D经费内部支出合计(万元)	新产品产值(万元)	研究与试验发展活动(R&D)人员(人)	R&D人员折合全时当量(人年)
总计	951320	10648421	43785	33349
按登记注册类型分				
国有企业	16712	32997	1023	456
集体企业	1135	3229	109	61
股份合作企业	155		13	7
国有联营企业				
国有独资公司	176965	1975506	6569	5620
其他有限责任公司	502934	5970200	22871	17592
股份有限公司	65102	1172386	3951	2914
私营独资企业	805	4957	31	15
私营合伙企业				
私营有限责任公司	104802	522721	5042	3317
私营股份有限公司	28988	348609	1005	831
其他企业	102		6	1
合资经营企业(港或澳、台资)	2817	12660	110	85
合作经营企业(港或澳、台资)	514		12	12
港、澳、台商独资经营企业	3602	33234	181	129
港、澳、台商投资股份有限公司	1445	46812	95	95
中外合资经营企业	22272	169640	1762	1423
中外合作经营企业	2801	16943	112	72
外资企业	9046	80102	483	310
外商投资股份有限公司	6434	258425	43	43
按工业行业大类分				
煤炭开采和洗选业				
石油和天然气开采业				
黑色金属矿采选业				
非金属矿采选业	498	2530	50	4
农副食品加工业	14137	58020	389	178
食品制造业	7847	37872	480	316
酒、饮料和精制茶制造业	2363	19463	141	82

17-5续

指　　标	R&D经费内部支出合计（万元）	新产品产值（万元）	研究与试验发展活动（R&D）人员（人）	R&D人员折合全时当量（人年）
烟草制品业				
纺织业	8135	109238	729	507
纺织服装、服饰业	10	1200	2	
皮革、毛皮、羽毛及其制品和制鞋业	554	3855	61	61
木材加工和木、竹、藤、棕、草制品业	299		16	9
家具制造业				
造纸和纸制品业	1942	13785	32	17
印刷和记录媒介复制业	5144	70670	265	234
文教、工美、体育和娱乐用品制造业	676		27	10
石油加工、炼焦和核燃料加工业	2832	221319	303	130
化学原料和化学制品制造业	67465	545982	2242	1705
医药制造业	75673	1068116	2925	2183
化学纤维制造业	1993	17598	31	21
橡胶和塑料制品业	2138	5607	160	98
非金属矿物制品业	30036	752848	1929	1087
黑色金属冶炼和压延加工业	21056	150928	1580	1025
有色金属冶炼和压延加工业	1265	15990	93	92
金属制品业	23353	404272	939	622
通用设备制造业	90669	474231	5307	4154
专用设备制造业	41070	200704	2363	1582
汽车制造业	150288	1774091	4347	3717
铁路、船舶、航空航天和其他运输设备制造业	23437	274193	860	564
电气机械和器材制造业	71168	543008	2455	1815
计算机、通信和其他电子设备制造业	271577	3749480	13221	11158
仪器仪表制造业	19535	66107	1290	980
其他制造业	330		12	7
废弃资源综合利用业				
金属制品、机械和设备修理业	3404	33639	419	416
电力、热力生产和供应业	6815	33674	664	142
燃气生产和供应业				
水的生产和供应业	922		86	66

17-6 规模以上工业企业科技活动项目(2015年)

Technology Projict Activities of Industrial Enterprises Above Designated Size(2015)

指 标	R&D活动项目数(项)	R&D活动项目经费内部支出(万元)	新产品开发项目数(项)	新产品开发经费支出(万元)
总计	3824	885170	3466	817213
按登记注册类型分				
国有企业	63	10745	54	16983
集体企业	5	584	4	1021
股份合作企业	1	71		
国有联营企业				
国有独资公司	476	176033	465	176268
其他有限责任公司	1702	472701	1378	399186
股份有限公司	545	60726	574	58769
私营独资企业	4	494	1	43
私营合伙企业				
私营有限责任公司	581	90989	552	93939
私营股份有限公司	118	28358	119	24491
其他企业	1	101	1	102
合资经营企业(港或澳、台资)	17	2779	20	3710
合作经营企业(港或澳、台资)	1	364	1	514
港、澳、台商独资经营企业	42	3157	43	3407
港、澳、台商投资股份有限公司	6	1445	13	2641
中外合资经营企业	156	18930	140	20337
中外合作经营企业	14	2738	19	3546
外资企业	89	8526	79	5826
外商投资股份有限公司	3	6429	3	6434
按工业行业大类分				
煤炭开采和洗选业				
石油和天然气开采业				
黑色金属矿采选业				
非金属矿采选业	1	400	1	498
农副食品加工业	60	13444	52	11637
食品制造业	65	6387	64	6415
酒、饮料和精制茶制造业	24	2180	9	1242

17- 6 续

指　　标	R&D活动项目数（项）	R&D活动项目经费内部支出（万元）	新产品开发项目数（项）	新产品开发经费支出（万元）
烟草制品业			4	167
纺织业	40	6324	28	5230
纺织服装、服饰业	1	10	1	485
皮革、毛皮、羽毛及其制品和制鞋业	8	520	10	606
木材加工和木、竹、藤、棕、草制品业	3	222		
家具制造业			1	45
造纸和纸制品业	2	1788	2	1647
印刷和记录媒介复制业	42	4890	27	4244
文教、工美、体育和娱乐用品制造业	3	494	2	126
石油加工、炼焦和核燃料加工业	14	2706	11	1799
化学原料和化学制品制造业	254	60331	245	52028
医药制造业	422	70729	367	62110
化学纤维制造业	13	1883	12	1953
橡胶和塑料制品业	21	2072	16	1608
非金属矿物制品业	180	27447	143	25576
黑色金属冶炼和压延加工业	53	20824	54	26455
有色金属冶炼和压延加工业	4	1039	5	1321
金属制品业	88	21390	63	12909
通用设备制造业	514	74404	477	75362
专用设备制造业	297	37241	290	36737
汽车制造业	311	146861	316	150519
铁路、船舶、航空航天和其他运输设备制造业	97	23216	110	23479
电气机械和器材制造业	303	63027	249	61203
计算机、通信和其他电子设备制造业	715	265850	640	224469
仪器仪表制造业	230	18428	234	18478
其他制造业	1	330	1	330
废弃资源综合利用业			1	75
金属制品、机械和设备修理业	28	3271	21	2810
电力、热力生产和供应业	21	6654	1	4270
燃气生产和供应业				
水的生产和供应业	9	811	9	1382

17-7 规 模 以 上 工 业

R&D Funds of Industrial

指 标	R&D经费内部支出			
	合 计	按活动类型分组		
		基础研究	应用研究支出	试验发展支出
总计	951320		26157	925163
按登记注册类型分				
国有企业	16712		32	16680
集体企业	1135			1135
股份合作企业	155			155
国有联营企业				
国有独资公司	176965			176965
其他有限责任公司	502934		15948	486985
股份有限公司	65102		1681	63421
私营独资企业	805			805
私营合伙企业				
私营有限责任公司	104802		4482	100320
私营股份有限公司	28988			28988
其他企业	102			102
合资经营企业(港或澳、台资)	2817			2817
合作经营企业(港或澳、台资)	514			514
港、澳、台商独资经营企业	3602			3602
港、澳、台商投资股份有限公司	1445			1445
中外合资经营企业	22272		290	21981
中外合作经营企业	2801			2801
外资企业	9046		2475	6571
外商投资股份有限公司	6434			6434
按工业行业大类分				
煤炭开采和洗选业				
石油和天然气开采业				
黑色金属矿采选业				
非金属矿采选业	498			498
农副食品加工业	14137		44	14093
食品制造业	7847		1708	6139
酒、饮料和精制茶制造业	2363		372	1991

企 业 R&D 经 费 情 况（2015年）

Enterprises Above Designated Size（2015）

按支出用途分组		按资金来源分组				R&D经费外部支出
经常费支出	资产性支出	政府资金	企业资金	国外资金	其他资金	
846495	105095	35031	889039	3929	18629	27311
12388	4324	1203	12923		2586	770
884	250		1135			35
106	50		155			
168643	8322	3108	173764		94	14044
442142	60791	17104	469316	3273	13240	7707
59070	6032	3905	60639	549	9	2278
642	163	35	770			
85497	19304	4729	97831		2242	892
25847	3141	2383	26541		64	468
76	26	15	87			
2632	185		2783		34	362
364	149	170	344			
3554	48		3602			
1034	412		1445			
21665	606	2216	19981	37	38	305
2632	169	150	2651			
7921	1124	13	8640	70	323	449
6434			6434			
486	12		498			
13078	1058	79	13857		201	10
6013	1834	485	7039		323	110
1394	969	17	2346			263

17-7续

指　　标	R&D经费内部支出			
	合 计	按活动类型分组		
		基础研究	应用研究支出	试验发展支出
烟草制品业				
纺织业	8135			8135
纺织服装、服饰业	10			10
皮革、毛皮、羽毛及其制品和制鞋业	554			554
木材加工和木、竹、藤、棕、草制品业	299		173	126
家具制造业				
造纸和纸制品业	1942		896	1046
印刷和记录媒介复制业	5144			5144
文教、工美、体育和娱乐用品制造业	676		551	126
石油加工、炼焦和核燃料加工业	2832			2832
化学原料和化学制品制造业	67465		2837	64627
医药制造业	75673		1617	74057
化学纤维制造业	1993		40	1953
橡胶和塑料制品业	2138			2138
非金属矿物制品业	30036		107	29929
黑色金属冶炼和压延加工业	21056		1033	20023
有色金属冶炼和压延加工业	1265			1265
金属制品业	23353			23353
通用设备制造业	90669		10418	80252
专用设备制造业	41070		625	40445
汽车制造业	150288			150288
铁路、船舶、航空航天和其他运输设备制造业	23437		190	23247
电气机械和器材制造业	71168		753	70415
计算机、通信和其他电子设备制造业	271577		3211	268366
仪器仪表制造业	19535		302	19233
其他制造业	330			330
废弃资源综合利用业				
金属制品、机械和设备修理业	3404			3404
电力、热力生产和供应业	6815		32	6783
燃气生产和供应业				
水的生产和供应业	922			922

按支出用途分组		按资金来源分组				R&D经费外部支出
经常费支出	资产性支出	政府资金	企业资金	国外资金	其他资金	
6813	1321	115	7858		162	56
10			10			20
542	12	6	548			19
239	60	1	298			
504	1438		1942			
3774	1370	43	5101			3
547	129	2	636		39	
2671	160	16	2816			345
58911	8553	2261	65045	70	89	597
64185	11489	4418	71226	4	26	4909
1993			1993			
1643	495	98	2040			
25281	4754	1101	27016	545	1374	507
13443	7612	23	20573		460	46
965	300		1265			
20154	3198	488	22220		645	145
75288	15381	5165	82343		3162	1738
35560	5510	3653	37416			210
140326	9962	1653	148635			14676
22403	1034	70	23314	37	16	264
64116	7052	1290	69711	18	148	988
253887	17689	13200	243229	3255	11892	1308
18157	1378	718	18724		93	404
120	210		330			
3305	99	80	3324			
4828	1987		6815			539
896	27	50	872			156

17-8 规模以上工业企业办科技机构情况(2015年)

Science and Technology Institutions of Industrial Enterprises Above Designated Size (2015)

指　　标	机构数（个）	机构人员（人）				机构经费支出（万元）	仪器和设备原价（万元）
		合计	博士毕业	硕士毕业	本科毕业		
总计	287	26626	419	4207	19032	522740	521704
按登记注册类型分							
国有企业	4	557	12	136	288	5927	15787
集体企业	6	77		9	68	508	132
股份合作企业							
国有联营企业							
国有独资公司	15	2987	19	559	1980	72326	55423
其他有限责任公司	120	17602	227	2783	13139	363453	335815
股份有限公司	42	2673	87	399	1951	35791	69254
私营独资企业	3	16		1	12	44	67
私营合伙企业							
私营有限责任公司	79	1404	43	161	880	16175	16039
私营股份有限公司	6	535	22	84	376	20830	14994
其他企业	1	6		2	4	27	26
合资经营企业(港或澳、台资)	2	187		23	60	1001	6926
合作经营企业(港或澳、台资)							
港、澳、台商独资经营企业							
港、澳、台商投资股份有限公司							
中外合资经营企业	5	427		12	208	3965	4168
中外合作经营企业							
外资企业	4	155	9	38	66	2693	3075
外商投资股份有限公司							
按工业行业大类分							
煤炭开采和洗选业							
石油和天然气开采业							
黑色金属矿采选业							
非金属矿采选业	2	24		2	22	55	21
农副食品加工业	10	263	17	52	123	9867	4338
食品制造业	13	497	16	41	235	3979	24823
酒、饮料和精制茶制造业	4	137	4	9	81	2731	2158

17-8续

指　　标	机构数（个）	机构人员（人）				机构经费支出（万元）	仪器和设备原价（万元）
		合计	博士毕业	硕士毕业	本科毕业		
烟草制品业							
纺织业	4	25		3	12	427	498
纺织服装、服饰业							
皮革、毛皮、羽毛及其制品和制鞋业	1	78	3	13	27	684	675
木材加工和木、竹、藤、棕、草制品业							
家具制造业							
造纸和纸制品业	1	168		23	57	601	1216
印刷和记录媒介复制业	3	52			23	774	7910
文教、工美、体育和娱乐用品制造业							
石油加工、炼焦和核燃料加工业	4	35	1	10	24	587	498
化学原料和化学制品制造业	35	1265	30	193	846	43802	33458
医药制造业	26	2479	68	538	1298	57159	84665
化学纤维制造业							
橡胶和塑料制品业	1	20		3	14	42	357
非金属矿物制品业	9	520	5	24	170	5941	11791
黑色金属冶炼和压延加工业	10	1100	10	40	1027	27731	5857
有色金属冶炼和压延加工业	1	50		6	36	1039	700
金属制品业	14	853	20	37	696	11224	26401
通用设备制造业	45	2739	33	382	1930	43121	27625
专用设备制造业	31	1102	24	96	746	8951	16041
汽车制造业	9	1641	13	292	1025	47869	33696
铁路、船舶、航空航天和其他运输设备制造业	4	596	7	89	413	10996	12338
电气机械和器材制造业	19	1004	24	191	698	23593	55543
计算机、通信和其他电子设备制造业	24	11445	124	2074	9170	213717	165805
仪器仪表制造业	14	508	20	85	341	7819	5048
其他制造业							
废弃资源综合利用业							
金属制品、机械和设备修理业	1	6		1	5	0	96
电力、热力生产和供应业							
燃气生产和供应业							
水的生产和供应业	2	19		3	13	33	147

17-9 规模以上工业企业自主知识产权及相关情况（2015年）

Independent Intellectual Property Rights of Industrial Enterprises Above Designated Size（2015）

指　　标	专利申请数（件）	#发明专利（件）	有效发明专利数（件）	发表科技论文（篇）	拥有注册商标数（件）	境外注册（件）	形成国家或行业标准数（项）
总计	7977	4538	4825	950	4289	531	264
按登记注册类型分							
国有企业	465	285	348	107	98	36	3
集体企业	24	6	25	6	1		2
股份合作企业	3	1	1				
国有联营企业							
国有独资公司	636	98	386	44	421	23	45
其他有限责任公司	4678	3324	1832	476	2002	334	80
股份有限公司	486	209	519	90	670	102	45
私营独资企业	3	2	20		5		
私营合伙企业							
私营有限责任公司	873	396	975	132	469	17	27
私营股份有限公司	93	78	431	29	176	12	28
其他企业					1		
合资经营企业(港或澳、台资)	29	6	7	4	274		4
合作经营企业(港或澳、台资)							
港、澳、台商独资经营企业	11	8	3		2		
港、澳、台商投资股份有限公司	5	3	2		16	2	
中外合资经营企业	182	57	171	46	129	2	27
中外合作经营企业	4	1		10	2		2
外资企业	32	19	55	6	23	3	1
外商投资股份有限公司	453	45	50				
按工业行业大类分							
煤炭开采和洗选业							
石油和天然气开采业							
黑色金属矿采选业							
非金属矿采选业	4	3	8		2		2
农副食品加工业	40	33	73	2	69	1	
食品制造业	28	18	108	5	47	1	2
酒、饮料和精制茶制造业	4	1	5	1	47		

17-9续

指　　标	专利申请数（件）	#发明专利（件）	有效发明专利数（件）	发表科技论文（篇）	拥有注册商标数（件）	境外注册（件）	形成国家或行业标准数（项）
烟草制品业	4	1	12	6	110		1
纺织业	89	45	10	40	53	19	11
纺织服装、服饰业					1		
皮革、毛皮、羽毛及其制品和制鞋业			3		7		1
木材加工和木、竹、藤、棕、草制品业							
家具制造业							
造纸和纸制品业	10	4	4				4
印刷和记录媒介复制业	22	7	6	4	17	2	
文教、工美、体育和娱乐用品制造业					1		
石油加工、炼焦和核燃料加工业	15	12	28		10		2
化学原料和化学制品制造业	282	229	658	64	872	24	57
医药制造业	189	160	490	138	931	31	15
化学纤维制造业	6	6					
橡胶和塑料制品业	6	6	4	2	12	1	1
非金属矿物制品业	127	47	180	18	75	3	25
黑色金属冶炼和压延加工业	226	137	138	202	167	13	
有色金属冶炼和压延加工业	3	1	1		1		
金属制品业	95	53	140	1	164	56	11
通用设备制造业	575	180	637	132	306	59	50
专用设备制造业	523	206	492	76	120	22	30
汽车制造业	626	88	262	21	394	17	13
铁路、船舶、航空航天和其他运输设备制造业	85	32	121	32	37		
电气机械和器材制造业	875	224	278	84	85	2	20
计算机、通信和其他电子设备制造业	3487	2732	730	13	677	279	7
仪器仪表制造业	184	38	161	58	83	1	12
其他制造业					1		
废弃资源综合利用业				1			
金属制品、机械和设备修理业	30	13	37	16			
电力、热力生产和供应业	433	259	235	28			
燃气生产和供应业							
水的生产和供应业	9	3	4	6			

主要统计指标解释

Explanatory Notes on Main Statistical Indicators

科技活动 是指在自然科学、农业科学、医药科学、工程与技术科学、人文与社会科学领域(简称科学技术领域)中,与科技知识的产生、发展、传播和应用密切相关的有组织的活动。在企(事)业中只有列入单位工作计划的科技活动才予以统计,而独立发明人等在企(事)业外或计划外进行的科技活动不在统计范围之内。科研活动可分为研究与试验发展(简称R&D,包括基础研究、应用研究和试验发展)、研究与试验发展(R&D)成果应用及相关的科技服务三类活动。

基础研究 是指为了获得关于现象和可观察事实的基本原理的新知识(揭示客观事物的本质、运动规律,获得新发现、新学说)而进行的实验性或理论性研究。基础研究属于科学研究范畴。从研究目的看,基础研究不以任何专门或特定的应用或使用为目的,它只是通过试验分析或理论性研究对事物的特性、结构和各种关系进行分析,加深对客观事物的认识,解释现象的本质,揭示物质运动的规律或提出和验证各种设想、理论和定律。从研究结果看,基础研究的结果具有一般的或普遍的正确性,通常表现为一般的原则、理论和规律,其成果以科学论文和科学著作为主要形式。

应用研究 是指为获得新知识而进行的创造性研究,主要针对某一特定的目的或目标。应用研究也属于科学研究范畴。从研究目的看,应用研究是探索基础研究成果的可能用途,或是为达到预定的目标探索应采取的新方法(原理性)或新途径,为解决实际问题提供科学依据。从研究结果看,应用研究的成果一般只影响科学技术的某些领域和有限范围,并具有专门的性质,针对具体的领域、问题或情况,其成果形式以科学论文、专著、原理性模型或发明专利等为主。

试验发展 是指利用从基础研究、应用研究和实际经验所获得的现有知识,为产生新的产品、材料和装置,建立新的工艺、系统和服务,以及对已产生和建立的上述各项做实质性的改进而进行的系统性工作。在社会科学领域,试验发展是指通过把基础研究、应用研究获得的知识转变成可以实施的计划(包括为检验和评估实施示范项目)的过程。

科技活动人员合计 指企业内部直接参加科技项目以及项目的管理人员和直接服务的人员。不包括全年累计从事科技活动时间不足制度工作时间10%的人员。

科技活动人员合计中全时人员 指企业科技活动人员中在报告期实际从事科技活动的时间占制度工作时间90%及以上的人员。在企业科技活动管理部门(科研管理处、部、科等)专职从事科技管理工作的人员、企业办科技机构中专职从事科技活动以及管理和直接服务人员,以及上述人员以外在报告期主要从事科技项目活动的人员可视作全时人员。

企业内部用于科技活动的经费支出 指在报告期企业内部用于全部科技活动的直接支出,以及用于科技活动的管理费、服务费以及外协加工费等支出。不包括生产性活动支出、归还贷款支出以及与外单位合作或委托外单位进行科技活动而转拨给对方的经费支出,也不包括来自政府部门的科技活动资金和当年形成用于科技活动的固定资产,以及购买专利等无形资产支出。

企业内部用于科技活动的经费支出中人员人工费(包括各种补贴) 指企业在报告期支付给科技活动人员的工资薪金,包括基本工资、奖金、津贴、补贴、各种保险、年终加薪、加班工资以及与科技活动人员任职或者受雇有关的其他支出。

当年形成用于科技活动的固定资产中的仪器和设备:指企业在报告期形成的用于科技活动的固定资产中的仪器和设备原价,其中设备包括用于科技活动的各类机器和设备、试验测量仪器、运输工具、工装工具等。

全部科技项目数 指企业在报告期当年立项并开展研究工作、以前年份立项仍继续进行的科技项目数,包括当年完成和年内研究工作已告失败的科技项目,但不包括委托外单位进行的科技项目数。

全部科技项目经费内部支出 指企业内部在报告期进行科技项目研究和试制等的实际支出。包括劳务费、原材料费、设备购置费、其他日常支出、外协加工费等,不包括委托或与外单位合作进行项目研究而拨付给对方使用的经费,企业科技活动管理部门的费用,用于科技活动目的的基建支出,以及为科技活动提供间接服务人员的费用等。

专利申请数 指企业在报告期内向国内外知识产权行政部门提出专利申请并被受理的件数。

专利申请数中发明专利 指企业在报告期内向国内外知识产权行政部门提出发明专利申请并被受理的件数。

新产品产值 指报告期企业生产的新产品的产值。新产品是指采用新技术原理、新设计构思研制、生产的全新产品,或在结构、材质、工艺等某一方面比原有产品有明显改进,从而显著提高了产品性能或扩大了使用功能的产品。新产品产值、新产品销售收入既包括经政府有关部门认定并在有效期内的新产品,也包括企业自行研制开发,未经政府有关部门认定,从投产之日起一年之内的新产品。

拥有注册商标 指企业在报告期末拥有的注册商标件数。包括在境内和境外注册的商标件数,一件商标在境内外同时注册时只统计一件。

技术改造经费支出 指企业在报告期进行技术改造而发生的费用支出。技术改造指企业在坚持科技进步的前提下,将科技成果应用于生产的各个领域(产品、设备、工艺等),用先进工艺、设备代替落后工艺、设备,实现以内涵为主的扩大再生产,从而提高产品质量、促进产品更新换代、节约能源、降低消耗,全面提高综合经济效益。

18

教育与文化

EDUCATION AND CULTURE

18-1 教育事业

Basic Statistics

指标	1952年	1957年	1962年	1965年	1970年	1975年	1980年
学校数(所)	2679	3106	3731	4318	5359	5412	5066
#高等教育	5	4	12	8	2	4	11
中等教育	37	67	112	410	1204	922	759
#中等职业学校	16	16	15	15	17	21	30
职业中专	–	–	4	227	151	112	6
普通中学	21	51	93	159	1024	783	710
小　学	2636	3034	3606	3899	4152	4485	4295
专任教师(人)	8555	13452	19606	26760	32508	42432	49608
#高等教育	671	1325	2598	2451	922	2468	3744
中等教育	1108	2569	3418	5321	9607	15274	19062
#中等职业学校	311	787	765	685	914	985	1338
职业中专	–	–	24	975	118	640	50
普通中学	797	1782	2629	3502	8445	13571	17294
小　学	6773	9550	13571	18971	21954	24654	26775
在校学生（万人）	26.87	31.95	49.82	68.27	80.20	90.28	83.56
高等教育	0.43	0.82	1.65	1.40	0.30	0.61	1.58
中等教育	2.73	5.14	5.80	10.43	18.97	25.43	20.24
中等职业学校	0.69	0.93	0.51	0.65	0.12	0.58	0.31
职业中专	–	–	0.07	2.08	1.04	0.92	0.04
普通中学	2.04	4.21	5.22	7.50	17.81	23.86	19.63
小　学	23.70	25.98	42.35	56.42	60.91	64.22	61.47
各类学校毕业生数(万人)	4.38	8.58	10.60	10.45	12.09	22.66	18.07
高等教育	0.14	0.11	0.31	0.43	–	0.20	0.03
中等教育	0.60	1.14	1.72	1.90	1.02	11.83	8.41
中等职业学校	0.13	0.14	0.32	0.03	–	0.20	0.46
普通中学	0.46	1.00	1.40	1.80	0.38	11.58	7.89
每一教师负担学生数(人)	31.41	23.75	25.41	23.27	24.67	21.28	16.84
#高等教育	6.41	6.19	6.35	5.71	3.25	2.47	4.22
中等教育	24.64	20.01	16.97	19.60	19.75	16.65	10.62
中等职业学校	22.33	11.84	6.64	9.51	1.36	5.95	2.29
普通中学	25.63	23.64	19.84	21.41	21.09	17.58	11.35
小　学	34.99	27.20	31.21	29.74	27.74	26.05	22.96
平均每万人口在校学生(人)	843	922	1418	1829	1968	2062	1822
#大学生	14	24	47	38	7	14	34
中专生	22	27	14	17	3	13	7
中学生	64	122	150	256	463	566	429
小学生	743	750	1206	1513	1494	1466	1339

基 本 情 况

on Education

1985年	1990年	1995年	2000年	2005年	2010年	2013年	2014年	2015年
4511	3924	3360	1725	1251	1025	982	958	946
16	16	16	16	59	66	69	71	72
593	529	440	423	348	302	299	287	280
40	39	41	40	91	73	67	51	41
44	48	57	55	27	23	22	20	18
491	417	312	297	247	209	204	209	214
3899	3368	2890	1273	832	645	602	588	582
46806	55978	58779	62869	77334	83106	85828	87926	88487
4614	7245	7500	8269	24341	29526	31143	30778	31693
17530	21618	23946	26817	27435	28370	29081	30868	30589
2367	2890	2941	2916	4738	4511	3516	4430	4068
1032	1747	1845	1948	1818	1801	1760	1828	1909
13572	16065	17621	20585	21915	21943	22742	23443	23643
24579	26922	27417	27417	25201	24801	25209	25870	25795
78.38	79.48	91.69	95.79	129.28	144.6	156.12	153.73	153.71
3.02	3.73	5.66	9.30	48.71	64.25	72.72	70.04	71.40
25.34	28.08	36.64	44.99	42.50	41.76	43.77	43.07	40.77
1.92	2.51	4.79	5.75	9.88	8.10	7.53	7.57	5.93
1.63	2.32	2.84	3.80	3.17	2.90	2.95	2.39	2.26
21.49	22.45	27.15	33.82	30.91	30.18	30.81	30.8	30.16
49.98	47.57	49.23	41.40	37.88	38.40	39.42	40.51	41.44
17.31	17.12	20.88	23.65	33.58	38.10	38.48	39.88	39.83
0.45	1.03	1.68	1.55	13.49	17.57	16.90	19.43	19.48
7.36	8.24	10.39	10.80	14.03	13.55	14.96	14.12	14.22
0.52	0.62	1.16	1.84	3.29	3.13	3.00	2.76	2.75
6.39	6.66	7.78	8.16	10.40	9.20	10.30	10.12	10.23
16.75	14.20	15.60	15.24	16.72	17.40	18.17	17.48	17.37
6.55	5.15	7.54	11.25	20.01	21.76	23.35	22.76	22.53
14.46	12.99	15.30	16.78	15.49	14.72	15.05	13.95	13.33
8.12	8.69	16.30	18.84	20.86	17.96	21.41	17.09	14.58
15.83	13.98	15.41	16.43	14.1	13.75	13.55	13.14	12.76
20.33	17.67	18.20	15.10	15.03	15.48	15.64	15.66	16.07
1605	1518	1691	1702	2177	2395	2551	2490	2465
62	71	104	165	820	1064	1190	1134	1145
39	48	88	102	195	192	212	199	170
473	473	553	601	521	500	504	499	484
1024	908	908	736	638	636	645	656	664

18－2　普通高等院校一览表(2015年)

Basic Statistics on Institutions of Higher Education(2015)

单位:人

指　　标	普通本专科在校学生数	普通本专科毕业生数	普通本专科招生数	教职工人　数	#专任教师		
					合　计	#正高级	#副高级
总　计	536161	134405	155136	43389	30873	4023	9212
综合性大学							
山东大学	40822	10028	10037	7557	4213	1174	1489
济南大学	33937	8086	7981	2744	2093	273	703
济南大学泉城学院	6107	1376	1838	441	318	29	70
山东青年政治学院	12318	3340	3691	676	607	64	165
山东女子学院	12063	3466	3783	635	521	49	144
理工院校							
山东建筑大学	24253	5543	6103	1999	1413	200	561
齐鲁工业大学	27488	6482	7504	1684	1511	175	499
山东交通学院	21281	5256	6005	1403	1038	101	322
山东电力高等专科学校	1511	473	569	291	130	32	32
医药院校							
山东中医药大学	17646	4221	3910	1300	1082	163	315
济南护理职业学院	4859	1609	2087	321	222	2	62
师范院校							
山东师范大学	30258	7205	7520	2317	1865	379	565
齐鲁师范学院	13310	3570	4336	759	554	81	145
济南幼儿师范专科学校	4127	303	1623	422	254	0	84
山东师范大学历山学院	5000	894	2192	322	231	23	64
财经院校							
山东财经大学	30326	7040	7363	2503	1927	330	713
山东财经大学燕山学院	6595	1911	1912	418	389	48	152
政法院校							
山东警察学院	4367	1072	1274	620	316	30	134
山东司法警官职业学院	5605	1940	2010	198	131	2	26
山东政法学院	12719	3070	3709	841	564	52	176
体育院校							
山东体育学院	7363	1788	1956	714	520	51	170
艺术院校							
山东艺术学院	9844	2055	2648	904	724	80	203
山东工艺美术学院	7182	1888	1839	698	470	65	104
职业技术学院							
山东协和学院	17567	3441	2855	1080	821	124	175
山东商业职业技术学院	14133	4957	5307	1095	723	38	265
山东劳动职业技术学院	11190	2551	4033	755	505	24	114
山东职业学院	15425	4844	5252	883	635	29	173
山东力明科技职业学院	16572	4006	189	1010	784	25	155
山东圣翰财贸职业学院	10138	1933	3883	781	459	20	100
山东艺术设计职业学院	1011	0	711	128	82	9	8
山东英才学院	16901	4614	4983	1542	979	73	249
山东杏林科技职业学院	262	2483	262	194	119	4	31
山东旅游职业学院	6694	1970	2419	446	354	11	80
济南工程职业技术学院	10542	3345	4295	515	440	12	106
山东电子职业技术学校	8556	1884	3297	487	381	9	99
济南职业学院	11793	3063	4689	692	557	17	127
山东现代职业学院	11215	3278	4157	938	624	90	136
山东凯文科技职业学院	8374	1831	3412	581	407	40	64
山东城市建设职业学校	10449	3379	4203	652	509	9	117
山东管理学院	10554	1679	3384	657	521	37	130
山东农业工程学院	10691	1773	3599	755	545	44	118
山东特殊教育职业学院	193	0	193	126	78	2	21
山东传媒职业学院	4920	758	2123	305	257	3	46

18－3 中等专业学校一览表(2015年)

Basic Statistics on Specialized Secondary Schools(2015)

单位:人

指标	在校学生数	毕业生数	招生数	教职工人数	#专任教师		
					合计	#副高级	#中级
总计	15732	5458	5445	979	763	203	366
工科学校							
济南信息工程学校	2369	651	964	211	149	41	84
山东省特殊教育职业学院	761	251	324				
山东省环境保护学校		268					
济南电子机械工程学校	2548	550	960	206	163	52	76
医药学校							
济南护理职业学院	1934	924	238				
师范学校							
济南幼儿师范高等专科学校	1320	951	625				
财经学校							
山东省济南商贸学校	4363	1386	1532	265	226	68	112
体育学校							
济南市体育运动学校	664	211	310				
艺术学校							
山东省文化艺术学校	644	79	100	118	98	10	32
济南艺术学校	783	102	296	179	127	32	62
山东省艺术设计职业学院	346	85	96				

18－4 分县(市)区儿童学前教育基本情况(2015年)

Student Enrollment in Pre-school Education(2015)

指标	幼儿园数(所)	在园人数(人)	入园人数(人)	教职工数(人)	#专任教师(人)
全市	1423	199330	68053	23509	13134
历下区	91	22472	7563	3340	1632
市中区	122	23683	7128	3332	1862
槐荫区	110	20488	6595	2687	1373
天桥区	92	21036	6927	2732	1307
历城区	190	29696	9251	3713	2159
长清区	150	12906	7875	1226	819
高新区	49	7252	1820	1147	627
平阴县	86	9119	3526	780	506
济阳县	124	13258	3785	1036	551
商河县	201	18204	8021	1385	877
章丘市	208	21216	5562	2131	1421

18-5 图书及出版事业

Basic Statistics on Books and Publishing

指　　标	单　位	2010年	2011年	2012年	2013年	2014年	2015年
公共图书馆							
机构数	个	12	12	12	12	12	12
从业人员	人	423	426	421	454	447	431
总藏量	千册(件)	9412	9890	10764	10932	11395	11950
建筑面积	千平方米	69.7	70	70	114	114	138
#书　库	千平方米	24.0	25	25	26	26	29
阅览室	千平方米	22.0	22	22	35	35	37
阅览室席位数	千 个	4.4	4.6	4.5	5.6	5.6	6.3
书刊外借人次	万人次	101.2	123.0	136.4	154.1	171.5	178.3
书刊外借册数	万册次	203.9	230.2	251.0	278.8	322.0	337.0
出版事业							
出版单位							
图　书	个	15	15	15	15	15	15
报　纸	个	52	52	49	50	50	52
杂　志	个	152	149	151	150	150	150
出版种类							
图　书	种	6586	8305	8490	10219	10913	10234
报　纸	种	52	54	49	50	50	52
杂　志	种	158	155	157	158	158	159
出版数量							
图　书	万册,万份	26603	31087	28693	30777	31972	43860
报　纸	万册,万份	184706	157553	155994	156173	140741	136480
杂　志	万册,万份	6995	8284	8158	9400	9255	8572
报纸出版总印张数							
总　计	万印张	900483	660146	732009	716077	642625	570102
综合报	万印张	857132	595239	691797	644015	503953	521497
专业报	万印张	43351	64907	40212	72063	138673	48605
省级报	万印张	847019	558451	603236	574319	518802	478512
综合报	万印张	811675	493544	563023	506624	384498	433399
专业报	万印张	35344	64907	36936	67695	134305	45113
市级报	万印张	53464	101695	132050	141758	123823	91590
综合报	万印张	45456	101695	128774	137390	119455	88098
专业报	万印张	8008	0	3276	4368	4368	3492

18－6 文化事业机构和人员

Number of Institutions and Persons in Culture

指　　标	2010年	2011年	2012年	2013年	2014年	2015年
机构数(个)						
电影业	12	15	22	25	30	38
艺术业	29	28	25	28	27	27
文物业	24	22	32	37	40	42
图书馆业	12	12	12	12	12	12
群众文化业	151	152	153	153	153	152
艺术教育业	1	1	1	1	1	1
文艺科研业	2	2	2	1	1	1
非文化产业	3	3	3			
从业人员数(人)						
电影业	470	458	561	631	637	705
艺术业	1891	1841	1703	1693	1608	1569
文物业	809	799	957	1057	1083	1119
图书馆业	423	426	421	454	447	431
群众文化业	552	679	697	693	908	699
艺术教育业	104	107	111	114	112	123
文艺科研业	72	63	65	57	46	49
非文化产业	44	45	34			

主要统计指标解释

Explanatory Notes on Main Statistical Indicators

普通高等学校 指按照国家规定的设置标准和审批程序批准举办，通过国家统一招生考试，招收高中毕业生为主要培养对象，实施高等教育的全日制大学、独立设置的学院和高等专科学校、短期职业大学。

小学学龄儿童入学率 指调查范围内已入小学学习的学龄儿童占校内外学龄儿童总数（包括弱智儿童，不包括盲聋哑儿童）的比重。计算公式为：

小学学龄儿童入学率＝已入学的小学学龄儿童数 / 校内外小学学龄儿童总数×100%

文化事业机构 指从事专业文化工作和为专业文化工作服务的独立建制的单位。不包括这些单位另外举办独立核算的其他机构和各部门的业余文化组织。

电影放映单位 指具有放映机器设备、固定或不固定的放映场所与专职或兼职的放映技术人员，经有关部门登记批准，经常为一定的观众对象放映电影的机构。包括经批准对外开放进行营业，并与电影发行放映管理机构分帐的专用放映单位和军委系统租片单位。

19

体育卫生

SPORTS AND PUBLIC HEALTH

19-1 体 育 事 业

Statistics of Sports Instituons

指 标	单 位	2010年	2011年	2012年	2013年	2014年	2015年
体育部门职工人数	人	696	660	632	650	671	656
#业余体育学校	人	247	234	148	156	166	219
总计中:教练员	人	210	208	216	235	241	232
等级裁判员							
一级裁判员	人						
二级裁判员	人	206	175	292	216	184	246
三级裁判员	人	1178	263				
二级运动员发展人数	人	351	372	351	397	376	359
少年儿童业余体校在校学生	人			692	647	898	973
业余体校	所	12	12	3	3	3	3
运动员获奖牌数	枚	713	633	507	617	594.5	585
#世界级 金 牌	枚	15	18	10	20	6	5
银 牌	枚	6	8	3	7	4	3
铜 牌	枚	3	5	2	1	6	0
#洲际 金 牌	枚	17	0	2	4	5	5
银 牌	枚	3	0	7	3	1	1
铜 牌	枚	8	0	0	2	0	2
#全国 金 牌	枚	37	19	42	72	75	48
银 牌	枚	20	19	32	31	32	23
铜 牌	枚	19	30	32	34	43	29
#全省 金 牌	枚	347	172	132	177	201.5	215
银 牌	枚	112	190	145	141.5	93.5	119
铜 牌	枚	126	172	100	124.5	127.5	135
体育设施							
体育场	个	12	12	12	12	12	12
体育馆	个	9	9	9	9	9	9
游泳馆	个	5	5	5	5	5	5
室内外游泳池	个	2	2	2	2	2	2
有固定看台的灯光球场	个	2	2	2	2	2	2

注:等级裁判员为当年新评定的人数。

19－2 各时期卫生事业情况

Statistics of Health Institutions in Major Years

年份	卫生机构(个)		卫生工作人员(人)		卫生机构床位(张)	
	小计	#医院及卫生院	小计	#卫生技术人员	小计	#医院及卫生院
1952	208	22	6277	4778	3160	1906
1957	708	45	10740	7991	5972	3401
1962	1191	98	13705	9648	7917	5662
1965	1144	114	18885	14881	9035	6438
1970	682	130	13273	10341	7878	6462
1975	934	137	20021	14956	9066	8050
1978	1017	148	24949	19198	11496	9856
1979	1078	152	26385	20110	11902	10781
1980	1091	151	27843	21295	12301	11052
“六五”时期						
1981	1188	152	29597	22559	12428	11436
1982	1159	151	30636	22814	12379	11383
1983	1177	156	31924	23948	12966	11674
1984	1160	157	32967	24502	13728	12960
1985	1175	165	34232	26185	14356	13791
“七五”时期						
1986	1184	167	35803	27360	14757	14165
1987	1137	166	37129	28159	15457	14721
1988	1103	171	38384	29167	16165	15580
1989	1137	180	39926	29878	16698	16176
1990	1300	178	41444	31130	18214	17216
“八五”时期						
1991	1233	177	40957	30815	18439	17538
1992	1331	180	41996	31541	18818	18178
1993	1285	193	43274	32871	20243	19320
1994	1228	213	43630	33007	20001	19064
1995	1185	216	43648	32848	20747	19534
“九五”时期						
1996	1674	214	45765	35219	20428	19716
1997	1567	220	44664	34188	21422	20706
1998	1574	227	45110	34596	21965	21130
1999	1570	226	45121	34000	21735	21086
2000	1414	231	45166	35669	21698	20830
“十五”时期						
2001	1414	231	45296	35790	21906	21033
2002	1708	243	39386	31945	21576	21042
2003	1868	246	41925	33803	22674	22262
2004	1917	243	41625	33998	24044	22588
2005	2138	246	41499	34129	24695	23524
“十一五”时期						
2006	2285	240	43023	35124	27695	26101
2007	2265	243	42513	34579	26055	25328
2008	5092	286	44416	36143	28939	27555
2009	5163	281	46311	37648	30920	28749
2010	5086	277	54711	39366	31947	29844
“十二五”时期						
2011	5159	262	58590	42116	34920	31545
2012	5239	243	60426	44331	38834	35194
2013	5368	255	76955	57700	45465	41287
2014	5784	265	84515	63604	48280	44058
2015	5947	269	89117	71778	49311	45195

备注：2015年起，“卫生技术人员”的口径发生变化，原取自直报系统，现由卫计委医政处提供。

19-3 卫生事业机构及床位

Number of Health Institutions and Beds

指 标	2010年	2011年	2012年	2013年	2014年	2015年
各类卫生机构数(个)	5086	5159	5239	5368	5784	5947
医院	196	200	186	197	207	213
社区卫生服务中心(站)	252	253	259	270	268	275
卫生院	81	62	57	58	58	56
门诊部	90	43	41	68	66	72
急救中心(站)	1	1	2	2	2	2
采血供应机构	3	4	4	4	4	4
妇幼保健院(所、站)	11	12	12	12	12	12
专科疾病防治院(所、站)	8	8	8	10	10	10
疾病预防控制中心(防疫站)	12	12	12	12	12	12
医学科学研究机构	0	0	0	0	2	2
其他卫生机构	25	6	6	11	15	17
各类卫生机构病床数(张)	31947	34920	38834	45465	48280	49311
医院	24707	27984	32000	38001	40874	42204
社区卫生服务中心(站)	1317	2625	2465	2774	2857	2792
卫生院	5137	3561	3194	3286	3184	2991
门诊部	77	89	219	175	133	127
妇幼保健院(所、站)	618	563	758	782	777	834
专科疾病防治院(所、站)	91	98	198	447	455	360
千人拥有量						
平均每千人拥有病床(张)	5.29	5.77	6.40	7.41	6.83	6.91
每千人拥有卫生技术人员(人)	6.52	6.96	7.28	9.41	9.00	10.06
每千人拥有医生(人)	2.91	3.03	3.20	3.71	3.50	4.60
每千人拥有护士(人)	2.30	2.54	2.65	3.94	3.89	5.32

注:2011年以前"医院"包含卫生院。

19－4 分地区卫生事业机构及床位(2015年)

Number of Health Institutions and Beds by District(2015)

指　　标	全　市	市　区	平阴县	济阳县	商河县	章丘市
各类卫生机构数(个)	5947	3619	314	704	438	872
医院	213	190	4	7	3	9
疗养院	0	0	0	0	0	0
社区卫生服务中心(站)	275	227	10	8	8	22
卫生院	56	16	6	8	12	14
门诊部	72	67	2	2	0	1
诊所、卫生所、医务室	1979	1723	84	19	62	91
急救中心(站)	2	1	0	0	0	1
采血供应机构	4	2	0	0	0	2
妇幼保健院(所、站)	12	8	1	1	1	1
专科疾病防治院(所、站)	10	6	1	1	0	2
疾病预防控制中心(防疫站)	12	8	1	1	1	1
卫生监督所	11	8	1	0	1	1
医学科学研究机构	2	2	0	0	0	0
其他卫生构	17	16	0	0	0	1
各类卫生机构病床数(张)	49311	40159	1709	1637	1269	4537
医院	42204	36996	1129	1343	747	1989
疗养院	0	0	0	0	0	0
社区卫生服务中心(站)	2792	1607	79	30	0	1076
卫生院	2991	564	475	246	510	1196
门诊部	127	127	0	0	0	0
妇幼保健院(所、站)	834	562	6	18	12	236
专科疾病防治院(所、站)	360	300	20	0	0	40
千人拥有量						
平均每千人拥有病床(张)	6.91	8.77	4.98	3.06	2.19	4.15
每千人拥有卫生技术人员(人)	10.06	13.06	6.45	3.79	3.76	5.07
每千人拥有医生(人)	4.60	5.96	2.46	1.87	1.69	2.27
每千人拥有护士(人)	5.32	7.08	3.52	1.71	1.55	2.27

19－5 医院、卫生院工作情况

Basic Statistics on Hospitals and Health Institutions in Rural Areas

指标	单位	2010年	2011年	2012年	2013年	2014年	2015年
医院							
单位数	个	196	200	167	197	207	213
诊疗人次数	万人次	1680	1809	2097	2293	2594	2716
#门诊人次数	万人次	1491	1652	1907	2077	2352	2446
急诊人次数	万人次	83	81	97	107	126	150
健康检查人数	万人次	89	94	97	108	132	131
入院人数	万人	61.3	65.8	80.1	94.5	106.3	112.5
出院人数	万人	61.3	65.9	80.2	91.8	106.1	112.1
平均开放病床数	张	23724	26090	29890	34550	37218	39632
病床使用率	%	85.72	84.18	86.33	83.93	84.14	82.37
病床周转次数	次	25.84	25.30	26.80	26.50	28.52	28.30
出院者平均住院日	日	12.10	12.30	11.70	11.40	10.74	10.60
卫生院							
单位数	个	81	62	76	58	58	56
诊疗人次数	万人次	313.0	261.0	256.0	269.0	280.5	211.7
#门诊人次数	万人次	298.0	240.0	238.0	255.0	271.4	205.7
急诊人次数	万人次	5.3	4.7	8.3	5.1	4.6	3.0
健康检查人数	万人次	25.3	36.6	34.5	34.0	30.3	23.9
入院人数	万人	7.6	7.1	8.9	8.4	6.4	4.7
出院人数	万人	7.8	7.1	8.9	8.4	6.4	4.7
平均开放病床数	张	4490	3309	3086	3136	3062	2930
使用率	%	42.67	43.48	52.36	55.02	46.60	38.62
病床周转次数	次	17.41	21.40	28.80	26.70	20.87	15.90
出院者平均住院日	日	7.63	6.40	6.10	7.60	8.33	8.20

注：2011年以前“医院”包含卫生院。

19-6 分地区卫生技术人员分类情况(2015年)

Medical Technical Personnel by Region(2015)

单位:人

指　　标	全　市	市　区	平阴县	济阳县	商河县	章丘市
各类卫生机构工作人员合计	89117	70982	3276	3020	3424	8415
#卫生技术人员小计	71778	59814	2216	2024	2178	5546
医　生	32592	27288	843	1001	976	2484
注册护士	37927	32427	1208	913	895	2484
其　他	1259	99	165	110	307	578

19-7 医疗机构收入与支出(2015年)

Revenue and Expenditure in Health Insititutions(2015)

单位:万元

机构分类	总收入				总支出			总支出中：人员支出
	合计	财政补助收入	上级补助收入	业务收入/事业收入	合计	财政专项支出	业务支出/事业支出	
合计	3139498.3	368203.2	13748.5	2664797.5	3105651.3	209923.9	2383626.5	843541.9
医院	2720782.8	219201.9	0.0	2458222.3	2699926.8	121149.8	2162044.9	690513.5
社区卫生服务中心(站)	84019.3	24584.2	3152.2	54497.6	83103.6	1346.4	80557.4	30767.0
卫生院	56438.0	28289.5	1089.1	25682.5	55133.6	1023.0	53701.0	26427.8
门诊部	15786.2	0.0	0.0	12752.9	14833.3	0.0	0.0	5899.0
诊所.卫生所.医务室	25162.9	0.0	0.0	21473.8	18913.2	0.0	0.0	10210.3
急救中心(站)	2001.0	1771.9	54.0	81.5	2151.6	45.6	1967.1	1075.0
妇幼保健院(所、站)	65561.9	12574.5	0.0	51807.5	70601.6	8263.6	45172.5	23494.4
专科疾病防治院(所、站)	4326.4	1980.1	0.0	2301.7	4279.3	82.1	3091.3	2480.7

主要统计指标解释

Explanatory Notes on Main Statistical Indicators

等级裁判员人数 指经考核正式批准授予等级裁判员称号的人数。裁判员等级分为国际裁判、国家级裁判、一级裁判、二级裁判、三级裁判。

体育场 指有400 米跑道(中心含足球场),有固定道牙,跑道6 条以上,并有固定看台的室外田径场地。体育场按看台容纳观众人数分为:甲级25000 人以上,乙级15000-25000人,丙级5000-15000 人,丁级5000 人以下。

体育馆 指有固定看台,可供篮球、排球、羽毛球、乒乓球、体操等项目训练比赛活动用的室内运动场地。体育馆按看台容纳观众人数分为:甲级6000 人以上,乙级4000-6000人,丙级2000-4000 人,丁级2000 人以下。

医院 指设有固定床位,能收容病人住院并能为病人提供医疗、护理服务的医疗机构,包括县及县以上医院、农村乡卫生院和其他医院三部分。医院按所属性质不同分为卫生部门、工业及其他部门和集体经济单位三类。县及县以上医院按业务性质不同分为综合医院和专科医院。

卫生技术人员 指卫生事业机构支付工资的全部职工中现任职务为卫生技术工作的专业人员,包括中医师、西医师、中西医结合高级医师、护师、中药师、西药师、检验师、其他技师、中医士、西医士、护士、助产士、中药剂士、西药剂士、检验士、其他技士、其他中医、护理员、中药剂员、西药剂员、检验员和其他初级卫生技术人员。

医生 指经卫生部门审查合格,从事医疗工作的专业人员。分为中医医生和西医医生。包括卫生技术人员中的中医师、西医师、中西医结合高级医师、中医士、西医士和其他中医。

卫生机构 指从卫生行政部门取得《医疗机构执业许可证》,或从民政和工商行政、机构编制管理部门取得法人单位登记证书,为社会提供医疗保健、疾病控制、卫生监督或从事医学科研和教育等工作的单位。包括医院、疗养院、社区卫生服务中心(站)、乡镇(街道)卫生院、门诊部、诊所(卫生所、医务室)、村卫生室、急救中心(站)、采供血机构、妇幼保健院(所、站)、专科疾病防治院(所、站)、疾病预防控制中心(防疫站)、卫生监督机所(中心)、医学科研机构、医学在职培训机构、健康教育所(站)等其他卫生机构。

医疗机构 指从卫生行政部门取得《医疗机构执业许可证》的机构,包括医院、疗养院、社区卫生服务中心(站)、乡镇(街道)卫生院、门诊部、诊所(卫生所、医务室)、村卫生室、妇幼保健院(所、站)、专科疾病防治院(所、站)、急救中心(站)和临床检验中心。

事业收入 事业单位开展专业业务活动及辅助活动所取得的收入。包括单位收到的从财政专户核拨的预算外资金和部分经财政部门核准不上缴财政专户管理的预算外资金。

20

民政、司法和其它

SOCIAL WELFARE CIVIL ADMINISTRATION AND OTHERS

20－1 社 会 治 安 主 要 指 标

Main Indicators of Social Offense

指　　标	单　位	2010年	2011年	2012年	2013年	2014年	2015年
刑事案件							
当年全部立案数	起	53290	53770	50680	47721	45118	35047
当年全部破案数	起	24249	29560	25306	27252	26939	20806
治安案件							
受理数	件	94248	177322	139252	113246	91877	86217
查处数	件	90271	168373	136769	110288	87656	81754
城市交通事故							
交通事故	起	774	762	1453	1801	2948	2946
伤亡人数	人	1121	838	1713	2249	3708	3885
#死亡人数	人	263	259	272	286	440	439
损失折款	万元	189	247	632	443	737	840
火灾事故							
火灾起数	起	791	571	246	2751	2848	2609
伤亡人数	人	9	1	2	12	7	12
#死亡人数	人	6	1	2	9	6	12
损失折款	万元	462	773	395	1471	1104	1571

20-2 分地区社会治安主要指标(2015年)

Main Indicators of Social Offense by District(2015)

指　　标	单　位	全　市	市　区	平阴县	济阳县	商河县	章丘市
刑事案件							
当年全部立案数	起	35047	28886	1300	1036	364	3461
当年全部破案数	起	20806	17143	792	623	181	2067
治安案件							
受理数	起	86217	67066	2480	4137	4010	8524
查处数	起	81754	62646	2443	4140	4010	8515
城市交通事故							
交通事故	起	2946	2566	57	42	44	237
伤亡人数	人	3885	3362	76	57	60	330
#死亡人数	人	439	294	32	21	12	80
损失折款	万元	840	703	15	10	6	106
火灾事故							
火灾起数	起	2609	2497	15	11	20	66
伤亡人数	人	12	8	1	1	0	2
#死亡人数	人	12	8	1	1	0	2
损失折款	万元	1571	608	876	24	32	32

指标	单位	济南市(汇总)	济南市（市本级）	历下区	市中区	槐荫区
优抚情况						
享受定期抚恤金人数	人	939		46	80	30
#城镇享受人数	人	153		18	15	9
享受定期补助人数	人	35012		229	1010	531
#在乡复员军人	人	2725		36	131	48
参战退役人员	人	4454		61	197	139
社会救济情况						
城镇居民最低生活保障人数	人	22303		2587	3774	2880
农村居民最低生活保障人数	人	81215			2341	787
民政经费						
退役安置费	万元	89415.1	58889.9	5152.5	8593.6	4531.8
城市居民最低生活保障费	万元	8585.2	6401.3	724.2	369.6	406.1
农村最低生活保障费	万元	13342.9	10830.2		296.5	74.7
其它社会救助费	万元	11446.3	6135.8	2842.4	234.4	64.1
社会福利费	万元	33568.8	20538.1	2069.1	632.1	250.5
自然灾害生活救助费	万元	1645.8				41.8
医疗救助费	万元	4581.0	2700.0	59.2		67.8
社会保障及扶贫						
建立社会保障服务网络的乡镇数	个	48				
城市市区居民最低生活保障金标准	元	550		550	550	550

保障和救济（2015年）

Receiving Relief Flinds by District(2015)

天桥区	历城区	长清区	高新区	平阴县	济阳县	商河县	章丘市
44	153	122	12	70	82	143	157
6	7			10		85	3
1360	4484	5312	447	2843	5184	5833	7779
139	755	227	52	140	457	193	547
250	512	734	78	294	628	604	957
6452	924	1008	19	450	605	1097	2507
2126	7889	10964	247	6844	12340	16500	21177
3650.0	1939.6	1273.2	160.2	1058.6	853.9	804.8	2507.0
235.3	88.1		0.4	100.6	241.2	18.4	
59.7	444.8		0.4	934.2	533.5		168.9
23.4	332.1	191.5		194.4	430.4	319.2	678.6
677.1	1663.6	1035.3	244.1	1757.7	1106.2	683.3	2911.7
	315.0	192.0		340.0	389.0	62.0	306.0
320.3	94.0	371.8		483.4		142.5	342.0
2	6	6		6	8	11	9
550	550	500	550	500	500	500	500

20-4 社会办福利企业情况（2015年）

Basic Statistics on Social Welfare Institutions(2015)

指　　标	单　位	济南市（汇总）	济南市（省本级）	济南市（市本级）	历下区	市中区
福利企业						
单位数	个	52		4		3
职工人数	人	3063		208		104
#残疾职工	人	1171		92		51
纳税总额	万元	3523		142		173
#增值税总额	万元	2109		84		115
盈利总额	万元	1452		31		78

20-4续

指　　标	槐荫区	天桥区	历城区	长清区	高新区	平阴县	济阳县	商河县	章丘市
福利企业									
单位数	2	6	6	4	4	6	8		9
职工人数	45	213	360	474	434	253	601		371
#残疾职工	21	99	166	135	161	95	205		146
纳税总额		130		422	600	1359	495		202
#增值税总额		82		264	200	988	259		116
盈利总额		83		300	80	254	506		121

20-5 律师、公证、司法基本情况(2015年)

Basic Statistics on Law、Notarizations and Mendiation(2015)

指标	单位	全市	市区	平阴县	济阳县	商河县	章丘市
律师工作							
律师事务所	个	297	283	4	3	2	5
执业律师	人	4705	4586	19	19	15	66
#专职律师	人	4372	4253	19	19	15	66
担任常年法律顾问	家	5839	5435	54	63	56	231
民事诉讼代理	件	31403	28606	429	482	389	1497
刑事诉讼辩护及代理	件	7630	7251	71	86	72	150
行政诉讼代理	件	1451	1318	25	32	23	53
非诉讼法律事务	件	8918	7649	256	337	240	436
公证工作							
公证处	个	11	7	1	1	1	1
公证处人员	人	227	196	10	6	3	12
#公证员	人	108	91	4	4	3	6
办理公证总数	件	80545	75420	1627	976	488	2034
#国内民事公证	件	29862	26756	699	744	273	1390
国内经济公证	件	41344	39325	928	232	215	644
涉外公证	件	9339	9339	0	0	0	0
办理经济公证涉及金额	亿元	0.25	0.23	0.00	0.00	0.00	0.01
基层司法行政工作							
人民调解委员会	个	5432	2214	372	896	1018	929
人民调解员	人	18999	8033	1452	3006	3219	3249
调解纠纷总数	件	31758	16722	1273	4924	5977	2712
#调解成功	件	31375	16689	1248	4847	5977	2692
法律服务所	个	128	105	10	6	3	4
基层法律工作者	人	756	592	40	31	17	76
担任法律顾问	家	1040	834	81	85	34	36
民事诉讼代理	件	4012	3210	280	268	112	142
非诉讼代理	件	4521	3617	277	256	137	234
挽回经济损失	万元	41144	32916	2057	2375	1221	2575
法律援助工作							
法律援助机构	个	12	8	1	1	1	1
执业人员	人	74	59	2	3	5	5
办理法律援助案件	件	7431	5575	241	408	568	639

20-6 社会保障和救济

Basic Statistics on Social Security and Receiving Relief Flinds

指　　标	单　位	2010年	2011年	2012年	2013年	2014年	2015年
优抚情况							
享受定期补助人数	人	23996	38982	38793	35077	35298	35012
#在乡复员军人	人	11552	11020	8254	4512	3708	2725
参战退役人员	人	5088	5091	4962	4765	4524	4454
社会救济情况							
城镇居民最低生活保障人数	人	59840	55868	40070	32947	24925	22303
农村居民最低生活保障人数	人	79174	82562	75978	76223	80535	81215
社会保障及扶贫							
建立社会保障服务网络的乡镇数	个	55	55	55	53	53	48
城市市区居民最低生活保障金标准	元/月	360	400	480	480	550	550

主要统计指标解释

Explanatory Notes on Main Statistical Indicators

社会福利事业单位收养人数　包括民政部门管理和城镇、农村集体举办的社会福利事业单位中收养的老人、少年儿童、缺乏生活自理能力的残疾人员和精神病人。

社会福利企业单位　指以安置城镇有一定劳动能力的盲、聋、哑和肢体残疾人员就业为目的，享受国家减免税待遇的国有或集体企业。包括福利工厂、福利商业和服务业、假肢厂和安置农场等单位。

律师　指受聘参加法律顾问处工作，担任法律顾问、刑（民）事代理人、刑事辩护人，办理非诉讼事件、解答法律询问，代写法律事务文书等主要从事律师业务的专职法律工作者和兼职律师。

公证人员　指在国家公证机关依法办理公证事务的司法人员，包括公证员、助理公证员和在公证处工作的其他人员。

调解人员　指在人民调解委员会担负调解民间一般民事纠纷和轻微违法行为引起纠纷的工作人员，包括调解委员会的委员和调解小组的调解员。

立案　指检察机关对犯罪线索进行初步调查后，认为存在职务犯罪事实并需要追究刑事责任时，依法决定作为刑事案件进行侦查的诉讼活动，是追究犯罪的开始。

FL

附 录

APPENDIX

山 东 省 十 七 城 市

Main Statistical Indicators

城市名称	生产总值(亿元)	第一产业(亿元)	第二产业(亿元)	第三产业(亿元)	固定资产投资额(亿元)	#房地产开发投资额(亿元)	一般公共预算收入(亿元)	一般公共预算支出(亿元)	金融机构本外币存款余额(亿元)	#住户存款余额(亿元)	金融机构本外币贷款余额(亿元)
全 省	63002.3	4979.1	29485.9	28537.4	47381.5	5892.2	5529.3	8249.2	76795.5	37595.8	59063.3
济南市	6100.2	305.4	2307.0	3487.8	3498.4	1014.1	614.3	658.2	14174.7	3991.8	11356.8
青岛市	9300.1	364.0	4026.5	4909.6	6555.7	1122.3	1006.3	1222.9	13155.7	5113.1	11576.8
淄博市	4130.2	144.9	2228.8	1756.5	2731.6	227.7	317.9	382.9	3812.0	2272.3	2661.2
枣庄市	2031.0	154.1	1070.2	806.7	1625.9	186.6	149.3	236.4	1436.8	982.5	1081.1
东营市	3450.6	117.8	2230.6	1102.3	3084.7	193.9	220.1	257.7	3683.5	1329.5	3031.2
烟台市	6446.1	440.9	3323.5	2681.8	4667.1	607.1	542.6	643.5	7029.8	3707.3	4470.5
潍坊市	5170.5	455.2	2490.8	2224.6	4516.7	467.9	484.5	612.2	6217.6	3606.7	4760.4
济宁市	4013.1	454.2	1896.1	1662.8	2891.0	308.5	368.6	515.5	4098.4	2461.4	2723.8
泰安市	3158.4	269.1	1461.8	1427.5	2618.2	145.2	205.3	326.9	2720.8	1741.3	1806.7
威海市	3001.6	217.1	1422.2	1362.2	2543.7	313.2	249.7	338.4	2790.4	1535.4	1842.2
日照市	1670.8	140.6	813.1	717.1	1407.8	108.9	121.7	185.4	1871.3	971.1	2159.3
莱芜市	665.8	52.7	344.2	269.0	619.1	31.9	50.2	83.8	834.1	491.8	639.3
临沂市	3763.2	346.5	1687.1	1729.6	3219.2	392.9	283.9	533.4	4762.3	2955.5	3399.6
德州市	2750.9	283.7	1358.0	1109.2	2237.9	214.6	182.8	337.4	2484.2	1733.2	1550.7
聊城市	2663.6	316.4	1360.3	987.0	2100.8	190.4	175.9	346.8	2592.3	1654.1	1872.3
滨州市	2355.3	217.5	1150.2	987.6	1990.2	108.5	204.1	309.0	2375.3	1124.4	2095.5
菏泽市	2401.0	270.1	1267.4	863.4	1073.3	258.5	177.7	399.6	2550.5	1912.3	1635.4
济南位次	3	7	4	2	4	2	2	2	1	2	2

主 要 经 济 指 标 (2015年)

Indicators of 17 Cities in Shandong(2015)

规模以上工业主营业务收入(亿元)	规模以上工业利税总额(亿元)	规模以上工业利润总额(亿元)	社会消费品零售总额(亿元)	出口总额(亿美元)	实际到帐外资金额(亿美元)	城镇居民人均可支配收入(元)	城镇居民人均消费支出(元)	农村居民人均可支配收入(元)	农村居民人均消费支出(元)	居民消费价格指数(%)
146886.7	14107.7	8617.2	27761.4	1440.6	163.0	31545	19854	12930	8748	101.2
5417.2	685.7	396.1	3410.3	60.0	15.8	39889	26319	14232	8597	101.9
16997.8	1876.1	973.4	3713.7	453.3	66.9	40370	26052	16730	11127	101.2
11620.6	1290.2	738.6	1949.7	57.9	5.9	33793	22120	14531	10372	101.1
3727.8	331.7	171.5	805.4	14.0	1.0	25792	14744	12038	7991	101.0
13170.3	1308.9	858.8	728.1	49.7	2.2	38735	23140	13887	10501	101.5
15350.6	1460.1	1100.8	2679.5	280.4	19.2	35907	23410	15540	10675	100.8
13167.6	1115.2	719.7	2277.5	129.8	10.0	31060	19325	14890	9099	100.9
5510.7	537.7	311.8	1911.0	34.3	9.2	27887	17093	12570	7818	100.8
6751.0	724.0	438.8	1331.6	17.5	5.0	28132	16524	13322	8588	100.8
7073.0	606.7	380.8	1311.7	126.2	11.2	36336	23525	16313	9938	101.0
2502.1	109.9	66.7	603.9	41.3	5.8	26217	16809	12319	6741	101.2
1832.7	37.2	13.9	320.9	9.8	1.3	30219	17311	13714	9615	101.1
10115.0	793.9	516.1	2235.0	60.6	1.4	28627	13398	10828	6697	101.2
9566.1	989.8	556.6	1257.4	22.1	1.2	21039	13051	11269	9117	101.3
9087.2	871.8	609.6	1060.2	25.4	0.6	21570	12405	10512	7573	101.2
7999.2	443.3	267.1	813.6	36.3	4.1	28388	19234	12727	8851	101.3
7051.3	895.6	548.0	1352.1	22.0	2.3	20370	12648	9802	7581	101.1
13	11	12	2	6	3	2	1	6	10	1

十 五 副 省 级 城 市

Main Statistical Indicators

城市名称	生产总值(亿元)	第一产业(亿元)	第二产业(亿元)	第三产业(亿元)	固定资产投资额(亿元)	#房地产开发投资额(亿元)	一般公共预算收入(亿元)	一般公共预算支出(亿元)	金融机构人民币存款余额(亿元)	#住户存款余额(亿元)
济南	6100.2	305.4	2307.0	3487.8	3498.4	1014.1	614.3	658.2	13553.0	3951.4
沈阳	7280.5	341.4	3499.0	3440.1	5326.0	1337.7	606.2	808.6	13867.9	5769.3
大连	7731.6	453.3	3580.84	3697.54	4559.3	897.5	579.9	910.7	13338.7	5107.9
长春	5530.0	343.3	2770.9	2415.8	4400.0	506.0	388.2	765.7	9848.6	3792.8
哈尔滨	5751.2	672.6	1862.8	3215.8	4595.7	581.8	407.7	824.8	9688.6	4370.4
南京	9720.8	232.4	3916.1	5572.3	5426.0	1429.0	1020.0	1045.2	25887.8	5535.5
杭州	10053.6	287.7	3910.6	5855.3	5556.3	2472.1	1233.9	1205.5	29003.1	7507.1
宁波	8011.5	285.2	3924.5	3801.8	4506.6	1228.8	1006.4	1256.0	15400.2	5302.8
厦门	3466.0	23.9	1509.0	1933.1	1896.5	774.1	606.1	652.1	8366.4	1912.5
青岛	9300.1	364.0	4026.5	4909.6	6555.7	1122.3	1006.3	1222.9	12533.0	5024.0
武汉	10905.6	359.8	4981.5	5564.3	7680.9	2581.8	1245.6	–	19057.2	6059.0
广州	18100.4	228.1	5786.2	12086.1	5406.0	2137.6	1349.1	1728.2	41574.5	13297.4
深圳	17503.0	5.7	7205.5	10291.8	3298.3	1331.0	2727.1	3520.0	53800.1	9468.6
成都	10801.2	373.2	4723.5	5704.5	7007.0	2442.0	1154.4	1478.6	29474.9	9922.2
西安	5810.0	220.2	2165.5	3424.3	5166.0	1831.7	650.9	916.8	17796.4	6571.2
济南位次	11	8	12	10	13	11	10	13	10	13

主 要 经 济 指 标 （2015年）

of 15 Vice-provincial Cities(2015)

金融机构人民币贷款余额(亿元)	规模以上工业利润总额（亿元）	社会消费品零售总额（亿元）	进出口总额(海关)(亿美元)	#出口总额(亿美元)	外商直接投资（亿美元）	城镇居民人均可支配收入（元）	城镇居民人均消费支出(元)	农村居民人均可支配收入（元）	居民消费价格指数(%)
9674.2	396.1	3410.3	91.1	60.0	15.8	39889	26319	14232	101.9
11343.8	477.8	3883.2	140.8	67.9	10.6	36664	25870	13498	101.2
10696.1	263.9	3084.3	560.3	263.5	27.0	35889	25824	14667	101.6
8935.1	733.5	2409.3	139.9	19.2	12.0	29090	–	11748	101.3
8492.3	139.8	3394.5	47.8	23.6	29.9	30977	22962	13375	101.4
18217.8	837.4	4590.2	532.4	315.0	33.4	46104	27794	18931	102.0
22395.3	882.6	4697.2	665.7	500.7	71.1	48316	33818	25719	101.8
14966.9	753.4	3349.6	1004.7	714.3	42.3	47852	29645	26469	101.8
6714.7	181.1	1168.4	832.9	535.0	20.9	42607	28929	17558	101.7
10772.0	973.4	3713.7	702.0	453.3	66.9	40370	26052	16730	101.2
16018.3	513.3	5102.2	280.7	151.5	73.4	36436	23943	17722	101.4
26137.0	1098.2	7933.0	1338.7	811.7	54.2	46735	35753	19323	101.7
28223.7	1619.5	5017.8	4425.6	2640.8	65.0	44633	32359	–	102.2
21970.6	471.3	4946.2	395.9	239.7	75.2	33476	21825	17690	101.1
13714.0	206.9	3405.4	–	–	40.1	33188	22415	14072	100.7
12	11	9	13	12	13	8	7	10	3

二 十 六 省 会 城 市

Main Statistical Indicators

城市名称	生产总值(亿元)	第一产业(亿元)	第二产业(亿元)	第三产业(亿元)	固定资产投资额(亿元)	#房地产开发投资额(亿元)	一般公共预算收入(亿元)	一般公共预算支出(亿元)	金融机构本外币存款余额(亿元)	金融机构本外币贷款余额(亿元)
济南	6100.2	305.4	2307.0	3487.8	3498.4	1014.1	614.3	658.2	14174.7	11356.8
石家庄	5440.6	494.4	2452.9	2493.3	5689.9	986.3	375.0	682.3	9873.7	6185.5
太原	2735.3	37.4	1020.1	1677.8	2025.6	604.2	274.2	420.1	10830.1	9121.4
呼和浩特	3090.5	126.2	867.1	2097.2	1618.6	509.0	247.4	367.7	5364.7	6073.9
沈阳	7280.5	341.4	3499.0	3440.1	5326.0	1337.7	606.2	808.6	14035.4	11581.0
长春	5530.0	343.3	2770.9	2415.8	4400.0	506.0	388.2	765.7	9979.9	9009.1
哈尔滨	5751.2	672.6	1862.8	3215.8	4595.7	581.8	407.7	824.8	9851.9	8875.7
南京	9720.8	232.4	3916.1	5572.3	5426.0	1429.0	1020.0	1045.2	26471.7	18951.7
杭州	10053.6	287.7	3910.6	5855.3	5556.3	2472.1	1233.9	1205.5	29863.8	23328.0
合肥	5660.3	263.4	3097.9	2298.9	5851.9	1259.1	571.5	772.7	11193.7	10171.1
福州	5618.1	434.7	2482.4	2700.9	4893.9	1381.1	560.5	723.7	11271	11114.8
南昌	4000.0	171.3	2180.0	1648.8	4000.1	485.4	389.2	547.5	8534.3	7556.9
郑州	7315.2	151	3625.5	3538.7	6288.0	2000.2	942.9	1103.4	17445.6	12956.3
武汉	10905.6	359.8	4981.5	5564.3	7680.9	2581.8	1245.6	–	19393.2	17135.8
长沙	8510.1	341.8	4478.2	3690.2	6363.3	996.6	719.0	922.1	14065.7	12323.9
广州	18100.4	228.1	5786.2	12086.1	5406.0	2481.1	1349.1	1728.2	42843.7	27296.2
南宁	3410.1	370.4	1345.7	1694.1	3418.4	657.2	297.1	527.7	8257.8	8228.7
海口	1161.3	58.1	223.7	879.5	1012.1	456.4	111.5	171.1	4069.7	4596.9
成都	10801.2	373.2	4723.5	5704.5	7007.0	2442.0	1154.4	1478.6	30322.0	22561.0
贵阳	2891.2	129.9	1108.5	1652.8	2804.5	1005.0	374.2	503.6	8858.0	7944.6
昆明	3970.0	188.1	1588.4	2193.5	3497.9	1451.3	502.2	615.5	11976.4	12301.1
西安	5810.0	220.2	2165.5	3424.3	5166.0	1831.7	650.9	916.8	18036.9	13965.6
兰州	2096.0	56.2	782.7	1257.1	1803.8	339.01	185.6	343.5	7945.8	7228.0
西宁	1131.6	37.5	543.5	550.7	1295.9	280.4	94.8	280	3562.5	4230.8
银川	1480.8	57.5	787.1	636.2	1540.9	409.2	171.3	309.3	3033.0	3685.6
乌鲁木齐	2680.0	31.2	788.8	1860.0	1708.4	388.4	368.7	446.7	7033.24	4977.5
济南位次	9	10	13	8	16	12	9	14	8	11

主 要 经 济 指 标 （2015年）

of 26 Provincial Capitals (2015)

规模以上工业利润总额（亿元）	社会消费品零售总额（亿元）	进出口总额(海关)(亿美元)	#出口总额(亿美元)	实际利用外资（亿美元）	城市居民人均可支配收入（元）	农村居民人均可支配收入（元）	居民消费价格指数(%)
396.1	3410.3	91.1	60.0	15.8	39889	14232	101.9
802.8	2680.9	121.4	73.2	9.0	28097	11609	101.0
–38.8	1540.8	106.8	65.9	8.5	27727	13626	100.4
69.1	1353.5	20.7	12.5	–	37362	13491	101.8
477.8	3883.2	140.8	67.9	10.6	36664	13498	101.2
733.5	2409.3	139.9	19.2	12.0	29090	11748	101.3
139.8	3394.5	47.8	23.6	29.9	30977	13375	101.4
837.4	4590.2	532.4	315.0	33.4	46104	18931	102.0
882.6	4697.2	665.7	500.7	71.1	48316	25719	101.8
482.3	2183.7	203.4	137.1	25.1	31989	15733	101.6
373.0	3488.7	–	–	16.8	34982	15203	101.7
309.8	1662.9	114.6	85.9	26.2	31942	13693	101.6
1057.0	3294.7	570.3	312.5	38.3	31099	17125	101.1
513.3	5102.2	280.7	151.5	73.4	36436	17722	101.4
675.4	3690.6	–	–	44.1	39961	23601	101.1
1098.2	7933.0	1338.7	811.7	54.2	46735	19323	101.7
201.6	1786.7	–	–	7.0	29106	9408	101.9
33.1	595.5	43.4	9.6	2.9	28535	11635	101.2
471.3	4946.2	395.9	239.7	75.2	33476	17690	101.1
235.1	1060.2	91.2	79.0	9.3	27241	11918	102.3
155.3	2061.7	123.6	94.5	–	33955	11444	102.4
206.9	3405.4	–	–	40.1	33188	14072	100.7
–.02	1152.2	–	–	–	27088	9621	101.3
–36.5	461.9	114.1	98.5	0.6	25232	8865	102.2
61.6	477.6	32.8	25.5	–	28261	11148	101.6
2.0	1152.0	58.4	48.1	2.9	31500	15200	100.7
12	9	16	15	11	5	7	5

附录四

中华人民共和国统计法

Statistical Law of The People´s Republic of China

（1983年12月8日第六届全国人民代表大会常务委员会第三次会议通过　根据1996年5月15日第八届全国人民代表大会常务委员会第十九次会议《关于修改〈中华人民共和国统计法〉的决定》修正　2009年6月27日第十一届全国人民代表大会常务委员会第九次会议修订）

第一章　总　则

第一条　为了科学、有效地组织统计工作，保障统计资料的真实性、准确性、完整性和及时性，发挥统计在了解国情国力、服务经济社会发展中的重要作用，促进社会主义现代化建设事业发展，制定本法。

第二条　本法适用于各级人民政府、县级以上人民政府统计机构和有关部门组织实施的统计活动。

统计的基本任务是对经济社会发展情况进行统计调查、统计分析，提供统计资料和统计咨询意见，实行统计监督。

第三条　国家建立集中统一的统计系统，实行统一领导、分级负责的统计管理体制。

第四条　国务院和地方各级人民政府、各有关部门应当加强对统计工作的组织领导，为统计工作提供必要的保障。

第五条　国家加强统计科学研究，健全科学的统计指标体系，不断改进统计调查方法，提高统计的科学性。

国家有计划地加强统计信息化建设，推进统计信息搜集、处理、传输、共享、存储技术和统计数据库体系的现代化。

第六条　统计机构和统计人员依照本法规定独立行使统计调查、统计报告、统计监督的职权，不受侵犯。

地方各级人民政府、政府统计机构和有关部门以及各单位的负责人，不得自行修改统计机构和统计人员依法搜集、整理的统计资料，不得以任何方式要求统计机构、统计人员及其他机构、人员伪造、篡改统计资料，不得对依法履行职责或者拒绝、抵制统计违法行为的统计人员打击报复。

第七条　国家机关、企业事业单位和其他组织以及个体工商户和个人等统计调查对象，必须依照本法和国家有关规定，真实、准确、完整、及时地提供统计调查所需的资料，不得提供不真实或者不完整的统计资料，不得迟报、拒报统计资料。

第八条　统计工作应当接受社会公众的监督。任何单位和个人有权检举统计中弄虚作假等违法行为。对检举有功的单位和个人应当给予表彰和奖励。

第九条　统计机构和统计人员对在统计工作中知悉的国家秘密、商业秘密和个人信息，应当予以保密。

第十条　任何单位和个人不得利用虚假统计资料骗取荣誉称号、物质利益或者职务晋升。

第二章　统计调查管理

第十一条　统计调查项目包括国家统计调查项目、部门统计调查项目和地方统计调查项目。

国家统计调查项目是指全国性基本情况的统计调查项目。部门统计调查项目是指国务院有关部门的专业性统计调查项目。地方统计调查项目是指县级以上地方人民政府及其部门的地方性统计调查项目。

国家统计调查项目、部门统计调查项目、地方统计调查项目应当明确分工，互相衔接，不得重复。

第十二条　国家统计调查项目由国家统计局制定，或者由国家统计局和国务院有关部门共同制定，报国务院备案；重大的国家统计调查项目报国务院审批。

部门统计调查项目由国务院有关部门制定。统计调查对象属于本部门管辖系统的，报国家统计局备案；统计调查对象超出本部门管辖系统的，报国家统计局审批。

地方统计调查项目由县级以上地方人民政府统计机构和有关部门分别制定或者共同制定。其中，由省级人民政府统计机构单独制定或者和有关部门共同制定的，报国家统计局审批；由省级以下人民政府统计机构单独制定或者和有关部门共同制定的，报省级人民政府统计机构审批；由县级以上地方人民政府有关部门制定的，报本级人民政府统计机构审批。

第十三条　统计调查项目的审批机关应当对调查项目的必要性、可行性、科学性进行审查，对符合法定条件的，作出予以批准的书面决定，并公布；对不符合法定条件的，作出不予批准的书面决定，并说明理由。

第十四条　制定统计调查项目，应当同时制定该项目的统计调查制度，并依照本法第十二条的规定一并报经审批或者备案。

统计调查制度应当对调查目的、调查内容、调查方法、调查对象、调查组织方式、调查表式、统计资料的报送和公布等作出规定。

统计调查应当按照统计调查制度组织实施。变更统计调查制度的内容，应当报经原审批机关批准或者原备案机关备案。

第十五条 统计调查表应当标明表号、制定机关、批准或者备案文号、有效期限等标志。

对未标明前款规定的标志或者超过有效期限的统计调查表，统计调查对象有权拒绝填报；县级以上人民政府统计机构应当依法责令停止有关统计调查活动。

第十六条 搜集、整理统计资料，应当以周期性普查为基础，以经常性抽样调查为主体，综合运用全面调查、重点调查等方法，并充分利用行政记录等资料。

重大国情国力普查由国务院统一领导，国务院和地方人民政府组织统计机构和有关部门共同实施。

第十七条 国家制定统一的统计标准，保障统计调查采用的指标涵义、计算方法、分类目录、调查表式和统计编码等的标准化。

国家统计标准由国家统计局制定，或者由国家统计局和国务院标准化主管部门共同制定。

国务院有关部门可以制定补充性的部门统计标准，报国家统计局审批。部门统计标准不得与国家统计标准相抵触。

第十八条 县级以上人民政府统计机构根据统计任务的需要，可以在统计调查对象中推广使用计算机网络报送统计资料。

第十九条 县级以上人民政府应当将统计工作所需经费列入财政预算。

重大国情国力普查所需经费，由国务院和地方人民政府共同负担，列入相应年度的财政预算，按时拨付，确保到位。

第三章 统计资料的管理和公布

第二十条 县级以上人民政府统计机构和有关部门以及乡、镇人民政府，应当按照国家有关规定建立统计资料的保存、管理制度，建立健全统计信息共享机制。

第二十一条 国家机关、企业事业单位和其他组织等统计调查对象，应当按照国家有关规定设置原始记录、统计台账，建立健全统计资料的审核、签署、交接、归档等管理制度。

统计资料的审核、签署人员应当对其审核、签署的统计资料的真实性、准确性和完整性负责。

第二十二条 县级以上人民政府有关部门应当及时向本级人民政府统计机构提供统计所需的行政记录资料和国民经济核算所需的财务资料、财政资料及其他资料，并按照统计调查制度的规定及时向本级人民政府统计机构报送其组织实施统计调查取得的有关资料。

县级以上人民政府统计机构应当及时向本级人民政府有关部门提供有关统计资料。

第二十三条 县级以上人民政府统计机构按照国家有关规定，定期公布统计资料。

国家统计数据以国家统计局公布的数据为准。

第二十四条 县级以上人民政府有关部门统计调查取得的统计资料，由本部门按照国家有关规定公布。

第二十五条 统计调查中获得的能够识别或者推断单个统计调查对象身份的资料，任何单位和个人不得对外提供、泄露，不得用于统计以外的目的。

第二十六条 县级以上人民政府统计机构和有关部门统计调查取得的统计资料，除依法应当保密的外，应当及时公开，供社会公众查询。

第四章 统计机构和统计人员

第二十七条 国务院设立国家统计局，依法组织领导和协调全国的统计工作。

国家统计局根据工作需要设立的派出调查机构，承担国家统计局布置的统计调查等任务。

县级以上地方人民政府设立独立的统计机构，乡、镇人民政府设置统计工作岗位，配备专职或者兼职统计人员，依法管理、开展统计工作，实施统计调查。

第二十八条 县级以上人民政府有关部门根据统计任务的需要设立统计机构，或者在有关机构中设置统计人员，并指定统计负责人，依法组织、管理本部门职责范围内的统计工作，实施统计调查，在统计业务上受本级人民政府统计机构的指导。

第二十九条 统计机构、统计人员应当依法履行职责，如实搜集、报送统计资料，不得伪造、篡改统计资料，不得以任何方式要求任何单位和个人提供不真实的统计资料，不得有其他违反本法规定的行为。

统计人员应当坚持实事求是，恪守职业道德，对其负责搜集、审核、录入的统计资料与统计调查对象报送的统计资料的一致性负责。

第三十条 统计人员进行统计调查时，有权就与统计有关的问题询问有关人员，要求其如实提供有关情况、资料并改正不真实、不准确的资料。

统计人员进行统计调查时，应当出示县级以上人民政府统计机构或者有关部门颁发的工作证件；未出示的，统计调查对象有权拒绝调查。

第三十一条 国家实行统计专业技术职务资格考试、评聘制度，提高统计人员的专业素质，保障统计队伍的稳定性。

统计人员应当具备与其从事的统计工作相适应的专业知识和业务能力。

县级以上人民政府统计机构和有关部门应当加强对统计人员的专业培训和职业道德教育。

第五章 监督检查

第三十二条 县级以上人民政府及其监察机关对下级人民政府、本级人民政府统计机构和有关部门执行本法的情况，实施监督。

第三十三条 国家统计局组织管理全国统计工作的监督检查，查处重大统计违法行为。

县级以上地方人民政府统计机构依法查处本行政区域内发生的统计违法行为。但是，国家统计局派出的调查机构组织实施的统计调查活动中发生的统计违法行为，由组织实施该项统计调查的调查机构负责查处。

法律、行政法规对有关部门查处统计违法行为另有规定的，从其规定。

第三十四条 县级以上人民政府有关部门应当积极协助本级人民政府统计机构查处统计违法行为，及时向本级人民政府统计机构移送有关统计违法案件材料。

第三十五条 县级以上人民政府统计机构在调查统计违法行为或者核查统计数据时，有权采取下列措施：

（一）发出统计检查查询书，向检查对象查询有关事项；

（二）要求检查对象提供有关原始记录和凭证、统计台账、统计调查表、会计资料及其他相关证明和资料；

（三）就与检查有关的事项询问有关人员；

（四）进入检查对象的业务场所和统计数据处理信息系统进行检查、核对；

（五）经本机构负责人批准，登记保存检查对象的有关原始记录和凭证、统计台账、统计调查表、会计资料及其他相关证明和资料；

（六）对与检查事项有关的情况和资料进行记录、录音、录像、照相和复制。

县级以上人民政府统计机构进行监督检查时，监督检查人员不得少于二人，并应当出示执法证件；未出示的，有关单位和个人有权拒绝检查。

第三十六条 县级以上人民政府统计机构履行监督检查职责时，有关单位和个人应当如实反映情况，提供相关证明和资料，不得拒绝、阻碍检查，不得转移、隐匿、篡改、毁弃原始记录和凭证、统计台账、统计调查表、会计资料及其他相关证明和资料。

第六章　法律责任

第三十七条 地方人民政府、政府统计机构或者有关部门、单位的负责人有下列行为之一的，由任免机关或者监察机关依法给予处分，并由县级以上人民政府统计机构予以通报：

（一）自行修改统计资料、编造虚假统计数据的；

（二）要求统计机构、统计人员或者其他机构、人员伪造、篡改统计资料的；

（三）对依法履行职责或者拒绝、抵制统计违法行为的统计人员打击报复的；

（四）对本地方、本部门、本单位发生的严重统计违法行为失察的。

第三十八条 县级以上人民政府统计机构或者有关部门在组织实施统计调查活动中有下列行为之一的，由本级人民政府、上级人民政府统计机构或者本级人民政府统计机构责令改正，予以通报；对直接负责的主管人员和其他直接责任人员，由任免机关或者监察机关依法给予处分：

（一）未经批准擅自组织实施统计调查的；

（二）未经批准擅自变更统计调查制度的内容的；

（三）伪造、篡改统计资料的；

（四）要求统计调查对象或者其他机构、人员提供不真实的统计资料的；

（五）未按照统计调查制度的规定报送有关资料的。

统计人员有前款第三项至第五项所列行为之一的，责令改正，依法给予处分。

第三十九条 县级以上人民政府统计机构或者有关部门有下列行为之一的，对直接负责的主管人员和其他直接责任人员由任免机关或者监察机关依法给予处分：

（一）违法公布统计资料的；

（二）泄露统计调查对象的商业秘密、个人信息或者提供、泄露在统计调查中获得的能够识别或者推断单个统计调查对象身份的资料的；

（三）违反国家有关规定，造成统计资料毁损、灭失的。

统计人员有前款所列行为之一的，依法给予处分。

第四十条 统计机构、统计人员泄露国家秘密的，依法追究法律责任。

第四十一条 作为统计调查对象的国家机关、企业事业单位或者其他组织有下列行为之一的，由县级以上人民政府统计机构责令改正，给予警告，可以予以通报；其直接负责的主管人员和其他直接责任人员属于国家工作人员的，由任免机关或者监察机关依法给予处分：

（一）拒绝提供统计资料或者经催报后仍未按时提供统计资料的；

（二）提供不真实或者不完整的统计资料的；

（三）拒绝答复或者不如实答复统计检查查询书的；

（四）拒绝、阻碍统计调查、统计检查的；

（五）转移、隐匿、篡改、毁弃或者拒绝提供原始记录和凭证、统计台账、统计调查表及其他相关证明和资料的。

企业事业单位或者其他组织有前款所列行为之一的，可以并处五万元以下的罚款；情节严重的，并处五万元以上二十万元以下的罚款。

个体工商户有本条第一款所列行为之一的，由县级以上人民政府统计机构责令改正，给予警告，可以并处一万元以下的罚款。

第四十二条 作为统计调查对象的国家机关、企业事业单位或者其他组织迟报统计资料，或者未按照国家有关规定设置原始记录、统计台账的，由县级以上人民政府统计机构责令改正，给予警告。

企业事业单位或者其他组织有前款所列行为之一的，可以并处一万元以下的罚款。

个体工商户迟报统计资料的，由县级以上人民政府统计机构责令改正，给予警告，可以并处一千元以下的罚款。

第四十三条 县级以上人民政府统计机构查处统计违法行为时，认为对有关国家工作人员依法应当给予处分的，应当提出给予处分的建议；该国家工作人员的任免机关或者监察机关应当依法及时作出决定，并将结果书面通知县级以上人民政府统计机构。

第四十四条 作为统计调查对象的个人在重大国情国力普查活动中拒绝、阻碍统计调查，或者提供不真实或者不完整的普查资料的，由县级以上人民政府统计机构责令改正，予以批评教育。

第四十五条 违反本法规定，利用虚假统计资料骗取荣誉称号、物质利益或者职务晋升的，除对其编造虚假统计资料或者要求他人编造虚假统计资料的行为依法追究法律责任外，由作出有关决定的单位或者其上级单位、监察机关取消其荣誉称号，追缴获得的物质利益，撤销晋升的职务。

第四十六条 当事人对县级以上人民政府统计机构作出的行政处罚决定不服的，可以依法申请行政复议或者提起行政诉讼。其中，对国家统计局在省、自治区、直辖市派出的调查机构作出的行政处罚决定不服的，向国家统计局申请行政复议；对国家统计局派出的其他调查机构作出的行政处罚决定不服的，向国家统计局在该派出机构所在的省、自治区、直辖市派出的调查机构申请行政复议。

第四十七条 违反本法规定，构成犯罪的，依法追究刑事责任。

第七章　附 则

第四十八条 本法所称县级以上人民政府统计机构，是指国家统计局及其派出的调查机构、县级以上地方人民政府统计机构。

第四十九条 民间统计调查活动的管理办法，由国务院制定。

中华人民共和国境外的组织、个人需要在中华人民共和国境内进行统计调查活动的，应当按照国务院的规定报请审批。

利用统计调查危害国家安全、损害社会公共利益或者进行欺诈活动的，依法追究法律责任。

第五十条 本法自2010年1月1日起施行。

附录五

统计违法违纪行为处分规定

Statistics Regulation Violations of Law

中华人民共和国监察部
中华人民共和国人力资源和社会保障部　令
国家统计局

第18号

《统计违法违纪行为处分规定》已经监察部2009年2月9日第一次部长办公会议、人力资源社会保障部2008年12月30日第十六次部务会议、国家统计局2008年11月6日第十八次局务会议审议通过。现予公布，自2009年5月1日起施行。

监察部部长　马　馼
人力资源社会保障部部长　尹蔚民
国家统计局局长　马建堂
二〇〇九年三月二十五日

统计违法违纪行为处分规定

第一条　为了加强统计工作，提高统计数据的准确性和及时性，惩处和预防统计违法违纪行为，促进统计法律法规的贯彻实施，根据《中华人民共和国统计法》、《中华人民共和国行政监察法》、《中华人民共和国公务员法》、《行政机关公务员处分条例》及其他有关法律、行政法规，制定本规定。

第二条　有统计违法违纪行为的单位中负有责任的领导人员和直接责任人员，以及有统计违法违纪行为的个人，应当承担纪律责任。属于下列人员的（以下统称有关责任人员），由任免机关或者监察机关按照管理权限依法给予处分：

（一）行政机关公务员；

（二）法律、法规授权的具有公共事务管理职能的事业单位中经批准参照《中华人民共和国公务员法》管理的工作人员；

（三）行政机关依法委托的组织中除工勤人员以外的工作人员；

（四）企业、事业单位、社会团体中由行政机关任命的人员。

法律、行政法规、国务院决定和国务院监察机关、国务院人力资源社会保障部门制定的处分规章对统计违法违纪行为的处分另有规定的，从其规定。

第三条　地方、部门以及企业、事业单位、社会团体的领导人员有下列行为之一的，给予记过或者记大过处分；情节较重的，给予降级或者撤职处分；情节严重的，给予开除处分：

（一）自行修改统计资料、编造虚假数据的；

（二）强令、授意本地区、本部门、本单位统计机构、统计人员或者其他有关机构、人员拒报、虚报、瞒报或者篡改统计资料、编造虚假数据的；

（三）对拒绝、抵制篡改统计资料或者对拒绝、抵制编造虚假数据的人员进行打击报复的；

（四）对揭发、检举统计违法违纪行为的人员进行打击报复的。

有前款第（三）项、第（四）项规定行为的，应当从重处分。

第四条　地方、部门以及企业、事业单位、社会团体的领导人员，对本地区、本部门、本单位严重失实的统计数据，应当发现而未发现或者发现后不予纠正，造成不良后果的，给予警告或者记过处分；造成严重后果的，给予记大过或者降级处分；造成特别严重后果的，给予撤职或者开除处分。

第五条　各级人民政府统计机构、有关部门及其工作人员在实施统计调查活动中，有下列行为之一的，对有关责任人员，给予记过或者记大过处分；情节较重的，给予降级或者撤职处分；情节严重的，给予开除处分：

（一）强令、授意统计调查对象虚报、瞒报或者伪造、篡改统计资料的；

（二）参与篡改统计资料、编造虚假数据的。

第六条 各级人民政府统计机构、有关部门及其工作人员在实施统计调查活动中，有下列行为之一的，对有关责任人员，给予警告、记过或者记大过处分；情节较重的，给予降级处分；情节严重的，给予撤职处分：

（一）故意拖延或者拒报统计资料的；

（二）明知统计数据不实，不履行职责调查核实，造成不良后果的。

第七条 统计调查对象中的单位有下列行为之一，情节较重的，对有关责任人员，给予警告、记过或者记大过处分；情节严重的，给予降级或者撤职处分；情节特别严重的，给予开除处分：

（一）虚报、瞒报统计资料的；

（二）伪造、篡改统计资料的；

（三）拒报或者屡次迟报统计资料的；

（四）拒绝提供情况、提供虚假情况或者转移、隐匿、毁弃原始统计记录、统计台账、统计报表以及与统计有关的其他资料的。

第八条 违反国家规定的权限和程序公布统计资料，造成不良后果的，对有关责任人员，给予警告或者记过处分；情节较重的，给予记大过或者降级处分；情节严重的，给予撤职处分。

第九条 有下列行为之一，造成不良后果的，对有关责任人员，给予警告、记过或者记大过处分；情节较重的，给予降级或者撤职处分；情节严重的，给予开除处分：

（一）泄露属于国家秘密的统计资料的；

（二）未经本人同意，泄露统计调查对象个人、家庭资料的；

（三）泄露统计调查中知悉的统计调查对象商业秘密的。

第十条 包庇、纵容统计违法违纪行为的，对有关责任人员，给予记过或者记大过处分；情节较重的，给予降级或者撤职处分；情节严重的，给予开除处分。

第十一条 受到处分的人员对处分决定不服的，依照《中华人民共和国行政监察法》、《中华人民共和国公务员法》、《行政机关公务员处分条例》等有关规定，可以申请复核或者申诉。

第十二条 任免机关、监察机关和人民政府统计机构建立案件移送制度。

任免机关、监察机关查处统计违法违纪案件，认为应当由人民政府统计机构给予行政处罚的，应当将有关案件材料移送人民政府统计机构。人民政府统计机构应当依法及时查处，并将处理结果书面告知任免机关、监察机关。

人民政府统计机构查处统计行政违法案件，认为应当由任免机关或者监察机关给予处分的，应当及时将有关案件材料移送任免机关或者监察机关。任免机关或者监察机关应当依法及时查处，并将处理结果书面告知人民政府统计机构。

第十三条 有统计违法违纪行为，应当给予党纪处分的，移送党的纪律检查机关处理。涉嫌犯罪的，移送司法机关依法追究刑事责任。

第十四条 本规定由监察部、人力资源社会保障部、国家统计局负责解释。

第十五条 本规定自2009年5月1日起施行。